普通高等教育"十三五"规划教材

会 计 精 品 系 列

涉外企业会计

（第五版）

徐文丽／主编

章毓育／副主编

U0754046

立信会计出版社

LIXIN ACCOUNTING PUBLISHING HOUSE

图书在版编目(CIP)数据

涉外企业会计 / 徐文丽主编. —5 版. —上海:
立信会计出版社,2020.7(2022.7重印)
普通高等教育"十三五"规划教材. 会计精品系列
ISBN 978 - 7 - 5429 - 6557 - 8

Ⅰ. ①涉… Ⅱ. ①徐… Ⅲ. ①中外合资经营—合资企
业—会计—高等学校—教材 Ⅳ. ①F276.43

中国版本图书馆 CIP 数据核字(2020)第 138745 号

责任编辑　　赵志梅

涉外企业会计(第五版)

SHEWAI QIYE KUAIJI

出版发行	立信会计出版社			
地　　址	上海市中山西路 2230 号	邮政编码	200235	
电　　话	(021)64411389	传　　真	(021)64411325	
网　　址	www.lixinaph.com	电子邮箱	lixinaph2019@126.com	
网上书店	http://lixin.jd.com	http://lxkjcbs.tmall.com		
经　　销	各地新华书店			

印　　刷	常熟市华顺印刷有限公司
开　　本	710 毫米×960 毫米　　1/16
印　　张	25.75
字　　数	476 千字
版　　次	2020 年 7 月第 5 版
印　　次	2022 年 7 月第 3 次
印　　数	6 201—9 300
书　　号	ISBN 978 - 7 - 5429 - 6557 - 8/F
定　　价	49.00 元

如有印订差错,请与本社联系调换

第五版前言

随着我国经济体制改革的深化和对外开放的逐步深入，我国各类企业利用外资、对外贸易、跨国经营等涉外业务日益增加。为了满足这些涉外企业的会计核算需要，本书根据财政部最新发布的《企业会计准则》和《企业会计准则——应用指南》、"营改增"相关规定、增值税最新税率规定，以及有关涉外业务的法律规定，结合企业涉外业务的核算特点，系统阐述了涉外企业会计的基本理论、基本方法和基本操作技能，对涉外企业的外汇管理、外币业务的记账方法、投资、融资、出口贸易、进口贸易、出口退税、利润和利润分配的核算，以及外币报表折算、合并会计报表编制等作了详尽的介绍。

在本书内容中，融入了最新的会计、税收政策，体现了对我国会计改革实践和会计教学经验的高度提炼。例如，第二章、第四章、第六章至第十一章中有关外币业务、外汇管理、外币投资、出口退税、增值税、企业所得税、收入、金融资产和财务报表等方面的内容，都体现了最新的法律、法规规定。

为突出各章的学习要点，方便教学，每章内容后都配有多种题型的复习思考题，多数题型的复习思考题都附录了参考答案。需要本书教学课件的，可填妥最后"教学课件索取单"中的信息表后向立信会计出版社索取。

本书可以作为普通高等院校会计专业教材，也可以作为涉外企业会计工作者培训教材和自学参考用书。

本书由上海大学徐文丽教授担任主编、章毓育担任副主编，负责全书的总纂和统稿。参加本书编写的有：徐文丽、章毓育、方宗、马慧、李静慧、陈慕慕、张倩、王伟、张帆。

编　者

目　　录

目　录

第一章 总 论

本章学习要点

了解涉外企业的含义,掌握涉外企业的会计对象、会计要素及会计信息质量要求与会计计量。重点掌握涉外企业会计的特点。

第一节 涉外企业会计及其特点

一、涉外企业的含义

随着我国对外开放和经济体制改革的深入,以及适应经济全球一体化的发展趋势,我国企业的对外经济交流、经济合作,以及对外贸易正在不断增加。我国涉外业务的形式,也从最初的引进外资和技术转让,设立外商合资经营、合作经营、独资经营企业,发展到国内企业跨出国门对外国企业投资,到国外市场发行股票、发行债券进行融资,以及跨国经营业务的开展。这些具有涉外业务的企业,本书统称为涉外企业。

二、涉外企业会计的特点

由于涉外企业的经济业务涉及进口、出口贸易,涉外的投资、融资,以及涉外的经营业务等,这些涉外经济业务的收支、债权与债务的结算、投资与融资的核算都涉及一定的外国货币。因此,涉外企业的会计核算除了应遵循一般企业的核算原则和核算方法外,还具有其特殊性。涉外企业会计的特点主要有以下几个方面:

(1) 企业的经济业务至少涉及两种货币结算,因此,在进行会计处理时,要选择其中的一种货币作为企业的记账本位币。

(2) 涉及外币收支、债权与债务结算的业务,要采用一定的外币记账方法进行核算。

(3) 涉及进口、出口贸易的业务,要遵循国际贸易结算的程序和方法处理。

（4）涉及国际投资、融资方面的业务，要按照所在国有关规定办理。

（5）跨国经营的企业，其外币财务报表要进行折算，还要编制合并财务报表。

（6）所有涉外业务都要经受汇率变动的风险，涉及汇兑损益的核算及外币财务报表折算差额的处理问题。

第二节　涉外企业的会计对象与会计要素

一、会计对象

会计对象是指会计核算和监督的内容。涉外企业的经营活动在社会主义市场经济条件下，表现和反映为一定的资金运动。因此，资金运动及其所反映的经营活动就是会计核算和监督的内容，也就是会计对象。

二、会计要素

会计要素是对会计对象的基本分类，是会计核算对象的具体化。会计要素作为反映企业财务状况和经营成果的基本单位，又是会计报表的基本构件。会计要素包括资产、负债、所有者权益、收入、费用和利润。这六大会计要素可以分为反映财务状况的会计要素和反映经营成果的会计要素两大类。反映财务状况的会计要素包括资产、负债和所有者权益。反映经营成果的会计要素包括收入、费用和利润。

（一）反映财务状况的会计要素

1. 资产

资产是指企业过去的交易或者事项形成的、由企业拥有或者控制的、预期会给企业带来经济利益的资源。作为企业的资产，在同时满足以下条件时，才能予以确认：

（1）与该资源有关的经济利益很可能流入企业。

（2）该资源的成本或者价值能够可靠地计量。

涉外企业的资产包括各种财产、债权和其他权利。涉外企业的资产，按其在经营过程中所发挥的作用，分为流动资产、长期投资、固定资产、无形资产及其他资产。

流动资产是指可以在1年或者超过1年的一个营业周期内变现或者耗用的资产，包括货币资金，如库存现金、银行存款、外埠存款等其他货币资金；交易性金融资产，如企业为短期获利，以赚取差价为目的，从二级市场购入的各种股票、债券、基金；存货，如企业的各种材料、低值易耗品、包装物、库存商品等;结算资金,如各项应收、预付款项;等等。

长期投资是指不准备在 1 年或一个营业周期内变现的对外投资,包括长期股权投资、持有至到期投资和其他长期投资。

固定资产是指为生产商品、提供劳务、出租或经营管理而持有,使用寿命超过一个会计年度,并在使用过程中保持原有物质形态的资产,包括房屋及建筑物、机器设备、运输车辆、工具、器具等。

无形资产是指企业拥有或者控制的、不具有实物形态的可辨认非货币性资产,包括专利权、非专利技术、商标权、土地使用权等。

其他资产是指不属于流动资产、长期投资、固定资产、无形资产的其他长期资产,如企业发生的不能计入当期成本、费用,需要在以后各会计期间分摊的长期待摊费用等。

资产的特征为:资产由过去的交易或事项所引起,是企业拥有或可支配的、具有一定价值的经济资源,可为企业带来经济利益。

2. 负债

负债是指企业过去的交易或者事项形成的、预期会导致经济利益流出企业的现时义务。作为企业的负债,应同时满足以下条件,才能予以确认:

(1) 与该义务有关的经济利益很可能流出企业。

(2) 未来流出的经济利益的金额能够可靠地计量。

涉外企业的负债按照流动性进行分类,可以分为流动负债和非流动负债两大类。

流动负债是指将在 1 年或者超过 1 年的一个营业周期内偿还的债务,包括短期借款、应付票据、应付账款、预收账款、应付职工薪酬、应付股利、应交税费等。

非流动负债是指偿还期在 1 年或者超过 1 年的一个营业周期以上的负债,包括长期借款、应付债券、长期应付款等。

负债的特征为:负债将减少企业未来的经济资源,偿付的债务必须是过去交易或事项所产生的义务,偿债的资源必须是企业拥有或可支配的经济资源。

3. 所有者权益

所有者权益是指企业资产扣除负债后由所有者享有的剩余权益。

涉外企业的所有者权益包括所有者投入的资本、直接计入所有者权益的利得和损失、留存收益等。其中,直接计入所有者权益的利得和损失,是指不应计入当期损益、与所有者投入资本或者利润分配活动无关,但会引起所有者权益发生增减变动的利得或者损失。留存收益包括盈余公积和未分配利润。

所有者权益的特征为：所有者权益由资产减去负债后的余额确定，其增减变动受增资或减资以及留存收益的多少等影响，所有者可以凭借所有者权益参与企业的利润分配。

（二）反映企业经营成果的会计要素

1. 收入

收入是指企业在日常活动中形成的、会导致所有者权益增加的、与所有者投入资本无关的经济利益的总流入。

收入只有在经济利益很可能流入从而导致企业资产增加或者负债减少、且经济利益的流入额能够可靠计量时才能予以确认。

收入按照性质划分，可以分为销售商品收入、提供劳务收入和让渡资产使用权收入。

收入的特征为：收入主要由销售商品、提供劳务或让渡资产使用权所产生，具体表现为资产的增加或负债的减少，收入能导致企业的所有者权益增加。与销售商品、提供劳务或让渡资产使用权无关的非日常活动中所形成的收入，如营业外收入，则不属于收入的范围。

2. 费用

费用是指企业在日常活动中发生的、会导致所有者权益减少的、与向所有者分配利润无关的经济利益的总流出。

费用只有在经济利益很可能流出从而导致企业资产减少或者负债增加、且经济利益的流出额能够可靠计量时才能予以确认。

企业一定时期的费用由生产成本、劳务成本和期间费用组成。生产成本由直接材料、直接人工和制造费用三个部分构成；劳务成本是企业在提供劳务过程中发生的料、工、费支出；期间费用包括管理费用、财务费用和销售费用三项。

费用的特征为：费用产生于过去的交易或事项，表现为资产的减少或负债的增加。费用最终会减少企业的所有者权益。与销售商品、提供劳务或让渡资产使用权等日常经营活动无关的支出，如营业外支出，则不属于费用的内容。

3. 利润

利润是指企业在一定会计期间的经营成果。利润包括收入减去费用后的净额、直接计入当期利润的利得和损失等。

直接计入当期利润的利得和损失，是指应当计入当期损益、会导致所有者权益发生增减变动的、与所有者投入资本或者向所有者分配利润无关的利得或者损失。

利润的特征为:利润是企业最终的经营成果,由收入与费用的差额以及直接计入当期利润的利得和损失金额所确定。

第三节 涉外企业的会计信息 质量要求与会计计量

一、会计信息质量要求

涉外企业的会计信息质量要求是会计确认、计量和报告质量的保证,主要包括八个方面。

1. 客观性要求

客观性要求是指企业应当以实际发生的交易或者事项为依据,进行会计确认、计量和报告,如实反映符合确认和计量要求的各项会计要素及其他相关信息,保证会计信息真实可靠、内容完整。

客观性要求是对会计工作的基本要求。客观性要求企业在进行会计核算时,必须以实际经济活动为依据,会计计量、记录的对象必须是真实的经济业务,财务会计报告必须如实反映情况,不得造假。

2. 相关性要求

相关性要求是指企业提供的会计信息应当与财务会计报告使用者的经济决策需要相关,有助于财务会计报告使用者对企业过去、现在或者未来的情况作出评价或者预测。

坚持相关性要求,企业在收集、处理、传递会计信息的过程中,要充分考虑会计信息使用者的需求特点,以保证满足他们对会计信息的需要。

3. 明晰性要求

明晰性要求是指企业提供的会计信息应当清晰明了,便于财务会计报告使用者理解和使用。

在会计核算中坚持明晰性要求,企业所提供的会计信息要简明、易懂并容易为人们所理解,以利于会计信息使用者准确、完整地理解会计信息的内容,从而更好地加以利用。

4. 可比性要求

可比性要求是指企业提供的会计信息应当具有可比性。

同一企业不同时期发生的相同或者相似的交易或者事项,应当采用一致的会计政策,不得随意变更。确需变更的,应当在附注中说明。

六同企业发生的相同或者相似的交易或者事项,应当采用规定的会计政策,确保会计信息口径一致、相互可比。

可比性要求企业的会计政策前后各期应当保持一致,不得任意变更,以便于不同时期会计信息的纵向比较;同时,不同企业的会计核算要建立在相互可比的基础上,会计指标口径要一致,以便不同企业的会计信息进行比较、分析。

5. 实质重于形式要求

实质重于形式要求是指企业应当按照交易或者事项的经济实质进行会计确认、计量和报告,不应仅以交易或事项的法律形式为依据。

贯彻实质重于形式要求,有利于企业真实反映经济实质和经济现实,有利于会计信息使用者作出正确的决策。

6. 重要性要求

重要性要求是指企业提供的会计信息应当反映与企业财务状况、经营成果和现金流量等有关的所有重要交易或者事项。

坚持重要性要求,其目的在于使提供会计信息的收益大于成本,能够使会计核算在全面反映企业财务状况、经营成果和现金流量的基础上,保证重点,节约核算成本,提高工作效率。

7. 谨慎性要求

谨慎性要求是指企业对交易或者事项进行会计确认、计量和报告应当保持应有的谨慎,不应高估资产或收益、低估负债或者费用。

谨慎性要求企业在会计核算时,对某些经济业务或会计事项存在不同的会计处理方法可供选择时,在不影响合理选择的前提下,尽可能选择不虚增利润和夸大权益的做法,充分估计到各种风险和损失。

8. 及时性要求

及时性要求是指企业对于已经发生的交易或者事项,应当及时进行会计确认、计量和报告,不得提前或者延后。

在会计核算过程中坚持及时性,一是要求及时收集会计信息,即在经济业务发生后,会计人员要对原始凭证进行及时收集和整理;二是及时处理会计信息,也就是要求会计人员在收集原始凭证之后,要及时编制记账凭证、登记账簿、编制财务报表;三是要求及时传递会计信息,即在国家统一规定的时限内,将编制的财务报表传递给会计信息使用者。

二、会计计量

企业在将符合确认条件的会计要素登记入账并列报于财务报表及其附注时,应当按照规定的会计计量属性进行计量,确定其金额。

会计计量属性主要包括五个方面。

1. 历史成本计量属性

在历史成本计量下,资产按照购置时支付的现金或者现金等价物的金额,或者按照购置资产时所付出的对价的公允价值计量。负债按照因承担现时义务而实际收到的款项或者资产的金额,或者承担现时义务的合同金额,或者按照日常活动中为偿还负债预期需要支付的现金或者现金等价物的金额计量。

2. 重置成本计量属性

在重置成本计量下,资产按照现在购买相同或者相似资产所需支付的现金或者现金等价物的金额计量。负债按照现在偿付该项债务所需支付的现金或者现金等价物的金额计量。

3. 可变现净值计量属性

在可变现净值计量下,资产按照其正常对外销售所能收到现金或者现金等价物的金额,扣减该资产在完工时估计将要发生的成本、估计的销售费用以及相关税费后的金额计量。

4. 现值计量属性

在现值计量下,资产按照预计从其持续使用和最终处置中所产生的未来净现金流入量的折现金额计量。负债按照预计期限内需要偿还的未来净现金流出量的折现金额计量。

5. 公允价值计量属性

在公允价值计量下,资产和负债按照市场参与者在计量日发生的有序交易中,出售资产所能收到或者转移负债所需支付的价格计量。

复习思考题

一、单项选择题

1. 涉外企业的经济业务至少涉及两种货币结算,因此,会计处理应(　　)作为记账本位币。

A. 采用人民币　　　　　　B. 采用美元

C. 采用欧元　　　　　　　D. 选择其中的某一种货币

2. 涉外企业会计核算的对象是其主要反映和监督的内容,具体是指经营过程中的(　　)。

A. 资产、负债和所有者权益

    B. 收入、费用和利润

    C. 资金运动及其所反映的经营活动

    D. 生产经营的成本、费用支出

3. 下列各项中,属于涉外企业资产的是(　　)。

    A. 库存商品　　　　　　　　B. 预收账款

    C. 盈余公积　　　　　　　　D. 本年利润

4. 企业将劳动资料划分为固定资产和低值易耗品,是基于(　　)要求。

    A. 重要性　　　　　　　　　B. 可比性

    C. 谨慎性　　　　　　　　　D. 权责发生制

5. 存货期末计价采用成本与可变现净值孰低法,体现的会计信息质量要求是(　　)。

    A. 历史成本要求　　　　　　B. 谨慎性要求

    C. 客观性要求　　　　　　　D. 配比要求

6. 涉外企业 2010 年年末的资产总额为 1 000 万元,负债总额为 560 万元,全年收入为 720 万元,费用支出为 580 万元,则该企业 2010 年年初的所有者权益总额为(　　)万元。

    A. 300　　　　　　　　　　　B. 540

    C. 440　　　　　　　　　　　D. 140

7. 对固定资产采用年数总和法计提折旧,符合(　　)要求。

    A. 客观性　　　　　　　　　B. 配比

    C. 谨慎性　　　　　　　　　D. 重要性

8. 解决不同企业会计指标横向可比问题的会计信息质量要求是(　　)要求。

    A. 可比性　　　　　　　　　B. 重要性

    C. 相关性　　　　　　　　　D. 配比

9. 在取得资产时,按照所支付的实际价格计价,其会计计量属性是(　　)。

    A. 公允价值　　　　　　　　B. 现值

    C. 可变现净值　　　　　　　D. 历史成本

10. 对企业的资产计提减值准备,属于贯彻(　　)要求。

    A. 谨慎性　　　　　　　　　B. 配比性

    C. 重要性　　　　　　　　　D. 可比性

11. 企业前后各期采用的会计政策应保持一致,不得随意改变的会计信息质量要求是（　　）要求。

  A. 可比性   B. 一贯性

  C. 明晰性   D. 相关性

12. 重要性要求的目的在于（　　）。

  A. 正确计算收入   B. 正确计算成本

  C. 正确计量费用   D. 节约核算成本

13. 下列各项中,属于企业负债的是（　　）。

  A. 应收账款   B. 预收账款

  C. 预付账款   D. 应收票据

二、多项选择题

1. 涉外企业发生的经济业务,一般包括（　　）。

  A. 进口业务   B. 出口业务

  C. 对外投资业务   D. 对外融资业务

  E. 吸收外币资本投资业务

2. 涉外企业与其他一般企业相比,会计核算除了应遵循一般会计信息质量要求和核算方法外,其特殊性主要表现在（　　）。

  A. 要选择记账本位币

  B. 要采用外币记账方法核算外币业务

  C. 按外国货币编制会计报表

  D. 外币业务会产生汇兑损益的核算

  E. 进出口业务要遵循国际贸易结算的程序和方法

3. 下列各项中,不属于企业资产确认范围的有（　　）。

  A. 约定未来购入商品 B. 融资租入设备

  C. 经营租入设备   D. 委托加工商品

  E. 委托代销商品

4. 下列项目中,能同时引起资产和所有者权益发生变化的有（　　）。

  A. 投资者投入资本   B. 用盈余公积弥补亏损

  C. 用资本公积转增资本 D. 接受捐赠资产

  E. 对外投资资产

5. 在会计核算中,属于会计信息质量要求的有（　　）要求。

  A. 及时性   B. 客观性

  C. 历史成本   D. 配比性

E. 权责发生制

6. 相关性要求企业会计核算所提供的信息必须满足( )的需要。

    A. 国家宏观经济管理

    B. 企业加强内部经营管理

    C. 投资者了解企业经营情况

    D. 债权人了解企业经营情况

    E. 与企业有利益关系各方了解企业经营情况

7. 下列各项中,属于资产要素特征的有( )。

    A. 必须为企业所控制或拥有

    B. 能够给企业带来经济利益

    C. 由过去的交易或事项所形成

    D. 是预计将来可能发生的交易或事项

    E. 必须是有形的

8. 下列要素中,因收入的取得而可能发生影响的要素有( )。

    A. 资产   B. 负债

    C. 所有者权益   D. 费用

    E. 利润

9. 下列各项中,属于资产的有( )。

    A. 长期待摊费用   B. 预付账款

    C. 预收账款   D. "应付账款"账户借方余额

    E. "应收账款"账户贷方余额

三、判断题

1. 具有涉外业务的企业,均称为涉外企业。   ( )

2. 涉外企业与一般企业的会计核算和记账方法是相同的。   ( )

3. 如果某项资产不能再为企业带来经济利益,即使是由企业拥有或者控制的,也不能作为企业的资产在资产负债表中列示。   ( )

4. 可比性要求企业提供的会计信息既强调同一企业不同时期的横向比较,又强调不同企业的纵向比较。   ( )

5. 重要性要求是相对的,对于某一会计事项,在某一企业具有重要性,而在另一企业则不一定具有重要性。   ( )

6. 在历史成本计量下,对于企业资产、负债、所有者权益等项目的计量,应当基于经济业务的实际交易价格或成本,同时还要考虑随后市场价格变动

的影响。 （ ）

7. 涉外企业在销售过程中实现的收入,只有补偿了在经营过程中已消耗的各项支出才能形成利润。 （ ）

8. 资产应为企业拥有并控制,这样才能给企业带来经济利益。 （ ）

9. 企业在一定期间发生亏损,则企业在这一会计期间的所有者权益一定减少。 （ ）

10. 企业因存货盘亏造成的待处理流动资产净损失,属于企业的流动资产。 （ ）

11. 谨慎性要求会计人员以一种悲观态度来处理经济业务和编制财务报表,所以往往与客观性要求相矛盾。 （ ）

四、名词解释

1. 涉外企业　　　　　　　　2. 会计对象
3. 会计要素　　　　　　　　4. 会计计量
5. 及时性要求　　　　　　　6. 客观性要求
7. 明晰性要求　　　　　　　8. 重要性要求
9. 谨慎性要求　　　　　　　10. 相关性要求
11. 实质重于形式要求　　　　12. 所有者权益

五、简答题

1. 试述涉外企业会计核算的主要特点。
2. 涉外企业会计核算的对象是什么? 具体内容有哪些?
3. 何谓实质重于形式要求? 如何理解这一要求?
4. 如何理解可比性要求?
5. 会计工作如何贯彻重要性要求?
6. 会计计量有哪几种属性? 各种计量属性有何特点?

第二章 外汇管理与外币
业务的核算内容

── 本章学习要点 ──────────────

　　了解我国外汇管理的基本内容,掌握涉外企业外币业务的有关
定义、核算内容。重点掌握外币业务的会计处理。

第一节 我国的外汇管理

一、外汇管理的概念

　　外汇管理又称外汇管制,是指一个国家为保持本国的国际收支平衡,对外汇的买卖、借贷、转让、收支、国际清偿、外汇汇率和外汇市场实行一定的限制措施的管理制度。外汇管制的目的在于保持本国的国际收支平衡,限制资本外流,防止外汇投机,促进本国的经济发展。

　　国际货币基金组织 IMF(International Monetary Fund)不允许对国际收支中的经常项目进行外汇管制,但允许会员国对国际收支中的资本项目进行管制。所谓经常项目,是指国际收支中经常发生的交易项目,包括贸易收支、劳务收支和单方面转移等。所谓资本项目,是指国际收支中因资本输出和输入而产生的资产与负债的增减项目,包括直接投资、各类贷款、证券投资等。

　　我国从新中国成立以来一直实行外汇管制,1980 年 12 月 18 日,国务院制定发布了《中华人民共和国外汇管理暂行条例》,标志着我国的外汇管理进入了一个新的阶段。随后,国家外汇管理部门又制定发布了一系列的外汇管理实施细则,如《对外汇、贵金属和外汇票证等进出国境的管理施行细则》《对外国驻华机构及其人员的外汇管理施行细则》。1985 年,经国务院批准,国家外汇管理局发布了《违反外汇管理处罚施行细则》等规定,先后实行了高度集中的统收统支的外汇管理制度、外汇留成和外汇调剂制度。这些规定对加强我国的外汇管理,促进对外开放起了积极的作用。随着我国经济体制改革的不

断深化,我国的外汇管理也发生了变化。1993 年 12 月 28 日,国务院会同中国人民银行发布了《中国人民银行关于进一步改革外汇管理体制的公告》,对外汇管理体制进行了一系列的改革,对外汇管理提出了一些基本要求,并决定从 1994 年 1 月 1 日起对经常性项目外汇收入实行银行结汇制,取消外汇留成;实行银行售汇制,允许人民币在经常项目下有条件兑换;建立银行间外汇市场,改进外汇形成机制,取消长期以来的外汇双轨制,实行汇率并轨,并轨后的人民币汇率,实行以市场供求为基础的、单一的、有管理的浮动汇率制,保持合理及相对稳定的人民币汇率等。1996 年 1 月 29 日,国务院制定发布了《中华人民共和国外汇管理条例》(简称《外汇管理条例》),并在 1997 年 1 月 14 日作了修正。新的《外汇管理条例》明确规定,国家对经常性国际支付和转移不予限制,在中华人民共和国境内,禁止外币流通,并不得以外币计价结算。

根据国内外经济金融形势的发展,经国务院批准,中国人民银行又发布了关于完善人民币汇率形成机制改革的公告。自 2005 年 7 月 21 日起,我国开始实行以市场供求为基础、参考"一篮子"货币进行调节、有管理的浮动汇率制度。人民币汇率不再钉住单一美元,形成更富弹性的人民币汇率机制。这一改革,对维护人民币汇率在客观、均衡水平上的基本稳定,促进国际收支基本平衡,维护宏观经济和金融市场的稳定,有着重要的意义,它标志着我国的外汇管理又进入了一个新的时期。

二、对境内机构的外汇管理

(一)外汇账户的开立

单位开立外汇账户必须向外汇管理机关提交开立外汇账户申请报告,加盖单位公章,并根据外汇管理机关的要求,提供法人营业执照或民政机关登记的社团登记证、各行业主管部门的核准件、相应外汇收入证明、审计报告(如新成立的企业,则需提供合同、协议)和其他资料,据此向外汇管理机关领取"外汇账户使用证",并按规定填写用途、币种、收支范围、使用期限以及相应的结汇方式等,外汇机关审查无误后,核定其限额。外商投资企业,通常根据实际收汇情况,核定外汇最高限额。外贸企业的外汇限额一般按上一年度外汇收入的 20％核定。经外汇管理机关批准后,企业才能在指定的银行开设外汇账户。

境内单位开立外汇账户,必须由本单位人员办理,如需开户银行代办,必须出具企业授权书。

国家为了在外汇管理上给予企业一定自主权,允许境内企业开立外汇账户,保留核定限额内的外汇收入,这样不但可以减少企业在结汇售汇过程中发生的财务费用,而且企业可以自行决定收汇后保留外汇资金的数额和时机,防范外汇风险。

（二）外汇账户的管理

外汇账户管理有如下规定:

（1）企业应当按照国家外汇管理局核定的用途、币种、收支范围、使用期限及结汇方式收支外汇。

（2）企业外汇账户余额如超出限额,超出限额部分必须在超限额之日起5个工作日内结汇,如外汇收入发生变化,需要调整限额,应在规定的日期内向外汇管理机关提出申请。

（3）不得出租、出借或串用外汇账户;不得利用外汇账户非法代其他单位或个人收付、保存或者转让外汇;不得将单位外汇以个人名义私存。

（4）除外商投资企业的境外投资者和驻华机构以外,其他单位的外汇账户按规定关闭时,其外汇余额必须全部结汇。

（5）要正确核算外汇,建立严格的内部外汇收支管理制度,定期与外汇开户银行进行核对。

（6）企业要自觉接受外汇管理机关的监督检查,包括对外汇账户的年检及不定期的抽查。

（三）经常项目的外汇管理

1. 经常项目的外汇收入管理

我国对经常项目下的外汇收入实行银行结汇制。境内机构的经常项目外汇收入应当及时调回国内,并按照国家关于结汇、售汇及付汇管理的规定卖给外汇指定银行,或者经批准在外汇指定银行开立账户。经常项目的外汇收入是我国外汇收入的主要来源,它关系到我国的国际收支平衡,关系到我国与他国的贸易往来。将其调回国内,纳入国家的监控之下,有利于保持我国的国际收支平衡,进而促进我国国民经济和社会发展。某些符合国家规定的经常项目外汇收入,经过批准后,可存放在国外。

经常项目的外汇收入管理,可以分为三类。

第一类,境内机构取得的下列外汇应当结汇:

（1）出口或者先支后收转出口货物及其他交易行为收入的外汇。其中用跟单信用证/保函和跟单托收方式结算的贸易出口外汇可以凭有效商业单据结汇,用汇款方式结算的贸易出口外汇持出口收汇核销单结汇。

（2）境外贷款项下国际招标中标收入的外汇。

（3）海关监管下境内经营免税商品收入的外汇。

（4）交通运输（包括各种运输方式）及港口（含空港）、邮电（不包括国际汇兑款）、广告、咨询、展览、寄售、维修等行业及各类代理业务提供商品或者服务收入的外汇。

（5）行政、司法机关收入的各项外汇规费、罚没款等。

（6）土地使用权、著作权、商标权、专利权、非专利技术、商誉等无形资产转让收入的外汇，但上述无形资产属于个人所有的，可不结汇。

（7）境外投资企业汇回的外汇利润、对外经援项下收回的外汇和境外资产的外汇收入。

（8）对外索赔收入的外汇、退回的外汇保证金等。

（9）出租房地产和其他外汇资产收入的外汇。

（10）保险机构受理外汇保险所得外汇收入。

（11）取得《经营外汇业务许可证》的金融机构经营外汇业务的净收入。

（12）国外捐赠、资助及援助收入的外汇。

（13）国家外汇管理局规定的其他应当结汇的外汇。

第二类，境内机构的下列外汇，可以向国家外汇管理局及其分支局申请，在经营外汇业务的银行开立外汇账户，按照规定办理结汇：

（1）经营境外承包工程、向境外提供劳务、技术合作及其他服务业务的公司，在上述业务项目进行过程中收到的业务往来外汇。

（2）经批准经营代理进口业务的外（工）贸公司，从事外轮代理、船务代理、国际货运代理、船舶燃料代理、商标代理、专利代理、版权代理、广告代理、船检、商检代理业务的机构代收代付的外汇。

（3）暂收待付或者暂收待结项下的外汇，包括境外汇入的投标保证金、履约保证金、先收后支的转口贸易收汇、邮电部门办理国际汇兑业务的外汇汇兑款、一类旅行社收取的国外旅游机构预付的外汇、铁路部门办理境外保价运输业务收取的外汇、海关收取的外汇保证金、抵押金等。

（4）经交通部批准，从事国际海洋运输业务的远洋运输公司，经商务部批准从事国际货运的外运公司和租船公司在境内外经营业务所收入的外汇。

第三类，经常项目下的捐赠、资助及援助合同规定用于境外支付的外汇，经国家外汇管理局批准后方可保留。

外商投资企业经常项目下外汇收入，可在国家外汇管理局核定的最高金额以内保留外汇，超出部分应当卖给外汇指定银行。

这里讲的外汇指定银行是指经中国人民银行批准经营结汇和售汇业务的金融机构，包括中资金融机构和外资金融机构。

2. 经常项目的用汇管理

外汇银行对企业购汇实行售汇制。售汇制是指外汇银行受理企业提供国家认可的进口用汇有效凭证，用人民币办理购买及对外支付外汇的制度。

涉外企业需要购汇时，必须提供贸易合同、正本提单、发票、费用收据、进口许可证、进口登记表等与支付方式相适应的有效商业单据和凭证。如果采取信用证结算方式，还需提供开证申请书；如果采取进口托收结算方式，还需提供有关付款通知书；如果采取进口汇款结算方式，还需提供汇款申请书。

境内机构的经营性对外支付用汇分直接支付或兑付、先支付或兑付后核查和经审核后才予以支付或兑付三种情况。

1) 境内机构下列贸易及非贸易经营性对外支付用汇，持与支付方式相应的有效商业单据和所列有效凭证从其外汇账户中支付或者到外汇指定银行兑付：

（1）用跟单信用证/保函方式结算的贸易进口，如需在开证时购汇，持进口合同、进口付汇核销单、开证申请书；如需在付汇时购汇，还应当提供信用证结算方式要求的有效商业单据。核销时必须凭正本进口货物报关单办理。

（2）用跟单托收方式结算的贸易进口，持进口合同、进口付汇核销单、进口付汇通知书及跟单托收结算方式要求的有效商业单据。核销时必须凭正本进口货物报关单办理。

（3）用汇款方式结算的贸易进口，持进口合同、进口付汇核销单、发票、正本进口货物报关单、正本运输单据，若提单上的"提货人"和报关单上的"经营单位"与进口合同中列明的买方名称不一致，还应当提供两者间的代理协议。

（4）进口项下不超过合同总金额的15%，或者虽超过15%但未超过等值10万美元的预付货款，持进口合同、进口付汇核销单。

上述（1）～（4）项下进口实行进口配额管理或者特定产品进口管理的货物，还应当提供有关部门签发的许可证或者进口证明；进口实行自动登记制的货物，还应当提供填好的登记表格。

（5）进口项下的运输费、保险费，持进口合同、正本运输费收据和保险费收据。

（6）出口项下不超过合同总金额2%的暗佣（暗扣）和5%的明佣（明扣）或者虽超过上述比例但未超过等值1万美元的佣金，持出口合同或者佣金协议、结汇水单或者收账通知；出口项下的运输费、保险费，持出口合同、正本运输费收据和保险费收据。

（7）进口项下的尾款，持进口合同、进口付汇核销单、验货合格证明。

（8）进出口项下的资料费、技术费、信息费等从属费用，持进口合同或者出口合同、进口付汇核销单或者出口收汇核销单、发票或者收费单据及进口或者出口单位负责人签字的说明书。

（9）从保税区购买商品以及购买国外入境展览展品的用汇，持（1）～（8）项规定的有效凭证和有效商业单据。

（10）专利权、著作权、商标、计算机软件等无形资产的进口，持进口合同或者协议。

（11）出口项下对外退赔外汇，持结汇水单或者收账通知、索赔协议、理赔证明和已冲减出口收汇核销的证明。

（12）境外承包工程所需的投标保证金持投标文件，履约保证金及垫付工程款项持合同。

境内机构偿还境内中资金融机构外汇贷款利息，持《外汇（转）贷款登记证》、借贷合同及债权人的付息通知单，从其外汇账户中支付或者到外汇指定银行兑付。

2）境内机构下列贸易及非贸易经营性对外支付，经营外汇业务的银行凭用户提供的支付清单先从其外汇账户中支付或者兑付，事后核查：

（1）经国务院批准的免税品公司按照规定范围经营免税商品的进口支付。

（2）民航、海运、铁道等部门（机构）支付境外国际联运费、设备维修费、站场港口使用费、燃料供应费、保险费、非融资性租赁费及其他服务费用。

（3）民航、海运、铁道等部门（机构）支付国际营运人员伙食、津贴补助。

（4）邮电部门支付国际邮政、电信业务费用。

3）境内机构下列对外支付用汇，由外汇局审核其真实性后，从其外汇账户中支付或者到外汇指定银行兑付：

（1）进口项下超过合同总金额的15％，且超过等值10万美元的预付货款。

（2）进口项下超过合同总金额2％的暗佣（暗扣）和5％的明佣（明扣），且超过等值1万美元佣金的。

（3）转口贸易项下先支后收的对外支付。

（4）偿还外债利息。

（5）超过等值1万美元的现钞提取。

（四）资本项目的外汇管理

1. 资本项目的外汇收入管理

境内机构的资本项目外汇收入，除国务院另有规定外，应当调回国内，不得擅自存放在境外。因特殊原因需要将其资本项目外汇收入暂时存放国外的,也须报国家外汇管理部门批准。

境内机构的资本项目外汇收入,应当按照国家有关规定在外汇指定银行开立外汇账户;卖给外汇指定银行的,须经外汇管理机关批准。根据国家《结汇、售汇及付汇管理规定》,境内机构资本项目下的外汇应当在经营外汇业务的银行开立外汇账户。

境内机构下列范围内的外汇,未经国家外汇管理局批准,不得结汇:

(1) 境外法人或自然人作为投资汇入的外汇。

(2) 境外借款及发行外币债券、股票取得的外汇。

(3) 经国家外汇管理局批准的其他资本项目下外汇收入。

除出口押汇外的国内外汇贷款和中资企业借入的国际商业贷款不得结汇。

2. 资本项目的用汇管理

与经常项目的对外支付用汇相类似,资本项目用汇也可以分为直接支付或兑付和经审核后才予以支付或兑付两种情况。

1) 可以直接支付或兑付的:

境内机构偿还境内中资金融机构外汇贷款本金,持《外汇(转)贷款登记证》、借贷合同及债权机构的还本通知单,从其外汇账户中支付或者到外汇指定银行兑付。

2) 经审核后才予以支付或兑付的:

境内机构资本项目下的下列用汇,持所列有效凭证向国家外汇管理局申请,凭国家外汇管理局的核准件从其外汇账户中支付或者到外汇指定银行兑付:

(1) 偿还外债本金,持《外债登记证》、借贷合同及债权机构还本通知单。

(2) 对外担保履约用汇,持担保合同、国家外汇管理局核发的《外汇担保登记证》及境外机构支付通知。

(3) 境外投资资金的汇出,持国家主管部门的批准文件和投资合同。

(4) 外商投资企业的中方投资者经批准需以外汇投入的注册资金,持国家主管部门的批准文件和合同。

(5) 外商投资企业的外汇资本金的增加、转让或者以其他方式处置,持董事会决议,经国家外汇管理局核准后,从其外汇账户中支付或者持国家外汇管理局核发的售汇通知单到外汇指定银行兑付;投资性外商投资企业外汇资本金在境内投资及外方所得利润在境内增资或者再投资,持国家外汇管理局核准件办理。

三、外汇市场的管理

（一）外汇市场交易的原则

外汇市场是指进行外汇买卖的场所。实际上,外汇买卖并无具体的、固定的交易场所,而是由进行外汇交易的银行和外汇经纪人通过电报、电话等通信手段完成交易的。在我国,进行外汇交易的主体是外汇指定银行。实行银行结汇制、售汇制后,建立和规范全国统一的外汇交易市场就成为我国外汇管理制度中的一项重要内容。

外汇市场交易应当遵循公开、公平、公正和诚实信用的原则。所谓公开原则,即外汇指定银行和其他经营外汇的金融机构在进行外汇交易时,应当公开进行。公开的内容应包括买卖外汇的金额和价格等,公开的形式或是发布公告,或是将有关资料公布供查。所谓公平原则,即交易各方的权利义务应对等。所谓公正原则,即客观真实、公平对待。所谓诚实信用原则,即从真实的事实出发,善意地表达自己的意思,并认真地履行义务,不得弄虚作假,恶意欺诈。

（二）外汇市场交易的币种和形式

在我国,外汇市场交易的币种和形式由国务院外汇管理部门规定和调整。目前允许交易的币种有人民币对美元、港元、日元、欧元等。交易的形式包括即期交易和远期交易。对银行间的外汇市场只允许进行即期交易,即只能进行现汇买卖,实际上是银行间调节资金余缺的外汇交易。对银行和客户则允许直接进行远期外汇交易,即允许买卖双方签约约定一个汇率,于未来一定日期买入或卖出一定数额的外汇。

我国的外汇市场,由中国人民银行通过国家外汇管理局进行监督管理。

第二节 外币业务的核算内容

一、外币与外汇的概念

外币与外汇是两个不同的概念。

（一）外币的概念

外币是外国货币的简称,在日常生活中它通常是指本国货币以外的其他国家和地区的货币,其形态是纸币和铸币。

但在会计上,外币是指记账本位币以外的货币。所谓记账本位币,是指企业在会计核算时使用的统一记账货币。在我国允许企业采用非人民币货币作为记账本位币,如果某企业用美元作为记账本位币,那么对于该企业来说,美元以外的货币,包括人民币,均是外币。

（二）外汇的概念

外汇是外币国际汇兑的简称,它是指以外币表示的可以用作国际清偿的支付手段和资产。根据《外汇管理条例》的规定,外汇具体包括:

（1）外国货币,包括纸币、铸币。

（2）外币支付凭证,包括票据、银行存款凭证、邮政储蓄凭证等。

（3）外币有价证券,包括政府债券、公司债券、股票等。

（4）特别提款权、欧洲货币单位。

（5）其他外汇资产。

国际货币基金组织认为,"外汇是货币行政当局（中央银行、货币机构、外汇平准基金组织和财政部）以银行存款、财政部库券、长短期政府证券等形式持有的、在国际收支逆差时可以使用的债权。其中,包括由中央银行及政府间协议的、在市场上不流通的债权,而不问它是以债务国货币还是债权国货币表示。"可见,外汇具有以下两个基本特征:一是必须以外币表示的国外资产,凡是用本国货币表示的信用工具或支付凭证不能作为外汇;二是必须可以自由兑换成其他形式的支付手段,即只有在国际上可以流通的外币资产才能视为外汇,不能自由兑换的外币不能作为外汇。故外汇包括现汇与记账外汇两种。现汇也叫自由外汇,是在国际金融市场上可以自由买卖,在国际结算中广泛使用,可以在国际上得到偿付并可以自由兑换成其他国家货币的外汇,又称为多边结算的外汇。记账外汇,也称为双边外汇或协定外汇,是根据两国政府有关贸易清算协定所开立的清算账户下的外汇,这种外汇不能兑换成其他通货,也不能支付给第三国,只能用于支付协定规定的两个国家之间的贸易货款及从属费用和其他双方政府同意的付款。例如,我国对某些发展中国家和东欧等国的进出口贸易,为了双方节省自由外汇,签订双边支付协定,采用记账外汇办理结算。与这些国家的所有进出口货款,只在双方国家银行开立的专门账户记载,年底终了,发生的顺差或逆差,则按支付协定的规定处理,或者将差额转入下一年度贸易项下平衡,或者规定差额超过商定的额度时用自由兑换货币或其他方式清偿。

在实行外汇管制的国家中,通常不允许外国货币在国内流通。国际资金流动中的绝大部分是通过银行进行汇划的。通常所说的外币业务,实质上多为外汇业务,只有极小部分是直接使用外国纸币或铸币结算的。因此,外汇一词比外币一词在使用上更广泛,涵盖的面更广。在实际工作中,区分外币和外汇的概念,是非常有必要的。

现将常用的部分外国货币及简写符号列示如表 2-1 所示。

表 2-1

各种常用外币简写符号

外币名称	货币符号	简写	单位
英镑	£	GBP	镑
美元	US $	US$	元
日元	J￥	JPY	日元
港元	HK $	HKD	元
欧元	€	EUR	欧元
瑞士法郎	SF	CHF	法郎
加拿大元	CAN $	CAD	元
澳大利亚元	A $	AUD	元
瑞典克朗	SKR	SEK	克朗
丹麦克朗	DKR	DKK	克朗
挪威克朗	NKR	NOK	克朗
韩国圆	WON	KRW	圆
泰国铢	B	THB	铢
菲律宾比索	P	PHP	比索
印度卢比	RS	INR	卢比
俄罗斯卢布	RBS	SUR	卢布
缅甸元	K	BUK	元
新西兰元	NZ $	NZD	元
新加坡元	S $	SGD	元

二、汇率

（一）汇率的概念及其标价方法

国际政治、经济、文化的联系和贸易与非贸易往来所引起的货币收支和债权债务,都要在有关国家之间办理国际结算,而这种结算就是通过经常的、大量的外汇买卖来进行的。外汇买卖需要一个兑换比率,即汇率或汇价。外汇汇率是指一种货币兑换成另一种货币的比率,也即用某一种货币表示的另一种货币的价格。目前,国际上汇率有直接标价法和间接标价法两种标价方法。

1. 直接标价法

直接标价法是指以一定数量的外国货币来表示可兑换多少数额的本国货币的标价方法。例如,2005 年 4 月 10 日,100 美元＝827.65 元人民币。目前世界上绝大多数国家(包括我国)都采用直接标价法。在直接标价法下,外国货币的数量固定不变,所折合的本国货币数额随着外国货币与本国货币的价值对比情况的变动而变动。如果折合的本国货币的数量增加,说明本币贬值,外币相对升值,也即外汇汇率上升或本币汇率下降;反之,折合的本国货币的数量减少,说明本币升值,外币相对贬值,也即外汇汇率下降或本币汇率上升。

2. 间接标价法

间接标价法是指以一定数量的本国货币来表示可兑换多少数额的外国货币的标价方法。例如,2005 年 4 月 10 日,100 元人民币＝1 313.18 日元。英国是长期以来实行间接标价法的国家之一。美国自 1987 年起也改为采用间接标价法对汇率进行标价。在间接标价法下,本国货币的数量固定不变,所折合的外国货币数额随着外国货币与本国货币的价值对比情况的变动而变动。如果折合的外国货币的数量增加,说明本币升值,外币相对贬值,也即外汇汇率下降或本币汇率上升;反之,折合的外国货币的数量减少,说明本币贬值,外币相对升值,也即外汇汇率上升或本币汇率下降。

显然,两种标价方法反映的汇率变动方向正好相反。因此,在引用某种货币的汇率和说明其汇率的高低时,必须明确采用哪种标价方法,以免混淆。

(二)汇率的分类

外汇汇率根据不同的作用,有多种分类方法。

1. 按汇率发生的时间,可分为现行汇率和历史汇率

现行汇率是指企业发生外币经济业务时的市场汇率。历史汇率是指企业以前的外币经济业务发生时所使用的汇率。现行汇率和历史汇率是相对的,前一交易日的市场汇率相对于当日是历史汇率,当日的现行汇率相对于次日来说又是历史汇率。

2. 按企业记账所依据的汇率,可分为记账汇率和账面汇率

记账汇率是指企业发生外币经济业务进行会计账务处理时所使用的汇率。账面汇率是指企业以往发生的外币业务登记入账时所使用的汇率,即过去的记账汇率。账面汇率也就是历史汇率。

3. 按银行买卖外汇的汇率,可以分为买入汇率、卖出汇率和中间汇率

买入汇率是指银行向客户买入外汇时所使用的汇率,即银行购买外汇时愿意支付的价格。卖出汇率是指银行向客户卖出外汇时所使用的汇率,即银行出让外汇时愿意接受的价格。中间汇率是指银行买入汇率与卖出汇率之间的平均汇率。我国企业对外币业务进行会计处理时,一般采用中国人民银行公布的中间汇率作为折算依据;在进行货币兑换时,才采用外汇指定银行的买

入汇率和卖出汇率。

4. 按外币买卖成交后交割期间的不同,可分为即期汇率和远期汇率

即期汇率又称现汇汇率,是指外汇交易双方当即进行交割所使用的汇率,也就是人们通常所说的买入现汇或卖出现汇时所使用的汇率。远期汇率又称预期汇率,是指外汇交易双方约定在以后的一定期限内交割时所使用的约定的汇率。在这种外汇买卖中,买卖双方按远期汇率签订买入或卖出外币合约,到达预定时间则按照约定的汇率交割外汇。

5. 按汇率制定方法,可分为基本汇率和套算汇率

各国在制定汇率时,必须选择某一国货币作为主要对象。被选中的这种货币称为关键货币。其基本条件是:本国国际收支中使用最多的,外汇储备中占较大比重的,同时又可以自由兑换,国际上普遍接受的货币。根据本国货币与关键货币的实际价值对比制定出的汇率就是基本汇率。美元是国际支付中使用较多的货币,各国一般都把美元当作关键货币来制定汇率。因此,通常把对美元的汇率称作基本汇率。套算汇率主要有两层含义:第一,由于世界主要外汇市场只公布按美元标价法计算的外汇汇率,而不能直接反映其他货币之间的汇率。故为了换算出各种货币的汇率,必须通过各种货币对美元的汇率进行套算。第二,各国在制定出基本汇率之后,对其他国家的货币汇率,就可以通过这个基本汇率套算出来。

6. 按不同货币之间的比价是否经常发生变动,汇率可分为固定汇率和浮动汇率

所谓固定汇率,是指一国的货币与另一国的货币的兑换比率固定不变,或者是限制在一定幅度内波动的汇率。浮动汇率是指一国的货币与另一国的货币的兑换比率随着市场供求关系的变动而上下浮动的汇率。我国从 1994 年人民币汇率并轨后,实行的是以市场供求为基础的、单一的、有管理的浮动汇率。2005 年 7 月 21 日起,人民币汇率不再钉住单一美元,而是参考"一篮子"货币进行调节。具体由中国人民银行根据前一日银行间外汇交易市场形成的价格,每日公布人民币对美元交易的中间价,并参照国际外汇市场变化,同时公布人民币对其他主要货币的汇率。各外汇指定银行以此为依据,在中国人民银行规定的浮动幅度内,自行挂牌,对客户买卖外汇。

(三)影响汇率的因素

影响汇率的因素既有经济方面的,又有非经济方面的,而且这些因素相互联系、相互制约,共同促使汇率的变动。一般来说,影响汇率变动的主要因素有经济因素、政策因素和其他因素。

1. 经济因素

(1) 物价水平和通货膨胀。在货币流通的条件下,两国货币之间的比率,从根本上来说,是由各自所代表的价值量决定的。物价是一国货币价值在商品市场上的体现,物价水平意味着该国货币价值绝对额的大小。通货膨胀则表示该国货币所代表的价值量的下降。因此,一国物价水平和通货膨胀率的高低是决定该国货币对外汇率的主导因素。如果一国相对于其他国家具有较高的通货膨胀率,以外币所表示的出口商品的价格就会提高,必然会削弱本国商品在国际市场上的竞争能力,引起出口减少,同时提高外国商品在本国市场上的竞争能力,造成进口增加。这会引起本国国际收支状况的恶化,对外汇的需求大于对外汇的供给,造成本国货币在外汇市场上的汇价下跌。同时,如果一国通货膨胀率较高,人们就会预期该国货币的汇率将趋于疲软,继而在外汇市场上抛出手中持有的该国货币,造成该国货币在外汇市场上的进一步下跌。总之,如果一国通货膨胀率高于别国,该国货币在外汇市场上就趋于贬值;反之,则会趋于升值。

(2) 资本流动。资本在不同国家间大量流动会使汇率发生重大变动。资本的大量流入,会增加对流入国货币的需求,使流入国的外汇供应增加,外汇供应的相对充足和对流入国本币需求的增长,会使本币币值上升,外汇汇率下降;相反,一国外国资本大量流出,就会出现外汇短缺,对本币需求下降的情况,使本币币值下降,外汇汇率上升。

(3) 经济增长差异。一国经济增长势头的高低对汇率的影响是多方面的。首先,一国经济增长率高,意味着该国国民收入增加,社会需求增加,由此可能导致进口支出的大幅度增长,从而带动外汇需求增加,拉动外汇汇率的上升。其次,一国经济增长率高,往往也意味着生产率的提高和生产成本的降低,由此提高本国产品的竞争能力,增加出口,增加外汇供给。同时,经济增长势头好,意味着投资利润高,由此会吸引国外资金流入,改善该国资本账户收支状况。这些因素都倾向于提高该国货币在外汇市场上的汇价。总体来说,高经济增长率在短期内不利于本国货币在外汇市场的汇价,但从长远来看,却强有力地支撑着本国货币的升值。

(4) 国际收支状况。从外汇的最终供给和需求角度考虑,一国国际收支状况对汇率变动往往会产生直接的影响。一般情况下,一国国际收支逆差,就意味着在外汇市场上外汇供不应求,本币供过于求,结果是外汇汇率上升,本币汇率下降;反之,一国国际收支顺差则意味着外汇供过于求,本币供不应求,结果是外汇汇率下降,本币汇率上升。

2. 政策因素

（1）利率政策。利率政策是指一国采取的变动本国银行利率水平对本国经济加以调整的经济政策。一些国家为了使汇率朝着有利于本国经济发展的方向变动，往往利用利率政策加以调节，而利率的差异将引起资本在国际上流动，受利益动机的驱使，资本一般总是从利率较低的国家流向利率较高的国家。这样，如果一国的利率水平高于其他国家，就会吸引大量的外国资本流入，本国资本流出减少，导致外汇市场上抢购本国货币，本国货币就会趋于升值；反之，如果一国的利率水平相对于他国下降，则会引起外国资本和本国资本外流，恶化资本账户收支状况，降低本国货币的汇价。

（2）汇率政策。汇率政策是影响汇率的一个重大因素，它直接影响着汇率的变动。一个国家必须经常不断地检查外汇汇率是否适当，以便作出及时的调整，适应商品进出口、资本流出入和国民经济发展及结构调整的需要。例如，有的国家为鼓励资本输出，增强本币信用，提高本币在国际上的地位，而将本币定值偏高；有的国家为了扩大出口，限制进口，往往将本币对外定值偏低。在国际金融市场上，一个国家金融主管部门负责人的政策性讲话，都会引起汇率的上下波动。

（3）外汇干预政策。外汇干预政策是指一国政府或货币当局通过利用外汇平准基金介入外汇市场，直接进行外汇买卖来调节外汇供求，使汇率朝着有利于本国经济发展的方向变动。

3. 其他因素

（1）投机因素。投机者如果预期某种货币将升值，就会大量购进该种货币，从而造成该种货币汇价的现实上升；反之，投机者若预期某种货币将贬值，就会大量抛售该种货币，从而造成该种货币汇价的即刻下跌。可以说，投机因素是外汇市场汇价短期波动的重要力量。

（2）心理预期因素。在影响外汇汇率走势的各种因素中，最难以把握的就是心理因素。它是影响汇率短期走势的重要因素。从实际来看，有许多心理因素经常影响外汇市场的波动，盲目跟风就是其中一例。心理因素只有在一定的市场条件下才会产生并起作用。外汇市场处于牛市时，行情上涨，一些微不足道的利多消息就会刺激看好心理，引起汇率上升；外汇市场处于熊市时，行情下跌，人心看淡，往往任何利好消息也无力挽回汇价疲软的趋势，而一些微小的利空消息就会使汇率急遽下降。

（3）政治因素。政治因素对汇率走势的影响也至关重要。政治因素一般来得很突然，所以很难预测。它主要包括政权更迭、政变或战争、政府官员丑闻或下台,以及罢工等。当一个国家或地区发生政变或爆发战争的时候,该国的货币就会呈现不稳定而币值下跌。局势动荡永远都是打击该国货币的重要原因。

上述各种因素的关系错综复杂,它们相互交织、相互依存、相互制约,有时又相互抵销,形成一种综合力量,共同改变外汇市场供求状况,进而引起汇率的变动。

三、外币业务

(一)记账本位币

会计主体在经营过程中会涉及多种货币计价的问题。为了在会计核算上统一反映各种不同货币计价的经济业务,需要选用一种统一的货币作为记账货币,并以该种货币来计量和处理各项经济业务。这种会计主体在会计核算时所统一采用的作为会计计量基本尺度的记账货币,就称为记账本位币。我国《企业会计准则》明确规定,企业会计核算以人民币作为记账本位币,业务收支以外币为主的企业也可以选定某种外币作为记账本位币,但编制的会计报表应当折算为人民币反映。因此,以人民币为记账本位币的企业,发生的各项非人民币经济业务就称为企业的外币业务。同样,如果企业以某种外币作为记账本位币,则发生的各项非该种货币的经济业务都是企业的外币业务。

1. 企业选定记账本位币应当考虑的因素

(1)该货币主要影响商品和劳务的销售价格,通常以该货币进行商品和劳务的计价和结算。

(2)该货币主要影响商品和劳务所需人工、材料和其他费用,通常以该货币进行上述费用的计价和结算。

(3)融资活动获得的货币以及保存从经营活动中收取款项所使用的货币。

2. 企业境外经营选定记账本位币应当考虑的因素

(1)境外经营对其所从事的活动是否拥有很强的自主性。

(2)境外经营活动中与企业的交易是否在境外经营活动中占有较大比重。

(3)境外经营活动产生的现金流量是否直接影响企业的现金流量,是否可以随时汇回。

(4)境外经营活动产生的现金流量是否可以偿还其现金债务和可预期的债务。

以上所说的境外经营,是指企业在境外的子公司、合营企业、联营企业、分支机构。如果在境内的子公司、合资企业、联营企业、分支机构,采用不同于企业记账本位币的,也视同境外经营。

企业对记账本位币作出选定后,一经确定,不得随意变更,除非企业经营所处的主要经济环境发生重大变化。当企业因经营所处的主要经济环境发生重大变化,确需变更记账本位币的,应当采用变更日的即期汇率将所有项目折算为变更后的记账本位币,并在附注中说明变更的理由。

企业记账本位币的选择,应尽可能与企业的编表货币和与企业注册资本货币保持一致。

（二）外币业务概述

会计核算中的外币业务并不等同于一般意义上的外币业务,而有着特殊的含义。它是指企业以记账本位币以外的其他货币进行款项收付、往来结算的经济业务,主要包括企业购买和销售以外币计价的商品或劳务、企业借入或借出外币资金、企业承担或清偿以外币计价的债务等。企业对发生的外币业务进行会计处理,一是要将外币业务发生时的外币金额进行折算并作相关的账务处理;二是要对因外币业务引起的外币债权债务等,因市场汇率变动所产生的外币折算差额进行处理。当企业发生非记账本位币计量核算的外币业务时,在会计处理上,除了要按一定的折算汇率将其外币发生额折算为记账本位币金额入账外,还要对实际发生的外币金额数进行记录,这称之为双重记账,或称为复币记账。

涉外企业的外币业务可以概括为以下几种:

（1）外币现金及银行存款的收付业务。

（2）以外币结算的各种应收应付等往来业务。

（3）不同货币之间的兑换业务。

（4）接受外币资本投资业务。

（5）企业对发生的外币账户期末余额的调整业务等。

外币业务的记账方法有外币统账法和外币分账法两种。外币统账法是指企业在发生外币业务时,即折算为记账本位币入账。外币分账法是指企业在日常核算时按照外币原价记账,分别币种核算损益和编制财务报表;在资产负债表日将外币财务报表折算为记账本位币表示的财务报表,并与记账本位币财务报表进行汇总,编制企业整体业务的财务报表。目前,我国的绝大多数涉外企业均采用外币统账法,只有银行等少数涉外企业因结算涉及的币种较多而采用外币分账法。

（三）外币账户的设置

在核算外币业务时，企业应当设置相应的外币账户，包括外币现金、外币银行存款以及以外币结算的债权和债务账户。外币结算的债权账户包括应收账款、应收票据和预付账款等；外币结算的债务账户包括短期借款、长期借款、应付账款、应付票据、应付职工薪酬、预收账款等。不允许开立现汇账户的企业，可以设置外币现金和外币银行存款以外的其他外币账户。这些外币账户除具有一般账户的功能外，还应分别反映原币、折合汇率、记账本位币等情况，其格式一般为三栏式，即借方、贷方和余额，但每一栏目还应分别设置原币金额、折合汇率及记账本位币金额三个小栏目。与此相对应，涉及外币业务的记账凭证，在金额栏内也要体现原币、折合汇率、记账本位币的有关内容，据以登记外币账户。

企业发生外币业务，其会计核算的基本程序为：首先，在外币业务发生时，根据一定的折算汇率，将外币金额折算为记账本位币金额，按照折算后的记账本位币金额登记有关账户。其次，在登记有关记账本位币金额的同时，还要按照外币金额登记相应的外币账户。将外币金额折算为记账本位币金额时，可以采用外币业务发生时的即期汇率（通常是指中国人民银行公布的当日人民币外汇牌价的中间价）进行折算；在汇率变动不大的情况下，也可以采用即期汇率的近似汇率（通常是指当期平均汇率或加权平均汇率等）进行折算。然后，在期末（指月末、季末或年末，下同），对各外币账户的期末余额，按照期末即期汇率折合为记账本位币金额，并将外币账户期末余额折合为记账本位币的金额与相对应的记账本位币账户的期末余额之间的差额，确认为汇兑损益。

（四）外币业务的会计处理

1. 外币兑换业务的会计处理

外币兑换业务是指企业从银行等金融机构购入外币（对银行来说，是卖出外币），或向银行等金融机构售出外币（对银行来说，则是买入外币），以及用一种外币兑换另一种外币的业务。

企业卖出外币时，一方面将实际收取的记账本位币金额（即按照外币买入价折算的记账本位币金额）登记入账，将付出的外币金额按当日即期汇率（或即期汇率的近似汇率）折算为记账本位币金额；另一方面将两者之间的差额，确认为汇兑损益，计入财务费用。

【例 2-1】 某外商投资企业以人民币作为记账本位币，外币业务采用业务发生时的即期汇率折算。本期以 70 000 美元向银行兑换人民币，当日即期汇率为 1 美元＝7.08 元人民币，银行买入汇率为 1 美元＝7.02 元人民币。

在本例中,企业应在银行存款美元账户记录美元的减少,同时按照当日的即期汇率将售出的美元折算为人民币;按实际收到的人民币金额,在银行存款人民币账户中记录人民币的增加;两者之间的差额作为当期的财务费用,有关会计分录如下:

借:银行存款——人民币户(US$70 000×7.02)　　　491 400
　财务费用　　　　　　　　　　　　　　　　　　　 4 200
　贷:银行存款——美元户(US$70 000×7.08)　　　 495 600

企业买入外币时,要按照当日的即期汇率将买入的外币折算为记账本位币,并登记入账,同时登记相应的外币账户,按外币卖出价折算应向银行支付的记账本位币。两者之间的差额,作为当期的汇兑损益。

【例 2-2】　某外商投资企业以人民币作为记账本位币,外币业务采用业务发生时的即期汇率折算。本期因外币支付需要,从银行购入 50 000 美元,当日即期汇率为 1 美元=7.06 元人民币,银行卖出汇率为 1 美元=7.09 元人民币。

在本例中,企业应在银行存款美元账户记录美元的增加,按照当日的即期汇率将购入的美元折算为人民币,对该银行存款相对应的人民币账户作增加记录;按实际付出的人民币金额,在银行存款人民币账户中作减少的记录;两者之间的差额作为当期的财务费用,有关会计分录如下:

借:银行存款——美元户(US$50 000×7.06)　　　353 000
　财务费用　　　　　　　　　　　　　　　　　　　 1 500
　贷:银行存款——人民币户(US$50 000×7.09)　　 354 500

2. 外币购销业务的会计处理

企业出口商品或产品时,应将外币销售收入和收取的款项或发生的债权,按业务发生当日的即期汇率或即期汇率的近似汇率折算为记账本位币入账,同时按照外币金额登记有关外币账户,如外币银行存款账户和外币应收账款账户等。

【例 2-3】　某外商投资企业其外币业务采用业务发生时的即期汇率折算。本期向美国一公司出口一批商品,货款总额 5 000 000 美元,采用托收方式结算,货款尚未收到。当日即期汇率为 1 美元=7.05 元人民币。该产品按规定免征关税及增值税,作会计分录如下:

借:应收账款——美元户(US$5 000 000×7.05)　　　35 250 000
　贷:主营业务收入　　　　　　　　　　　　　　　 35 250 000

企业从国外进口存货、引进设备,应将外币购入的资产和支付的外币或应支付的外币金额,按业务发生当日的即期汇率或即期汇率的近似汇率折算为记账本位币登记入账,同时按照外币金额登记有关外币账户,如外币银行存款账户和外币应付账款账户等。

【例 2-4】 某外商投资企业以人民币作为记账本位币,外币业务采用业务发生时的即期汇率折算。本期从境外进口一批原材料,价值 200 000 美元。购入该原材料时即期汇率为 1 美元=7.04 元人民币,货款尚未支付。另以人民币支付进口关税 160 000 元,支付增值税 300 560 元,作会计分录如下:

借:原材料(US＄200 000×7.04＋160 000)　　　　　　　　1 568 000
　　应交税费——应交增值税(进项税额)　　　　　　　　　　300 560
　　贷:应付账款——美元户(US＄200 000×7.04)　　　　　　　1 408 000
　　　　银行存款——人民币户　　　　　　　　　　　　　　　460 560

【例 2-5】 某外商投资企业以人民币作为记账本位币,外币业务采用业务发生时的即期汇率折算。本期从境外购入小汽车一辆,小汽车价款为 245 000 美元,款未付,另以人民币支付进口关税 210 000 元,支付增值税 328 000 元,支付消费税 232 000 元。购入该设备时的即期汇率为 1 美元=7.03 元人民币,作会计分录如下:

借:固定资产——小汽车
　　(US＄245 000×7.03＋210 000＋328 000＋232 000)
　　　　　　　　　　　　　　　　　　　　　　　　　　　　2 492 350
　　贷:应付账款——美元户(US＄245 000×7.03)　　　　　　　1 722 350
　　　　银行存款——人民币户　　　　　　　　　　　　　　　770 000

3. 接受外币资本投资业务的会计处理

外商投资企业接受外币投资时,根据企业会计准则的规定,相应的资产账户和实收资本账户都应当按收到出资额当日的即期汇率进行折算。

【例 2-6】 某外商投资企业收到外商投资 500 000 美元,收到外币款项时的即期汇率为 1 美元=7.05 元人民币,作会计分录如下:

借:银行存款——美元户(US＄500 000×7.05)　　　　　　　3 525 000
　　贷:实收资本(US＄500 000×7.05)　　　　　　　　　　　3 525 000

【例 2-7】 某企业与外商签订的投资合同中规定外商分次投入外币资本。企业第一次收到外商投入资本为 200 000 美元,当时的即期汇率为 1 美元=7.05 元人民币;第二次收到外商投入资本 400 000 美元,当时的即期汇率为 1 美元=7.10 元人民币,作会计分录如下:

第一次收到外币资本时：

　　借：银行存款——美元户(US $ 200 000×7.05)　　　　1 410 000
　　　　贷：实收资本　　　　　　　　　　　　　　　　　1 410 000

第二次收到外币资本时：

　　借：银行存款——美元户(US $ 400 000×7.10)　　　　2 840 000
　　　　贷：实收资本　　　　　　　　　　　　　　　　　2 840 000

4. 外币借款业务的会计处理

　　企业借入外币时,应按照借入外币时的即期汇率或即期汇率的近似汇率折算为记账本位币,同时将外币金额登记相关的外币账户。

【例 2-8】　某外商投资企业以人民币作为记账本位币,外币业务采用业务发生时的即期汇率折算。本期从银行借入 100 000 港元,约定 3 个月到期还本付息,年利率为 6%,借入时的即期汇率为 1 港元＝0.94 元人民币,作会计分录如下：

（1）借入港元时：

　　借：银行存款——港元户(HK $ 100 000×0.94)　　　　94 000
　　　　贷：短期借款——港元户　　　　　　　　　　　　94 000

（2）到期还本付息时(当日即期汇率为 1 港元＝0.95 元人民币)：

　　借：短期借款——港元户(HK $ 100 000×0.95)　　　　95 000
　　　　财务费用(HK $ 1 500×0.95)　　　　　　　　　　1 425
　　　　贷：银行存款——港元户　　　　　　　　　　　　96 425

四、汇兑损益

（一）汇兑损益的产生

　　汇兑损益是企业在持有外币货币性资产和负债期间,由于汇率变动而引起的其价值变动所产生的损益。对于外币性资产(如外币银行存款、应收账款等)来说,在汇率上升时,会产生汇兑收益;在汇率下降时,会产生汇兑损失。外币货币性负债则完全相反,在汇率上升时,产生汇兑损失;在汇率下降时,产生汇兑收益。

　　另外,在外币兑换时,由于采用的外币买入汇率和卖出汇率与入账时所采用的即期汇率不同,也会产生汇兑损益。

（二）汇兑损益的确认

　　对企业发生的外币交易业务所涉及的债权债务结算方面的汇兑损益处理

方法-存在两种截然不同的确认观点,即一笔交易观和两笔交易观。

一. 一笔交易观

一笔交易观将外币交易发生与结算视为一项完整的业务,当汇率变动时,应对原先的交易记录作相应的调整,即调整已入账的购货成本或销售收入等账户-而不必将因汇率变动所产生的汇兑损益单独列账予以确认。

一笔交易观的会计处理要点是:① 在交易发生日,按当日汇率将发生的交易乔算为记账本位币入账。② 在报表编制日,若交易尚未结算,则按报表编制日汇率折算的记账本位币金额反映交易金额,并对相关账户进行调整。③ 在交易结算日,按结算日汇率折算的记账本位币金额反映交易金额,并对有关账户进行调整。

【例 2-9】 某企业的记账本位币为人民币,外币业务以业务发生当日的汇率作为记账汇率。该企业 20×7 年 10 月 12 日从境外进口商品一批,价值为 300 000 美元,双方约定于 20×8 年 1 月 20 日支付货款。在此期间,汇率变动如下:

20×7 年 10 月 12 日汇率为 1 美元=7.03 元人民币,20×7 年 12 月 31 日汇率为 1 美元=7.05 元人民币,20×8 年 1 月 20 日汇率为 1 美元=7.04 元人民币。

根据上述资料,作账务处理如下:

20×7 年 10 月 12 日:

    借:库存商品   2 109 000

      贷:应付账款——美元户(US$300 000×7.03)   2 109 000

20×7 年 12 月 31 日:

    借:库存商品   6 000

      贷:应付账款——美元户[US$300 000×(7.05−7.03)]   6 000

20×8 年 1 月 20 日:

    借:应付账款——美元户[US$300 000×(7.04−7.05)]   3 000

      贷:库存商品   3 000

    借:应付账款——美元户(US$300 000×7.04)   2 112 000

      贷:银行存款——美元户   2 112 000

可见,根据一笔交易观,在交易日按当天汇率折算的记账本位币金额仅仅是暂估数,只有等到货款结算后,才能以结算日汇率折算成的记账本位币金额作为真正的购货成本或销售收入,才认为这一外币业务完成。首先,这种做法在实际操作中比较繁琐,特别是对跨年度的债权债务结算难度更大。其次,不单独设置账户反映汇兑损益,而将其掩盖在其他账户之中,不能清晰地反映汇率变动对企业损益的影响,不能集中反映外币风险程度和提供对外币业务有用的决策信息。另外,按一笔交易观,对外币交易产生的债权债务业务所发生的汇兑损益不单独设账予以确认,而对其他外币业务产生的汇兑损益则单独设账予以确认,这样会把同是汇率变动产生的对企业损益的影响,分割成两个部分,既不利于汇兑损益的汇总计算,使会计处理更加复杂化,也使会计信息的揭示不够完整和全面。

2. 两笔交易观

两笔交易观将外币交易发生与结算视为两项独立的业务,当汇率发生变动时,不对原先的交易记录进行调整,将因汇率变动所产生的汇兑损益单独设置账户予以反映。美国财务会计准则委员会 1981 年 12 月公布的第 52 号准则和国际会计准则委员会 1983 年公布的第 21 号准则,都建议外币业务会计处理中采用两笔交易观。我国颁布的《企业会计准则》也要求企业在处理外币业务时,采用两笔交易观。

两笔交易观对汇兑损益的确认,存在两种确认标准:一种是以已实现的汇兑损益为确认标准;另一种是以包括未实现的汇兑损益在内为确认标准。第一种确认标准认为,本期汇兑损益的确认,应以实现为准,即实际的外币买入卖出业务已经发生、外币性的债权债务在本期已经结算完成的外币业务,对其已发生的汇兑损益才能确认入账,计入当期损益。而对尚未使用的外币货币资金和各项尚未结算完成的债权债务等,则不能确认其汇兑损益。第二种确认标准,则主张将本期已实现和未实现的汇兑损益全部计入当期损益,即只要汇率实际发生变动,不论其是否实现,都应确认汇兑损益。因此,在每期会计期末需要对各外币货币资金账户和外币性债权债务账户按期末汇率调整其账面价值,并将账面价值与原账面价值之间的差额,确认为汇兑损益,而不论其是否已在当期实现。这样,不仅符合权责发生制和真实性会计原则的要求,而且也可以在会计核算中及时、充分地反映外汇风险,使会计所提供的信息能够真正符合现实的需要。根据国际惯例,在现行汇率制度下,目前我国和世界上大多数国家采用后一种确认标准。

仍沿用[例 2-9]的资料,在两笔交易观下,作账务处理如下:

20×7 年 10 月 12 日:

借:库存商品　　　　　　　　　　　　　　　　　2 109 000
　　贷:应付账款——美元户(US＄300 000×7.03)　　　　2 109 000

20×7 年 12 月 31 日：

借：财务费用 6 000

　　贷：应付账款——美元户[US＄300 000×(7.05−7.03)] 6 000

20×8 年 1 月 20 日：

借：应付账款——美元户[US＄300 000×(7.04−7.05)] 3 000

　　贷：财务费用 3 000

借：应付账款——美元户(US＄300 000×7.04) 2 112 000

　　贷：银行存款——美元户 2 112 000

一笔交易观和两笔交易观，除了在外币交易业务产生的债权债务结算方面对汇兑损益的处理不同外，对其他外币业务的处理都是相同的，都需要单独设置账户予以反映。

（三）汇兑损益的核算原则

企业因外币业务发生的汇兑损益，按照我国企业会计准则的规定，其核算原则有三个方面。

1. 外币货币性项目

货币性项目，是指企业持有的货币资金和将以固定或可确定的金额收取的资产或偿付的负债。货币性项目分为货币性资产和货币性负债。货币性资产包括库存现金、银行存款、应收账款、其他应收款、长期应收款等；货币性负债包括短期借款、应付账款、其他应付款、长期借款、应付债券、长期应付款等。

对于外币货币性项目，因结算或采用资产负债表日的即期汇率折算而产生的汇兑损益，计入当期损益，同时调增或调减外币货币性项目的记账本位币金额。

2. 外币非货币性项目

非货币性项目，是指货币性项目以外的项目，包括存货、长期股权投资、固定资产、无形资产等。

（1）对于以历史成本计量的外币非货币性项目，由于已在交易发生日按当日即期汇率折算，资产负债表日不应改变其原记账本位币金额，不产生汇兑损益。

【例 2-10】 某外商投资企业以人民币为记账本位币，外币业务采用发生日的即期汇率为折算汇率。20×7 年 12 月 5 日，以 5 000 美元从境外购入 A 商品，当日的即期汇率为 1 美元＝7.5 元人民币。12 月 31 日，A 商品仍在库存，其在国际市场的价格已跌到 4 800 美元。假定不考虑其他税费，当日的即期汇率为1美元＝7.2元人民币。

根据上述资料,12月31日该企业应计提存货跌价准备为2 940元(US＄5 000×7.5－US＄4 800×7.2)。应作会计分录如下:

借:资产减值损失　　　　　　　　　　　　　　　　　　2 940
　　贷:存货跌价准备　　　　　　　　　　　　　　　　　　　2 940

(2)以公允价值计量的外币非货币性项目,如交易性金融资产(股票、基金等),采用公允价值确定日的即期汇率折算,折算后的记账本位币金额与原记账本位币金额的差额,作为公允价值变动(含汇率变动)处理,计入当期损益。

【例2-11】　某外商投资企业以人民币为记账本位币。20×6年12月5日以50 000港元购入M公司H股20 000股作为短期投资,当日汇率为1港元＝1.05元人民币。20×6年12月31日,由于市价变动,当月购入的M公司H股为52 000港元,当日汇率为1港元＝0.98元人民币。对该笔外币业务应作会计处理如下:

(1)20×6年12月5日,作会计分录如下:

借:交易性金融资产　　　　　　　　　　　　　　　　　52 500
　　贷:银行存款——港元户(HK＄50 000×1.05)　　　　　　52 500

(2)20×6年12月31日,作会计分录如下:

借:公允价值变动损益(52 500－HK＄52 000×0.98)　　　1 540
　　贷:交易性金融资产　　　　　　　　　　　　　　　　　　1 540

上述1 540元人民币损失既包括购入M公司H股公允价值变动产生的损益1 960元[HK＄(52 000－50 000)×0.98],又包括人民币与港元汇率变动产生的汇兑损失3 500元[HK＄50 000×(1.05－0.98)]双重影响的结果。

3. 外币投入资本

企业收到投资者以外币投入的资本,应当采用交易发生日即期汇率折算,不得采用合同约定汇率和即期汇率的近似汇率折算,外币投入资本与相应的货币性项目的记账本位币金额之间不产生外币资本折算差额。

企业发生的汇兑损益,根据我国企业会计准则的有关规定,应该分别不同情况,对汇兑损益进行如下不同的处理。

(1)企业在筹建期间发生的汇兑损益,直接计入管理费用。

(2)与购建固定资产等有关的外币借款产生的汇兑损益,在所购建或生产的资产达到预定可使用或可销售状态前发生的,符合资本化条件的应计入有关资产的购建或生产成本,不符合资本化条件的及在所购建或生产的资产达到预定可使用或可销售状态后发生的,计入当期的财务费用。

（3）企业在生产经营期间发生的汇兑损益,一般应计入当期财务费用。

（4）企业按规定在年末将外币财务报表折算为人民币表示的财务报表时,因报表折算产生的差额,作为"外币报表折算差额"处理,在资产负债表的所有者权益项目下作为一个单独项目列示。

（5）企业在清算期间发生的汇兑损益,应记入"清算损益"账户。

复习思考题

一、单项选择题

1. 企业因外币报表折算产生的差额,应当（　　）。
    A. 计入管理费用
    B. 计入财务费用
    C. 计入实收资本
    D. 作为"外币报表折算差额"列在资产负债表中

2. 我国目前采用的外汇标价方法是（　　）。
    A. 期初汇率
    B. 现行汇率
    C. 直接标价法
    D. 间接标价法

3. 企业在核算外币业务时应当设置外币账户,下列不属于外币账户的是（　　）。
    A. "应收账款"
    B. "长期借款"
    C. "应付职工薪酬"
    D. "主营业务收入"

4. 企业接受外币资本投资,相应的资产账户,一律按（　　）进行折算。
    A. 合同约定汇率
    B. 当日的即期汇率
    C. 期初汇率
    D. 期末汇率

5. 在（　　）情况下,本国的货币汇率会上升,本币会升值。
    A. 本国发生高通货膨胀
    B. 本国经济增长良好
    C. 中央银行调整利率政策,把本国利率水平调低
    D. 本国国际收支发生逆差

6. 我国境内机构的经常项目对外支付用汇,下列情况中不需要由国家外汇管理局审核其真实性后,从其外汇账户中支付或者到外汇指定银行兑付的

是（　　）。

    A. 进口项下超过合同总金额的 15%,且超过等值 10 万美元的预付货款

    B. 转口贸易项下先支后收的对外支付

    C. 专利权、著作权、商标、计算机软件等无形资产的进口

    D. 偿还外债利息

7. 下列外汇中,不能兑换成其他通货,也不能支付给第三国,只能用于支付协定规定的两个国家之间的贸易货款及从属费用和其他双方政府同意的付款的是（　　）。

    A. 现汇   B. 自由外汇

    C. 特别提款权   D. 记账外汇

8. 对于一些因结算涉及的币种较多的少数涉外企业,宜采用（　　）。

    A. 外币分账法   B. 当日汇率法

    C. 外币统账法   D. 直接标价法

9. 下列外币业务发生时,一定不会产生汇兑损益的是（　　）。

    A. 以人民币向银行购买美元   B. 外币账户期末余额调整

    C. 不允许开立现汇账户的企业把日元卖给银行

    D. 出口一批商品到美国

10. 本日外汇收盘价分别为 1 欧元＝10.482 4 元人民币,100 日元＝6.785 1 元人民币,1 港元＝0.942 1 元人民币,1 美元＝7.083 5 元人民币,则 1 欧元分别等于（　　）日元和（　　）美元。

    A. 139.75   1.21   B. 154.49   1.48

    C. 135.6   1.19   D. 137.81   1.17

二、多项选择题

1. 外汇市场交易应当遵循的原则有（　　）原则。

    A. 公开   B. 公平

    C. 公正   D. 诚实信用

    E. 风险分散

2. 外汇是指以外币表示的可以用作国际清偿的支付手段和资产,它具体包括（　　）。

    A. 外国货币   B. 特别提款权

    C. 外币支付凭证   D. 外币有价证券

    E. 欧洲货币单位

3. 外汇汇率的表示方法有(　　)。

    A. 现行汇率   B. 直接标价法

    C. 历史汇率   D. 间接标价法

    E. 账面汇率

4. 外汇汇率根据作用不同,有不同的分类,按企业记账所依据的汇率分,可分为(　　)。

    A. 买入汇率   B. 卖出汇率

    C. 记账汇率   D. 账面汇率

    E. 中间汇率

5. 企业在核算外币业务时应当设置外币账户,下列属于外币账户的有(　　)。

    A. "银行存款"   B. "应交税费"

    C. "短期借款"   D. "应付账款"

    E. "预收账款"

6. 我国境内机构的外汇,未经外汇局批准,不得结汇的有(　　)。

    A. 境外法人或自然人作为投资汇入的外汇

    B. 境外借款及发行外币债券、股票取得的外汇

    C. 经国家外汇管理局批准的其他资本项目下外汇收入

    D. 除出口押汇外的国内外汇贷款和中资企业借入的国际商业贷款

    E. 出口或者先支后收转口货物及其他交易行为收入的外汇

7. 按汇率制定方法,汇率可分为(　　)。

    A. 基本汇率   B. 固定汇率

    C. 浮动汇率   D. 套算汇率

    E. 中间汇率

8. 下列情况产生的汇兑损益,应计入当期损益的有(　　)。

    A. 购建的固定资产达到预定可使用状态后发生的汇兑损益

    B. 企业在生产经营期间发生的汇兑损益

    C. 企业在年末因外币财务报表折算产生的汇兑损益

    D. 企业在清算期间发生的汇兑损益

    E. 企业在筹建期间发生的汇兑损益

9. 下列账户中,在汇率上升时会产生汇兑收益;在汇率下降时,会产生汇兑损失的有(　　)。

    A. "银行存款"   B. "应付账款"

C. "应交税费"　　　　　　　　D. "预付账款"

E. "长期债权投资"

10. 外币业务的记账方法有(　　)。

A. 期初汇率法　　　　　　　　B. 当日汇率法

C. 外币分账法　　　　　　　　D. 外币统账法

E. 复币记账法

三、判断题

1. 我国目前实行的是以市场供求为基础的、参考"一篮子"货币进行调节、有管理的浮动汇率制。　　　　　　　　　　　　　　　　(　　)

2. 外贸企业在结汇过程中,应将外汇存入外汇存款账户,超出限额的部分,应按规定结售给外汇账户开户银行。　　　　　　　　　　　(　　)

3. 买入汇率是指客户向银行买入外汇时的价格或汇率。　　(　　)

4. 即期汇率是指买卖双方在未来交割时采用的汇率。　　　(　　)

5. 境内机构的资本项目外汇收入,不允许开立现汇账户,应当卖给外汇指定银行。　　　　　　　　　　　　　　　　　　　　　　　(　　)

6. 在我国,即使企业的记账本位币不是人民币,各项人民币经济业务仍不能称之为外币业务。　　　　　　　　　　　　　　　　　　(　　)

7. 如果企业有需要,可根据实际情况随时变更记账本位币。　(　　)

8. 不允许开立现汇账户的企业,可以设置外币现金和外币银行存款以外的其他外币账户。　　　　　　　　　　　　　　　　　　　(　　)

9. 我国会计制度规定,企业的会计核算可以选定某种外币作为记账本位币,编制的财务报表也可用此种货币反映。　　　　　　　　　(　　)

10. 企业在筹建期间发生的汇兑损益,应记入"汇兑损益"账户。　(　　)

四、名词解释

1. 外汇管理　　　　　　　　　2. 经常项目

3. 资本项目　　　　　　　　　4. 外币

5. 外汇　　　　　　　　　　　6. 汇率

7. 直接标价法　　　　　　　　8. 间接标价法

9. 现行汇率　　　　　　　　　10. 历史汇率

11. 记账汇率　　　　　　　　　12. 账面汇率

13. 买入汇率　　　　　　　　　14. 卖出汇率

15. 中间汇率　　　　　　　　16. 即期汇率

17. 远期汇率　　　　　　　　18. 基本汇率

19. 套算汇率　　　　　　　　20. 固定汇率

21. 浮动汇率　　　　　　　　22. 记账本位币

23. 外币业务　　　　　　　　24. 汇兑损益

五、简答题

1. 试述外汇账户的开立和外汇账户的管理。

2. 简述外币业务的主要内容。

3. 简述汇兑损益的核算原则。

4. 试述一笔交易观和两笔交易观的区别及对收益的影响。

5. 影响汇率的因素有哪些？简述这些因素同汇率的关系。

六、计算与分析题

1. **目的**　练习一笔交易观和两笔交易观下的会计处理。

资料　20×7 年 12 月 14 日,某企业以赊销方式向海外企业销售商品一批,共计 52 000 美元,当日即期汇率为 1 美元＝7.03 元人民币;12 月 31 日的即期汇率为 1 美元＝7.025 元人民币;结算日为 20×8 年 2 月 13 日,其即期汇率为 1 美元＝7.01 元人民币。双方约定以美元结算货款,该企业选择人民币作为记账本位币。

要求　根据上述资料,分别用一笔交易观和两笔交易观编制有关会计分录。

2. **目的**　练习汇兑损益的会计处理。

资料

(1) 企业在筹建期间对外币性账户余额按月末市场汇率调整时,"银行存款——美元户"账户应调减 2 500 元。

(2) 本期投入经营,应收账款美元户发生汇兑净损失 5 000 元。

(3) 企业因购建固定资产而借入的长期美元借款,在期末按期末汇率对"长期借款"账户进行调整时,应增加 3 500 元人民币。假如这是:① 在购建期间;② 固定资产已达到预定可使用状态,并已交付使用。

(4) 收到外方投资机器一批,作价 80 万美元,专有技术一项作价 25 万美元,美元现金 20 万元。当时的即期汇率为 1 美元＝7.07 元人民币。

(5) 本期从美元存款户中支出 3 500 美元,向银行兑换成人民币。当日的即期汇率为 1 美元＝7.05 元人民币,银行买入汇率为 1 美元＝7.03 元人民币,卖出汇率为 1 美元＝7.06 元人民币。

要求　根据上述资料,作有关汇兑损益的会计处理。

3. **目的**　练习外币业务的会计处理。

资料　某企业以人民币作为记账本位币,外币业务采用当日即期汇率作为记账汇率,该企业 6 月份发生的外币经济业务如下:

(1) 6 月 1 日,向美国甲公司出口产品一批,售价 10 000 美元,货款尚未收到,当日的即期汇率为 1 美元＝7.031 元人民币。

(2) 6 月 5 日,向乙企业进口一批材料,价款 8 000 美元,货款尚未支付,当日的即期汇率为 1 美元＝7.035 元人民币。

(3) 6 月 12 日,从美元存款户中支出 5 000 美元兑换人民币,当日的即期汇率为 1 美元＝7.034 元人民币,外汇指定银行的买入汇率为 1 美元＝7.033 元人民币。

(4) 6 月 17 日,收到某外商投入全新设备一套,价值 5 000 美元,当日的即期汇率为 1 美元＝7.034 元人民币。

(5) 6 月 19 日,支付外方人员工资共计 2 500 美元,当日的即期汇率为 1 美元＝7.033 元人民币。

(6) 6 月 21 日,用 20 000 港元兑换成美元,当日的即期汇率为 1 港元＝0.92 元人民币,1 美元＝7.032 元人民币,外汇指定银行港元的买入汇率为 1 港元＝0.91 元人民币,美元的卖出汇率为 1 美元＝7.03 元人民币。

(7) 6 月 24 日,支付上月所欠丙企业货款 4 000 美元,当日的即期汇率为 1 美元＝7.035 元人民币。

(8) 6 月 26 日,借入短期借款 50 000 港元存入银行,当日的即期汇率为 1 港元＝0.93 元人民币。

(9) 6 月 28 日,以 1 000 美元购入 B 种股票,当日的即期汇率为 1 美元＝7.032 元人民币。

(10) 6 月 30 日,6 月 5 日向乙企业进口的材料还有 30% 留在仓库,其可变现净值为 2 000 美元,当日的即期汇率为 1 美元＝7.030 元人民币。

(11) 6 月 30 日,6 月 28 日购入的 B 种股票公允价值为 1 020 美元。

要求　为上述外币经济业务编制会计分录。

第三章 外币业务的记账方法

本章学习要点

　　了解外币业务记账方法的种类及适用性,掌握外币分账法的核算特点及会计处理方法。重点掌握外币统账法的核算要求及核算方法。

第一节 外币统账法的会计处理

一、外币统账法的含义

　　外币统账法是指以某种货币为记账本位币的记账方法,即以记账本位币分别记录企业发生的外币交易业务、外币债权债务业务、外币兑换业务,以及外币投资和外币资本折算业务等。对外币业务涉及的非记账本位币货币,按照某种记账汇率统统折算成记账本位币加以反映,非记账本位币在账上只作一个辅助记录,并且只对那些货币性项目才保持复币记录(即在账面记录中和会计分录中既标明原币也就是非记账本位币金额,又标明其记账本位币金额),这种方法对于涉及外币种类较少且外币业务不多的企业比较适用。在我国,除了经办外币业务的金融企业外,其他企业一般都采用外币统账法。

　　在外币统账法下,由于当企业发生外币业务时,需要将有关外币金额折合为记账本位币,由此必然涉及折算汇率的选择问题。按照国际惯例,企业通常采用业务发生日的汇率或临近业务发生日的汇率作为折算汇率。在我国,按企业会计准则规定,企业发生的外币业务通常以业务发生当日的即期汇率作为折算汇率。为简化核算,在汇率变动不大的情况下,也可以采用即期汇率的近似汇率作为折算汇率。这样便产生了即期汇率法和即期汇率的近似汇率法两种处理方法。

二、即期汇率法的会计处理

　　即期汇率法要求对每一笔外币业务均按业务发生当日的即期汇率折算为记账本位币。除外币兑换业务外,平时不确认汇兑损益。每月终了,再将所有外币存款和债权债务账户的外币余额按月末即期汇率折合为记账本位币金额,折合的记账本位币金额与账面记账本位币金额的差额,确认为汇兑损益。采用即期汇率法,需要了解掌握每日的即期汇率信息,会增加一定的会计工作量,所以,外币种类很少、外币业务量不大的企业,一般可采用此方法进行会计处理。

【例 3-1】　某外商投资企业以人民币为记账本位币,其外币业务采用中国人民银行公布的当日即期汇率(中间价)作为记账汇率。20×8 年 7 月 31 日,即期汇率为 1 美元＝7.04 元人民币,1 港元＝0.91 元人民币。8 月初的即期汇率为 1 美元＝7.05 元人民币,1 港元＝0.92 元人民币。8 月 31 日即期汇率为 1 美元＝7.06 元人民币,1 港元＝0.94 元人民币。该企业 7 月末有关外币账户的余额如表 3-1 所示。

表 3-1

外币账户余额表

账　户　名　称	外币金额	外汇汇率	人民币金额(元)
银行存款——美元户	5 000 美元	7.04	35 200
银行存款——港元户	10 000 港元	0.91	9 100
应收账款——美元户(甲企业)	3 000 美元	7.04	21 120
应付账款——美元户(乙企业)	2 000 美元	7.04	14 080
短期借款——美元户	8 000 美元	7.04	56 320
长期应收款——美元户	40 000 美元	7.04	281 600

1) 该企业 8 月份发生如下外币业务(假设不考虑有关税费):

(1) 2 日,向甲企业出口产品一批,货款为 10 000 美元,货款尚未收到,当日即期汇率为 1 美元＝7.03 元人民币。

(2) 5 日,收到上月甲企业所欠 2 000 美元,当日即期汇率为 1 美元＝7.04 元人民币。

(3) 8 日,收到外商汇来投入资本 10 000 美元,存入银行,当日即期汇率为 1 美元＝7.05 元人民币。

(4) 11 日,归还上月所欠乙企业 2 000 美元货款,当日即期汇率为 1 美元＝7.05 元人民币。

(5) 13 日,向乙企业购入原材料一批,价款为 9 000 美元,货款尚未支付,当日即期汇率为 1 美元＝7.02 元人民币。

(6) 17 日,以银行存款归还短期借款 4 000 美元,当日即期汇率为 1 美元＝7.04 元人民币。

(7) 20 日,从美元存款户中支出 6 000 美元兑换人民币,当日即期汇率为

1 美元＝7.06 元人民币,银行买入汇率为 1 美元＝7.05 元人民币,卖出汇率为
1 美元＝7.07 元人民币。

(8) 24 日,收到本月 2 日向甲企业出口产品的货款共 10 000 美元,存入银
行,当日即期汇率为 1 美元＝7.06 元人民币。

(9) 27 日,用 500 美元支付短期美元借款利息,当日即期汇率为 1 美元＝
7.05 元人民币。

(10) 30 日,用 8 000 美元兑换成港元,当日的即期汇率为 1 美元＝7.07
元人民币,1 港元＝0.93 元人民币,外汇指定银行美元的买入汇率为 1 美元＝
7.03 元人民币,港元的卖出汇率为 1 港元＝0.94 元人民币。

2) 根据上述外币业务,企业的账务处理如下:

(1) 借:应收账款——美元户(甲企业)(US$ 10 000×7.03)   70 300
      贷:主营业务收入   70 300

(2) 借:银行存款——美元户(US$ 2 000×7.04)   14 080
      贷:应收账款——美元户(甲企业)   14 080

(3) 借:银行存款——美元户(US$ 10 000×7.05)   70 500
      贷:实收资本   70 500

(4) 借:应付账款——美元户(乙企业)(US$ 2 000×7.05)   14 100
      贷:银行存款——美元户   14 100

(5) 借:原材料   63 180
      贷:应付账款——美元户(乙企业)(US$ 9 000×7.02)   63 180

(6) 借:短期借款——美元户(US$ 4 000×7.04)   28 160
      贷:银行存款——美元户   28 160

第(7)笔外币业务是以美元兑换人民币。根据规定,企业用外币兑换人民
币,应由中国银行或国家授权经营外币业务的金融机构办理。企业按银行买入
汇率 1 美元＝7.05 元人民币计算,实际兑得的人民币金额 42 300 元。美元存款
减少数以当日即期汇率 1 美元＝7.06 元人民币换算,两者差额确认为汇兑损益。

(7) 借:银行存款——人民币户(US$ 6 000×7.05)   42 300
     财务费用——汇兑损益   60
      贷:银行存款——美元户(US$ 6 000×7.06)   42 360

(8) 借:银行存款——美元户(US$ 10 000×7.06)   70 600
      贷:应收账款——美元户(甲企业)   70 600

(9) 借:财务费用——利息支出   3 525
      贷:银行存款——美元户(US$ 500×7.05)   3 525

第(10)笔为两种外币兑换业务。首先按外汇指定银行的美元买入汇率、港元的卖出汇率来计算 8 000 美元可兑换港元 59 829.79 元(US＄8 000×7.03÷0.94);然后按当日的即期汇率 1 美元＝7.07 元人民币和 1 港元＝0.93 元人民币,将美元和港元折合为人民币金额,两者之差计入汇兑损益。

(10)借:银行存款——港元户(HK＄59 829.79×0.93)　　　　55 641.70

　　财务费用——汇兑损益　　　　918.30

　　贷:银行存款——美元户(US＄8 000×7.07)　　　　56 560.00

根据上述会计分录登记各外币账户,并按月末汇率调整账面人民币余额,具体如表 3-2 至表 3-7 所示。

表 3-2

银行存款——美元户

日期		业务号数	摘　要	借　　方			贷　　方			余　　额		
月	日			美元	汇率	人民币元	美元	汇率	人民币元	美元	汇率	人民币元
8	1		月初余额							5 000	7.04	35 200
	5	(2)	收到上月欠款	2 000	7.04	14 080				7 000		49 280
	8	(3)	收到外商投入资本	10 000	7.05	70 500				17 000		119 780
	11	(4)	支付乙企业欠款				2 000	7.05	14 100	15 000		105 680
	17	(6)	归还短期借款				4 000	7.04	28 160	11 000		77 520
	20	(7)	美元兑换人民币				6 000	7.06	42 360	5 000		35 160
	24	(8)	收到 2 日销货款	10 000	7.06	70 600				15 000		105 760
	27	(9)	支付利息费				500	7.05	3 525	14 500		102 235
	30	(10)	美元兑换港元				8 000	7.07	56 560	6 500		45 675
8	31		月末调整			215				6 500	7.06	45 890

表 3-3

银行存款——港元户

日期		业务号数	摘　要	借　　方			贷　　方			余　　额		
月	日			港元	汇率	人民币元	港元	汇率	人民币元	港元	汇率	人民币元
8	1		月初余额							10 000.00	0.91	9 100.00
	30	(10)	美元兑换人民币	59 829.79	0.93	55 641.70				69 829.79		64 741.70
8	31		月末调整			898.30				69 829.79	0.94	65 640.00

表 3-4

应收账款——美元户(甲企业)

日期		业务号数	摘要	借方			贷方			余额		
月	日			美元	汇率	人民币元	美元	汇率	人民币元	美元	汇率	人民币元
8	1		月初余额							3 000	7.04	21 120
	2	(1)	出口产品一批	10 000	7.03	70 300				13 000		91 420
	5	(2)	收到上月欠款				2 000	7.04	14 080	11 000		77 340
	24	(8)	收到 2 日销货款				10 000	7.06	70 600	1 000		6 740
8	31		月末调整			320				1 000	7.06	7 060

表 3-5

应付账款——美元户(乙企业)

日期		业务号数	摘要	借方			贷方			余额		
月	日			美元	汇率	人民币元	美元	汇率	人民币元	美元	汇率	人民币元
8	1		月初余额							2 000	7.04	14 080
	11	(4)	支付乙企业欠款	2 000	7.05	14 100				0		—20
	13	(5)	购入原材料				9 000	7.02	63 180	9 000		63 160
8	31		月末调整						380	9 000	7.06	63 540

表 3-6

短期借款——美元户

日期		业务号数	摘要	借方			贷方			余额		
月	日			美元	汇率	人民币元	美元	汇率	人民币元	美元	汇率	人民币元
8	1		月初余额							8 000	7.04	56 320
	17	(6)	归还短期借款	4 000	7.04	28 160				4 000		28 160
8	31		月末调整						80	4 000	7.06	28 240

表 3-7

长期应收款——美元户

日期		业务号数	摘要	借方			贷方			余额		
月	日			美元	汇率	人民币元	美元	汇率	人民币元	美元	汇率	人民币元
8	1		月初余额							40 000	7.04	281 600
8	31		月末调整			800				40 000	7.06	282 400

根据上述外币账户,可汇总编制一笔月末调整分录,借贷方轧抵后的差额确认为汇兑损益,作会计分录如下:

(11)借:银行存款——美元户　　　　　　　　　　215.00

　　　银行存款——港元户　　　　　　　　　　898.30

　　　应收账款——美元户(甲企业)　　　　　　320.00

　　　长期应收款——美元户　　　　　　　　　800.00

　　贷:短期借款——美元户　　　　　　　　　　　80.00

　　　应付账款——美元户(乙企业)　　　　　　380.00

　　　财务费用——汇兑损益　　　　　　　　1 773.30

将外币业务涉及汇兑损益的全部会计分录,记入"财务费用——汇兑损益"账户,并结出本期发生额及本期净额,如表3-8所示。

表3-8

财务费用——汇兑损益

(7)	60.00	(11)	1 773.30
(10)	918.30		
本期发生额	978.30	本期发生额	1 773.30
		本期净额	795.00

将"财务费用——汇兑损益"账户本期净额结转入"本年利润"账户,作会计分录如下:

(12)借:财务费用——汇兑损益　　　　　　　　795

　　　贷:本年利润　　　　　　　　　　　　　　795

三、即期汇率近似汇率法的会计处理

即期汇率近似汇率法是对即期汇率法的一种简化,它要求对每一笔外币业务均按即期汇率的近似汇率入账,平时除外币兑换业务外,不确认汇兑损益。等到月末,再按月末汇率将所有外币存款和债权债务账户的外币余额折合为记账本位币金额,并将其与账面记账本位币金额的差额,确认为汇兑损益。由于即期汇率近似汇率法只需掌握即期汇率的近似汇率,核算工作量大大减少,所以该方法适用于外币业务较多的企业。

采用即期汇率近似汇率法的账务处理程序,与即期汇率法的账务处理程序基本相同。两者主要的区别在于,即期汇率的近似汇率法登记外币业务的发生用的是即期汇率的近似汇率。因此,除外币兑换业务外,一般的外币业务所采用的记账汇率是相同的。

【例 3-2】 仍沿用[例 3-1]的资料,假定 8 月份即期汇率的近似汇率为 1 美元＝7.05 元人民币,1 港元＝0.9 元人民币,按即期汇率近似汇率法,对企业 8 月份发生的外币业务,作账务处理如下:

(1) 借:应收账款——美元户(甲企业)(US＄10 000×7.05)　70 500
　　　　贷:主营业务收入　70 500

(2) 借:银行存款——美元户(US＄2 000×7.05)　14 100
　　　　贷:应收账款——美元户(甲企业)　14 100

(3) 借:银行存款——美元户(US＄10 000×7.05)　70 500
　　　　贷:实收资本　70 500

(4) 借:应付账款——美元户(乙企业)(US＄2 000×7.05)　14 100
　　　　贷:银行存款——美元户　14 100

(5) 借:原材料　63 450
　　　　贷:应付账款——美元户(乙企业)(US＄9 000×7.05)　63 450

(6) 借:短期借款——美元户(US＄4 000×7.05)　28 200
　　　　贷:银行存款——美元户　28 200

第(7)笔外币业务中,实际兑得的人民币金额仍以银行买入汇率 1 美元＝7.05 元人民币来计算。美元存款减少数则按即期汇率的近似汇率 1 美元＝7.05 元人民币换算,两者汇率相等,无须确认汇兑损益。

(7) 借:银行存款——人民币户(US＄6 000×7.05)　42 300
　　　　贷:银行存款——美元户(US＄6 000×7.05)　42 300

(8) 借:银行存款——美元户(US＄10 000×7.05)　70 500
　　　　贷:应收账款——美元户(甲企业)　70 500

(9) 借:财务费用——利息支出　3 525
　　　　贷:银行存款——美元户(US＄500×7.05)　3 525

第(10)笔外币兑换业务,仍首先按外汇指定银行的美元买入汇率、港元的卖出汇率来计算 8 000 美元可兑换港元 59 829.79 元(US＄8 000×7.03÷0.94);然后按美元和港币即期汇率的近似汇率 1 美元＝7.05 元人民币和 1 港元＝0.92 元人民币,将美元和港元折合为人民币金额,两者之差计入汇兑损益。

(10) 借:银行存款——港元户(HK＄59 829.79×0.92)　55 043.41
　　　　财务费用——汇兑损益　1 356.59
　　　　贷:银行存款——美元户(US＄8 000×7.05)　56 400.00

根据上述会计分录登记各外币账户,并按月末汇率调整账面人民币余额,具体如表 3-9 至表 3-14 所示。

表 3-9

银行存款——美元户

日期 月	日	业务号数	摘要	借方 美元	汇率	人民币元	贷方 美元	汇率	人民币元	余额 美元	汇率	人民币元
8	1		月初余额							5 000	7.04	35 200
	5	(2)	收到上月欠款	2 000	7.05	14 100				7 000		49 300
	8	(3)	收到外商投入资本	10 000	7.05	70 500				17 000		119 800
	11	(4)	支付乙企业欠款				2 000	7.05	14 100	15 000		105 700
	17	(6)	归还短期借款				4 000	7.05	28 200	11 000		77 500
	20	(7)	美元兑换人民币				6 000	7.05	42 300	5 000		35 200
	24	(8)	收到 2 日销货款	10 000	7.05	70 500				15 000		105 700
	27	(9)	支付利息费				500	7.05	3 525	14 500		102 175
	30	(10)	美元兑换港元				8 000	7.05	56 400	6 500		45 775
8	31		月末调整			115				6 500	7.06	45 890

表 3-10

银行存款——港元户

日期 月	日	业务号数	摘要	借方 港元	汇率	人民币元	贷方 港元	汇率	人民币元	余额 港元	汇率	人民币元
8	1		月初余额							10 000	0.91	9 100.00
	30	(10)	美元兑换人民币	59 829.79	0.92	55 043.41				69 829.79		64 143.41
8	31		月末调整			1 496.69				69 829.79	0.94	65 640.00

表 3-11

应收账款——美元户(甲企业)

日期 月	日	业务号数	摘要	借方 美元	汇率	人民币元	贷方 美元	汇率	人民币元	余额 美元	汇率	人民币元
8	1		月初余额							3 000	7.04	21 120
	2	(1)	出口产品一批	10 000	7.05	70 500				13 000		91 620
	5	(2)	收到上月欠款				2 000	7.05	14 100	11 000		77 520
	24	(8)	收到 2 日销货款				10 000	7.05	70 500	1 000		7 020
	8	31	月末调整			40				1 000	7.06	7 060

表 3-12

应付账款——美元户（乙企业）

日期		业务号数	摘　要	借　方			贷　方			余　额		
月	日			美元	汇率	人民币元	美元	汇率	人民币元	美元	汇率	人民币元
8	1		月初余额							2 000	7.04	14 080
	11	(4)	支付乙企业欠款	2 000	7.05	14 100				0		—20
	13	(5)	购入原材料				9 000	7.05	63 450	9 000		63 430
8	31		月末调整						110	9 000	7.06	63 540

表 3-13

短期借款——美元户

日期		业务号数	摘　要	借　方			贷　方			余　额		
月	日			美元	汇率	人民币元	美元	汇率	人民币元	美元	汇率	人民币元
8	1		月初余额							8 000	7.04	56 320
	17	(6)	归还短期借款	4 000	7.05	28 200				4 000		28 120
8	31		月末调整						120	4 000	7.06	28 240

表 3-14

长期应收款——美元户

日期		业务号数	摘　要	借　方			贷　方			余　额		
月	日			美元	汇率	人民币元	美元	汇率	人民币元	美元	汇率	人民币元
8	1		月初余额							40 000	7.04	281 600
8	31		月末调整			800				40 000	7.06	282 400

同样,将各外币账户月末调整金额加以汇总,并且确认汇兑损益,作会计分录如下:

（11）借：银行存款——美元户　　　　　　　　　　115.00

　　　　银行存款——港元户　　　　　　　　　1 496.59

　　　　应收账款——美元户（甲企业）　　　　　　40.00

　　　　长期应收款——美元户　　　　　　　　800.00

　　　贷：应付账款——美元户（乙企业）　　　　　110.00

　　　　　短期借款——美元户　　　　　　　　　120.00

　　　　　财务费用——汇兑损益　　　　　　　2 221.59

登记"财务费用——汇兑损益"账户,如表 3-15 所示。

表 3-15

财务费用——汇兑损益

(10)	1 356.59	(11)	2 221.59
本期发生额	1 356.59	本期发生额	2 221.59
		本期净额	865

将"财务费用——汇兑损益"账户本期净额结转入"本年利润"账户,作会计分录如下:

(12) 借:财务费用——汇兑损益 865
　　　贷:本年利润 865

四、向银行结汇、购汇的会计处理

我国现行制度规定,除了经外汇管理部门批准之外,对不允许建立现汇账户的企业,一切外汇收入必须及时向外汇指定银行办理结汇,一切外汇支出必须持国家认可的有效凭证,用人民币到外汇指定银行办理兑付,不能用外汇收入直接抵作外汇支出。下面就企业的外汇收入、支出如何向外汇指定银行办理结汇和购汇的会计处理,予以举例说明。

（一）外汇收入向银行办理结汇的会计处理

【例 3-3】 某企业以人民币为记账本位币,并以当日的市场汇率作为记账汇率。8 月初,"应收账款——美元户"余额为 500 美元,汇率为 1 美元=7.03 元人民币,折合人民币为 3 515 元;8 月 7 日,该企业出口商品一批,售价为 1 000 美元,当日美元的即期汇率为 1 美元=7.035 元人民币,货款尚未收到;8 月 15 日,收到货款 1 000 美元,即向外汇指定银行办理结汇,当天美元的即期汇率为 1 美元=7.04 元人民币,而结汇银行的美元买入汇率为 1 美元=7.044 元人民币;8 月末,美元的即期汇率为 1 美元=7.05 元人民币。

对该企业这笔外汇收入业务的发生、结汇和月末调整的会计处理如下:

8 月 7 日,出口商品销售实现时,应根据当日美元的即期汇率 7.035 元进行折算,编制会计分录如下:

(1) 借:应收账款——美元户(US$1 000×7.035) 7 035
　　　贷:主营业务收入 7 035

8 月 15 日,收到货款,向银行办理结汇时,应根据结汇银行的美元买入汇率1美元＝7.044元人民币计算实得的人民币收入金额,按当日美元的即期汇率1美元＝7.04元人民币折合成人民币冲减"应收账款——美元户",两者的差额确认为汇兑损益,应作会计分录如下:

〔2〕借:银行存款——人民币户(US＄1 000×7.044)　　　　　　　　7 044
　　　贷:应收账款——美元户(US＄1 000×7.04)　　　　　　　　　　　7 040
　　　　　财务费用——汇兑损益　　　　　　　　　　　　　　　　　　　　4

3月31日,根据"应收账款——美元户"的月末美元余额,按月末美元的即期汇率1美元＝7.05元人民币调整账面人民币金额,同时将差额确认为汇兑损益,如表3-16所示,并作会计分录如下:

〔3〕借:应收账款——美元户　　　　　　　　　　　　　　　　　　　　15
　　　贷:财务费用——汇兑损益　　　　　　　　　　　　　　　　　　　　　15

表3-16

应收账款——美元户

日期		业务号数	摘　要	借　方			贷　方			余　额		
月	日			美元	汇率	人民币元	美元	汇率	人民币元	美元	汇率	人民币元
8	1		月初余额							500	7.03	3 515
	7	(1)	销售商品	1 000	7.035	7 035				1 500		10 550
	15	(2)	收到货款向银行办理结汇				1 000	7.04	7 040	500		3 510
8	31		月末调整			15				500	7.05	3 525

(二)外汇支出向银行办理购汇的会计处理

【例3-4】　假如[例3-3]中,企业在8月20日为偿还10 000美元的长期借款,以人民币向银行购入外汇,当日美元的即期汇率为1美元＝7.05元人民币,购汇银行美元的卖出汇率为1美元＝7.08元人民币;该企业"长期借款——美元户"月初余额为15 000美元,汇率为1美元＝7.03元人民币,折合人民币为105 450元。

对这笔外汇支出的购汇业务,应作的会计处理如下:

8月20日,以人民币购汇归还借款时,应以购汇银行的美元卖出汇率1美元＝7.08元人民币,计算实际支付的人民币金额,按当日美元的即期汇率1美元＝7.05元人民币折合人民币金额,减少"长期借款——美元户"的账面金额,差额确认为汇兑损益,应作会计分录如下:

（1）借：长期借款——美元户（US＄10 000×7.05）　　　　70 500

　　　　财务费用——汇兑损益　　　　　　　　　　　　　　　300

　　　　贷：银行存款——人民币户（US＄10 000×7.08）　　　　70 800

8月31日，按月末美元即期汇率1美元＝7.05元人民币，调整"长期借款——美元户"的账面人民币金额，并确认汇兑损益如表3-17所示，同时编制会计分录如下：

（2）借：财务费用——汇兑损益　　　　　　　　　　　　　300

　　　　贷：长期借款——美元户　　　　　　　　　　　　　　300

表3-17

长期借款——美元户

日期		业务号数	摘要	借　方			贷　方			余　额		
月	日			美元	汇率	人民币元	美元	汇率	人民币元	美元	汇率	人民币元
8	1		月初余额							15 000	7.03	105 450
	20	（4）	以人民币购汇归还长期借款	10 000	7.05	70 500				5 000		34 950
8	31		月末调整						300	5 000	7.05	35 250

第二节　外币分账法及其会计处理

一、外币分账法的含义

外币分账法又叫"原币记账法"或"分币记账法"，它是指在外币业务发生时直接用原币记账，平时不进行汇率折算，也不反映相应的记账本位币的记账方法。在这种方法下，企业的记账本位币业务和外币业务均应分别设立账户反映，即有几种币种入账，就应设立几套账户。在经济业务发生时可直接记入该种货币账户，不需要反映记账本位币金额；到月末，再根据各原币账户编制汇总表，将各账户的借贷方发生额，按选定的折合汇率（如即期汇率的近似汇率）一次折合为记账本位币金额，作汇总会计分录并登记各外币账户。然后，再按期末汇率对各外币账户的记账本位币金额进行调整，确认汇兑损益。如果外币业务涉及两种货币的，在业务发生时应分记两个原币账户，并通过登记"货币兑换"这个辅助账户进行转账，使两个原币账户分别取得平衡；月末，再将"货币兑换"账户的原币金额按一定的市场汇率折合成记账本位币金额，并将借贷方记账本位币的差额予以结转，作为汇兑损益处理。结转后，"货币兑换"账户应无余额。在我国,经办外币业务的金融企业一般采用这种方法。

采用外币分账法,外币业务的日常核算以原币记账,可以减少很多折算工作量,简化核算手续,并能准确、及时、真实地反映外币业务情况。

二、外币分账法的会计处理

外币业务繁多的企业,为简化折算工作量,在采用外币分账法处理外币业务时,日常核算只需用原币入账,月终时再将全月发生的外币业务汇总,并用选定的汇率一次折算成记账本位币后汇总反映。在月末折算时,一般按即期汇率的近似汇率进行折算,然后再调整确认汇兑损益。

【例 3-5】 现仍沿用[例 3-1]的资料,对各项外币业务先按原币作会计分录如下:

(1) 借:应收账款(甲企业)   US$ 10 000
       贷:主营业务收入   US$ 10 000

(2) 借:银行存款   US$ 2 000
       贷:应收账款(甲企业)   US$ 2 000

(3) 借:银行存款   US$ 10 000
       贷:实收资本   US$ 10 000

(4) 借:应付账款(乙企业)   US$ 2 000
       贷:银行存款   US$ 2 000

(5) 借:原材料   US$ 9 000
       贷:应付账款(乙企业)   US$ 9 000

(6) 借:短期借款   US$ 4 000
       贷:银行存款   US$ 4 000

(7) 借:银行存款   ￥42 300
       贷:货币兑换   ￥42 300
     借:货币兑换   US$ 6 000
       贷:银行存款   US$ 6 000

(8) 借:银行存款   US$ 10 000
       贷:应收账款(甲企业)   US$ 10 000

(9) 借:财务费用   US$ 500
       贷:银行存款   US$ 500

(10) 借:银行存款   HK$ 59 829.79
       贷:货币兑换   HK$ 59 829.79
     借:货币兑换   US$ 8 000
       贷:银行存款   US$ 8 000

月末根据各外币账户编制汇总表,具体如表 3-18 和表 3-19 所示。

表 3-18

美元账户汇总表

账户名称	借方发生额	贷方发生额
应收账款	10 000	12 000
主营业务收入		10 000
银行存款	22 000	20 500
实收资本		10 000
应付账款	2 000	9 000
原材料	9 000	
短期借款	4 000	
货币兑换	14 000	
财务费用	500	
合　计	61 500	61 500

根据美元、港元账户汇总的外币借贷发生金额,按即期汇率的近似汇率(美元汇率为 1 美元＝7.05 元人民币,港元汇率为 1 港元＝0.92 元人民币)折算成记账本位币金额,并作汇总会计分录如下:

(11) 借:银行存款——美元户(US $22 000×7.05)　　　　155 100

　　　应收账款——美元户(甲企业)(US $10 000×7.05)　70 500

　　　应付账款——美元户(乙企业)(US $2 000×7.05)　14 100

　　　原材料(US $9 000×7.05)　　　　63 450

　　　短期借款——美元户(US $4 000×7.05)　　　28 200

　　　货币兑换(US $14 000×7.05)　　　98 700

　　　财务费用(US $500×7.05)　　　3 525

　　　贷:应收账款——美元户(甲企业)(US $12 000×7.05)　84 600

　　　　主营业务收入(US $10 000×7.05)　70 500

　　　　银行存款——美元户(US $20 500×7.05)　144 525

　　　　实收资本(US $10 000×7.05)　70 500

　　　　应付账款——美元户(乙企业)(US $9 000×7.05)　63 450

(12) 借:银行存款——港元户(HK $59 829.79×0.92)　　55 043.41

　　　贷:货币兑换　　　　55 043.41

表 3-19

港元账户汇总表

账 户 名 称	借方发生额	贷方发生额
银行存款	59 829.79	
货币兑换		59 829.79
合　　计	59 829.79	59 829.79

　　将上述汇总会计分录,登记到各外币账户及"货币兑换"辅助账户,并按月末汇率(美元汇率为 1 美元＝7.06 元人民币,港元汇率为 1 港元＝0.94 元人民币)作月终调整处理,确认汇兑损益如表 3-20 至表 3-26 所示。

表 3-20

银行存款——美元户

日期		业务号数	摘 要	借 方			贷 方			余 额		
月	日			美元	汇率	人民币元	美元	汇率	人民币元	美元	汇率	人民币元
8	1		月初余额							5 000	7.04	35 200
	30	(11)	本期发生额	22 000	7.05	155 100	20 500	7.05	144 525	6 500		45 775
8	31		月末调整			115				6 500	7.06	45 890

表 3-21

银行存款——港元户

日期		业务号数	摘 要	借 方			贷 方			余 额		
月	日			港元	汇率	人民币元	港元	汇率	人民币元	港元	汇率	人民币元
8	1		月初余额							10 000	0.91	9 100.00
	30	(12)	本期发生额	59 829.79	0.92	55 043.41				69 829.79		64 143.41
8	31		月末调整			1 496.59				69 829.79	0.94	65 640.00

表 3-22

应收账款——美元户(甲企业)

日期		业务号数	摘要	借方			贷方			余额		
月	日			美元	汇率	人民币元	美元	汇率	人民币元	美元	汇率	人民币元
8	1		月初余额							3 000	7.04	21 120
	30	(11)	本期发生额	10 000	7.05	70 500	12 000	7.05	84 600	1 000		7 020
8	31		月末调整			40				1 000	7.06	7 060

表 3-23

应付账款——美元户(乙企业)

日期		业务号数	摘要	借方			贷方			余额		
月	日			美元	汇率	人民币元	美元	汇率	人民币元	美元	汇率	人民币元
8	1		月初余额							2 000	7.04	14 080
	30	(11)	本期发生额	2 000	7.05	14 100	9 000	7.05	63 450	9 000		63 430
8	31		月末调整						110	9 000	7.06	63 540

表 3-24

短期借款——美元户

日期		业务号数	摘要	借方			贷方			余额		
月	日			美元	汇率	人民币元	美元	汇率	人民币元	美元	汇率	人民币元
8	1		月初余额							8 000	7.04	56 320
	30	(11)	本期发生额	4 000	7.05	28 200				4 000		28 120
8	31		月末调整						120	4 000	7.06	28 240

表 3-25

长期应收款——美元户

日期		业务号数	摘要	借方			贷方			余额		
月	日			美元	汇率	人民币元	美元	汇率	人民币元	美元	汇率	人民币元
8	1		月初余额							40 000	7.04	281 600
	30		本期发生额									
8	31		月末调整			800				40 000	7.06	282 400

表 3-26

货 币 兑 换

日期		业务	摘　　要	借　方	贷　方	借或贷	余　额
月	日	号数					
8	20	(7)	美元兑换人民币		42 300.00	贷	42 300.00
	30	(11)	本期发生额	98 700		借	56 400.00
	30	(12)	本期发生额		55 043.41	借	1 356.59
8	31		月末调整		1 356.59	—	—

根据上述外币账户调整确认的汇兑损益额,作会计分录如下:

(13) 借:银行存款——港元户　　　　　　　　　　1 496.59
　　　　银行存款——美元户　　　　　　　　　　　115.00
　　　　应收账款——美元户(甲企业)　　　　　　　40.00
　　　　长期应收款——美元户　　　　　　　　　　800.00
　　　贷:应付账款——美元户(乙企业)　　　　　　110.00
　　　　　短期借款——美元户　　　　　　　　　　120.00
　　　　　货币兑换　　　　　　　　　　　　　　1 356.59
　　　　　财务费用——汇兑损益　　　　　　　　　865.00

将本月汇兑损益转入"本年利润"账户,作会计分录如下:

(14) 借:财务费用——汇兑损益　　　　　　　　　865
　　　贷:本年利润　　　　　　　　　　　　　　　　　865

　　由此可见,采用外币分账法,在月末换算成记账本位币入账时,如果按即期汇率的近似汇率来折算,那么其折算的结果与外币统账法下的即期汇率的近似汇率法是一致的。

第三节　以外币为记账本位币的
一般规定及其会计处理

一、以外币作为记账本位币会计处理的一般规定

　　在我国境内,一般以人民币作为企业的记账本位币。但如果企业在其主营业务中经常使用某种外国货币进行往来收付、计价和结算的,可选用此种外国货币(应为我国国家外汇管理部门公布有外汇牌价的货币)作为企业记账本位币。这时,对于用其他货币来收付、计价和结算的业务,企业便要作为外币业务来处理。

企业如选定某种外币作为记账本位币,一般其注册资本也大多是用该种外币来表示的。在这样的情况下,企业的该种外币资产和负债,不会由于人民币汇率变动而承担风险,而企业的其他货币包括人民币则处于汇率风险之下。作为外币,人民币在汇率变动情况下,其换算为该种外币记账本位币的价值则会发生变动,产生汇兑收益或损失。

企业用某种外币作为记账本位币时的汇兑损益确认和记账方法,与前面以人民币为记账本位币情况下的会计处理一样,企业应在该记账本位币之外,设立"银行存款——人民币户"等外币账户。凡结算时要采用人民币的债权债务,应单独设账反映,对于各种要用人民币支付的薪酬和应交税费等,也均应单独设账处理,与发生的该外币记账本位币经济业务分别记入有关明细账户进行会计处理。我国会计准则规定,我国境内所有企业在向有关部门报送财务报表时,均应按人民币编制,故企业在年末编制对外财务报表时,均须换算为人民币金额加以反映。由于其财务报表仍以外币单位表示,这样便有期末外币报表换算业务,因换算产生的差额,在资产负债表所有者权益项目下单列项目反映。

当企业发生某种记账本位币以外的外币业务时,在会计处理上,既要以各种非记账本位币货币记录其外币账户,同时还要以一定的记账汇率换算为外币记账本位币金额入账。当收付人民币存款时,既要记录人民币账户的实际收支数,还要按汇率换算为企业该种记账本位币金额入账。至于折算时的记账汇率,可以是业务发生当日的即期汇率,也可以是即期汇率的近似汇率,一经确定,不得随意变更,如要变更,需要在财务报表附注中具体说明。

凡以某种外币为记账本位币的企业,其以人民币表示的现金、银行存款和各项债权债务,均应在发生增减变动时按企业所选定的折算汇率折合为该种外币记账本位币入账。每月终了,以人民币表示的各种货币资金、债权债务账户的月末余额,均应按月末即期汇率调整其账面记账本位币金额,并将确认的汇兑损益,记入"财务费用——汇兑损益"账户。

二、以外币为记账本位币的会计处理

以外币为记账本位币的会计处理与前述以人民币为记账本位币的会计处理类似,下面用例子来说明其会计处理的程序。

【例3-6】 某外商投资企业以美元为记账本位币,从国外进口主要的原材料,产品均销往国外,以美元结算。该企业以即期汇率的近似汇率(1美元=7.05元人民币)作为本月记账汇率,月末按月终的即期汇率调整人民币账户,倒挤出汇兑损益。该企业5月初有关账户余额如表3-27所示。

表 3-27

账 户 余 额 表

账 户 名 称	人民币元	汇 率	美 元
银行存款——人民币户	791 940.00	7.04	112 491.48
应交税费——人民币户	34 170.00	7.04	4 853.69
应收账款——人民币户(A 公司)	49 928.40	7.04	7 092.10
应付职工薪酬——人民币户	45 024.00	7.04	6 395.45

由于我国采用的是直接标价法,因此在将人民币折合成外币时,要将人民币元直接除以即期汇率。假定,5 月 31 日汇率为 1 美元＝7.06 元人民币。

1) 5 月份该企业发生的人民币收支结算的业务如下:

(1) 3 日,收到 A 公司上月所欠的一笔货款,人民币为 10 500 元。

(2) 7 日,支付上月应付中方人员工资,共计人民币 43 940 元。

(3) 16 日,从美元存款户中支出 2 500 兑换人民币,当日银行的买入汇率为 1 美元＝7.042 元人民币。

(4) 20 日,从银行借入人民币短期借款 9 500 元,款项存入银行。

(5) 24 日,支付上月所欠的税金,人民币 26 320 元。

2) 根据上述外币业务,企业的账务处理如下:

(1) 借:银行存款——人民币户(RMB 10 500÷7.05)   1 489.36
       贷:应收账款——人民币户(A 公司)   1 489.36

(2) 借:应付职工薪酬——人民币户(RMB 43 940÷7.05)   6 232.62
       贷:银行存款——人民币户   6 232.62

第(3)笔外币业务是以美元兑换人民币元。企业按银行买入汇率 1 美元＝7.042 元人民币来计算用美元实际兑得的人民币金额 17 605 元(US＄2 500×7.042),再按选定汇率将人民币元换算成美元。美元存款减少数直接用实际支出数入账,两者差额确认为汇兑损益。

(3) 借:银行存款——人民币户(RMB 17 605÷7.05)   2 497.16
       财务费用——汇兑损益   2.84
       贷:银行存款——美元户   2 500.00

(4) 借:银行存款——人民币户(RMB 9 500÷7.05)   1 347.52
       贷:短期借款——人民币户   1 347.52

(5) 借:应交税费——人民币户(RMB 26 320÷7.05)   3 733.33
       贷:银行存款——人民币户   3 733.33

将上述会计分录登记到各外币账户,并按月末汇率调整账面美元余额,具体如表3-28至表3-32所示。

表3-28

银行存款——人民币户

日期		业务号数	摘　要	借　方			贷　方			余　额		
月	日			人民币元	汇率	美元	人民币元	汇率	美元	人民币元	汇率	美元
8	1		月初余额							791 940	7.04	112 491.48
	3	(1)	收到所欠赊销款	10 500	7.05	1 489.36				802 440		113 980.84
	7	(2)	支付工资				43 940	7.05	6 232.62	758 500		107 748.22
	16	(3)	美元兑换人民币	17 605	7.05	2 497.16				776 105		110 245.38
	20	(4)	取得短期借款	9 500	7.05	1 347.52				785 605		592.90
	24	(5)	支付上月税金				26 320	7.05	3 733.33	759 285		107 859.57
8	31		月末调整						312.12	759 285	7.06	107 547.45

表3-29

应交税费——人民币户

日期		业务号数	摘　要	借　方			贷　方			余　额		
月	日			人民币元	汇率	美元	人民币元	汇率	美元	人民币元	汇率	美元
8	1		月初余额							34 170	7.04	4 853.69
	5	(5)	支付上月税金	26 320	7.05	3 733.33				7 850		1 120.36
8	31		月末调整			8.46				7 850	7.06	1 111.90

表3-30

应收账款——人民币户(A公司)

日期		业务号数	摘　要	借　方			贷　方			余　额		
月	日			人民币元	汇率	美元	人民币元	汇率	美元	人民币元	汇率	美元
8	1		月初余额							49 928.40	7.04	7 092.10
	3	(1)	收到所欠赊销款				10 500	7.05	1 489.36	39 428.40		5 602.74
8	31		月末调整						17.98	39 428.40	7.06	5 584.76

表3-31

应付职工薪酬——人民币户

日期		业务号数	摘要	借方			贷方			余额		
月	日			人民币元	汇率	美元	人民币元	汇率	美元	人民币元	汇率	美元
8	1		月初余额							45 024	7.04	6 395.45
	5	(2)	支付工资	43 940	7.05	6 232.62				1 084		162.83
8	31		月末调整			9.29				1 084	7.06	153.54

表3-32

短期借款——人民币户

日期		业务号数	摘要	借方			贷方			余额		
月	日			人民币元	汇率	美元	人民币元	汇率	美元	人民币元	汇率	美元
8	1		月初余额									
	5	(4)	取得短期借款				9 500	7.05	1 347.52	9 500		1 347.52
8	31		月末调整			1.91				9 500	7.06	1 345.61

根据上述外币账户,可汇总编制一笔月末调整分录,借贷方相抵后的差额确认为汇兑损益,作会计分录如下:

（6）借：应交税费——人民币户   8.46

        应付职工薪酬——人民币户   9.29

        短期借款——人民币户   1.91

        财务费用——汇兑损益   310.44

    贷：银行存款——人民币户   312.12

        应收账款——人民币户   17.98

将外币业务涉及汇兑损益的全部会计分录,记入"财务费用——汇兑损益"账户,并结出本期发生额及本期净额如表3-33所示。

表3-33

财务费用——汇兑损益

(3)	2.84		
(6)	310.44		
本期发生额	313.28	本期发生额	0
本期净额	313.28		

将"财务费用——汇兑损益"账户本期净额结转入"本年利润"账户,作会计分录如下:

(7)借:本年利润　　　　　　　　　　　　　　313.28
　　贷:财务费用——汇兑损益　　　　　　　　313.28

复习思考题

一、单项选择题

1. 我国企业发生的外币业务,除下列( )业务外,均可以用业务发生当日的即期汇率作为折算汇率。

　　A. 外币交易　　　　　　　　B. 外币借款
　　C. 以外币结算的债权与债务　　D. 美元兑换港元

2. 在外币业务中,非记账本位币货币在账上只起辅助记录的作用,要将其折算为记账本位币记录。下列项目中,要保持复币记录的是( )项目。

　　A. 流动性　　　　　　　　　B. 非流动性
　　C. 货币性　　　　　　　　　D. 非货币性

3. 外币统账法下,除( )业务以外,每一笔外币业务都是平时不确认汇兑损益,在期末终了才确认的。

　　A. 外币投资　　　　　　　　B. 外币兑换
　　C. 外币交易　　　　　　　　D. 外币借款

4. 外币分账法下,如果外币业务涉及两种货币,应通过( )账户进行辅助转账。

　　A. "财务费用"　　　　　　　B. "本年利润"
　　C. "管理费用"　　　　　　　D. "货币兑换"

5. 按我国会计准则规定,我国境内企业在年末编制对外会计报表时须换算为人民币加以反映。以外国货币作为记账本位币的企业,因期末外币报表换算产生的差额,应在( )中予以列示。

　　A. 资产负债表
　　B. 利润表
　　C. 现金流量表
　　D. "财务费用——汇兑损益"账户

6. 某企业的记账本位币为日元,下列业务中包含未实现汇兑损益的是( )。

   A. 本期出口一批商品到美国,货款尚未收到

   B. 本期出口一批商品到日本,货款尚未收到

   C. 用美元兑换港元

   D. 用日元兑换美元

7. 我国一针织企业以外国货币作为记账本位币进行账务处理。该企业原先的主要客户在美国,但由于美国对我国的纺织品配额减少,限制了该企业对美国的出口,同时欧盟加大了对我国纺织品的采购,预计该趋势将持续数年。另外,该企业的针织制品在新加坡也广受青睐。结合情况分析,该企业应选择( )作为记账本位币。

   A. RMB   B. US$

   C. €   D. S$

8. 某企业以港元作为记账本位币,采用发生日的即期汇率作为记账汇率。长期借款的期初余额如下:

   外币金额   外汇汇率   港元金额

   12 000 美元   7.55   90 600 港元

本期向银行申请长期借款 60 000 美元,用以一大型设备的进口。当日即期汇率为 1 美元=7.04 元人民币,1 港元=0.935 元人民币。期末即期汇率为 1 美元=7.06 元人民币,1 港元=0.92 元人民币。本期长期借款外币账户影响利润总额为( )元。

   A. 增加 10 158   B. 减少 10 158

   C. 增加 10 800   D. 减少 10 800

9. 某企业记账本位币为人民币,以发生日即期汇率作为记账汇率。本期向银行购汇 15 000 美元用于进口一批原材料。当日美元的即期汇率为 1 美元=7.06 元人民币,银行的买入汇率和卖出汇率分别为 1 美元=7.05 元人民币和 1 美元=7.07 元人民币。则该笔业务中,"财务费用——汇兑损益"账户为( )元。

   A. 借方 180   B. 贷方 180

   C. 借方 150   D. 贷方 480

10. 某企业以人民币为记账本位币,采用外币分账法核算外币业务,选择即期汇率的近似汇率作为记账汇率。本期美元即期汇率的近似汇率为 1 美元=7.036 元人民币,期末美元即期汇率为 1 美元=7.052 元人民币。本期有两笔外币兑换业务,账务处理如下:

(1) 借：银行存款 　　　　¥35 200　　(2) 借：银行存款　　　 US＄265.6
　　　贷：货币兑换　　　　¥35 200　　　　　贷：货币兑换　　 US＄265.6
　　借：货币兑换　　 US＄5 000　　　　　借：货币兑换　　 HK＄2 000
　　　贷：银行存款　 US＄5 000　　　　　　贷：银行存款　 HK＄2 000

则月末根据美元账户汇总表中"货币兑换"账户编制的汇总会计分录的借贷方及金额分别为（　　）元。

A. 借方　33 386.99　　　　　　　B. 贷方　35 180.00

C. 贷方　35 260.00　　　　　　　D. 借方　33 311.24

二、多项选择题

1. 我国外币业务的折算汇率可以采用（　　）。

A. 期末汇率　　　　　　　　　B. 业务发生日的即期汇率

C. 即期汇率的近似汇率　　　　D. 银行买入或卖出汇率

E. 约定汇率

2. 某金融企业的海外客户主要集中在美国、日本、新加坡、澳大利亚。该企业以人民币作为记账本位币，采用外币分账法。则该企业应设立（　　）账户。

A. 人民币　　　　　　　　　　B. 美元

C. 日元　　　　　　　　　　　D. 新加坡元

E. 澳大利亚元

3. 以下属于外币分账法会计处理程序的有（　　）。

A. 按原币作会计分录　　　　　B. 编制外币账户汇总表

C. 编制各外币账户的汇总分录

D. 登记"货币兑换"辅助账户

E. 结转本期的汇兑损益

4. 下列外币业务发生时会产生汇兑损益的有（　　）。

A. 外币统账法下对外币业务的期末调整

B. 外币统账法下的外币兑换业务

C. 外币分账法下的外币兑换业务

D. 外币分账法下对外币业务的期末调整

E. 外币分账法下的期末结转

5. 某企业以港元作为记账本位币，下列币种中，汇率变动会影响该企业汇兑损益的有（　　）。

    A. 人民币   B. 港元

    C. 欧元   D. 加拿大元

    E. 日元

5. 某外贸企业,其产品出口到意大利、瑞典、丹麦、新西兰等国。该企业以人民币作为记账本位币,采用外币分账法核算外币业务。则该企业在平时外币业务发生时用以记账的币种主要有(　　)。

    A. 人民币   B. 欧元

    C. 瑞典克朗   D. 新西兰元

    E. 丹麦克朗

7. 与外币统账法相比,外币分账法的不同之处在于(　　)。

    A. 平时不进行汇率折算,不反映对应的记账本位币

    B. 外币兑换业务通过"货币兑换"辅助账户进行平衡

    C. 月末要编制各外币账户的汇总表

    D. 月末要调整各外币账户,确认汇兑损益

    E. 月末要将汇兑损益转入"本年利润"账户

3. 我国某进出口企业,以欧元作为记账本位币,企业发生的下列业务中,属于外币业务的有(　　)。

    A. 在国内采购原材料

    B. 在香港资本市场上募集资金

    C. 出口产品到欧洲

    D. 接受美国风险资本的投资

    E. 接受欧洲某基金的投资

9. 某企业以人民币为记账本位币,采用外币统账法记账。本期用 1 000 欧元兑换港元。本期欧元的即期汇率的近似汇率为 1 欧元＝10.51 元人民币,港元的即期汇率的近似汇率为 1 港元＝0.93 元人民币。兑换当日欧元的即期汇率为 1 欧元＝10.53 元人民币,港元的即期汇率为 1 港元＝0.94 元人民币;银行欧元的买入和卖出汇率分别为 1 欧元＝10.48 元人民币和 1 欧元＝10.52 元人民币,港元的买入和卖出汇率分别为 1 港元＝0.918 元人民币和 1 港元＝0.925 元人民币。则该笔业务中,"银行存款——港元户"可以借记为(　　)元人民币。

    A. 10 649.95   B. 10 657.52

    C. 10 731.15   D. 10 647.39

    E. 10 536.65

三、判断题

1. 外币统账法对于经办外币业务的金融企业比较适用。 （ ）

2. 即期汇率的近似汇率法和即期汇率法的账务处理程序基本相同,只是记账汇率不同而已。 （ ）

3. 在即期汇率的近似汇率法下,外币业务均采用相同的记账汇率。（ ）

4. 期末,各外币账户要汇总编制一笔调整分录,借贷方轧差后的金额确认为汇兑损益。 （ ）

5. 即期汇率的近似汇率法实质是即期汇率法的一种简化方法。 （ ）

6. 即期汇率的近似汇率法也要求企业掌握业务发生日的即期汇率,但核算工作量大大减少,故尤其适合外币业务较多的企业。 （ ）

7. "货币兑换"账户结转后可能有余额,可能没有余额。 （ ）

8. 在外币分账法下,不必将"财务费用——汇兑损益"账户的本期发生额转入"本年利润"账户。 （ ）

9. 对于不允许建立现汇账户的企业,一切外汇收入和外汇支出必须及时向外汇指定银行办理结汇和购汇,不能用外汇收入直接抵作外汇支出。 （ ）

10. 企业如果在其主营业务中经常使用某种外国货币进行往来收付、计价和结算的,就一定要选该种外国货币作为记账本位币。 （ ）

四、名词解释

1. 外币统账法   2. 外币分账法

3. 即期汇率法   4. 即期汇率的近似汇率法

5. 复币记录

五、简答题

1. 外币统账法与外币分账法的主要区别在哪里? 两种方法的会计处理程序有何不同?

2. 简述即期汇率法和即期汇率的近似汇率法的联系与区别。

3. 试述向银行办理结汇、购汇的会计处理。

六、计算与分析题

1. 目的   练习即期汇率法的会计处理。

资料   某企业以人民币为记账本位币,采用即期汇率作为记账汇率。11

月初各外币账户的期初余额如表 3-34 所示。

表 3-34

账户期初余额表

账户名称	外币金额	外汇汇率	人民币元
银行存款——美元户	50 000 美元	7.062	353 100
银行存款——港元户	10 000 港元	0.935	9 350
应收账款——美元户	9 500 美元	7.062	67 089
应付账款——美元户	30 000 美元	7.062	211 860
短期借款——美元户	1 500 美元	7.062	10 593

11 月份该企业发生如下外币经济业务:

(1) 3 日,向 A 企业出口产品一批,货款共 5 000 美元,货款尚未收到,当日美元的即期汇率为 1 美元＝7.035 元人民币。

(2) 5 日,支付上月结欠 B 企业外汇账款 30 000 美元,当日美元的即期汇率为 1 美元＝7.032 元人民币。

(3) 7 日,向 C 企业进口原材料一批,价款 10 000 美元,材料已入库,货款尚未支付,当日美元即期汇率为 1 美元＝7.04 元人民币。

(4) 10 日,收到本月向 A 企业出口产品的销货款并存入银行,当日美元即期汇率为 1 美元＝7.028 元人民币。

(5) 12 日,归还所欠短期借款 1 500 美元,当日美元即期汇率为 1 美元＝7.024 元人民币。

(6) 13 日,收回 A 企业上月所欠货款 7 800 美元,当日美元的即期汇率为 1 美元＝7.041 元人民币。

(7) 17 日,因资金周转所需,向银行借款 1 500 美元,当日美元的即期汇率为 1 美元＝7.034 元人民币。

(8) 20 日,收到境外投资者投入的资本 20 000 美元,当日的美元即期汇率为 1 美元＝7.062 元人民币。

(9) 22 日,归还前欠 C 企业货款 10 000 美元,当日美元即期汇率为 1 美元＝7.06 元人民币。

(10) 25 日,出国考察人员借取差旅费 3 000 美元,当日美元即期汇率为 1 美元＝7.07 元人民币。

(11) 27 日,从美元存款户中支出 3 500 美元,向银行兑换成人民币。当日美元的即期汇率为 1 美元＝7.05 元人民币,银行美元买入汇率为 1 美元＝

7.03 元人民币,卖出汇率为 1 美元＝7.06 元人民币。

(12) 30 日,从美元存款中支出 5 000 美元,向银行兑换成港元,存入港元户,当日银行美元买入汇率为 1 美元＝7.065 元人民币,卖出汇率为 1 美元＝7.07 元人民币;港元买入汇率为 1 港元＝0.92 元人民币,卖出汇率为 1 港元＝0.93 元人民币。

(13) 30 日,美元的即期汇率为 1 美元＝7.05 元人民币,港元的即期汇率为 1 港元＝0.93 元人民币。

要求

(1) 根据上述资料,编制会计分录。

(2) 登记各外币账户,并按月末即期汇率调整账面人民币余额,确认汇兑损益。

2. **目的** 练习即期汇率的近似汇率法的会计处理。

资料 某企业以人民币作为记账本位币,采用即期汇率的近似汇率作为记账汇率。11 月初各项外币账户的期初余额及 11 月份发生的有关外币业务见习题一所给资料。假定,11 月份美元的即期汇率的近似汇率为 1 美元＝7.062 元人民币,港元的即期汇率的近似汇率为 1 港元＝0.935 元人民币。

要求

(1) 根据上述资料,编制会计分录。

(2) 登记各外币账户,并按月末即期汇率调整账面人民币余额,确认汇兑损益。

3. **目的** 练习向银行结汇、购汇的会计处理。

资料 某企业 2 月份出口一批商品到国外,月内收到货款50 000美元,当即结售给银行,当日美元的即期汇率为 1 美元＝7.04 元人民币,结汇银行的美元买入汇率为 1 美元＝7.03 元人民币。本月企业还向银行兑入10 000美元用来归还长期借款,当日美元的即期汇率为 1 美元＝7.035 元人民币,银行的卖出汇率为 1 美元＝7.02 元人民币。

要求 为上述业务编制会计分录。

4. **目的** 练习外币分账法的会计处理。

资料 见计算与分析题 1 和 2 所给资料,采用即期汇率的近似汇率作为折算汇率。

要求 用外币分账法对计算与分析题 1 的外币业务进行会计处理。

5. **目的** 练习以外国货币作为记账本位币的会计处理。

资料 某企业以港元作为记账本位币,采用业务发生日的即期汇率作为记账汇率。4月初各外币账户的期初余额如表 3-35 所示。

表 3-35

账户期初余额表

账 户 名 称	外 币 金 额	外 汇 汇 率	港 元 金 额
银行存款——人民币户	63 550.00 人民币元	0.925	68 702.70
应收票据——人民币户	15 887.50 人民币元	0.925	17 175.68
应付账款——美元户	4 000.00 美元	7.550	30 200.00
应付账款——人民币户	61 500.00 人民币元	0.925	66 486.49
短期借款——人民币户	1 025.00 人民币元	0.925	1 108.11
长期借款——人民币户	12 300.00 人民币元	0.925	13 297.30

4月份发生如下外币业务:

(1) 1 日,自营进口商品 10 000 美元,款项尚未支付,当日美元即期汇率为 1 美元＝7.045 元人民币,港元即期汇率为 1 港元＝0.92 元人民币。

(2) 3 日,以 10 000 港元向银行兑换人民币,用于支付修理改造费用。当日港元即期汇率为 1 港元＝0.94 元人民币,银行港元买入汇率为 1 港元＝0.93 元人民币,港元卖出汇率为 1 港元＝0.95 元人民币。

(3) 5 日,销售商品一批给 A 客户,共计 38 000 元人民币。货已发出,当日收到银行承兑汇票一张。当日港元即期汇率为 1 港元＝0.915 元人民币。

(4) 7 日,接到银行通知,A 客户的欠款已汇到。当日港元的即期汇率为 1 港元＝0.925 元人民币。

(5) 12 日,向中国银行借入短期借款 50 000 元人民币,用于支付上月所欠的商品款。当日港元即期汇率为 1 港元＝0.932 元人民币。

(6) 18 日,向银行申请长期借款 60 000 元人民币,用于一工程项目。当日港元即期汇率为 1 港元＝0.928 元人民币。

(7) 20 日,向银行购汇 50 000 元人民币,偿还 12 日的借款。当日港元即期汇率为 1 港元＝0.924 元人民币,港元买入汇率为 1 港元＝0.91 元人民币,卖出汇率为 1 港元＝0.93 元人民币。

(8) 30 日,以银行存款支付用于在建工程的长期借款利息 4 000 元人民币,假定在支付当期全部计入在建工程成本,当日美元即期汇率为 1 美元＝7.067 元人民币,港元即期汇率为 1 港元＝0.94 元人民币。

要求 对上述业务进行会计处理。

第四章 对外投资的核算

第一节 以摊余成本计量的金融资产的核算

一、以摊余成本计量的金融资产的确认和计量

金融资产同时符合下列条件的,应当分类为以摊余成本计量的金融资产:

（1）企业管理该金融资产的业务模式是以收取合同现金流量为目标。

（2）该金融资产的合同条款规定,在特定日期产生的现金流量,仅为对本金和以未偿付本金金额为基础的利息的支付。

企业一般应当设置"银行存款""贷款""应收账款""债权投资"等账户,核算分类为以摊余成本计量的金融资产。

企业取得该类金融资产时,应当按照公允价值进行初始计量。发生的相关交易费用应当计入初始确认金额。实际支付的价款中包含已到付息期但尚未领取的债券利息,应当单独确认为应收项目。

该类金融资产应当采用实际利率法,按摊余成本进行后续计量,在持有期间按照摊余成本和实际利率计算确认的利息收入,应当计入投资收益。实际利率与票面利率差别较小的,也可以按票面利率计算利息收入,计入投资收益。其中,摊余成本是指该金融资产的初始确认金额经下列调整后的结果:

（1）扣除已收回的本金。

（2）加上或减去采用实际利率法将该初始确认金额与到期日金额之间的差额进行摊销形成的累计摊销额。

（3）扣除已发生的减值损失。

企业将该类金融资产重分类为以公允价值计量且其变动计入当期损益的金融资产的,应当按照该资产在重分类日的公允价值进行计量。原账面价值与公允价值之间的差额计入当期损益。

企业将该类金融资产重分类为以公允价值计量且其变动计入其他综合收益的金融资产的,应当按照该金融资产在重分类日的公允价值进行计量。原账面价值与公允价值之间的差额计入其他综合收益。

二、以摊余成本计量的金融资产的会计处理

以摊余成本计量的金融资产的会计处理主要应解决该金融资产实际利率的计算、摊余成本的确定、持有期间的收益确认及将其处置时损益的处理。

相关账务处理如下:

(1)企业取得以摊余成本计量的债券投资时,应按该债券的面值,借记"债权投资——成本"账户,按支付的价款中包含的已到付息期但尚未领取的利息,借记"应收利息"账户,按实际支付的金额,贷记"银行存款"等账户,按其差额,借记或贷记"债权投资——利息调整"账户。

(2)资产负债日,该投资为分期付息、一次还本债券的,应按票面利率计算确定的应收未收利息,借记"应收利息"账户,按其摊余成本和实际利率计算确定的利息收入,贷记"投资收益"账户,按其差额,借记或贷记"债权投资——利息调整"账户。

(3)该投资为一次还本付息债券的,应于资产负债表日按票面利率计算确定的应收未收利息,借记"债权投资——应计利息"账户,按摊余成本和实际利率计算确定的利息收入,贷记"投资收益"账户,按其差额,借记或贷记"债权投资——利息调整"账户。

(4)出售该投资时,应按实际收到的金额,借记"银行存款"等账户,按其账面余额,贷记"债权投资——成本、利息调整、应计利息"账户,按其差额,贷记或借记"投资收益"账户。已计提减值准备的,还应同时结转减值准备。

【例 4-1】 丙公司于 20×6 年 1 月 1 日,从二级市场上购入丁公司于 20×5 年 1 月 1 日发行的人民币债券,该债券期限还有 3 年,票面年利率为 4%,实际利率为 5%,每年 1 月 3 日支付上年度的利息,20×9 年 1 月 1 日到期,一次归还本金和最后一次利息。购入债券的面值为 100 万美元,实际支付价款为 99.277 万美元,另支付相关费用 2 万美元,当日汇率为 1 美元 = 7.25 元人民币。丙公司购入后将其划分为以摊余成本计量的金融资产。应作会计处理如下:

采用实际利率法的债券折价摊销如表 4-1 所示。

表 4-1

债券折价摊销表

单位：美元

年　　　度	A 实际利息收入 （D×5%）	B 收到的 利息收入	C 折价摊销 （A－B）	D 摊余成本 （D＋C）
				972 770
20×6 年 12 月 31 日	48 638.50	40 000	8 638.50	981 408.50
20×7 年 12 月 31 日	49 070.43	40 000	9 070.43	990 478.93
20×8 年 12 月 31 日	49 523.95	40 000	9 521.07 *	1 000 000

＊ 考虑计算中的尾差。

根据上述数据，作会计分录：

（1）20×6 年 1 月 1 日，购入债券时：

借：债权投资——成本（US＄1 000 000×7.25）　　　　　　7 250 000.00
　　应收利息——美元户（US＄40 000×7.25）　　　　　　290 000.00
　　贷：银行存款——美元户（US＄1 012 770×7.25）　　　　7 342 582.50
　　　　债权投资——利息调整（US＄27 230×7.25）　　　　197 417.50

（2）20×6 年 1 月 3 日，收到利息时（当日汇率为 1 美元＝7.24 元人民币）：

借：银行存款——美元户（US＄40 000×7.24）　　　　　　289 600
　　贷：应收利息——美元户　　　　　　　　　　　　　　289 600

（3）20×6 年 12 月 31 日，计提利息时（当日汇率为 1 美元＝7.20 元人民币）：

借：应收利息——美元户（US＄40 000×7.20）　　　　　　288 000.00
　　债权投资——利息调整（US＄8 638.50×7.20）　　　　62 197.20
　　贷：投资收益（US＄48 638.50×7.20）　　　　　　　　350 197.20

（4）20×7 年 1 月 3 日，收到利息时（当日汇率为 1 美元＝7.21 元人民币）：

借：银行存款——美元户（US＄40 000×7.21）　　　　　　288 400
　　贷：应收利息——美元户　　　　　　　　　　　　　　288 400

（5）20×7 年 12 月 31 日，计提利息时（当日汇率为 1 美元＝7.18 元人民币）：

借：应收利息——美元户（US＄40 000×7.18）　　　　　　287 200.00
　　债权投资——利息调整（US＄9 070.43×7.18）　　　　65 125.69
　　贷：投资收益（US＄49 070.43×7.18）　　　　　　　　352 325.69

（6）20×8 年 1 月 3 日,收到利息时(当日汇率为 1 美元＝7.15 元人民币)：

借：银行存款——美元户(US\$ 40 000×7.15)   286 000
　　贷：应收利息——美元户   286 000

（7）20×8 年 12 月 31 日,计提利息时(当日汇率为 1 美元＝7.12 元人民币)：

借：应收利息——美元户(US\$ 40 000×7.12)   284 800.00
　　债权投资——利息调整(US\$ 9 523.95×7.12)   67 810.52
　　贷：投资收益(US\$ 49 523.95×7.12)   352 610.52

（8）20×9 年 1 月 3 日,收到本金和利息时(当日汇率为 1 美元＝7.11 元人民币)：

借：银行存款——美元户(US\$ 1 040 000×7.11)   7 394 400
　　贷：债权投资——成本(US\$ 1 000 000×7.11)   7 110 000
　　　　应收利息——美元户(US\$ 40 000×7.11)   284 400

第二节　以公允价值计量且其变动计入其他综合收益的金融资产的核算

一、以公允价值计量且其变动计入其他综合收益的金融资产的确认和计量

金融资产同时符合下列条件的,应当分类为以公允价值计量且其变动计入其他综合收益的金融资产：

（1）企业管理该金融资产的业务模式既以收取合同现金流量为目标又以出售该金融资产为目标。

（2）该金融资产的合同条款规定,在特定日期产生的现金流量,仅为对本金和以未偿付本金金额为基础的利息的支付。

企业应当设置"其他债权投资""其他权益工具投资"账户,核算分类为以公允价值计量且其变动计入其他综合收益的金融资产。

该类金融资产应当以公允价值进行初始计量,购入时发生的相关交易费用应计入初始入账金额。取得该类金融资产时,支付的价款中包含已宣告但尚未发放的现金股利或已到付息期但尚未领取的债券利息,应当单独确认为应收项目,不构成该类金融资产的初始入账金额。

该类金融资产应当以公允价值进行后续计量。公允价值变动形成的利得或损失,应当直接计入其他综合权益,在该类金融资产终止确认时转出,计入留存收益。采用实际利率法计算的该类债务工具投资的利息,以及该类权益工具投资的现金股利,应当计入当期损益。

企业将该类金融资产重分类为以摊余成本计量的金融资产的,应当将之前计入其他综合收益的累计利得或损失转出,调整该金融资产在重分类日的公允价值,并以调整后的金额作为新的账面价值,即视同该金融资产一直以摊余成本计量。该金融资产重分类不影响其实际利率和预期信用损失的计量。

企业该类金融资产重分类为以公允价值计量且其变动计入当期损益的金融资产的,应当继续以公允价值计量该金融资产。同时,企业应当将之前计入其他综合收益的累计利得或损失从其他综合收益转入当期损益。

二、以公允价值计量且其变动计入其他综合收益的金融资产的会计处理

企业对以公允价值计量且其变动计入其他综合收益的金融资产,相关账务处理如下:

(1) 企业取得该类金融资产为股票的,应按其公允价值与交易费用之和,借记"其他权益工具投资——成本"账户,按支付的价款中包含的已宣告但尚未发放的现金股利,借记"应收股利"账户,按实际支付的金额,贷记"银行存款"等账户。

企业取得该类金融资产为债券投资的,应按债券的面值,借记"其他债权投资——成本"账户,按支付的价款中包含的已到付息期但尚未领取的利息,借记"应收利息"账户,按实际支付的金额,贷记"银行存款"等账户,按差额,借记或贷记"其他债权投资——利息调整"账户。

(2) 资产负债表日,该投资为分期付息、一次还本债券投资的,应按票面利率计算确定的应收未收利息,借记"应收利息"账户,按摊余成本和实际利率计算确定的利息收入,贷记"投资收益"账户,按其差额,借记或贷记"其他债权投资——利息调整"账户。

该投资为一次还本付息债券投资的,应于资产负债表日按票面利率计算确定的应收未收利息,借记"其他债权投资——应计利息"账户,按摊余成本和实际利率计算确定的利息收入,贷记"投资收益"科目,按其差额,借记或贷记"其他债权投资——利息调整"账户。

(3) 资产负债表日,该类金融资产的公允价值高于其账面余额的差额,借记"其他权益工具投资(其他债权投资)——公允价值变动"账户,贷记"其他综合收益——其他权益工具投资公允价值变动(其他债权投资公允价值变动)"账户;公允价值低于其账面余额的差额作相反的会计分录。

(4) 出售该类金融资产,应按实际收到的金额,借记"银行存款"等账户,按其账面余额,贷记"其他权益工具投资(其他债权投资)——成本、公允价值变动、利息调整、应计利息"账户,按应从所有者权益中转出的公允价值累积变动额,借记或贷记"其他综合收益——其他权益工具投资公允价值变动(其他债权投资公允价值变动)"账户,按其差额,贷记或借记"盈余公积——法定盈余公积"(10%)和"利润分配——未分配利润"(90%)账户。

【例 4-2】 A 公司以人民币为记账本位币,按业务发生日即期汇率进行折算。20×7 年 10 月 26 日,从二级市场上以每股 1.8 美元的价格买入 B 公司普通股 200 000 股(占其股份比例 8%),另支付证券公司相关费用 3 200 美元,当日即期汇率为 1 美元=7.18 元人民币。购入时,将其划分为以公允价值计量且其变动计入综合收益的金融资产。20×7 年 12 月 31 日 B 公司股票每股为 1.6 美元,当日即期汇率为 1 美元=7.20 元人民币;20×8 年 12 月 31 日 B 公司股票下降为每股 1.2 美元,当日即期汇率为 1 美元=7.15 元人民币。20×9 年 3 月 12 日 A 公司以每股 1.7 美元的市场价格出售所持有的 B 公司全部股票,另支付相关费用 3 100 美元,当日即期汇率为 1 美元=7.16 元人民币。A 公司应作会计处理如下:

(1) 20×7 年 10 月 26 日,购入股票时:

借:其他权益工具投资——成本

　　　[(US$1.8×200 000+3 200)×7.18]

　　　　　　　　　　　　　　　　　　　　2 607 776

　　贷:银行存款——美元户　　　　　　　　　　　2 607 776

(2) 20×7 年 12 月 31 日,按公允价值调整账面价值时:

借:其他综合收益(2 607 776−US$1.6×200 000 000×7.20)　303 776

　　贷:其他权益工具投资——公允价值变动　　　　　303 776

(3) 20×8 年 12 月 31 日,发生减值时:

借:资产减值损失(2 607 776−US$1.2×200 000×7.15)　891 776

　　贷:其他综合收益　　　　　　　　　　　　　　303 776

　　　其他权益工具投资——公允价值变动　　　　　588 000

(4) 20×9 年 3 月 12 日,出售股票时:

借:银行存款——美元户

　　　[(US$1.7×200 000−3 100)×7.16]　2 412 204.00

　　其他权益工具投资——公允价值变动　　891 776.00

　　贷:其他权益工具投资——成本　　　　　　2 607 776.00

　　　盈余公积——法定盈余公积　　　　　　　69 620.40

　　　利润分配——未分配利润　　　　　　　626 583.60

第三节　以公允价值计量且其变动计入 当期损益的金融资产的核算

一、以公允价值计量且其变动计入当期损益的金融资产的确认和计量

以摊余成本计量的金融资产和以公允价值计量且其变动计入其他综合收益的金融资产之外的金融资产,企业应当将其分类为以公允价值计量且其变动计入当期损益的金融资产。

企业应当设置"交易性金融资产"账户核算以公允价值计量且其变动计入当期损益的金融资产。企业持有的直接指定为以公允价值计量且其变动计入当期损益的金融资产,也在该账户核算。

该类金融资产初始确认时,应当按照公允价值计量。购买时发生的相关交易费用,如支付的手续费、佣金等,应直接计入当期损益。取得该类金融资产时,支付的价款中包含已宣告但尚未发放的现金股利或已到付息期但尚未领取的债券利息,应当单独确认为应收项目,不构成该类金融资产的初始入账金额。

该类金融资产,应当以公允价值进行后续计量,公允价值变动计入当期损益(公允价值变动损益)。在持有该类金融资产期间,取得的债券利息或现金股利,应当在计息日或现金股利宣告发放日确认为投资收益。

企业将该类金融资产重分类为以摊余成本计量的金融资产的,应当以其在重分类日的公允价值作为新的账面余额。

企业将该类金融资产重分类为以公允价值计量且其变动计入其他综合收益的金融资产的,应当继续以公允价值计量该金融资产。

二、以公允价值计量且其变动计入当期损益的金融资产的会计处理

以公允价值计量且其变动计入当期损益的金融资产,相关账务处理如下:

(1)企业取得该类金融资产,按其公允价值,借记"交易性金融资产——成本"账户,按发生的交易费用,借记"投资收益"账户,按已到付息期但尚未领取利息或已宣告但尚未发放的现金股利,借记"应收利息"或"应收股利"账户,按实际支付的金额,贷记"银行存款"等账户。

(2)该类金融资产持有期间被投资单位宣告发放的现金股利,或在资产负债表日按分期付息、一次还本债券投资的票面利率计算的利息,借记"应收股利"或"应收利息"账户,贷记"投资收益"账户。

(3)资产负债表日,该类金融资产的公允价值高于其账面余额的差额,借记"交易性金融资产——公允价值变动"账户,贷记"公允价值变动损益"账户;

公允价值低于其账面余额的差额作相反的分录。

（4）出售该类金融资产，应按实际收到的金额，借记"银行存款"等账户，按该金融资产的账面余额，贷记"交易性金融资产"账户，按其差额，贷记或借记"投资收益"账户。同时，将原计入该金融资产的公允价值变动转出，借记或贷记"公允价值变动损益"账户，贷记或借记"投资收益"账户。

【例 4-3】 甲公司以人民币为记账本位币，按业务发生日即期汇率进行折算。20×7 年 1 月 1 日，从二级市场支付价款 42 000 美元（含已到付息期但尚未领取的利息 2 000 美元）购入乙公司发行的债券，另发生交易费用 800 美元，当日即期汇率为 1 美元＝7.2 元人民币。该债券面值 40 000 美元，剩余期限为 2 年，票面年利率 5%，每年付息一次，甲公司将其划分为交易性金融资产。其他资料如下：

（1）20×7 年 1 月 3 日，收到该债券 2006 年利息 2 000 美元，当日即期汇率为 1 美元＝7.25 元人民币。

（2）20×7 年 12 月 31 日，该债券的公允价值为 43 000 美元，当日即期汇率为 1 美元＝7.22 元人民币。

（3）20×8 年 1 月 3 日，收到该债券 20×7 年利息 2 000 元，当日即期汇率为 1 美元＝7.15 元人民币。

（4）20×8 年 3 月 18 日，甲企业将该债券出售，取得价款 45 000 美元，当日即期汇率为 1 美元＝7.16 元人民币。

假定不考虑其他因素。甲公司应作账务处理如下：

（1）20×7 年 1 月 1 日，购入债券时：

借：交易性金融资产——成本（US$40 000×7.2）　288 000
　　应收利息——美元户（US$2 000×7.2）　14 400
　　投资收益（US$800×7.2）　5 760
　　贷：银行存款——美元户　308 160

（2）20×7 年 1 月 3 日，收到利息时：

借：银行存款——美元户（US$2 000×7.25）　14 500
　　贷：应收利息——美元户　14 500

（3）20×7 年 12 月 31 日，按公允价值调整账面时：

借：交易性金融资产——公允价值变动
　　　　（US$43 000×7.22－288 000）　22 460
　　贷：公允价值变动损益　22 460

借：应收利息——美元户(US＄2 000×7.22)　　　　　　　14 440

　　贷：投资收益　　　　　　　　　　　　　　　　　　　　　14 440

(4) 20×8年1月3日,收到利息时:

借：银行存款——美元户(US＄2 000×7.15)　　　　　　　14 300

　　贷：应收利息——美元户　　　　　　　　　　　　　　　　14 300

(5) 20×8年3月18日,出售债券时:

借：银行存款——美元户(US＄45 000×7.16)　　　　　　322 200

　　公允价值变动损益　　　　　　　　　　　　　　　　　　　22 460

　　贷：交易性金融资产——成本　　　　　　　　　　　　　288 000

　　　　交易性金融资产——公允价值变动　　　　　　　　　　22 460

　　　　投资收益　　　　　　　　　　　　　　　　　　　　　34 200

第四节　长期股权投资的核算

一、长期股权投资的核算范围

我国企业会计准则规定,属于长期股权投资的核算范围主要有以下三个方面:

第一,投资方能够对被投资单位实施控制的权益性投资。控制的定义包含三项基本要素,在判断投资方是否能够控制被投资方时,如果投资方具备以下所有的要素,则投资方能够控制被投资方:

(1) 拥有对被投资方的权力。

(2) 通过参与被投资方的相关活动而享有可变回报。

(3) 有能力运用对被投资方的权力影响其回报金额。

第二,投资方能够对被投资单位实施重大影响的权益性投资。重大影响是指投资方对被投资单位的财务和经营政策有参与决策的权力,但并不能控制或者与其他方一起共同控制这些政策的制定。在确定能否对被投资单位施加重大影响时,应当考虑投资方和其他方持有的被投资单位当期可转换公司债券、当期可执行认股权证等潜在表决权因素。投资方能够对被投资单位施加重大影响的,被投资单位为其联营企业。

第三,投资方对其合营企业的权益性投资。其中,合营企业是指通过单独主体达成的合营安排,合营各方仅对该安排的净资产享有权利。

二、长期股权投资的初始计量

长期股权投资在取得时,应当按初始投资成本入账。长期股权投资的初始投资成本,应分别同一控制下企业合并、非同一控制下企业合并,以及企业合并以外其他方式取得的长期股权投资三种情况确定。

（一）同一控制下企业合并形成的长期股权投资

由于同一控制下企业合并一般是在一个企业集团内部进行的,从最终实施控制的一方角度看,最终控制方在企业合并前及合并后能够控制的资产并没有发生变化。因此,在同一控制下的企业合并,合并方形成的长期股权投资,其成本代表的是在被合并方账面所有者权益中享有的份额。

1. 合并方以支付现金、转让非现金资产或承担债务方式作为合并对价

同一控制下的企业合并,合并方以支付现金、转让非现金资产或承担债务方式作为合并对价的,应当在合并日按照取得被合并方所有者权益账面价值的份额作为长期股权投资的初始投资成本。长期股权投资初始投资成本与支付的现金、转让的非现金资产以及所承担债务账面价值之间的差额,应当调整资本公积;资本公积不足冲减的,调整留存收益。

2. 合并方以发行权益性证券作为合并对价

如果合并方以发行权益性证券作为合并对价的,应当在合并日按照取得被合并方所有者权益账面价值的份额作为长期股权投资的初始投资成本。按照发行股份的面值总额作为股本,长期股权投资初始投资成本与所发行股份面值总额之间的差额,应当调整资本公积;资本公积不足冲减的,调整留存收益。

在确定同一控制下企业合并形成的长期股权投资时,应注意企业合并前合并方与被合并方采用的会计政策是否一致,在以被合并方的账面价值为基础确定形成的长期股权投资成本时,首先应基于重要性原则,统一合并方与被合并方的会计政策。在按照合并方的会计政策对被合并方资产、负债的账面价值进行调整的基础上,计算确定长期股权投资的初始投资成本。

【例4-4】 A、B公司为同一母公司的两家子公司。A公司于20×7年5月8日以货币资金500万美元对B公司进行控股合并,取得B公司60%的股份。假定,两公司在企业合并前采用的会计政策相同,在合并日B公司所有者权益的账面价值为1 000万美元,当日汇率为1美元＝7.20元人民币。则确定A公司长期股权投资的初始投资成本为600万美元(1 000万×60%)。长期股权投资成本与支付的合并对价500万美元之间的差额100万美元应当计入资本公积。A公司会计处理为:

借：长期股权投资（US＄6 000 000×7.20）　　　　　　　43 200 000
　　贷：银行存款——美元户（US＄5 000 000×7.20）　　　36 000 000
　　　　资本公积——股本溢价（US＄1 000 000×7.20）　　7 200 000

假设，在合并日 B 公司所有者权益的账面价值为 800 万美元，A 公司资本公积（股本溢价）为 30 万美元，则 A 公司应作会计分录为：

借：长期股权投资（US＄4 800 000×7.20）　　　　　　　34 560 000
　　资本公积——股本溢价（US＄200 000×7.20）　　　　　1 440 000
　　贷：银行存款——美元户（US＄5 000 000×7.20）　　　36 000 000

（二）非同一控制下企业合并形成的长期股权投资

非同一控制下的企业合并中，购买方为了取得对被购买方的控制权而放弃的资产、发生或承担的负债、发行的权益性证券等均应按其在购买日的公允价值计量。公允价值与账面价值之间的差额，计入当期的损益。购买方合并成本的确定，包括购买方付出的资产、发生或承担的负债、发行的权益性证券的公允价值以及为进行企业合并发生的各项直接相关费用。具体而言：

（1）通过一次交换交易实现的企业合并，合并成本为购买方在购买日为取得对被购买方的控制权而付出的资产、发生或承担的负债以及发行的权益性证券的公允价值。

（2）通过多次交换交易分步实现的企业合并，合并成本应当以购买日之前所持股权投资的账面价值与购买日新增投资成本之和。

购买方应按照确定的合并成本作为长期股权投资的初始投资成本。这里还需要说明的，无论是同一控制下的企业合并还是非同一控制下的企业合并形成的长期股权投资，其支付的对价中如果包含了被购买方已宣告但尚未发放的现金股利或利润，应当作为应收项目处理，不计入合并成本。合并方或购买方为进行合并所发生的审计、法律服务、评估咨询等中介费用以及其他管理费用，应当计入当期损益。

非同一控制下的吸收合并，购买方在购买日应当按照合并中取得的被购买方各项可辨认资产、负债的公允价值确定其入账价值，确定的企业合并成本与取得被购买方可辨认净资产公允价值的差额，应确认为商誉或计入当期损益。

而非同一控制下的控股合并，母公司应以支付的对价的公允价值作为长期股权投资的初始成本，公允价值与账面价值的部分计入当期的损益。但是，母公司在购买日编制合并资产负债表时，对于被购买方可辨认资产、负债应当按照合并中确定的公允价值列示，企业合并成本大于合并中取得的被购买方可辨认净资产公允价值份额的差额,应当确认为商誉。企业合并成本小于合并中取得的被购买方可辨认净资产公允价值份额的差额,在购买日合并资产负债表中调整盈余公积和未分配利润。这里被购买方可辨认净资产公允价值,是指合并中取得的被购买方可辨认资产的公允价值减去负债及或有负债公允价值后的余额。

【例4-5】 C公司于20×7年6月30日取得D公司70%的股权。合并中,C公司聘请有关机构对D公司的资产进行评估,并支付评估费用200万美元,当日汇率为1美元=7.18元人民币。C公司支付的有关资产,在购买日的账面价值与公允价值如表4-2所示。

表4-2

有关资产价值情况表

20×7年6月30日   单位:万美元

项　　目	账面价值	公允价值
土地使用权	3 000	3 200
专利技术	500	800
银行存款	300	300
合　　计	3 800	4 300

本例中因C公司与D公司在合并前不存在任何关联关系,所以此项合并属于非同一控制下的企业控股合并。又假定,合并前C公司用作合并对价的土地使用权和专利技术原始价值为5 000万美元,已累计摊销1 500万美元。在合并日,C公司的会计处理为:

借:长期股权投资(US$43 000 000×7.18)　　　　　308 740 000
　管理费用(US$2 000 000×7.18)　　　　　14 360 000
　累计摊销(US$15 000 000×7.18)　　　　　107 700 000
　贷:无形资产(US$50 000 000×7.18)　　　　　359 000 000
　　银行存款——美元户(US$5 000 000×7.18)　　35 900 000
　　资产处置损益(US$5 000 000×7.18)　　　　　35 900 000

(三)企业合并以外其他方式取得的长期股权投资

除企业合并形成的长期股权投资以外,其他方式取得的长期股权投资,应当按照下列规定确定其初始投资成本:

(1)以支付现金取得的长期股权投资,应当按照实际支付的购买价款作为初始投资成本。初始投资成本包括与取得长期股权投资直接相关的费用、税金及其他必要支出。但实际支付的价款中包含已宣告但尚未发放的现金股利或利润,应作为应收股利单独核算,不构成长期股权投资的成本。

(2)以发行权益性证券取得的长期股权投资,应当按照发行权益性证券的公允价值作为初始投资成本,但不包括应自被投资单位收取的已宣告但尚未发放的现金股利或利润。为发行权益性证券支付的手续费、佣金等相关直接费用,应自权益性证券的溢价发行收入中扣除,溢价收入不足的,应冲减盈余公积和未分配利润。

【例 4-6】 M 公司通过发行本公司股票 300 万股,每股面值 1 美元,发行价每股 5 美元,取得 N 公司 30%的股份。为发行股票 M 公司支付 50 万美元的佣金和手续费,当日汇率为 1 美元＝7.15 元人民币。M 公司应作会计分录为:

借:长期股权投资(US $ 15 000 000×7.15)　　　　　　107 250 000
　　贷:股本(US $ 3 000 000×7.15)　　　　　　　　　　　　　21 450 000
　　　　资本公积——股本溢价(US $ 12 000 000×7.15)　　　　85 800 000
借:资本公积——股本溢价　　　　　　　　　　　　　3 575 000
　　贷:银行存款——美元户(US $ 500 000×7.15)　　　　　　3 575 000

(3)投资者投入的长期股权投资,是指投资者将其持有的对第三方的投资作为出资投入企业形成的长期股权投资,其应当按照投资合同或协议约定的价值作为初始投资成本,但合同或协议约定价值不公允的除外。

(4)以非货币性资产交换、债务重组取得的长期股权投资,其初始投资成本应当按照有关企业会计准则的规定确定。

三、长期股权投资的后续计量

(一)长期股权投资的成本法

1. 成本法的定义及其适用范围

成本法是指长期股权投资按成本计价的方法。在成本法下,长期股权投资以取得股权时的初始投资成本计价入账后,除了追加或收回投资应当调整长期股权投资的成本外,长期股权投资的账面价值一般应保持不变。被投资单位宣告分派的现金股利或利润,应当按照享有的份额确认为当期投资收益。

投资企业能够对被投资单位实施控制的长期股权投资,应当采用成本法核算。

2. 成本法的核算

长期股权投资采用成本法,其核算方法如下:

(1)企业进行初始投资或追加投资时,按投资时的成本增加长期股权投资的账面价值。

（2）被投资单位宣告分派现金股利或利润时,投资企业按应享有的部分,确认为当期投资收益。投资企业在确认自被投资单位应分得的现金股利或利润后,应当对长期股权投资进行减值测试,如果可收回金额低于长期股权投资账面价值的,应当计提减值准备。

【例 4-7】 S 公司 20×7 年 1 月 1 日以银行存款 2 000 万美元购入 H 公司 60％的股份,采用成本法核算。H 公司 20×7 年、20×8 年分配的现金股利分别为 100 万美元、150 万美元。S 公司应作如下会计处理:

（1）20×7 年 1 月 1 日,取得投资时（当日汇率为 1 美元＝7.15 元人民币）:

借:长期股权投资 143 000 000
　贷:银行存款——美元户（US＄20 000 000×7.15） 143 000 000

（2）20×7 年 H 公司宣告分配现金股利时（当日汇率为 1 美元＝7.13 元人民币）:

借:应收股利——美元户（US＄600 000×7.13） 4 278 000
　贷:投资收益 4 278 000

（3）20×7 年收到现金股利时（当日汇率为 1 美元＝7.12 元人民币）:

借:银行存款——美元户（US＄600 000×7.12） 4 272 000
　贷:应收股利——美元户 4 272 000

（4）20×8 年 H 公司宣告分配现金股利时（当日汇率为 1 美元＝7.10 元人民币）:

借:应收股利——美元户（US＄900 000×7.10） 6 390 000
　贷:投资收益 6 390 000

（5）20×8 年收到现金股利时（当日汇率为 1 美元＝7.11 元人民币）:

借:银行存款——美元户（US＄900 000×7.11） 6 399 000
　贷:应收股利——美元户 6 399 000

（二）长期股权投资的权益法

1. 权益法的定义及其适用范围

权益法是指投资以初始投资成本计价,以后根据投资企业享有被投资单位所有者权益份额的变动对投资的账面价值进行调整的方法。

投资企业对被投资单位具有共同控制或重大影响的长期股权投资,应当采用权益法核算。

2. 权益法的核算

1）初始投资成本的调整。采用权益法核算长期股权投资，在投资时，长期股权投资的初始投资成本大于投资时应享有被投资单位可辨认净资产公允价值份额的，不调整长期股权投资的初始投资成本；长期股权投资的初始投资成本小于投资时应享有被投资单位可辨认净资产公允价值份额的，其差额应当计入当期损益，同时调整长期股权投资的账面价值。

【例4-8】　A公司以银行存款500万美元取得B公司30％的股权，取得投资时B公司可辨认净资产的公允价值为1 500万元，当日汇率为1美元＝7.16元人民币。如果A公司能够对B公司施加重大影响，则A公司应作会计处理为：

借：长期股权投资——成本　　　　　　　　　　　　35 800 000
　　贷：银行存款——美元户（US＄5 000 000×7.16）　　　　　35 800 000

如投资时B公司可辨认净资产的公允价值为1 800万美元，该投资成本为500万美元；而A公司占B公司可辨认净资产公允价值的份额为540万美元（1 800×30％），其差额为40万美元（540－500），应确认为营业外收入。则A公司应作会计处理为：

借：长期股权投资——成本（US＄5 400 000×7.16）　　　38 664 000
　　贷：银行存款——美元户（5 000 000×7.16）　　　　　　35 800 000
　　　　营业外收入（US＄400 000×7.16）　　　　　　　　2 864 000

2）投资损益的确认。投资企业在确认投资损益时，其前提是双方的会计政策及会计期间是一致的。如果不一致，应先按投资企业的会计政策及会计期间对被投资单位的财务报表进行调整。然后，按下列规定进行处理：

（1）属于被投资单位当年实现的净利润而影响的所有者权益的变动，投资企业应按所持表决权资本的比例计算应享有的份额，调增长期股权投资的账面价值，并确认为投资收益。

（2）被投资单位宣告分派利润或现金股利时，投资企业按其持股比例计算的应分得的利润或现金股利，冲减长期股权投资的账面价值。

（3）属于被投资单位当年发生的净亏损而影响的所有者权益的变动，投资企业应按所持表决权资本的比例计算应享有的份额，调减长期股权投资的账面价值，并确认为投资损失。必须明确的是：投资企业确认被投资单位发生的净亏损,应当以长期股权投资的账面价值以及其他实质上构成对被投资单位净投资的长期权益减记至零为限,投资企业负有承担额外损失义务的除外。其他实质上构成对被投资单位净投资的长期权益通常是指长期应收项目。譬如,企业对被投资单位的长期债权,该债权没有明确的清收计划、且在可预见的未来期间不准备收回的,实质上构成对被投资单位的净投资。

在确认应分担被投资单位发生的亏损时,应当按照以下顺序进行处理:

首先,冲减长期股权投资的账面价值;其次,长期股权投资的账面价值不足以冲减的,应当以其他实质上构成对被投资单位净投资的长期权益账面价值为限继续确认投资损失,冲减长期应收项目等的账面价值;最后,经过上述处理,按照投资合同或协议约定企业仍承担额外义务的,应按预计承担的义务确认预计负债,计入当期投资损失。

【例4-9】 M公司持有N公司40%的股权,20×6年12月31日长期股权投资的账面价值为300万美元。N公司20×7年亏损450万美元。假定,20×7年12月31日的汇率为1美元=7.25元人民币。又假定取得投资时被投资单位各资产公允价值等于账面价值,双方采用的会计政策、会计期间相同。则M公司20×7年应确认投资损失180万美元,长期股权投资账面价值降至120万美元。应作会计分录为:

借:投资收益(US$1 800 000×7.25)　　　　　　　　13 050 000
　　贷:长期股权投资——损益调整　　　　　　　　　　　13 050 000

上述N公司如果20×7年的亏损额为900万美元,当年度M公司应分担损失360万美元,长期股权投资账面价值减至零为限。应作会计分录为:

借:投资收益(US$3 000 000×7.25)　　　　　　　　21 750 000
　　贷:长期股权投资——损益调整　　　　　　　　　　　21 750 000

如果M公司账上有应收N公司长期应收款80万美元,则应进一步确认损失,作会计分录为:

借:投资收益(US$600 000×7.25)　　　　　　　　　4 350 000
　　贷:长期应收款——美元户　　　　　　　　　　　　　4 350 000

除按上述顺序已确认的投资损失外仍有额外损失的,应在账外备查登记。

被投资单位以后期间实现盈利的,企业扣除未确认的亏损分担额后,应按与上述相反的顺序处理,减记已确认预计负债的账面余额,恢复其他实质上构成对被投资单位净投资的长期权益及长期股权投资的账面价值,同时确认投资收益。

(4) 投资企业在确认应享有被投资单位净损益的份额时,应当以取得投资时被投资单位各项可辨认资产等的公允价值为基础,对被投资单位的净利润进行调整后确认,不应仅按照被投资单位的账面净利润与持股比例计算的结果简单确定。基于重要性原则,通常应考虑的调整因素为:以取得投资时被投资单位固定资产、无形资产的公允价值为基础计提的折旧额或摊销额以及减值准备的金额对被投资单位净利润的影响。其他项目如为重要的,也应进行调整。

譬如,以取得投资时被投资单位固定资产、无形资产的公允价值为基础计提的折旧额或摊销额,相对于被投资单位已计提的折旧额、摊销额之间存在差额的,应按其差额对被投资单位净损益进行调整,并按调整后的净损益和持股比例计算确认投资损益。

【例 4-10】 甲公司于 20×6 年 12 月 20 日取得对乙公司 40% 的股权,取得投资时乙公司的某项固定资产公允价值为 20 万美元,账面价值为 16 万美元,预计剩余年限为 8 年,净残值为零,按照直线法计提折旧。乙公司 20×7 年度利润表中净利润为 80 万美元。假定,20×7 年 12 月 31 日的汇率为 1 美元＝7.25 元人民币。

该企业在确认应享有乙公司的投资收益时,应对乙公司当年实现的净利润,根据投资时固定资产公允价值与其账面价值差额的影响进行调整如下:

$$调整后的净利润＝80-(20-16)\div 8＝79.5(万美元)$$
$$应确认的投资收益＝79.5\times 40\%＝31.8(万美元)$$

应作会计分录为:

借:长期股权投资——损益调整		2 305 500
贷:投资收益(US$318 000×7.25)		2 305 000

值得注意的是,存在下列情况之一的,可以按照被投资单位的账面净损益与持股比例计算确认投资收益,但需在财务报表附注中说明。① 无法取得投资时被投资单位各项资产等的公允价值。② 公允价值与账面价值的差额不具重要性。③ 其他原因导致无法对被投资单位净损益进行调整。

3) 被投资单位其他综合收益变动。投资企业对于被投资单位其他综合收益发生变动,应当按照持股比例调整长期股权投资的账面价值,同时增加或减少其他综合收益。

【例 4-11】 乙公司持有丙公司 30% 的股权,并能施加重大影响。当年,丙公司将一幢房屋转换为以公允价值模式计量的投资性房地产,转换日公允价值大于账面价值 20 万美元,计入了其他综合收益,期末汇率为 1 美元＝7.10

元人民币。为此,乙公司应作会计分录为:

借:长期股权投资——其他综合收益(US＄60 000×7.10)　　　　426 000
　　贷:其他综合收益　　　　426 000

4)被投资单位除损益、其他综合收益以及利润分配以外的其他权益变动。投资企业对于被投资单位除净损益、其他综合收益以及利润分配以外所有者权益的其他变动,在持股比例不变的情况下,应当按照持股比例计算应享有或承担的部分,调整长期股权投资的账面价值,同时增加或减少资本公积。

【例 4-12】 丙公司持有丁公司 25％股份,并具有重大影响。当年丁公司实现净利润为 2 400 万美元,增加其他资本公积 86 万美元,期末汇率为 1 美元＝7.20 元人民币。假定两公司采用的会计政策、会计期间相同,投资时丁公司资产、负债的公允价值与账面价值相等。则该丙公司应作会计分录为:

借:长期股权投资——损益调整(US＄6 000 000×7.20)　　　　43 200 000
　　长期股权投资——其他权益变动(US＄215 000×7.20)　　　　1 548 000
　　贷:投资收益　　　　43 200 000
　　　　资本公积——其他资本公积　　　　1 548 000

四、长期股权投资的减值与处置

(一)长期股权投资的减值

企业应对长期股权投资的账面价值定期地逐项进行检查,至少于每年年末检查一次。企业持有的对被投资单位不具有控制、共同控制或重大影响,并且在活跃市场中没有报价、公允价值不能可靠计量的长期股权投资,其减值金额为投资的账面价值与按照类似金融资产当时市场收益率对未来现金流量折现确定的现值之间的差额,确认的减值损失直接计入当期损益。

对于投资企业对被投资单位具有控制、共同控制或重大影响的投资,存在减值迹象的,应当估计其可收回金额。可收回金额应当根据资产的公允价值减去处置费用后的净额与资产预计未来现金流量的现值两者之间较高者确定。如果可收回金额的计量结果表明,投资的可收回金额低于其账面价值,应当将其账面价值减记至可收回金额,减记的金额确认为资产减值损失,计入当期损益。资产减值损失一经确认,在以后会计期间不得转回。

(二)长期股权投资的处置

处置长期股权投资时,其账面价值与实际取得价款的差额,应当计入当期损益。采用权益法核算的长期股权投资,原计入其他综合收益或资本公积的金额部分按处置的相应比例转入当期损益。部分处置某项长期股权投资时,应按该项投资的总平均成本确定其处置部分的成本,并按相应比例结转已计提的减值准备、其他综合收益和资本公积项目。

处置长期股权投资时,应按实际收到的金额,借记"银行存款"等账户,原已计提减值准备的,借记"长期股权投资减值准备"账户,按其账面余额,贷记"长期股权投资"账户,按尚未领取的现金股利或利润,贷记"应收股利"账户,按其差额贷记或借记"投资收益"账户。出售采用权益法核算的长期股权投资时,还应按处置长期股权投资的投资成本比例结转原记入"其他综合收益""资本公积——其他资本公积"账户的金额,借记或贷记"其他综合收益""资本公积——其他资本公积"账户,贷记或借记"投资收益"账户。

【例 4-13】 甲公司原持有乙公司 30% 股份,20×7 年 6 月 25 日将其对乙公司的长期股权投资全部对外转让,当日对乙公司长期股权投资的账面价值为 412 万美元,其中:投资成本为 300 万美元,损益调整为 62 万美元,其他权益变动为 50 万美元,相关的股权划转手续已办妥,转让价款 420 万美元已存入银行,当日汇率为 1 美元=7.15 元人民币。假定甲公司在转让股份过程中没有发生其他相关税费。应作会计分录如下:

(1)结转账面价值,确认处置损益:

借:银行存款——美元户(US＄4 200 000×7.15)　　　　　30 030 000
　　贷:长期股权投资——成本(US＄3 000 000×7.15)　　　　　21 450 000
　　　　长期股权投资——损益调整(US＄620 000×7.15)　　　　　4 433 000
　　　　长期股权投资——其他权益变动(US＄500 000×7.15)　　　　　3 575 000
　　　　投资收益(US＄80 000×7.15)　　　　　572 000

(2)资本公积转入当期损益:

借:资本公积——其他资本公积　　　　　3 575 000
　　贷:投资收益(US＄500 000×7.15)　　　　　3 575 000

复 习 思 考 题

一、单项选择题

1. 某公司以人民币为记账本位币,20×7 年 12 月 18 日以每股 2 美元的价格购入某上市公司股票 30 万股,另支付手续费等 0.5 万美元,作为交易性金融资产核算,当日即期汇率为 1 美元=7.3 元人民币。12 月 31 日该股票的市价为每股 2.1 美元,当日即期汇率为 1 美元＝7.2 元人民币。20×7 年 12 月 31 日,该投资的账面价值为(　　)万元人民币。

    A. 453.6　　　　　　　　　　B. 457.2

    C. 432　　　　　　　　　　　D. 441.65

2. 企业将一项以摊余成本计量的金融资产重分类为以公允价值计量且其变动计入其他综合收益的金融资产,应当按照该金融资产在重分类日的公允价直进行计量。原账面价值与公允价值之间的差额计入(　　)。

    A. 其他综合收益　　　　　　B. 投资收益

    C. 营业外收入　　　　　　　D. 资产减值损失

3. 甲公司和乙公司同为 A 集团的子公司,20×7 年 8 月 1 日甲公司发行 1 200 万股普通股(每股面值 1 美元)作为对价取得乙公司 60% 的股权,同日乙公司账面净资产总额为 2 600 万美元,可辨认净资产的公允价值为 3 200 万美元,则甲公司取得乙公司长期股权投资时应确认的初始投资成本为(　　)万美元。

    A. 1 200　　　　　　　　　　B. 1 560

    C. 2 000　　　　　　　　　　D. 1 920

4. 企业以非现金资产对外投资时(不属于企业合并),非现金资产的公允价值如果大于非现金资产的账面价值,其差额应计入(　　)。

    A. 资本公积　　　　　　　　B. 当期损益

    C. 投资成本　　　　　　　　D. 资产处置损益

5. 采用权益法核算的长期股权投资,因被投资单位除净损益、其他综合收益以及利润分配以外所有者权益的其他变动而计入所有者权益的,处置该项投资时应当将原计入所有者权益的部分按相应比例转入(　　)。

    A. 投资收益　　　　　　　　B. 资本公积

    C. 营业外收支　　　　　　　D. 长期股权投资

6. 关于以公允价值计量且其变动计入当期损益的金融资产的计量,下列说法中正确的是(　　)。

    A. 应当按取得时的公允价值和相关交易费之和作为初始确认金额

    B. 应当按取得时的公允价值作为初始确认金额,相关交易费计入当期损益

    C. 资产负债表日,应当将公允价值变动计入所有者权益

    D. 处置时,公允价值与账面价值之间的差额计入所有者权益

7. 关于以公允价值计量且其变动计入其他综合收益的金融资产的计量,下列说法中正确的是(　　)。

  A. 应当按取得时的公允价值和相关交易费之和作为初始确认金额

  B. 应当按取得时的公允价值作为初始确认金额,相关交易费计入当期损益

  C. 资产负债表日,应当将公允价值变动计入当期损益

  D. 处置时,公允价值与账面价值之间的差额计入营业外收支

8. 下列说法正确的是(　　)。

  A. 投资企业能够对被投资单位实施控制的长期股权投资,应当采用成本法核算

  B. 投资企业能够对被投资单位实施控制的长期股权投资,应采用权益法核算

  C. 成本法下,投资以后年度,被投资单位累计分派的现金股利超过投资以后至上年末止被投资单位累计实现净利润的,投资企业应相应冲减投资的账面价值

  D. 成本法下,初始投资成本始终不变

9. 一个企业对另外一个企业的财务和经营政策因投资关系而具有了参与的权利,但并不能够控制或者与其他方一起共同控制这些政策的制定,那么,被投资企业属于(　　)。

  A. 合营企业　　　　　　　B. 控股子公司

  C. 联营企业　　　　　　　D. 关联企业

10. 关于金融资产的重分类,下列说法中正确的是(　　)。

  A. 以公允价值计量的金融资产之间不能进行重分类

  B. 以公允价值计量的金融资产与以摊余成本计量的金融资产不能进行重分类

  C. 以公允价值计量的金融资产之间可以进行重分类,此外不能进行重分类

  D. 三类金融资产之间均可以进行重分类

二、多项选择题

1. 下列项目中,不应计入以公允价值计量且其变动计入当期损益的金融资产取得成本的有(　　)。

  A. 计提该类投资的减值准备

B. 确认分期付息债券的投资利息

C. 支付的手续费

D. 支付价款中包含的应收利息

E. 计提一次还本付息债券的利息

2. 如果购入的以摊余成本计量的债券的实际利率等于票面利率,且不存在交易费用时,下列各项中,会引起该债权投资账面价值发生增减变动的有( )。

A. 计提该债权投资的减值准备

B. 确认分期付息债券的投资利息

C. 确认到期一次付息债券的投资利息

D. 出售该债权投资

3. 采用权益法核算长期股权投资时,下列事项中引起投资企业长期股权投资账面价值发生增减变动的有( )。

A. 被投资单位可供出售金融资产公允价值发生变动

B. 被投资单位发生损益

C. 被投资单位宣告分派现金股利

D. 被投资单位宣告分派股票股利

E. 被投资单位提取法定盈余公积

4. 下列项目中,投资企业应确认为投资收益的有( )。

A. 成本法核算的被投资单位企业接受实物资产捐赠

B. 成本法核算的被投资单位宣告的分配现金股利

C. 权益法核算的被投资单位宣告发放股票股利

D. 权益法核算的被投资单位实现净利润

E. 成本法核算的被投资单位实现净利润

5. 金融资产的摊余成本,应当以该金融资产的初始确认金额经下列( )调整后的结果确定。

A. 扣除已偿还的本金

B. 加上或减去采用实际利率法将该初始确认金额与到期日金额之间的差额进行摊销形成的累计摊销额

C. 扣除累计计提的损失准备

D. 加上累计计提的损失准备

E. 加上已偿还的本金

6. 关于金融资产的计量,下列说法中正确的有( )。

A. 以公允价值计量且其变动计入当期损益的金融资产应当按照取得

时的公允价值和相关的交易费用作为初始确认金额

    B. 以公允价值计量且其变动计入其他综合收益的金融资产应当按取得该金融资产的公允价值和相关交易费用之和作为初始确认金额

    C. 以公允价值计量且其变动计入其他综合收益的金融资产应当按照取得时的公允价值作为初始确认金额,相关的交易费用在发生时计入当期损益

    D. 以摊余成本计量的投资在持有期间应当按照摊余成本和实际利率计算确认利息收入,计入投资收益

    E. 以公允价值计量且其变动计入当期损益的金融资产持有期间收到利息,应冲减投资成本

7. 关于金融资产的后续计量,下列说法中正确的有(　　　)。

    A. 资产负债表日,以公允价值计量且其变动计入当期损益的金融资产的公允价值变动计入当期损益

    B. 以摊余成本计量的投资在持有期间应当按照摊余成本和实际利率计算确认利息收入,计入投资收益

    C. 资产负债表日,以公允价值计量且其变动计入其他综合收益的金融资产应当以公允价值计量,且公允价值变动计入其他综合收益

    D. 资产负债表日,以公允价值计量且其变动计入其他综合收益的金融资产应当以公允价值计量,且公允价值变动计入当期损益

    E. 贷款和应收款项应当以摊余成本进行后续计量

8. 下列情形中,属于具有重大影响的有(　　　)。

    A. 投资企业直接拥有被投资单位20%或以上至50%的表决权资本

    B. 投资企业虽然只直接拥有被投资单位20%以下的表决权资本,但在被投资单位董事会中派有代表

    C. 投资企业虽然只直接拥有被投资单位20%以下的表决权资本,但可以参与被投资单位的政策制定过程

    D. 投资企业虽然只直接拥有被投资单位20%以下的表决权资本,但被投资单位的生产完全依赖投资单位的技术支持

    E. 投资企业间接拥有被投资单位60%的表决权资本

9. 长期股权投资成本法核算的范围不包括(　　　)。

    A. 企业持有的能够对被投资单位实施控制的权益性投资

    B. 企业持有的能够与其他合营方一同对被投资单位实施共同控制的权益性投资

C. 企业持有的能够对被投资单位实施重大影响的权益性投资

D. 企业对被投资单位不具有控制、共同控制或重大影响,且在活跃市场中没有报价、公允价值不能可靠计量的权益性投资

E. 除上述情况外,企业持有的其他权益性投资

10. 关于金融资产的初始计量,下列说法中正确的有(　　)。

A. 以公允价值计量且其变动计入当期损益的金融资产应当按照取得时的公允价值作为初始确认金额,相关的交易费用在发生时计入当期损益

B. 以摊余成本计量的金融资产应当按取得时的公允价值和相关交易费用之和作为初始确认金额

C. 以公允价值计量且其变动计入其他综合收益的金融资产应当按取得该金融资产的公允价值和相关交易费用之和作为初始确认金额

D. 以公允价值计量且其变动计入其他综合收益的金融资产应当按照取得时的公允价值作为初始确认金额,相关的交易费用在发生时计入当期损益

E. 以摊余成本计量的金融资产应当按取得时的公允价值作为初始确认金额,相关交易费用在发生时计入当期损益

三、判断题

1. 购入的股权投资,企业可以根据其管理金融资产的业务模式,将其分类为以公允价值计量且其公允价值变动计入当期损益的金融资产,也可以分类为以公允价值计量且其公允价值变动计入其他综合收益的金融资产。(　　)

2. 以公允价值计量且其变动计入其他综合收益的金融资产应当按取得该金融资产的公允价值和相关交易费用之和作为初始确认金额,支付的价款中包含的已到付息期但尚未领取的债券利息或已宣告但尚未发放的现金股利也作为初始确认金额计入成本。(　　)

3. 如果被投资方发生净亏损,则投资方应先相应冲减长期股权投资的账面价值,账面价值不够冲减的,再冲减资本公积和留存收益。(　　)

4. 以公允价值计量且其变动计入其他综合收益的金融资产借方的期末余额,反映企业该金融资产的公允价值。(　　)

5. 对于同一控制下的企业合并,合并方以支付现金、转让非现金资产或承担债务方式作为合并对价的,应当在合并日按照取得被合并方可辨认净资产公允价值的份额作为长期股权投资的初始投资成本。(　　)

6. 处置长期股权投资,其账面价值与实际取得的价款的差额应当列入当期的损益。 （　　）

7. 企业不论在成本模式下,还是在公允价值模式下,投资性房地产取得的租金收入,均确认为其他业务收入。 （　　）

8. 资产负债表日,以公允价值计量且其变动计入当期损益的金融资产公允价值变动,应当计入当期损益。 （　　）

9. 投资企业采用成本法核算,被投资单位接受实物资产捐赠不应确认为投资收益。 （　　）

10. 处置以公允价值计量且其变动计入其他综合收益的金融资产,其处置收入与账面价值之间的差额应当计入所有者权益。 （　　）

四、名词解释

1. 以公允价值计量且其变动计入当期损益的金融资产
2. 以摊余成本计量的金融资产
3. 以公允价值计量且其变动计入其他综合收益的金融资产
4. 交易费用　　　　　　　5. 实际利率
6. 摊余成本　　　　　　　7. 成本法
8. 权益法　　　　　　　　9. 控制
10. 共同控制　　　　　　　11. 重大影响

五、简答题

1. 以公允价值计量且其变动计入当期损益的金融资产如何进行初始确认?
2. 以摊余成本计量的金融资产其重分类的处理原则是什么?
3. 简述以公允价值计量且其变动计入其他综合收益的金融资产后续计量的要求。
4. 简述以摊余成本计量的金融资产后续计量的要求。
5. 长期股权投资核算的范围包括哪些?
6. 如何确定企业合并形成的长期股权投资的初始投资成本?
7. 长期股权投资的成本法和权益法分别适用于什么情况?
8. 权益法下长期股权投资收益应如何确认?
9. 处置长期股权投资的要求是什么?

六、计算与分析题

1. **目的**　练习以摊余成本计量的金融资产的会计处理。

资料　某公司于20×7年1月5日从证券市场上购入乙公司于20×6年1月1日发行的债券,该债券还有3年到期,票面利率为4%,实际利率为5%。假定按年计提利息,每年1月8日支付上年度的利息,到期日为20×0年1月1日,一次归还本金和最后一次利息。债券的面值为2 000万美元,实际支付价款为1 985.54万美元,另支付相关费用40万美元,当日汇率为1美元＝7.16元人民币。购入后将其划分为以摊余成本计量的金融资产。假定每年年末汇率为1美元＝7.15元人民币,每年支付利息日汇率为1美元＝7.12元人民币,到期日汇率为1美元＝7.10元人民币。

要求　根据上述资料,编制有关业务的会计分录。

2. **目的**　练习以公允价值计量且其变动计入其他综合收益的金融资产的会计处理。

资料　某公司于20×7年9月18日从股票市场上以每股2.1美元买入丙公司普通股500 000股(占其股份比例5%),另支付证券公司相关费用1 500美元,当日即期汇率为1美元＝7.3元人民币,将其划分为以公允价值计量且其变动计入其他综合收益的金融资产进行核算。20×7年12月31日丙公司股票每股为2美元,当日即期汇率为1美元＝7.28元人民币。20×8年12月31日丙公司股票下降为每股1.6美元,当日即期汇率为1美元＝7.25元人民币。20×9年1月20日企业以每股1.9美元出售所持有的丙公司全部股票,另支付相关费用1 200美元,当日即期汇率为1美元＝7.31元人民币。

要求　编制A公司相关的会计分录。

3. **目的**　练习以公允价值计量且其变动计入当期损益的金融资产的会计处理。

资料　某公司以人民币为记账本位币,按发生日即期汇率进行折算。20×7年12月28日以每股3.8美元购入甲公司股票6万股作为以公允价值计量且其变动计入当期损益的金融资产进行核算,另支付手续费200美元,当日即期汇率为1美元＝7.25元人民币。20×7年12月31日该股票每股市价为3.5美元,当日即期汇率为1美元＝7.30元人民币。20×8年4月30日,甲公司宣告分派现金股利,每股0.15美元,当日即期汇率为1美元＝7.26元人民币。20×8年5月5日,企业收到分派的现金股利,当日即期汇率为1美元＝7.25 元人民币。20×8 年 5 月 31 日,以 22 万美元出售该金融资产,当日即期汇率为 1 美元＝7.20 元人民币。

要求　为上述经济业务编制会计分录。

4. **目的**　练习取得长期股权投资的会计处理。

资料　某公司以银行存款 3 000 万美元取得戊公司 60％的股权(双方受同一方控制),投资时戊公司所有者权益的账面价值为 6 000 万美元,当日汇率为 1 美元＝7.21 元人民币。

要求

(1) 根据上述资料编制有关的会计分录。

(2) 假定双方属于非同一控制,作有关的会计分录。

5. **目的**　练习长期股权投资成本法的会计处理。

资料　某公司 20×7 年 3 月 1 日购入 A 公司股票 200 000 股,每股价格为 1.2 美元,另支付相关税费 3 000 美元,购入 A 公司股票占 A 公司发行在外有表决权股票的 55％,并准备长期持有,当日汇率为 1 美元＝7.16 元人民币。A 公司 20×7 年 4 月 25 日宣告分配 20×6 年的现金股利,每股 0.08 美元,当日汇率为 1 美元＝7.15 元人民币。20×8 年 4 月 28 日宣告分配 20×7 年的现金股利,每股 0.15 美元,当日汇率为 1 美元＝7.12 元人民币。A 公司 20×7 年度每股盈余 0.12 美元。

要求　采用成本法编制有关的会计分录。

6. **目的**　练习长期股权投资权益法的会计处理。

资料　某公司于 20×7 年 1 月 1 日通过发行普通股股票 700 万股取得 B 公司有表决权股份的 30％,采用权益法核算。该股票的面值为每股 1 美元,其市场价格为 5 美元,另支付相关税费 35 万美元。当日,B 公司辨认净资产公允价值为 11 500 万美元,当日汇率为 1 美元＝7.20 元人民币。投资后,有关资料如下:

(1) 20×7 年度,B 公司实现利润 300 万美元,年末汇率为 1 美元＝7.18 元人民币。

(2) 20×8 年 5 月 10 日,B 公司宣告分派现金股利 150 万美元,当日汇率为 1 美元＝7.15 元人民币。

(3) 20×8 年度,B 公司发生净亏损 9 000 万美元,年末汇率为 1 美元＝7.16 元人民币。

(4) 20×9 年度,B 公司发生净亏损 3 000 万美元,年末汇率为 1 美元＝7.12 元人民币。

(5) 20×0 年度，B 公司实现净利润 1 000 万美元，年末汇率为 1 美元＝7.10 元人民币。

要求 根据上述投资业务编制有关的会计分录。

第五章　对外融资的核算

── 本章学习要点 ──

　　了解对外融资的来源和特点，掌握外币短期借款、长期借款、应付债券、长期应付款的核算方法。重点掌握外币负债账户期末汇兑损益的计算与结转。

第一节　外币借款的核算

　　涉外企业在生产经营过程中，因经营需要进口原材料、零配件或先进设备等，在企业自身外币资金有限的情况下，可向银行或其他金融机构借入外币借款来弥补其不足。

　　根据借款期限的不同，外币借款可以分为短期借款与长期借款两种。

一、外币短期借款的核算

（一）外币短期借款概述

　　外币短期借款是指涉外企业向银行或其他金融机构借入的期限在 1 年以内的各种外币形式的款项。企业进行短期借款的目的，一般是为了维持正常的生产经营活动或偿还某项债务，因此，短期借款一般具有以下三个特征：一是企业的债权人不仅包括银行，还包括其他非银行金融机构，如金融性公司等；二是借款期限较短，一般为 1 年以下（含 1 年）；三是除了到期要归还借款本金外，还应根据合同规定，支付相应的利息。目前，我国外币短期性质的借款一般有以下几个种类：

　　（1）资金周转借款。它是涉外企业为了维持正常的生产和商品流转对资金需要而向银行借入的外币款项。

　　（2）进口商品短期借款。它是指涉外企业为进口国内短缺的原材料或技术先进设备而向银行申请借入的外币款项。

　　（3）押汇借款。它是指涉外企业出口交单后，在未收汇期间，以信用证及全套出口单据为抵押向银行申请借入的外币款项。

（4）其他临时或专项借款。它是指除上述种类之外，涉外企业申请的季节性、临时性或待定用途的外币借款。

短期借款一般单利计息，借款期限满月的，以月数进行计算，不满月的，以天数进行计算。对于短期借款的利息支出，应作为期间费用计入当期"财务费用"，短期借款的利息一般是按季度支付的，根据权责发生制原则，企业可以在每月月末计算本月应负担的利息费用，并通过"应付利息"账户进行核算。

（二）外币短期借款的会计处理

对于外币短期借款业务，企业应设置"短期借款"账户，并按借入外币的币种分别进行核算。该账户属于负债类，贷方登记借入的外币金额；借方登记归还的外币金额；期末贷方余额反映已经借入但尚未归还的外币金额。该账户应分别债权人设置明细账户进行明细分类核算。

【例 5-1】　某公司于 20×4 年 1 月 1 日向银行借入短期借款 100 000 美元，当日汇率为 1 美元＝7.00 元人民币，期限 3 个月，月息率为 1‰，一次还本付息。作会计分录如下：

（1）1 月 1 日，取得借款时：

借：银行存款——美元户（US＄100 000×7.00）　　　　　　700 000
　　贷：短期借款——美元户（US＄100 000×7.00）　　　　　　700 000

（2）1 月 31 日，计提本月借款利息，并按月末汇率调整外币账户余额，计算汇兑损益，月末汇率为 1 美元＝7.05 元人民币。

借：财务费用（US＄1 000×7.05）　　　　　　　　　　　7 050
　　贷：应付利息——美元户　　　　　　　　　　　　　　　7 050
借：财务费用——汇兑损益（US＄100 000×0.05）　　　　　5 000
　　贷：短期借款——美元户　　　　　　　　　　　　　　　5 000

（3）2 月 28 日，计提当月借款利息，并按月末汇率调整外币账户余额，当日汇率为 1 美元＝7.10 元人民币。

借：财务费用（US＄1 000×7.10）　　　　　　　　　　　7 100
　　贷：应付利息——美元户　　　　　　　　　　　　　　　7 100
借：财务费用——汇兑损益　　　　　　　　　　　　　　　5 050
　　贷：短期借款——美元户（US＄100 000×0.05）　　　　　5 000
　　　　应付利息——美元户（US＄1 000×0.05）　　　　　　　50

（4）3 月 31 日，归还借款本息，并按月末汇率调整外币账户余额，当日汇率为 1 美元＝7.00 元人民币。

借：短期借款——美元户(US$100 000×7.00)　　　　　700 000
　　应付利息——美元户(US$2 000×7.00)　　　　　　14 000
　　财务费用(US$1 000×7.00)　　　　　　　　　　　　7 000
　　贷：银行存款——美元户(US$103 000×7.00)　　　　　721 000

同时，按月末汇率调整外币账户余额，其中"短期借款——美元户"账户应调减人民币 10 000 元[100 000×(7.00－7.10)]；"应付利息——美元户"账户应调减人民币 200 元[2 000×(7.00－7.10)]。

借：短期借款——美元户　　　　　　　　　　　　　　10 000
　　应付利息——美元户　　　　　　　　　　　　　　　200
　　贷：财务费用——汇兑损益　　　　　　　　　　　　10 200

二、外币长期借款的核算

（一）外币长期借款概述

外币长期借款是涉外企业向银行或其他金融机构借入的，偿还期在 1 年以上（不含 1 年）的各种外币款项。涉外企业借入长期借款，主要用于企业筹建期间的基本建设支出以及企业为了扩大经营规模或进行更新改造而增加的固定资产支出等。

企业取得外币长期借款时，应按一定的比率将外币金额折算为记账本位币入账。用于购建固定资产的外币长期借款利息及汇兑损益，在所购建的固定资产达到预定可使用状态之前，应计入工程成本，作为固定资产原价的一部分；所购建的固定资产达到预定可使用状态以后，直接作为期间费用计入当期损益。企业借入的与购建固定资产无关的外币长期借款利息费用及汇兑损益，发生在筹建期间的，应计入长期待摊费用，发生在生产经营期间的，应计入当期损益。在长期借款中，1 年内到期应予以偿还的部分，在资产负债表上，应列在"1 年内到期的长期负债"项目，作为一项流动负债反映。

（二）外币长期借款的会计处理

对于外币长期借款业务，应设置"长期借款"账户，并分别币种进行核算。该账户属于负债类账户，贷方登记企业借入的长期借款本金以及长期借款的应付利息与汇兑损失；借方登记归还长期借款本金与利息以及汇兑收益；期末贷方余额反映尚未归还的长期借款余额。该账户可按债权单位设置明细账户进行明细分类核算。

【例 5-2】　某公司于 20×4 年 1 月 1 日从银行借入 2 年期借款 500 000 美元，用于工程建设，年利率为 8%，复利计息，到期一次还本付息。当日汇率为

1 美元=7.00 元人民币。款项已存入银行,并于当日全部投入工程,该工程于 20×4 年 12 月完工,并投入使用。作会计分录如下:

(1) 20×4 年 1 月 1 日借入款项时:

借:银行存款——美元户(US $ 500 000×7.00) 3 500 000
  贷:长期借款——美元户(US $ 500 000×7.00) 3 500 000
借:在建工程 3 500 000
  贷:银行存款——美元户(US $ 500 000×7.00) 3 500 000

(2) 20×4 年年末,计算该借款的应付利息与汇兑损益并结转工程成本 (年末汇率为 1 美元=7.05 元人民币):

$$应计利息=500\,000×8\%=40\,000(美元)$$

借:在建工程 282 000
  贷:长期借款——美元户(US $ 40 000×7.05) 282 000

$$汇兑损益=500\,000×(7.05-7.00)=25\,000(元)$$

借:在建工程 25 000
  贷:长期借款——美元户 25 000

$$结转工程成本=3\,500\,000+282\,000+25\,000=3\,807\,000(元)$$

借:固定资产 3 807 000
  贷:在建工程 3 807 000

(3) 20×5 年年末,计算该借款的应付利息与汇兑损益,并归还本息(年末汇率为 1 美元=7.10 元人民币):

$$应计利息=500\,000×(1+8\%)×8\%=43\,200(美元)$$

借:财务费用 306 720
  贷:长期借款——美元户(US $ 43 200×7.10) 306 720

归还借款本息:

借:长期借款——美元户(US $ 583 200×7.10) 4 140 720
  贷:银行存款——美元户 4 140 720

同时,调整外币账户余额,计算汇兑损益,"长期借款——美元户"账户应调增 人民币 27 000 元[500 000×(7.10-7.05)+40 000×(7.10-7.05)]。

借:财务费用 27 000
  贷:长期借款——美元户 27 000

【例 5-3】 假如上述公司于 20×4 年 1 月 1 日从银行借入的是每年年末

付息、到期还本的 2 年期借款,其他资料不变,应作会计分录如下:

(1) 20×4 年 1 月 1 日借入款项时:

借:银行存款——美元户(US＄500 000×7.00)　　3 500 000
　　贷:长期借款——美元户(US＄500 000×7.00)　　　　3 500 000
借:在建工程　　3 500 000
　　贷:银行存款——美元户(US＄500 000×7.00)　　　　3 500 000

(2) 20×4 年年末,支付当期借款利息,计算汇兑损益并结转工程成本:

借:在建工程　　282 000
　　贷:应付利息——美元户(US＄40 000×7.05)　　　　282 000
借:在建工程　　25 000
　　贷:长期借款——美元户　　　　25 000
借:固定资产　　3 807 000
　　贷:在建工程　　　　3 807 000
借:应付利息——美元户　　282 000
　　贷:银行存款——美元户　　　　282 000

(3) 20×5 年年末,计算该借款的应付利息与汇兑损益,并归还本息:

借:财务费用　　284 000
　　贷:应付利息——美元户(US＄40 000×7.10)　　　　284 000

归还借款本息:

借:长期借款——美元户(US＄500 000×7.10)　　3 550 000
　　应付利息——美元户(US＄40 000×7.10)　　284 000
　　贷:银行存款——美元户　　　　3 834 000

同时,调整外币账户余额,计算汇兑损益,"长期借款——美元户"账户应调增人民币 25 000 元[500 000×(7.10－7.05)]。

借:财务费用　　25 000
　　贷:长期借款——美元户　　　　25 000

第二节　外币应付债券的核算

一、应付债券概述

债券是指企业经有关部门批准,向社会公开募集资金而发行的一种书面凭证,通过该凭证上所记载的利率、期限等内容来表明发行债券企业承诺在未来某一特定日期还本付息。发行债券是企业筹集长期资金的重要途径。

与发行股票筹资相比,债券筹资具有以下特点:第一,必须规定借款期限和本金偿还担保;第二,债券利息由税前收益承担;第三,企业可以在一定时期内使用资金而不会导致经营管理权的变化;第四,在企业清算时,债券偿还在先,股票偿还在后。与长期借款相比,债券筹资又具有面广量大的特点。它可以向企业、单位、社会团体发行;又可以向个人发行,并且还具有可以在金融市场上流通等特点。

企业发行的债券有票面价值(面值)与市场价值(市价)两种计价方式,票面价值是指每张债券票面所标明的金额,而市场价值是指债券在金融市场上发售买卖的价格。债券在发行时,票面价值与市场价值可能会有不同,当市场价值高于票面价值时,称为溢价发行;反之则称为折价发行。当票面价值与市场价值一致时,称为平价发行,或按面值发行。债券发行的溢价或折价应在发行日至到期日之间的期限内,于每期末在计提债券利息的同时进行摊销。这种摊销实质上是对企业实际负担的利息费用进行调整。

企业发行外币债券时,应按一定的汇率将外币金额折算为记账本位币入账。每期末计提利息,摊销溢折价及计算汇兑损益的核算原则与外币长期借款相同。

二、应付债券的会计处理

涉外企业发行的外币债券,应设置"应付债券——外币户"账户进行核算,下设"面值""利息调整""应计利息"明细账户。该账户的贷方登记应付债券的面值、溢价及折价的摊销额;借方登记折价、溢价摊销额及偿还金额。期末贷方余额反映尚未到偿还期的应付债券本息合计金额。

如果企业发行的是每年付息、到期还本的债券,还需设置"应付利息"账户,该账户贷方登记应付利息的增加数,借方登记应付利息的减少数,期末贷方余额反映尚未支付的利息数。

为了全面反映应付债券的发行、偿还等情况,企业还应设置"应付债券备查簿",详细登记企业发行债券的票面金额、票面利率、还本期限、还本方式、付息方式、发行总额、发行日期、债券编号以及委托发行部门等内容。

企业发行债券筹集的资金,如果专项用于购建固定资产,其所发生的发行费用与发行期间因冻结资金产生的利息收入的差额,应视同债券的溢价或折价,在债券存续期间于计提利息时予以摊销,在该项固定资产达到预定可使用状态前,应计入固定资产成本;在所购建的固定资产达到预定可使用状态后,或非专项用于固定资产的,则应直接计入当期财务费用。

(一)按面值发行债券的会计处理

【例5-4】　某公司为建造仓库,于20×2年6月30日按面值发行公司债券100 000美元,票面利率为6%,期限2年,到期一次还本付息。发行收入全部存入银行。当日汇率为1美元=7.10元人民币。作会计分录如下:

(1) 20×2年6月30日,发行债券时:

借:银行存款——美元户(US$100 000×7.10)　　　　　　　　710 000
　　贷:应付债券——美元户(债券面值)(US$100 000×7.10)　　　710 000

(2) 20×2年6月30日,支付仓库建造工程支出100 000美元:

借:在建工程　　　　　　　　　　　　　　　　　　　　　710 000
　　贷:银行存款——美元户(US$100 000×7.10)　　　　　　　710 000

(3) 20×2年12月31日,计提债券利息,并计算汇兑损益(当日汇率为1美元=7.00元人民币):

$$应付债券利息=100 000×6\%÷2=3 000(美元)$$

借:在建工程　　　　　　　　　　　　　　　　　　　　　21 000
　　贷:应付债券——美元户(应计利息)(US$3 000×7.00)　　21 000

$$汇兑损益=100 000×(7.00-7.10)=-10 000(元)$$

借:应付债券——美元户(债券面值)　　　　　　　　　　　10 000
　　贷:在建工程　　　　　　　　　　　　　　　　　　　　10 000

(4) 20×3年12月31日,计提债券利息并计算汇兑损益(当日汇率为1美元=7.05元人民币):

借:在建工程　　　　　　　　　　　　　　　　　　　　　42 300
　　贷:应付债券——美元户(应计利息)(US$6 000×7.05)　　42 300

$$汇兑损益=100 000×(7.05-7.00)+3 000×(7.05-7.00)$$
$$+6 000×(7.05-7.05)=5 150(元)$$

```
借：在建工程                                           5 150
    贷：应付债券——美元户（面值）（US＄100 000×0.05）    5 000
        应付债券——美元户（应计利息）（US＄3 000×0.05）    150
```

（5）20×4 年 6 月 30 日，债券到期还本付息（当日汇率为 1 美元＝7.00 元人民币）：

计提债券利息：

$$应付债券利息＝100\,000×6\%÷2＝3\,000（美元）$$

```
借：在建工程                                          21 000
    贷：应付债券——美元户（应计利息）（US＄3 000×7.00）   21 000
```

偿还债券本息：

```
借：应付债券——美元户（面值）（US＄100 000×7.00）      700 000
    应付债券——美元户（应计利息）（US＄12 000×7.00）    84 000
    贷：银行存款——美元户（US＄112 000×7.00）          784 000
```

计算汇兑损益：

$$汇兑损益＝100\,000×(7.00-7.05)+9\,000×(7.00-7.05)$$
$$+3\,000×(7.00-7.00)＝-5\,450（元）$$

```
借：应付债券——美元户（面值）（US＄100 000×0.05）      5 000
    应付债券——美元户（应计利息）（US＄9 000×0.05）       450
    贷：在建工程                                        5 450
```

（二）溢价发行债券的会计处理

溢价发行债券是指企业发行债券的价格高于债券的面值，其高出面值的部分称为债券溢价。当企业发行债券的票面利率高于市场利率时，这就意味着企业要以高于市场利率来支付利息，因此，债券溢价实际上是企业在发行债券时，为补偿以后多付的利息而预收投资者的一笔款项。

企业发行债券取得的溢价收入，应在债券存续期间内，按实际利率法于计提债券利息时进行摊销。

【例 5-5】 某公司为扩建厂房，于 20×3 年 1 月 1 日发行公司债券 200 000 美元，票面利率为 6％，期限 2 年，到期一次还本付息。该债券实际发行价格为 203 175 美元，当日汇率为 1 美元＝7.00 元人民币。该公司应作会计处理如下：

（1）计算实际利率。由于该债券为到期一次还本付息，因此可根据

"债券面值＋债券溢价＝债券到期应付本利和贴现值"这一公式计算实际利率,即 $203\,175=200\,000\times(1+6\%\times2)\div(1+i)^2$,计算得出实际利率 $i=5\%$。

（2）根据实际利率法计算债券各期溢价摊销额,如表 5-1 所示。

表 5-1

实际利率法债券溢价摊销表

单位：美元

计息期	应计利息	实际利息	溢价摊销额	未摊销溢价	债券摊余成本
①	②＝面值×票面利率	③＝上期⑥×实际利率	④＝②－③	⑤＝上期⑤－④	⑥＝上期⑥＋②－④
发行日				3 175.00	203 175.00
1	12 000.00	10 158.75	1 841.25	1 333.75	213 333.75
2	12 000.00	10 666.25 *	1 333.75 *	0.00	224 000.00

* 由于计算上四舍五入产生了尾差,是近似值。

（3）根据计算结果,作会计分录如下：

其一,20×3 年 1 月 1 日,发行债券并支付扩建工程款：

借：银行存款——美元户（US\$ 203 175×7）　　　　　　　1 422 225
　　贷：应付债券——美元户（面值）（US\$ 200 000×7）　　　　　1 400 000
　　　　应付债券——美元户（利息调整）（US\$ 3 175×7）　　　　22 225

借：在建工程　　　　　　　　　　　　　　　　　　　　1 422 225
　　贷：银行存款——美元户（US\$ 203 175×7）　　　　　　　　1 422 225

其二,20×3 年 12 月 31 日,计提债券利息,摊销债券溢价并计算汇兑损益：

借：在建工程（US\$ 10 158.75×7.10）　　　　　　　　　72 127.13
　　应付债券——美元户（利息调整）　　　　　　　　　　13 072.87
　　贷：应付债券——美元户（应计利息）（US\$ 12 000×7.10）　　85 200.00
　　　　汇兑损益＝200 000×（7.10－7.00）＋3 175×（7.10－7.00）
　　　　　　　　＝20 317.50（元）

借：在建工程　　　　　　　　　　　　　　　　　　　20 317.50
　　贷：应付债券——美元户(面值)(US＄200 000×0.10)　20 000.00
　　　　应付债券——美元户(利息调整)(US＄3 175×0.10)　317.50

其三,20×4年12月31日,归还本息并计算汇兑损益：

借：应付债券——美元户(面值)(US＄200 000×7.00)　　　1 400 000.00
　　应付债券——美元户(应计利息)(US＄12 000×7.00)　　84 000.00
　　应付债券——美元户(利息调整)(US＄1 333.75×7.00)　9 336.25
　　在建工程(US＄10 666.25×7.00)　　　　　　　　　　74 663.75
　　贷：银行存款——美元户(US＄224 000×7.00)　　　　1 568 000.00
　　　汇兑损益＝200 000×(7.00－7.10)＋1 333.75×(7.00－7.10)
　　　　　　　　＋12 000×(7.00－7.10)＝－21 333.38(元)

借：应付债券——美元户(面值)(US＄200 000×0.10)　　　20 000.00
　　应付债券——美元户(应计利息)(US＄12 000×0.10)　　1 200.00
　　应付债券——美元户(利息调整)(US＄1 333.75×0.10)　133.38
　　贷：在建工程　　　　　　　　　　　　　　　　　　21 333.38

(三)折价发行债券的会计处理

折价发行债券是指企业发行债券的价格低于债券的面值,其低于面值的部分称为债券折价。当企业发行债券的票面利率低于市场利率时,就意味着企业未来需要支付的利息,比按市场利率计算得要少。因此,债券折价实际上是企业在发行债券时,预先付给投资者的利息补偿。

同溢价发行债券一样,企业发行债券产生的折价应在债券存续期间,于计提利息时进行摊销。通过摊销,使企业实际负担的利息与按市场利率计算的结果相一致。

【例5-6】　假设[例5-5]中,债券的实际发行价格为188 000美元,则属于折价发行债券。其他资料不变,应作会计处理如下：

(1)计算实际利率。由于该债券为到期一次还本付息,因此可根据"债券面值－债券折价＝债券到期应付本利和贴现值"这一公式计算实际利率。即：$188\,000＝200\,000×(1＋6\%×2)÷(1＋i)^2$,计算得出实际利率$i＝9.1554\%$。

(2)根据实际利率法计算债券各期折价摊销额,如表5-2所示。

表 5-2

实际利率法债券折价摊销表

单位：美元

计息期	应计利息	实际利息	折价摊销额	未摊销折价	债券摊余成本
①	②＝面值×票面利率	③＝上期⑥×实际利率	④＝③－②	⑤＝上期⑤－④	⑥＝上期⑥＋②＋④
发行日				12 000.00	188 000.00
1	12 000.00	17 212.15	5 212.15	6 787.85	205 212.15
2	12 000.00	18 787.85 *	6 787.85 *	0.00	224 000.00

＊ 由于计算上四舍五入产生了尾差，是近似值。

（3）根据计算结果，作会计分录如下：

其一，20×3 年 1 月 1 日，发行债券并支付扩建工程款：

借：银行存款——美元户（US＄188 000×7）　　　　　　　1 316 000
　　应付债券——美元户（利息调整）（US＄12 000×7）　　84 000
　　贷：应付债券——美元户（面值）（US＄200 000×7）　　　　1 400 000

借：在建工程　　　　　　　　　　　　　　　　　　　1 316 000
　　贷：银行存款——美元户（188 000×7）　　　　　　　　　1 316 000

其二，20×3 年 12 月 31 日，计提债券利息，摊销债券折价并计算汇兑损益：

借：在建工程（US＄17 212.15×7.10）　　　　　　　　122 206.27
　　贷：应付债券——美元户（应计利息）（US＄12 000×7.10）　85 200.00
　　　　应付债券——美元户（利息调整）　　　　　　　　　　37 006.27
　　　　汇兑损益＝200 000×（7.10－7.00）－12 000×（7.10－7.00）
　　　　　　　　＝18 800（元）
借：应付债券——美元户（利息调整）（US＄12 000×0.10）　　1 200
　　在建工程　　　　　　　　　　　　　　　　　　　18 800
　　贷：应付债券——美元户（面值）（US＄200 000×0.10）　　20 000

其三，20×4 年 12 月 31 日，归还债券本息并计算汇兑损益：

借：应付债券——美元户（面值）(US $ 200 000×7.00)　　　　　1 400 000.00

　　应付债券——美元户（应计利息）(US $ 12 000×7.00)　　　　84 000.00

　　在建工程(US $ 18 787.85×7.00)　　　　　　　　　　　131 514.95

　贷：应付债券——美元户（利息调整）(US $ 6 787.85×7.00)　　47 514.95

　　银行存款——美元户(US $ 22 4000×7.00)　　　　　　　1 568 000.00

　　汇兑损益＝200 000×(7.00－7.10)＋12 000×(7.00－7.10)

　　　　　　－6 787.85×(7.00－7.10)＝－20 521.21(元)

借：应付债券——美元户（面值）(US $ 200 000×0.10)　　　　　20 000.00

　　应付债券——美元户（应计利息）(US $ 12 000×0.10)　　　　1 200.00

　贷：应付债券——美元户（利息调整）(US $ 6 787.85×0.10)　　678.79

　　在建工程　　　　　　　　　　　　　　　　　　　　　20 521.21

第三节　外币长期应付款的核算

　　长期应付款是指企业发生的除了长期借款和应付债券以外的各种长期负债，主要包括应付融资租入固定资产的租赁费以及采用补偿贸易方式引进国外设备价款等。

　　涉外企业发生的外币融资租入固定资产和采用补偿贸易方式引进国外设备等，应设置"长期应付款——外币户"账户，并按外币的币种分别进行核算。该账户属于负债类，账户贷方登记企业应付的融资租入固定资产的租赁费，以及应付补偿贸易方式引进设备的价款（含国外运保费）；借方登记实际支付的融资租入固定资产租赁费，以及已归还的补偿贸易引进设备价款。期末余额在贷方，反映企业尚未支付的各种长期应付款。该账户应按长期应付款的种类设置"应付融资租赁费"和"应付引进设备款"等明细账户进行明细分类核算。

一、融资租入固定资产的核算

（一）融资租入固定资产的特点

　　融资租入固定资产是指企业采用融资租赁的方式向其他单位租入固定资产，在租赁期内按期支付租金，作为取得资产使用权的代价。融资租入固定资产的特点主要有：

　　（1）在租赁期内，出租方仍保留租赁资产的所有权，但与所有权相关的全部风险和报酬实质上已转移给承租人。

　　（2）租赁资产的折旧、保险、维修等费用，均由承租人负担。

（3）租赁期限较长，几乎接近或等于租赁资产的全部使用年限。

（4）租赁期内，在一般情况下，租约不可因一方的要求而提前解除。

（5）出租人通过一次出租，就可以收回在租赁资产上的全部投资。

（6）租赁期满，承租人有购买租赁资产的优先权，也可以将租赁资产返还出租人，或采用延展租期的方式。

（二）融资租入固定资产的会计处理

企业发生融资租入固定资产业务，应在"长期应付款"账户下设置"应付融资租赁费"明细账户进行核算。企业融资租入固定资产，应按租赁资产公允价值与最低租赁付款额的现值两者中较低者，借记"固定资产"等账户；按最低租赁付款额，贷记"长期应付款——应付融资租赁费"账户；按其差额，借记"未确认融资费用"账户。支付融资租赁费时，借记"长期应付款——应付融资租赁费"账户，贷记"银行存款"等账户；同时，按实际利率法分摊未确认融资费用，借记"财务费用"账户，贷记"未确认融资费用"账户。

【例 5-7】 某企业于 20×2 年 1 月 1 日采用融资租赁方式租入一条生产线。并支付安装调试费 2 000 美元。按租赁协议，该生产线租赁费总额为 90 000 美元，在 3 年的租赁期内，每年年末支付 30 000 美元，租赁期满，只需支付 200 美元的优惠购买价，生产线的所有权即可转归企业。租赁开始日，该生产线公允价值为 85 000 美元，最低租赁付款额现值为 82 000 美元。假定，按实际利率法分摊未确认融资费用 20×2 年为 3 500 美元、20×3 年为 2 700 美元、20×4 年为 2 000 美元。该生产线于 20×2 年 6 月 30 日安装完毕并投入使用，预计净残值为零，折旧年限为 5 年，该企业采用直线法于每年年末计提折旧。租入生产线当日汇率为 1 美元＝7.05 元人民币。假定每年年末计算汇兑损益并调整外币账户。应作会计分录如下：

（1）20×2 年 1 月 1 日，租入生产线时：

借：在建工程（US＄82 000×7.05） 578 100

未确认融资费用 57 810

贷：长期应付款——美元户（应付融资租赁费）

（US＄90 200×7.05） 635 910

支付安装调试费 2 000 美元时：

借：在建工程 14 100

贷：银行存款——美元户（US＄2 000×7.05） 14 100

（2）20×2 年 6 月 30 日，生产线安装完毕，结转工程成本：

借：固定资产——融资租入固定资产   592 200
    贷：在建工程   592 200

(3) 20×2 年 12 月 31 日，计提折旧，支付租赁费，分摊未确认融资费用，并计算汇兑损益（当日汇率为 1 美元＝7.00 元人民币）：

$$应提折旧额＝592\ 200÷5×6÷12＝59\ 220（元）$$

借：制造费用   59 220
    贷：累计折旧   59 220

支付租赁费：

借：长期应付款——美元户（应付融资租赁费）   210 000
    贷：银行存款——美元户（US$ 30 000×7.00）   210 000

分摊未确认融资费用：

借：财务费用   24 675
    贷：未确认融资费用（US$ 3 500×7.05）   24 675

计算汇兑损益：

$$汇兑损益＝90\ 200×(7.00－7.05)＝－4\ 510（元）$$

借：长期应付款——美元户（应付融资租赁费）   4 510
    贷：财务费用——汇兑损益   4 510

(4) 20×3 年 12 月 31 日，计提折旧，支付租赁费，分摊未确认融资费用，并计算汇兑损益（当日汇率为 1 美元＝7.08 元人民币）：

$$应提折旧额＝592\ 200÷5＝118\ 440（元）$$

借：制造费用   118 440
    贷：累计折旧   118 440

支付租赁费：

借：长期应付款——美元户（应付融资租赁费）   212 400
    贷：银行存款——美元户（US$ 30 000×7.08）   212 400

分摊未确认融资费用：

借：财务费用   19 035
    贷：未确认融资费用（US$ 2 700×7.05）   19 035

计算汇兑损益：

$$汇兑损益＝60\,200×(7.08-7.00)＝4\,816(元)$$

　　借：财务费用——汇兑损益　　　　　　　　　　　　　　　4 816
　　　　贷：长期应付款——美元户(应付融资租赁费)　　　　　　　4 816

（5）20×4 年 12 月 31 日,计提折旧,支付租赁费及优惠购买价,分摊未确认融资费用,并计算汇兑损益(当日汇率为 1 美元＝7.05 元人民币)：

　　借：制造费用　　　　　　　　　　　　　　　　　　　　148 440
　　　　贷：累计折旧　　　　　　　　　　　　　　　　　　　　148 440

支付租赁费及优惠购买价：

　　借：长期应付款——美元户(应付融资租赁费)　　　　　　212 910
　　　　贷：银行存款——美元户(US＄30 200×7.05)　　　　　212 910

分摊未确认融资费用：

　　借：财务费用　　　　　　　　　　　　　　　　　　　　　14 100
　　　　贷：未确认融资费用(US＄2 000×7.05)　　　　　　　　14 100

计算汇兑损益：

$$汇兑损益＝30\,200×(7.05-7.08)＝-906(元)$$

　　借：长期应付款——美元户(应付融资租赁费)　　　　　　　906
　　　　贷：财务费用——汇兑损益　　　　　　　　　　　　　　906

固定资产明细账户结转：

　　借：固定资产——生产经营用固定资产　　　　　　　　　592 210
　　　　贷：固定资产——融资租入固定资产　　　　　　　　　592 210

二、补偿贸易引进设备的核算

（一）补偿贸易引进设备的特点

补偿贸易是指企业在外方提供信贷的基础上进口设备、技术或物资,不用现汇支付,而是在约定的期限内向外方回销产品或劳务,以此来分期偿还本息的信贷交易。补偿贸易引进设备业务有如下几个特点：

（1）补偿贸易引进设备是一种以融物代替融资的筹资方式。

（2）在补偿贸易引进设备价款尚未归还前,构成了企业的一项负债。

（3）应付引进设备价款不需用现金一次偿还,而是用企业生产的产品或提供的劳务分期偿还。

（二）补偿贸易引进设备的会计处理

企业发生补偿贸易引进设备业务，应在"长期应付款"账户下，设置"应付引进设备款"明细账户进行核算。企业以补偿贸易方式引进设备时，应将其买价及国外运保费的外币金额，按一定的汇率折合成记账本位币，记入该账户贷方（但企业用人民币支付的进口关税、国内运杂费和安装费等，不通过"长期应付款"账户核算，而是通过"银行存款"等账户核算）；企业用生产的产品或劳务分期归还引进设备的价款时，应记入该账户的借方；该账户期末贷方余额反映尚未归还的引进设备价款。

【例5-8】 某公司于20×1年1月1日采用补偿贸易方式引进一条生产线，合同作价2 000 000美元，另发生国外运保费10 000美元以及进口关税、国内运杂费、安装调试费共计150 000元人民币，当日汇率为1美元＝7.00元人民币。合同规定设备价款以返销产品的方式在4年内分期偿付。经计算长期应付款的现值为1 750 000美元。作会计分录如下：

（1）20×1年1月1日，设备运抵公司时：

借：在建工程（US$1 750 000×7.00）　　　　　　　　　　　　12 250 000
　　未确认融资费用　　　　　　　　　　　　　　　　　　　　 1 820 000
　　贷：长期应付款——美元户（应付引进设备款）
　　　　（US$2 010 000×7）　　　　　　　　　　　　　　　　　14 070 000

（2）支付进口关税、国内运杂费及安装调试费时：

借：在建工程　　　　　　　　　　　　　　　　　　　　　　　　 150 000
　　贷：银行存款——人民币户　　　　　　　　　　　　　　　　　 150 000

（3）生产线安装完毕，结转工程成本时：

借：固定资产　　　　　　　　　　　　　　　　　　　　　　　　12 400 000
　　贷：在建工程　　　　　　　　　　　　　　　　　　　　　　 12 400 000

（4）20×1年12月31日，以第一批生产产品抵偿设备价款500 000美元，并计算汇兑损益（当日汇率为1美元＝7.05元人民币）：

借：长期应付款——美元户（应付引进设备款）　　　　　　　　　 3 525 000
　　贷：主营业务收入（US$500 000×7.05）　　　　　　　　　　　 3 525 000

　　　　汇兑损益＝2 010 000×（7.05－7.00）＝100 500（元）

借：财务费用——汇兑损益　　　　　　　　　　　　　　　　　　　 100 500
　　贷：长期应付款——美元户（应付引进设备款）　　　　　　　　　 100 500

同时,结转该批产品的销售成本、分摊未确认融资费用(分录略)。

复习思考题

一、单项选择题

1. 长期借款的利息费用应记入( )账户的贷方。
   A. "长期借款"　　　　　　　B. "长期应付款"
   C. "财务费用"　　　　　　　D. "应付利息"

2. 企业折价发行长期债券,各期应负担的利息费用是指( )。
   A. 按票面价值乘以市场利率计算的利息费用
   B. 按期初债务的实际价值乘以市场利率计算的实际利息费用
   C. 按票面价值乘以票面利率计算的利息费用
   D. 按票面利率计算的应计利息加上折价摊销额

3. 企业融资租入固定资产,设备安装调试发生的费用,应记入( )账户。
   A. "财务费用"　　　　　　　B. "在建工程"
   C. "固定资产"　　　　　　　D. "应付利息"

4. 企业溢价发行债券所产生的溢价部分,应在债券存续期间摊销,债券溢价的摊销实际是对( )。
   A. 利息费用的冲减　　　　　B. 利息费用的增加
   C. 投资收益的冲减　　　　　D. 投资收益的增加

5. 企业为扩建厂房而借入长期借款,收款当日全部投入工程项目,工程达到预定可使用状态前,该借款在每期期末计算的汇兑损益应记入( )账户。
   A. "财务费用"　　　　　　　B. "在建工程"
   C. "固定资产"　　　　　　　D. "应付利息"

6. 融资租入固定资产的租赁费,应通过( )账户核算。
   A. "长期应付款"　　　　　　B. "固定资产"
   C. "在建工程"　　　　　　　D. "长期借款"

7. 企业采用补偿贸易方式引进国外设备所发生的关税、运杂费及安装费等,应记入( )账户。
   A. "管理费用"　　　　　　　B. "财务费用"

C.“其他业务成本” D.“在建工程”

8. 某公司于 20×4 年 1 月 1 日溢价发行期限为 4 年,到期一次还本付息的债券,该债券面值为 100 万美元,票面利率为 10%,发行价为 110 万美元,实际利率为 8%,20×4 年该公司全年负担的利息费用应为( )万美元。

A. 8.8 B. 7.5

C. 10 D. 12.5

9. 某股份有限公司于 20×2 年 7 月 1 日对外发行 4 年期面值为 1 000 万美元的公司债券,票面利率 8%,每半年付息一次,到期还本,发行价为 976 万美元,实际利率为 9%。20×3 年 12 月 31 日,该应付债券的账面价值为( )万美元。

A. 1 000 B. 1 080

C. 983.84 D. 1 120

10. 某股份有限公司于 20×3 年 10 月 1 日对外发行 4 年期面值为 50 000 万美元的公司债券,票面利率为 12%,实际利率为 10%,到期一次还本付息,发行价为 58 000 万美元。如果没有资本化费用,20×3 年对这项债券应确认的财务费用为( )万美元。

A. 1 450 B. 6 000

C. 4 000 D. 2 000

二、多项选择题

1. 下列借款费用中,不予以资本化的有( )。
   A. 公司筹建期间发生的注册登记费用
   B. 公司筹建期间发生的长期借款费用
   C. 公司清算期间发生的长期借款费用
   D. 为购建固定资产而发生的长期借款费用
   E. 正常经营期内长期借款利息支出

2. 如果债券溢价发行,则溢价摊销的分录中可能借记的账户有( )。
   A.“应付债券——利息调整” B.“应付利息”
   C.“应付债券——应计利息” D.“财务费用”
   E.“在建工程”

3. 借款费用可能包括( )。
   A. 长期借款与短期借款的利息
   B. 与借款相关的折溢价摊销

C. 发行债券时发生的代理发行费用

D. 融资租赁形成的应付融资租赁费

E. 外币借款产生的汇兑损益

4. 下列业务中,应在"长期应付款"账户核算的有(　　)。

A. 应付经营性租赁款　　　　　B. 应付融资租赁款

C. 应付补偿性贸易引进设备款　D. 暂存款

E. 应付债券分期付息利息款

5. "应付债券"账户的余额包括(　　)。

A. 债券面值　　　　　　　　　B. 债券折价

C. 债券溢价　　　　　　　　　D. 债券利息

E. 发行费用

6. 企业发行债券用于经营周转需要时,以下说法正确的有(　　)。

A. 摊销发行债券的溢价增加财务费用

B. 摊销发行债券的溢价减少财务费用

C. 摊销发行债券的折价增加财务费用

D. 摊销发行债券的折价减少财务费用

E. 摊销溢折价是否影响财务费用,应看当期债券应计利息的大小

7. 以下构成长期债券溢价的内容有(　　)。

A. 实际利率大于票面利率,导致以后多付利息而事先得到的补偿

B. 实际利率小于票面利率,导致以后多付利息而事先得到的补偿

C. 实际利率大于票面利率,导致以后少付利息而事先得到的补偿

D. 发行费用大于发行期间冻结的申购资金产生利息收入的差额

E. 发行费用小于发行期间冻结的申购资金产生利息收入的差额

8. 下列会计处理中,可能正确的有(　　)。

A. 计提短期借款利息,借记"财务费用"账户,贷记"短期借款"账户

B. 计提短期借款利息,借记"财务费用"账户,贷记"应付利息"账户

C. 计提长期借款利息,借记"财务费用"账户,贷记"长期借款"账户

D. 计提长期借款利息,借记"财务费用"账户,贷记"应付利息"账户

E. 计提长期借款利息,借记"财务费用"账户,贷记"长期应付款"账户

9. (　　)是发行债券企业在债券存续期间对利息费用的调整。

A. 债券溢价　　　　　　　　　B. 发行费用

C. 发行税金　　　　　　　　　D. 债券折价

E. 债券利息

10. 企业发行债券,其票面上一般应注明的内容有(　　)。

　　A. 面值　　　　　　　　　　B. 票面利率

　　C. 市场利率　　　　　　　　D. 债券期限

　　E. 利息支付方式

三、判断题

1. 企业为购建固定资产而借入的长期借款利息支出,属于符合资本化条件的部分,应记入"固定资产"账户。　　　　　　　　　　　　　　　(　　)

2. 企业为购建固定资产而发行外币债券,在该固定资产达到预定可使用状态后发生的利息支出和汇兑损益,应计入当期损益。　　　　　　　(　　)

3. 由于补偿贸易是以产品或劳务归还设备款的,所以设备的引进与款项的偿还均无现金的流入与流出。　　　　　　　　　　　　　　　　(　　)

4. 融资租入固定资产,尽管在经济实质上该资产的风险与报酬已经转移给了承租方,但从法律角度看,该资产所有权在整个租赁期内,仍属于出租方所有。　　　　　　　　　　　　　　　　　　　　　　　　　(　　)

5. 对于1年内到期的长期债券,在资产负债表中反映时,可以视金额的大小来决定是否列入流动负债项目。　　　　　　　　　　　　　　(　　)

6. 企业采用实际利率法对发行债券的折价(溢价)进行摊销时,应付债券账面价值会逐期减少(增加),应负担的利息费用也会随之逐期减少(增加)。

　　　　　　　　　　　　　　　　　　　　　　　　　　　　(　　)

7. 外币融资租赁业务中,即使合同约定租赁期满承租方支付优惠购买价,承租方在租入时确认的应付融资租赁费仍只包含租金总额,待租赁期满才将支付的优惠购买价予以确认。　　　　　　　　　　　　　　(　　)

8. 企业溢价发行债券,按票面利率计算的应计利息小于实际的利息支出。　　　　　　　　　　　　　　　　　　　　　　　　　　(　　)

9. 企业按补偿贸易方式引进设备时,用人民币支付的进口关税、国内运杂费以及安装费不是"长期应付款——应付引进设备款"的组成部分,但也要计入设备成本。　　　　　　　　　　　　　　　　　　　　(　　)

10. 长期借款的利息费用,应通过"应付利息"账户进行核算。(　　)

四、名词解释

1. 外币长期借款　　　　　　2. 应付债券

3. 长期债券折价　　　　　　4. 长期债券溢价

5. 长期应付款　　　　　　　　6. 实际利率法

7. 融资租入固定资产　　　　　8. 补偿贸易引进设备

五、简答题

1. 目前我国短期性质的外币借款主要有哪几类？

2. 外币长期借款与外币应付债券有何不同？

3. 简述外币应付债券溢价、折价的会计处理。

4. 融资租入固定资产有哪些特点？

5. 简述补偿贸易引进设备的会计处理。

六、计算与分析题

1. **目的**　练习外币长期借款的会计处理。

资料　某外商投资企业 20×3 年 1 月 1 日向中国银行借入 3 年期长期借款 250 000 美元，用于进口一套不需安装的设备。该借款年利率 8%，复利计息，到期一次还本付息，有关外汇汇率变动情况如下：

20×3 年 1 月 1 日，1 美元＝7.04 元人民币；

20×3 年年末，1 美元＝7.10 元人民币；

20×4 年年末，1 美元＝7.08 元人民币；

20×5 年年末，1 美元＝7.00 元人民币。

该外币长期借款在各年年末计提利息并调整外币账户余额，确认汇兑损益。

要求

(1) 根据以上资料，编制该笔外币长期借款取得、计息以及到期归还的会计分录。

(2) 假设该借款每年年末付息，到期还本，编制相关会计分录。

2. **目的**　练习应付债券的会计处理。

资料　某公司为扩建厂房，于 20×2 年 7 月 1 日发行公司债券 1 200 000 美元，票面利率为 6%，期限 3 年，每年 6 月 30 日付息，到期还本。该债券实际发行价格为 1 260 000 美元，当日汇率为 1 美元＝7.10 元人民币。所筹资金当日全部投入厂房扩建工程，该厂房于 20×3 年 12 月 31 日交付使用。

假设该公司在年末与付息日计算利息费用并调整外币账户，确认汇兑损益。每年 6 月 30 日的汇率均为 1 美元＝7.05 元人民币，年末汇率均为 1 美元＝7.08 元人民币。

要求 根据以上资料,采用实际利率法(实际利率为 4.2%)编制该公司发行债券、计息、付息及到期还本的会计分录。

3. **目的** 练习融资租入固定资产的会计处理。

资料 某企业于 20×3 年 1 月 1 日采用融资租赁方式租入一台先进设备,按租赁协议规定,租赁费总额为 600 000 美元,在 3 年的租赁期内每年年末支付 200 000 美元。租赁期满,该企业应向出租方支付 5 000 美元的优惠购买价,同时取得该设备的所有权,当日设备运抵该企业,发生安装调试费 50 000美元,当日汇率为 1 美元＝7.05 元人民币。

租赁开始日,该设备公允价值为 580 000 美元,最低租赁付款额现值为560 000 美元。假定,按实际利率法分摊未确认融资费用,20×3 年为 20 000美元,20×4 年为 15 000 美元,20×5 年为 10 000 美元。

6 月 30 日,设备安装调试完成,投入使用。据估计,该设备折旧年限为 5年,净残值为零。该企业采用直线法计提折旧。

假设该企业于每年年末调整外币账户余额,并计算汇兑损益。20×3 年、20×4 年、20×5 年年末汇率分别为 1 美元＝7.10 元人民币、1 美元＝7.06 元人民币、1 美元＝7.08 元人民币。

要求 根据以上资料,编制该企业 20×3 年 1 月 1 日至 20×5 年 12 月 31日的相关会计分录。

4. **目的** 练习补偿贸易引进设备的会计处理。

资料

(1) 某进出口公司于 20×2 年 7 月 1 日采用补偿贸易方式引进一台设备,合同规定设备价款以返销产品的方式在 3 年内分期偿付。该设备买价为6 000 000 美元,另发生国外运保费 30 000 美元,以银行存款支付进口关税、国内运杂费等共计 200 000 元人民币。当日汇率为 1 美元＝7.05 元人民币。经计算,长期应付款的现值为 5 460 000 美元。

(2) 7 月 10 日,设备抵达公司,开始设备的安装与调试,当日发生安装调试费 50 000 元人民币。

(3) 7 月 26 日,又发生安装调试费 100 000 元人民币。

(4) 7 月 31 日,设备安装调试完毕,投入生产,当日汇率为 1 美元＝7.08元人民币。

(5) 20×2 年 12 月 31 日,以生产产品抵偿设备款 1 000 000 美元,当日汇率为 1 美元＝7.04 元人民币。

要求 根据以上资料编制相关会计分录。

第六章 出口贸易的核算

──**本章学习要点**────

　　了解外贸企业出口贸易核算的内容,掌握出口商品的购进方式、出口销售的业务程序。重点掌握出口商品购进、自营出口销售、代理出口销售的账务处理。

第一节 出口商品购进的核算

一、出口商品购进概述

　　出口商品购进是外贸企业出口业务中的首要环节,它是指外贸企业为了出口、内销或加工后出口而取得的国产商品所有权的交易行为。出口商品购进为出口贸易提供了物质基础,并且直接影响出口总成本,因此,为了促进外贸企业扩大出口规模,增加出口创汇,改善经营管理,降低出口成本,组织好出口货源是至关重要的。

　　(一)出口商品的购进方式

　　按照收购方式不同,出口商品的购进可以分为两种方式。

　　1. 直接购进

　　直接购进是指外贸企业直接与有关单位签订购销合同或协议进行收购出口产品,它适用于收购工矿产品、农副及土特产品和鲜货商品(如茶叶、丝绸等)。

　　2. 委托代购

　　委托代购是指外贸企业以支付手续费的形式委托商业、粮食和供销社收购一些货源零星分散,不便直接收购的农副、土特产品。采用此收购方式时,双方须签订协议,明确责任和权利。

　　(二)出口商品购进的交接方式

　　1. 送货制

　　送货制是指供货单位将商品送到外贸企业指定的仓库或其他地点,由外贸企业验收入库的一种方式。在送货制下,外贸企业不负担送货费用和运输途中的商品损耗。这种交接方式一般适用于本地购货。

2. 提货制

提货制是指外贸企业指派专人到供货单位指定的仓库或其他地点提取并验收商品的一种方式。在提货制下,提货过程中发生的费用和商品损耗由外贸企业负担。这种交接方式一般也适用于本地购货。

3. 发货制

发货制是指供货单位按合同规定,将商品委托运输单位由铁路或公路、水路运送到所在地或其指定地区,由外贸企业领取并验收入库的一种方式。在发货制下,有关费用的负担,由购销双方在合同中明确规定。这种交接方式一般适用于异地购货。

4. 就地代管

就地代管是指外贸企业委托供货厂商代为保管商品,到时凭保管凭证办理商品交接的一种方式。在就地代管下,代管过程中发生的仓储保管费用由外贸企业负担。这种交接方式对本地和异地购货均适用。

(三)出口商品购进的验收

外贸企业对购进的出口商品应按照购销合同、协议的规定进行验收。通常分为以下三种情况:

(1)对于一般的技术性不强的出口商品,应进行品种、规格、型号、商标、等级、花色、质量、包装等方面的检查验收。

(2)对外贸企业无条件验收的技术复杂、规格特殊的出口商品,如精密仪器、成套设备和化工产品等,应按购销合同或协议的规定,由供货企业提供商品检验证明书,并点验商品的数量,检验商品的包装。

(3)对于某些出口商品,国家规定由商品检验局进行检验,外贸企业凭商品检验局签发的合格证明,对这类商品进行数量和包装的验收。

二、出口商品购进的会计处理

(一)采购成本构成及购进出口商品的入账时间

我国对销售货物要征收增值税,而增值税是价外税,不包括在商品货款之中。因此,国内购进的出口商品,一般应以进货原价(即增值税专用发票中的货价)和进货费用作为采购成本计价入账。购货时按增值税专用发票注明的税额支付的税款不计入采购成本,作为增值税的进项税额反映,予以抵扣。如果购入的商品应缴纳消费税的,应以含税的买价作为商品的采购成本。购进商品所发生的各项进货费用,如运杂费、手续费、商品入库前的整理挑选费用等也应计入采购成本。

对于企业直接收购或委托代购的农副产品,以收购原价作为采购成本。企业从农业生产者手中购买的自产农业产品,免征增值税。但按规定,购进免税农产品内销时准予抵扣一部分进项税额,抵扣额按买价的 10% 计算。

购进出口商品的入账时间应以取得出口商品所有权或支配权为准。在结算凭证先到、商品未到的情况下,以收到结算凭证或开出承兑汇票的时间为购进商品的入账时间。在购进的出口商品先到、结算凭证未到的情况下,为简化核算仍以收到结算凭证的时间为入账时间。但是,对于月末结算凭证仍未到而无法付款或无法开出承兑商业汇票的入库商品,先按暂估价记入"库存商品"账户,下月初再用红字冲回。

(二)同城购进商品的会计处理

同城购进商品是指外贸企业从当地的生产企业或商业企业购进商品。一般采用"送货制"和"提货制"交接商品。货款的结算方式通常采用转账支票和商业汇票,也有采用银行本票结算的,而且一般是结算凭证和商品同时到达。

【例 6-1】　某外贸企业向本市某制鞋厂购进 600 双童鞋,增值税专用发票上列明:童鞋每双 60 元,共计 36 000 元,增值税额4 680元。以转账支票支付货款,并验收入库。作会计分录如下:

　　借:在途物资——出口商品采购　　　　　　　　　　36 000
　　　　应交税费——应交增值税(进项税额)　　　　　4 680
　　　　贷:银行存款　　　　　　　　　　　　　　　　　40 680
　　借:库存商品——库存出口商品　　　　　　　　　　36 000
　　　　贷:在途物资——出口商品采购　　　　　　　　　36 000

(三)异地购进商品的会计处理

异地商品购进是指外贸企业从外地的生产企业或商业企业购进出口商品。商品的交接方式,一般采用"发货制"或"就地代管制"。货款的结算,一般采用托收承付结算方式。在这种结算方式下,外贸企业的货物到达、入库与支付货款在时间上往往不一致,企业应区别不同情况分别进行会计处理。

1. 结算凭证先到,商品后到

异地商品购进,当结算凭证先到时,应将购进商品的采购成本记入"在途物资"账户的借方,凭证上列明的增值税额记入"应交税费——应交增值税(进项税额)"账户的借方,承付的款项记入"银行存款"账户的贷方。等商品运达,验收入库时,再将商品的采购成本转入"库存商品"账户。

【例 6-2】　上海某外贸企业向北京某空调厂购进空调 350 台,每台价格

2 000 元,共计货款 700 000 元,增值税税率 13%,发生运杂费 1 500 元,采用托收承付结算方式,结算凭证已到,商品尚未到达,合同规定验单付款。作会计分录如下:

借:在途物资——出口商品采购 701 500
应交税费——应交增值税(进项税额) 91 000
贷:银行存款 792 500

上述商品运到,验收合格并入库,作会计分录如下:

借:库存商品——库存出口商品 701 500
贷:在途物资——出口商品采购 701 500

2. 商品先到,结算凭证后到

对于这种经济业务,外贸企业在商品先到时不进行总分类核算,月末对仍未收到商品结算凭证的,先按暂估价入账,下月初用红字冲回。等结算凭证到达时,再按正常程序核算。

【例 6-3】 某外贸企业购进电脑 500 台,电脑已运达企业并验收合格入库。月末,该批商品的结算凭证尚未收到,按暂估价 2 500 000 元入账。作会计分录如下:

月末:
借:库存商品——库存出口商品 2 500 000
贷:应付账款——暂估应付款 2 500 000

下月初:
借:库存商品——库存出口商品 2 500 000
贷:应付账款——暂估应付款 2 500 000

第二节　自营出口销售的核算

一、自营出口销售概述

自营出口销售是指外贸企业自己经营的出口销售业务。在自营出口销售业务中,销售收入归外贸企业所有,出口商品的购货成本及与出口业务有关的一切国内外费用以及佣金、索赔、罚款、理赔等均由外贸企业自己负担,出口销售的盈亏由外贸企业承担。

据此,凡外贸企业以贸易方式对境外自营出口和转口销售的商品、进料加工出口和出售出国展品、样品、小卖品等,都属于自营出口销售。

（一）自营出口销售的业务程序

外贸企业自营出口业务主要有七个程序。

1. 准备工作

外贸企业为了开拓国际市场，应通过各种方式调查了解国际市场情况，包括了解进口商所在国的自然条件、进出口贸易的规模、外贸政策、贸易管制状况、关税措施等。通过与国外进口商的充分接触、磋商，对有一定意向的出口业务应制定出口贸易总体规划及战略方针，做好出口贸易的准备工作。

2. 出口贸易的磋商

在确定出口贸易对象后应与进口商进行磋商。一般分为四个环节：

（1）询盘。询盘又称询价，是指交易的一方要购买或出售某种商品，而向另一方发出探询买卖该种商品有关交易条件的一种表示。其内容通常包括商品的品种、规格、性能、价格条件等。

（2）发盘。发盘又称报价，是指发盘人向受盘人提出一定的交易条件，并愿意按照这些条件成交订约的表示。

（3）还盘和返还盘。还盘又称还价，是指受盘人对发盘内容提出不同意见，或要求修改某些条件的表示；返还盘是指发盘人对还盘人再提出新的意见。一笔交易往往要经过多次的还盘和返还盘的过程才能成立。

（4）接受。接受是指受盘人在发盘的有效期内无条件地同意发盘中所提出的交易条件，愿意订立贸易合同的一种表示。

3. 签订出口贸易合同

外贸企业与进口商通过磋商，对各方的权利与义务条件达成一致意见时，必须签订贸易合同。贸易合同通常由出口商填制，经双方审核无误后签字执行。

4. 组织出口货源及催证

外贸企业应根据合同规定的各项条款准备好出口商品的备货工作，出口商品的品种、数量等都必须与合同相符，以免遭受卖方的拒收或索赔。同时，应及时向对方催寄信用证，对收到的信用证进行审查，如发现有不妥的地方，应即电请对方修改或删除；审查或修改无误后，方可根据合同执行。

5. 办理托运手续

外贸企业在信用证和出口合同内容核对相符及货证齐全的情况下，要及时编制或打印全套出口单据办理托运手续，并向海关申报出口。海关放行后，出口商品才能装运出口。

6. 交单结汇

外贸企业在办妥各项装运手续并取得正本提单后，应当立即持全套出口单证交银行审单收汇,并按合同规定办妥装运通知及寄单手续。

7. 索赔与理赔

如果进口商未能按照合同规定履约而造成经济损失的,外贸企业应向进口商提出索赔要求,以挽回损失;反之,如果进口商验收商品,发现有不符合出口合同规定要求时,将会提出索赔要求。外贸企业应根据进口商提供的合法证明,按合同规定的各项条款认真核查处理。如属供货单位责任的,外贸企业应及时与供货单位联系,予以解决。凡不属外贸企业责任范围或不符合合同规定条件的索赔,应据理拒绝理赔。

(二)出口销售收入的计价

自营出口贸易有离岸价(FOB),成本加运费、保险费价格(CIF)和成本加运费价格(CFR)等多种价格条件。现行会计制度规定,在出口业务中,为了使销售收入的记账口径一致,不论出口成交是哪一种价格条款,都以离岸价(FOB)为准。实质上,这是以出口销售的净收入为基础的计价。如以 CIF 价格成交的,应扣除运费和保险费;以 CFR 价格成交的,则应扣除运费进行计价。

1. 船上交货(指定装运港)条款(FOB 价格)

船上交货条款是指当货物在指定的装运港越过船舷,卖方即完成交货的条款。该条款意味着买方从该点起,应负担一切费用和货物灭失或损坏的风险。船上交货条款要求卖方办理货物出口清关手续。

卖方的交货责任是:在规定的日期或期限内按该港口习惯方式,于指定装运港将货物交到买方指定的船上(对运输及保险合同均无义务)。卖方负担货物在指定装运港越过船舷前灭失或损坏的一切风险。卖方支付货物在指定装运港越过船舷前与该货物有关的一切费用,并支付为出口所必需的报关手续费用及一切出口时所需支付的关税、税收及其他法定收费。

2. 成本加运费(指定目的港)条款(CFR 价格)

成本加运费条款是指在装运港货物越过船舷卖方即完成交货,并必须支付将货物运至指定的目的港所需的运费和费用的条款。但交货后货物灭失或损坏的风险,以及由于各种事件造成的任何额外费用,即由卖方转移到买方。

卖方必须支付费用,按照通常条件订立运输合同,经由惯常航线,将货物用通常运输合同所指货物类型的海轮(或依情况适合内河运输的船只)运输至指定的目的港。上述费用包括货物装船费用,以及当使用定期班轮运输时,定期班轮公司可能收取的在卸货港卸货的所有费用。

成本加运费条款要求卖方办理货物出口清关手续。

3. 成本、保险费加运费(指定目的港)条款(CIF 价格)

成本、保险费加运费条款是指在装运港当货物越过船舷时卖方即完成交货,但必须支付将货物运至指定的目的港所需的运费和保险费用的条款。至于交货后货物灭失或损坏的风险及由于各种事件造成的任何额外费用,交货后即由卖方转移到买方。在 CIF 条件下,卖方还必须办理买方货物在运输途中灭失或损坏风险的海运保险。

因此,在成本、保险费加运费条款下,应由卖方订立保险合同并支付保险费。但买方应注意到,CIF 价格条款只要求卖方投保最低限度的保险险别。如果买方需要更高的保险险别,则需要与卖方明确地达成协议,或者自行作出额外的保险安排。

成本、保险费加运费条款也要求卖方办理货物出口清关手续。

(三)佣金

佣金是指价格条件或合同规定应支付给中间商的推销报酬。

1. 佣金的类型

(1)明佣。明佣又称发票内佣金,是指在出口发票上明确注明价格条件中规定的佣金由买方支付的形式。采用明佣支付方式,出口商在销售发票上不但列明销售金额,而且还列明佣金率、佣金,以及扣除佣金后的销售净额。

(2)暗佣。暗佣又称发票外佣金,是指价格条件中没有规定佣金,但在贸易合同中规定佣金并由卖方支付的形式。采用暗佣支付方式,出口商在销售发票上只列明销售金额。

(3)累计佣金。累计佣金是指外贸企业同境外包销、代销客户订立协议,规定在一定时期内按累计销售金额及相应的佣金率定期付给佣金的形式。佣金率通常是累进计算的,在到期汇付时入账。

2. 佣金的支付方式

(1)票扣。票扣是指直接在出口销售发票上列明佣金及销售净额,按扣除佣金后的净额收汇的方式。

(2)议付。议付是指在出口货物结汇时,由银行从货款总额中扣留佣金并付给国外中间商的佣金支付方式。在该方式下,出口企业收到的结汇款为扣除佣金后的货款净额。

(3)汇付。汇付是指出口结汇时,按货款总额收汇,结汇后另行到银行购买外汇,再汇付给国外中间商的佣金支付方式。

二、自营出口销售的会计处理

（一）运费的会计处理

1. 国内运费

在商品出口贸易过程中，外贸企业发生的商品自所在地发运至边境、口岸的各项装船费、运杂费等费用，均记入"销售费用"账户。

2. 国外运费

国外运费是指国际贸易价格条件所规定的、应由出口商支付的、从装运港到目的港的运输费用。该项费用应据国内承运机构的费用原始凭证，经审核无误后，办理国内外汇转账结算予以支付，财会部门根据银行国内外汇转账结算凭证、银行付款通知及费用原始凭证进行账务处理，作会计分录如下：

> 借：主营业务收入——自营出口
> 　　贷：银行存款

（二）保险费的会计处理

凡按包括保险费在内的价格条款成交的，外贸企业应根据合同规定投保的险别向保险公司投保，财会部门根据银行支付凭证及费用原始凭证进行账务处理，作会计分录如下：

> 借：主营业务收入——自营出口
> 　　贷：银行存款

（三）佣金的会计处理

1. 明佣

外贸企业在向银行办理交单收汇时，应根据发票中列明的扣除佣金后的销售净额收取货款，不再另付佣金。在账务处理上，以红字冲销销售收入，作会计分录如下：

> 借：应收账款——外币户
> 　　主营业务收入——出口佣金
> 　　贷：主营业务收入——自营出口（货款总额）

2. 暗佣

外贸企业应根据销售收入总额收取货款后再另行申请汇付佣金。在账务处理上，应同时作两笔会计分录如下：

> （1）借：应收账款——外币户
> 　　　　贷：主营业务收入——自营出口

（2）借：主营业务收入——出口佣金
　　　贷：应付账款——外币户

然后再采用汇付或议付方式支付佣金。

汇付佣金是指外贸企业根据销货总额收取货款后，再另行申请汇付佣金的方式。

先收货款时，作会计分录如下：

借：银行存款
　贷：应收账款——外币户

再付佣金时，作会计分录如下：

借：应付账款——外币户（出口佣金）
　贷：银行存款

议付佣金是指外贸企业在收取的货款总额中将应付佣金直接扣除，无须另外支付的方式。因此，外贸企业在收取货款时，将先收后付，简化为坐支轧抵，作会计分录如下：

借：银行存款
　应付账款——外币户（出口佣金）
　贷：应收账款——外币户

3. 累计佣金

如果能够直接认定到具体出口商品的，其核算方法和其他佣金一样，即用红字冲减"主营业务收入——自营出口"账户；如果不能认定到具体出口商品的，列入"销售费用"账户。

（四）销售业务的会计处理

外贸企业自营出口销售业务的核算，主要设置以下几个账户：

（1）"主营业务收入——自营出口"账户。该账户是损益类账户，贷方登记外贸企业实现的销售收入及以外汇支付的红字冲减收入的金额；借方登记发生销售退回冲减收入的金额。

（2）"主营业务成本——自营出口"账户。该账户是损益类账户，借方登记结转出口商品的成本；贷方登记销售退回而转回的成本及取得的退税收入。

（3）"库存商品"账户。该账户是资产类账户，借方登记仓库中结存商品的成本；贷方登记运往码头、车站，准备装船、装车的发出商品成本。

(4)"发出商品"账户。该账户是资产类账户,借方登记企业发出商品运往码头、车站,准备装船、装车的成本;贷方登记结转自营出口销售成本及商品出仓后退关甩货时的成本;该账户余额在借方,表示尚未确认销售的发出商品的结存成本。

(5)"应收账款——外币户"账户。该账户是资产类账户,借方登记企业因出口销售商品、向国外提供劳务等应向外商收取的外汇账款;贷方登记收回外汇账款时的数额;该账户余额在借方,表示尚未收回外汇账款的数额。

(6)"应付账款——外币户"账户。该账户是负债类账户,贷方登记企业因出口而购买材料、物资,接受劳务供应的应付未付外汇款项;借方登记偿还的应付账款;其余额在贷方,表示尚未支付的外汇账款数额。

(7)"销售费用"账户。该账户借方登记商品自所在地发运至边境、口岸的各项装船费、运杂费等费用;贷方登记期末转出数额。

外贸企业出口销售通常采用信用证结算。业务部门等出口商品装船,取得全套货运单据后,持出口发票正本向银行交单办理收汇手续,取得银行回单;财务部门取得业务部门转来的发票副本及银行回单时,作会计分录如下:

> 借:应收账款——外币户
>   贷:主营业务收入——自营出口

然后将储运部门转来的出库单所列商品的各项与发票副本核对相符后,结转商品销售成本,作会计分录如下:

> 借:主营业务成本——自营出口
>   贷:发出商品

等收到货款时,作会计分录如下:

> 借:银行存款
>   贷:应收账款——外币户

【例 6-4】 某外贸企业与美国某企业签订出口贸易合同,向其销售彩电 200 台,每台成本 1 500 元。发票金额为 CIF50 000 美元,出口佣金 1 500 美元。

(1)收到业务部门开出的商品出库凭证时,应作会计分录如下:

> 借:发出商品　　　　　　　　　　　　　　　　　　　300 000
>   贷:库存商品　　　　　　　　　　　　　　　　　　　300 000

(2)收到业务部门送来已向银行交单的出口发票副本时(当日即期汇率为 1 美元＝7.07 元人民币),作会计分录如下:

借：应收账款——美元户（US＄48 500×7.07）　　　　　　342 895
　　主营业务收入——出口佣金（US＄1 500×7.07）　　　　10 605
　　　贷：主营业务收入——自营出口（US＄50 000×7.07）　　353 500

同时结转成本：

借：主营业务成本——自营出口　　　　　　　　　　　　300 000
　　　贷：发出商品　　　　　　　　　　　　　　　　　　300 000

（3）收到银行转来外运公司定额费用结算单，支付人民币运杂费 700 元，确认无误，通知银行转账支付，作会计分录如下：

借：销售费用——国内运杂费　　　　　　　　　　　　　700
　　　贷：银行存款　　　　　　　　　　　　　　　　　　　700

（4）收到外运公司托收海运运费单据 US＄800，经业务部门确认承付（当日银行卖出汇率为 1 美元＝7.10 元人民币），作会计分录如下：

借：主营业务收入——国外运杂费　　　　　　　　　　　5 680
　　　贷：银行存款（US＄800×7.10）　　　　　　　　　　5 680

（5）收到保险公司结算单据，支付保险费 300 美元（当日银行卖出汇率为 1 美元＝7.10 元人民币），作会计分录如下：

借：主营业务收入——国外保险费　　　　　　　　　　　2 130
　　　贷：银行存款（US＄300×7.10）　　　　　　　　　　2 130

（6）收到银行通知，上述应收账款收妥结汇（当日即期汇率为 1 美元＝7.07 元人民币，银行买入汇率为 1 美元＝7.04 元人民币），作会计分录如下：

借：银行存款（US＄48 500×7.04）　　　　　　　　　　341 440
　　财务费用——汇兑损益　　　　　　　　　　　　　　1 455
　　　贷：应收账款——美元户（US＄48 500×7.07）　　　342 895

假定将上述出口佣金改为暗佣，则在收到已向银行交单的出口发票副本时，应作会计分录如下：

借：应收账款——美元户（US＄50 000×7.07）　　　　　353 500
　　　贷：主营业务收入——自营出口　　　　　　　　　　353 500
借：主营业务收入——出口佣金　　　　　　　　　　　　10 605
　　　贷：应付账款——美元户（US＄1 500×7.07）　　　　10 605

结算货款若采用汇付方式支付佣金的，应在收到出口货款后汇付佣金时

（当日即期汇率为 1 美元＝7.07 元人民币，银行买入汇率为 1 美元＝7.04 元人民币，卖出汇率为 1 美元＝7.10 元人民币），作会计分录如下：

借：银行存款(US$50 000×7.04)　　　　　　　　　　　　352 000
　　财务费用——汇兑损益　　　　　　　　　　　　　　　1 500
　　贷：应收账款——美元户(US$50 000×7.07)　　　　　　　353 500
借：应付账款——美元户(出口佣金)(US$1 500×7.07)　　　10 605
　　财务费用——汇兑损益　　　　　　　　　　　　　　　45
　　贷：银行存款(US$1 500×7.10)　　　　　　　　　　　　10 650

若采用议付方式支付佣金的，在收到货款时，应按扣佣后的净额入账，作会计分录如下：

借：银行存款(US$48 500×7.04)　　　　　　　　　　　341 440
　　应付账款——美元户(出口佣金)(US$1 500×7.07)　　　10 605
　　财务费用——汇兑损益　　　　　　　　　　　　　　　1 455
　　贷：应收账款——美元户(US$50 000×7.07)　　　　　　353 500

三、自营出口销售其他业务的会计处理

（一）出口退关的会计处理

退关是指出口商品发货出库后，因故未能装运上船而被退回仓库的事项。

储运部门接到业务部门转来出口商品止装通知后，应立即将已发出商品提回，办理入库手续。财会部门凭入库凭证等，借记"库存商品"账户，贷记"发出商品"账户。

（二）出口销售退回的会计处理

出口商品销售后，因故遭到国外退货时，财会部门根据出口商品的提单及原发票复印件等凭证冲转出口销售收入，借记"主营业务收入"账户，贷记"应收账款"账户。同时，还应冲转出口销售成本，借记"发出商品"账户，贷记"主营业务成本"账户。等到销售退回商品验收入库时，根据收货单借记"库存商品"账户，贷记"发出商品"账户。

退货过程中发生的各项费用，先记入"待处理财产损溢"账户，待查明退货原因后，分别进行结转。如果属于供货单位的责任，并由其负责赔偿时，应转入"其他应收款"账户；如果属于外贸企业责任，表明是企业管理不善所造成的，经批准后，应转入"管理费用"账户。

【例 6-5】 承[例 6-4]，假设上述外贸企业出口销售的彩电，美商验货后发现质量不符合同要求，经确认作退货处理。应作会计分录如下：

（1）收到退回商品的海运提单时：

借：主营业务收入——自营出口　　　　　　　　　353 500
　　贷：应收账款——美元户（US＄48 500×7.07）　　　　342 895
　　　　主营业务收入——出口佣金（US＄1 500×7.07）　　10 605

同时，冲转出口商品的销售成本 300 000 元：

借：发出商品　　　　　　　　　　　　　　　　　300 000
　　贷：主营业务成本　　　　　　　　　　　　　　　300 000

（2）冲回商品发出时发生的国内外费用：

借：待处理财产损溢　　　　　　　　　　　　　　8 510
　　贷：主营业务收入——国外运杂费　　　　　　　　5 680
　　　　主营业务收入——国外保险费　　　　　　　　2 130
　　　　销售费用——国内运杂费　　　　　　　　　　700

（3）支付退回商品的国外运费 800 美元，国外保险费 300 美元（当日银行卖出汇率为 1 美元＝7.09 人民币）：

借：待处理财产损溢　　　　　　　　　　　　　　7 799
　　贷：银行存款（US＄1 100×7.09）　　　　　　　　7 799

（4）签发转账支票，支付退回商品发生的国内运杂费 700 元：

借：待处理财产损溢　　　　　　　　　　　　　　700
　　贷：银行存款　　　　　　　　　　　　　　　　　700

（5）收到退回商品的入库单：

借：库存商品　　　　　　　　　　　　　　　　　300 000
　　贷：发出商品　　　　　　　　　　　　　　　　　300 000

（6）经批准，将出口商品退货损失转入"营业外支出"账户：

借：营业外支出　　　　　　　　　　　　　　　　17 009
　　贷：待处理财产损溢　　　　　　　　　　　　　　17 009

（三）出口索赔、理赔的会计处理

1. 出口索赔

外贸企业在发现因外商违约遭受损失时，应在合同规定的期限内向外商提出索赔。外商确认赔偿时，应借记"应收账款"账户，贷记"营业外收入"账户。

2. 出口理赔

出口理赔是指外贸企业因违反合同规定使对方遭受损失，受理对方根据规定提出的赔偿要求。

外贸企业在确认理赔损失时，借记"待处理财产损溢"账户，贷记"应付账款"账户，待查明原因，再作相应处理。

如果外商损失是在投保范围内的，应由保险公司赔偿；如果属于运输单位责任的，应由运输单位赔偿。将这部分损失借记"其他应收款"账户，贷记"待处理财产损溢"账户。

如果属于企业自身管理不善造成的损失。经批准后，借记"管理费用"账户，贷记"待处理财产损溢"账户。

如果属于少发商品，商品仍在本企业仓库的，则作销售退回处理。根据对方索赔的金额，借记"主营业务收入"账户，贷记"待处理财产损溢"账户。

如果是企业发错商品的，不论双方同意是以调换商品的方式处理还是不调换商品以退补价方式处理的，均应调整"库存商品""主营业务成本"和"主营业务收入"等账户。在采用调换商品方式处理时，对运回及补发商品所发生的国内外费用应先通过"待处理财产损溢"账户核算。经批准后，再转入"营业外支出"账户。在不调换商品以退补价方式处理时，应将退补价差额记入"应收账款"或"应付账款"账户。

【列6-6】 承[例6-4]，假设该外贸企业出口销售的彩电，美商验货后发现部分彩电有损坏，要求索赔500美元。经查系运输途中发生损失，且在投保范围内，该外贸企业同意理赔，同时向保险公司提出索赔，应作会计处理如下：

（1）确认理赔损失（当日即期汇率为1美元＝7.03人民币）：

借：待处理财产损溢 3 515
　　贷：应付账款——美元户（US＄500×7.03） 3 515

（2）汇出赔偿款（当日即期汇率为1美元＝7.03元人民币，银行卖出汇率为1美元＝7.08元人民币）：

借：应付账款——美元户（US＄500×7.03） 3 515
　　财务费用——汇兑损益 25
　　贷：银行存款（US＄500×7.08） 3 540

（3）结转理赔损失（当日即期汇率为1美元＝7.04元人民币）：

借：其他应收款——美元户（保险公司）（US＄500×7.04） 3 520
　　贷：待处理财产损溢 3 515
　　　　财务费用——汇兑损益 5

(4) 收到保险公司赔款(当日即期汇率为1美元＝7.04元人民币,银行买入汇率为1美元＝7.05元人民币):

借:银行存款(US＄500×7.05) 3 525
　　贷:其他应收款——美元户(保险公司)(US＄500×7.04) 3 520
　　　财务费用——汇兑损益 5

第三节　代理出口销售的核算

一、代理出口销售概述

代理出口销售是外贸企业的中介服务业务,而不是主体购销行为。它是指具有进出口经营权的企业代替国内委托单位办理对外销售、托运、交单和结汇等全过程的出口销售业务。

(一)代理出口销售原则

外贸企业经营代理出口销售业务应遵循以下原则:不垫付商品资金,不负担国内外直接费用,在业务经营中发生的一切费用、佣金、赔偿责任等均由委托单位承担。外贸企业不承担出口销售业务的盈亏,只按照出口销售发票全额及规定的代理手续费率向委托单位收取外汇手续费。在会计上从中介地位出发,对进口出口方分别用应收、应付账款入账,表现代收代付的性质。

(二)代理出口合同

为了划分双方责任,明确权利义务,外贸企业经营代理出口销售业务前,应与委托方签订代理出口合同或协议,明确规定经营商品、代理范围、商品交接、费用负担、代理手续费率、外汇划拨、索赔处理等有关事项。

(三)国内外费用

代理出口销售业务发生的国内外直接费用,均由委托方负责。费用结算既可由受托方垫付后向委托方收取,也可由委托方先预付待以后清算。

(四)代理出口销售外汇货款结算办法

1. 异地收(结)汇法

异地收(结)汇法是指受托外贸企业在商品出口销售向银行办理交单收汇时,办妥必要的手续,由银行在收到外汇货款时,向代理出口销售业务的受托外贸企业和委托单位分割收(结)汇的方法。采取这种方法时,银行在收到外汇时,将外贸企业代垫的国内外直接费用和应收取的代理手续费向受托外贸企业办理收(结)汇,同时将外汇余额直接划拨委托单位。

2. 全额收(结)汇法

全额收(结)汇法是指银行在收到外汇时,全额向受托外贸企业办理收(结)汇的方法。采取这种方法时,受托外贸企业收汇后,扣除垫付的国内外直接费用和应收取的代理手续费用,将外汇余额通过银行转付委托单位。

二、代理出口销售的会计处理

(一) 受托方的会计处理

外贸企业根据合同规定收到委托单位发来代理出口商品时,应根据储运部门转来的代理业务入库单上所列的金额,借记"受托代销商品"账户,贷记"代销商品款"账户。代理商品出库后,应根据储运部门转来的代理业务出库单上所列的金额,借记"发出商品——受托代销商品"账户,贷记"受托代销商品"账户。

由于受托外贸企业主要反映的是同国外客户和国内委托方之间的货款结算业务,因此,通过"应收账款"和"应付账款"账户核算。根据代理出口商品的销售金额,借记"应收账款"账户,贷记"应付账款"账户。同时结转代理出口商品的销售成本,根据代理出口商品的出库金额,借记"代销商品款"账户,贷记"发出商品"账户。

为了反映受托外贸企业收取的手续费收入,应设置"其他业务收入——代购代销收入"账户。同时,还应设置"其他业务成本"账户,用以核算取得手续费收入应缴纳的税金。

【列 6-7】 某外贸企业接受 A 公司委托,代理出口甲商品 200 件,每件成本 350 元,出口合同规定价格为 CIF15 000 美元,佣金率为 2%,代理外汇手续费率为 5%。外汇货款采用全额收(结)汇法结算,应作会计处理如下:

(二) 外贸企业收到储运部门转来代理出口商品入库单:

借:受托代销商品——甲商品	70 000
贷:代销商品款——A 公司	70 000

(2) 外贸企业收到储运部门转来代理出口商品出库单:

借:发出商品——受托代销商品	70 000
贷:受托代销商品——甲商品	70 000

(3) 商品发运港口装船,共发生国内运费 250 元,国外运保费 500 美元,全部由外贸企业垫付(当日银行卖出汇率为 1 美元=7.10 元人民币):

借:应付账款——A 公司	3 800
贷:银行存款(US $500×7.10+250)	3 800

（4）外贸企业取得装运提单，持全套单证向银行交单（当日即期汇率为1美元＝7.11元人民币）：

借：应收账款——美元户（US＄15 000×7.11）　　　　106 650
　　贷：应付账款——A公司　　　　　　　　　　　　　　　106 650
借：应付账款——A公司　　　　　　　　　　　　　2 133
　　贷：应付账款——出口佣金（US＄300×7.11）　　　　　2 133

同时，根据代理业务出库单（转账联）结转代理出口甲商品销售成本：

借：代销商品款——A公司　　　　　　　　　　　70 000
　　贷：发出商品——受托代销商品　　　　　　　　　　70 000

（5）按代理合同，外贸企业收取外汇手续费750美元（当日即期汇率为1美元＝7.10元人民币）：

借：应付账款——A公司（US＄750×7.10）　　　　5 325
　　贷：其他业务收入——代购代销收入　　　　　　　　　5 325

（6）出口货款银行已收妥，外贸企业根据银行结汇水单入账，假定佣金为议付（当日即期汇率为1美元＝7.11元人民币，银行买入汇率为1美元＝7.12元人民币）：

借：银行存款（US＄14 700×7.12）　　　　　　　104 664
　　应付账款——出口佣金（US＄300×7.11）　　　　2 133
　　贷：应收账款——美元户（US＄15 000×7.11）　　　　106 650
　　　　财务费用——汇兑损益　　　　　　　　　　　　　147

（7）外贸企业将货款余额转付给A公司（当日即期汇率为1美元＝7.11元人民币）：

借：应付账款——A公司（US＄13 450×7.11－250）　95 379.50
　　贷：银行存款　　　　　　　　　　　　　　　　　95 379.50

如果该项代理业务采用异地收（结）汇方法结汇，则上述业务（1）～（5）的会计处理同采用全额收（结）汇方法，而业务（6）的会计处理如下：

借：银行存款（US＄1 250×7.12＋250）　　　　　9 150.00
　　应付账款——出口佣金（US＄300×7.11）　　　　2 133.00
　　应付账款——A公司（US＄13 450×7.11－250）　95 379.50
　　贷：应收账款——美元户（US＄15 000×7.11）　　　106 650.00
　　　　财务费用——汇兑损益　　　　　　　　　　　　12.50

（二）委托方的会计处理

在代理出口销售方式下，委托方的账务处理与国内代销商品方式下的处理基本一致。以下沿用[例6-7]进行说明。

（1）A公司将甲商品发运给外贸公司时：

借：委托代销商品   70 000
    贷：库存商品   70 000

（2）收到代销清单时（当日即期汇率为1美元＝7.11元人民币）：

借：应收账款——外贸公司（US＄15 000×7.11）   106 650.00
    贷：主营业务收入   106 650.00
借：销售费用（US＄1 550×7.11＋250）   11 270.50
    贷：应收账款——外贸公司   11 270.50
借：主营业务成本   70 000.00
    贷：委托代销商品   70 000.00

（3）收到外贸公司汇来的货款净额时（当日即期汇率为1美元＝7.11元人民币）：

借：银行存款   95 379.50
    贷：应收账款——外贸公司（US＄13 450×7.11－250）   95 379.50

复习思考题

一、单项选择题

1. 采用暗佣支付方式时，出口商在销售发票上只列明（　　　）。
    A. 销售金额   B. 佣金率
    C. 佣金   D. 销售净额

2. 异地购进商品时，货款结算一般采用（　　　）方式。
    A. 信用证   B. 汇兑
    C. 托收承付   D. 委托收款

3. 外贸企业出口销售通常采用（　　　）结算。
    A. 托收承付   B. 支票
    C. 汇票   D. 信用证

4. 出口商品购进的交接在采用提货制方式下,提货过程中发生的费用和运输途中的商品损耗由(　　)负担。

A. 外贸企业

B. 供货方

C. 运输公司

D. 购销双方在合同中明确

5. 自营出口销售时,发生的国外费用应(　　)。

A. 计入销售费用　　　　　　B. 计入主营业务成本

C. 冲减主营业务收入　　　　D. 计入管理费用

6. 自营出口贸易,在采用(　　)价格时,卖方必须支付将货物运至指定目的港所需的运费及办理买方货物在运输途中灭失或损坏风险的海运保险。

A. FOB　　　　　　　　　　B. CFR

C. CIF　　　　　　　　　　D. FOB、CFR、CIF

7. 出口贸易合同通常由(　　)填制,经双方审核无误签字执行。

A. 进口商　　　　　　　　　B. 出口商

C. 委托方　　　　　　　　　D. 受托方

8. 出口商品购进在采用(　　)交接方式下,有关费用的负担,由购销双方在合同中明确规定。

A. 送货制　　　　　　　　　B. 提货制

C. 发货制　　　　　　　　　D. 就地代管

9. 出口理赔时,如果是企业发错商品,且采用调换商品方式处理时,对于该过程中所发生的国内外费用应(　　)。

A. 借:待处理财产损溢　　　B. 借:营业外支出

　　贷:应付账款　　　　　　　　贷:应付账款

C. 借:其他应收款　　　　　D. 借:销售费用

　　贷:应付账款　　　　　　　　贷:银行存款

10. 外贸企业经营代理出口销售业务应遵循的原则是(　　)。

A. 不垫付商品资金,负担国内外直接费用

B. 不垫付商品资金,不负担国内外直接费用

C. 垫付商品资金,负担国内外直接费用

D. 垫付商品资金,不负担国内外直接费用

二、多项选择题

1. 在自营出口销售业务中,出口商品的购货成本及(　　)均由外贸企业自己负担。

    A. 佣金
    B. 索赔

    C. 罚款
    D. 理赔

    E. 盈亏

2. 出口贸易磋商通常分为(　　)等环节。

    A. 发盘
    B. 询盘

    C. 还盘
    D. 返还盘

    E. 接受

3. 购进出口商品所发生的各项进货税费,以下应当计入采购成本的有(　　)。

    A. 消费税
    B. 运杂费

    C. 手续费
    D. 增值税额

    E. 入库前整理挑选费

4. 下列项目中,属于 CIF 价格构成的有(　　)。

    A. 成本
    B. 运费

    C. 保险费
    D. 佣金

    E. 税金

5. 出口商品购进的交接方式中,适用于本地购货的有(　　)。

    A. 送货制
    B. 提货制

    C. 发货制
    D. 就地代管

    E. 各种方式均适用

6. 对于国家规定由商品检验局进行检验的商品,应进行(　　)验收。

    A. 数量
    B. 规格

    C. 商标
    D. 质量

    E. 包装

7. 外贸企业经营代理出口销售业务前与委托方签订代理出口合同应明确规定(　　)。

    A. 代理范围
    B. 代理手续费率

    C. 商品交接
    D. 费用负担

    E. 外汇划拨

8. 以下通过冲减"主营业务收入"账户来核算的有( )。

    A. 国外运费　　　　　　　　B. 国内费用

    C. 保险费　　　　　　　　　D. 明佣

    E. 暗佣

9. 佣金的支付方式,主要有( )。

    A. 汇兑　　　　　　　　　　B. 汇付

    C. 票扣　　　　　　　　　　D. 议付

    E. 票付

10. 采用全额收(结)汇法时,受托外贸企业收汇后,扣除( ),将外汇余额通过银行转付委托单位。

    A. 垫付的国外直接费用　　　B. 国外间接费用

    C. 垫付的国内直接费用　　　D. 国内间接费用

    E. 应收取的代理手续费用

三、判断题

1. 现行制度规定,在出口业务中,为了使销售收入的记账口径一致,都以 CIF 价格为准。 ( )

2. 在采用明佣支付方式时,出口商在销售发票上只列明销售净额,外贸企业在向银行办理交单收汇时,应根据发票中列明的销售净额收取货款,不再另行支付佣金。 ( )

3. 采用 FOB 价格意味着,货物从指定装运港越过船舷时,买方应负担一切费用和货物灭失及损坏的风险。 ( )

4. FOB、CFR 及 CIF 三种条款均要求卖方为货物出口报关。 ( )

5. 在 CIF 条款下,卖方签订保险合同并支付保险费,但买方仅要求取得最低限度的保险。 ( )

6. 贸易合同通常是由进口商填制,经双方审核无误签字执行。 ( )

7. 采用累计佣金方式时,其核算为直接冲减"主营业务收入"账户。 ( )

8. 退货过程中发生的各项费用,如属于供货单位的责任,直接记入"其他应收款"账户,如属于企业管理不善造成的,直接记入"管理费用"账户。 ( )

9. 采用异地收(结)汇时,银行将扣除外贸企业代垫的国内外直接费用及代理手续费后的余额直接划拨委托单位。 ( )

10. 发生出口退关时,储运部门接到业务部门转来出口商品止装通知后,应立即将已发出商品提回。 （　　）

四、名词解释

1. 发货制
2. 提货制
3. 询盘
4. 发盘
5. 还盘
6. 返还盘
7. FOB 条款
8. CIF 条款
9. 明佣
10. 暗佣
11. 累计佣金
12. 出口理赔
13. 异地收(结)汇
14. 全额收(结)汇
15. 汇付
16. 议付

五、简答题

1. 出口商品购进按照收购方式不同可以分为哪几种？其含义是什么？
2. 出口商品购进有哪些交接方式？
3. 试述自营出口销售的业务程序。
4. 试述自营出口销售收入的计价。
5. 简述佣金的含义及其支付方式。
6. 试述代理出口销售应遵循的原则。
7. 代理出口销售外汇货款有哪两种结算方法？在会计处理上有什么区别？

六、计算与分析题

1. **目的**　练习出口商品购进的会计处理。

资料　某外贸公司 12 月发生下列经济业务：

(1) 3 日,业务部门转来厦门灯具厂开来的增值税专用发票,开列台灯 2 000 盏,每盏 60 元,计价款 120 000 元,增值税额 15 600 元,并收到自行填制的收货单,经审核无误,当即签发转账支票付讫。

(2) 5 日,储运部门转来收货单,向厦门灯具厂购进的台灯全部验收入库,结转其采购成本。

(3) 8 日,银行转来北京灯具厂托收凭证及增值税专用发票,开列吊灯 500 件,每件 150 元,计货款 75 000 元,增值税额 9 750 元,运杂费 1 000 元,经审核无误当即承付。

（4）11日，储运部门转来北京灯具厂吊灯的收货单，吊灯全部验收入库，结转其采购成本。

（5）20日，银行转来南京灯具厂托收凭证及增值税专用发票，开列彩灯1 800件，每件55元，计货款99 000元，增值税额12 870元，运杂费600元，经审核无误当即承付。

（6）23日，储运部门转来南京灯具厂彩灯收货单，货已全部入库，结转其采购成本。

（7）26日，银行转来杭州灯泡厂托收凭证及增值税专用发票，开列灯泡1 500只，每只15元，计货款22 500元，增值税额2 925元，经审核无误当即承付。

（8）31日，储运部门转来向大连灯具厂购进1 000只灯罩的收货单，已验收入库，按暂估价80 000元入库。

要求　根据上述资料编制会计分录。

2. 目的　练习自营出口销售的会计处理。

资料　某外贸公司根据进出口贸易合同，5月向美国某公司销售保健品300箱，采用信用证结算，发生下列有关的经济业务：

（1）收到储运部门转来出库单（记账联），列明出口保健品300箱，每箱3 000元，予以转账。

（2）收到业务部门转来销售保健品的发票副本和银行回单。发票列明保健品300箱，每箱价格为CIF500美元，共计货款150 000美元。当日即期汇率为1美元＝7.05元人民币。同时，根据出库单（转账联）结转出库保健品销售成本。

（3）收到银行转来外运公司定额费用结算单，支付运杂费3 500元人民币。

（4）收到外轮运输公司发票一张，金额为2 000美元，经业务部门确认承付，当日银行卖出汇率为1美元＝7.10元人民币。

（5）按保健品销售发票金额150 000美元的110%向保险公司投保，保险费率为2‰，签发转账支票，当日银行卖出汇率为1美元＝7.10元人民币。

（6）根据出口保健品3%的佣金率，将应付客户暗佣入账。当日即期汇率为1美元＝7.05元人民币。

（7）收到银行转来收汇通知，出口销售货款收妥结汇，当日即期汇率为1美元＝7.05元人民币，当日银行买入汇率为1美元＝7.00元人民币。

（8）采用汇付方式，将应付的暗佣汇付给美国某公司，当日即期汇率为

1 美元＝7.05 元人民币,当日银行卖出汇率为 1 美元＝7.10 元人民币。

要求 根据上述资料编制会计分录。

3. 目的 练习自营出口销售的会计处理。

资料 某外贸公司本月销售给美国某时装公司服装 1 500 套,采用信用证结算。本月发生下列有关的经济业务:

(1) 收到储运部门转来出库单(记账联),列明出库服装 1 500 套,每套 150 元,予以转账。

(2) 收到银行转来外运公司定额费用结算单,支付运杂费 2 500 元人民币。

(3) 收到外轮运输公司发票一张,金额为 900 美元,经业务部门确认承付,当日银行卖出汇率为 1 美元＝7.08 元人民币。

(4) 按服装销售发票金额 45 000 美元的 110％向保险公司投保,保险费率为 2‰,签发转账支票,当日银行卖出汇率为 1 美元＝7.10 元人民币。

(5) 收到业务部门转来销售服装的发票副本和银行回单。发票列明服装 1 500 套,每套价格为 CIF30 美元,共计货款 45 000 美元,佣金 1 350 美元,当日即期汇率为 1 美元＝7.05 元人民币。同时,根据出库单(转账联)结转出库服装的销售成本。

(6) 收到银行转来收汇通知,销货款已收妥结汇,当日即期汇率为 1 美元＝7.04 元人民币,银行买入汇率为 1 美元＝7.00 元人民币。

要求 根据上述资料编制会计分录。

4. 目的 练习出口销售其他业务的会计处理。

资料 某外贸公司出口美国某电器公司彩电一批,售价为 CIF60 000 美元,佣金率为 2％,该批彩电成本为 320 000 元,已支付国内运杂费 1 200 元,装卸费 400 元,国外运费 1 200 美元,保险费 110 美元。以上业务办理交单付款时的即期汇率为 1 美元＝7.05 元人民币。当外商验货后,发现彩电规格不符,要求退货,相继发生如下业务:

(1) 5 月 5 日,收到出口退回商品提单、原发票复印件,冲转商品销售收入、出口销售成本及商品出口时发生的国内外费用。当日即期汇率为 1 美元＝7.06 元人民币。

(2) 5 月 7 日,支付退回彩电的国外运费 1 200 美元,保险费 110 美元,当日银行卖出汇率为 1 美元＝7.08 元人民币。

(3) 5 月 8 日,签发转账支票支付退回商品的国内运费及装卸费 1 600 元。

(4) 5 月 10 日,收到储运部门转来的收货单,退回商品已验收入库。

(5) 5 月 12 日,经查明,退货是本公司造成的,经批准作营业外支出处理。

要求　根据上述资料编制会计分录。

5. **目的**　练习出口销售其他业务的会计处理。

资料　某外贸公司出口美国某公司空调 100 台,每台售价 CIF260 美元,货款 26 000 美元,假设外商货款已付。

(1) 3 月 1 日,美商验收空调时,发现部分空调有损坏,要求索赔 2 000 美元,经查系运输途中发生损坏且在保险范围内,外贸公司同意理赔,当日即期汇率为 1 美元=7.05 元人民币。

(2) 3 月 10 日,签发转账支票支付赔偿款,当日即期汇率为 1 美元=7.06 元人民币,当日银行卖出汇率为 1 美元=7.10 元人民币。

(3) 3 月 15 日,结转理赔损失,当日即期汇率为 1 美元=7.05 元人民币。

(4) 收到保险公司赔款,当日即期汇率为 1 美元=7.04 元人民币,当日银行买入汇率为 1 美元=7.00 元人民币。

要求　根据上述资料编制会计分录。

6. **目的**　练习代理出口销售业务的会计处理。

资料　某外贸公司代理南方某工厂出口工艺品,代理手续费率为 2%,采取全额收(结)汇法。6 月发生下列有关的经济业务:

(1) 3 日,收到储运部门转来代理业务入库单,列明工艺品 3 600 件,每件 50 元。

(2) 5 日,收到储运部门转来代理业务出库单,列明工艺品 3 600 件,每件 50 元。

(3) 7 日,签发转账支票,商品发运港口装船共发生国内运杂费 600 元,国外运费 500 美元,保险费 100 美元,全部由外贸公司垫付,当日银行卖出汇率为 1 美元=7.08 元人民币。

(4) 10 日,收到业务部门转来代理销售工艺品给日本某公司的发票副本和银行回单,发票列明工艺品 3 600 件,每件价格为 CIF10 美元,共计 36 000 美元,佣金 600 美元,并结转代理出口工艺品成本,当日即期汇率为 1 美元=7.05 元人民币。

(5) 15 日,按代理协议,该外贸公司收取手续费 720 美元,当日即期汇率为 1 美元=7.05 元人民币。

(6) 20 日,银行已收妥出口货款,外贸公司根据银行结汇水单入账,假定佣金采用议付方式,当日即期汇率为 1 美元=7.03 元人民币,当日银行买入汇率为 1 美元=7.00 元人民币。

(7) 25 日,外贸公司将货款余额转付给南方某工厂,当日即期汇率为 1 美元=7.07 元人民币。

要求　根据上述资料编制会计分录。

第七章 进口贸易的核算

━━ 本章学习要点 ━━

　　了解外贸企业进口贸易的核算内容,掌握进口商品采购成本的组成、进口商品销售的结算方式。重点掌握自营进口商品购进及销售、代理进口、进料加工、来料加工的账务处理。

第一节　自营进口商品销售的核算

一、自营进口商品销售概述

自营进口商品销售是指外贸企业用外汇资金在国际市场上采购各种设备、材料及消费品,然后再销售给国内的生产经营企业的经营活动。其盈亏由外贸企业自行承担。

（一）进口业务程序

1. 进口交易前的各项准备工作

在进口交易前,对市场和客户资信要进行调研,选择采购国别及交易对象;对国家规定必须申请许可证的进口商品,办理进口商品审批,申领进口许可证;筹集所需用外汇资金。没有经营进口权或进口商品超出其经营进口权范围的企业如需进口,必须委托有经营进口权的外贸企业代理进口。

2. 进口合同的签订

进口交易一般通过询盘、比价和还盘进行洽商。发盘经过接受,合同即告成立。合同条款中必须明确商品品种、商品数量、商品品质条款、商品包装条款、迟交条款、检验和索赔条款及支付结算条款等。

3. 进口合同的履行

（1）履行支付条款。外贸企业应按合同规定,向银行办理申请开立信用证的手续。信用证的内容必须与进口贸易合同条款相一致。

（2）装运条款的履行。外贸企业开立信用证后,在合同规定交货期前,应督促国外出商及时备货,按时装船。倘若是以FOB价格成交的合同,外贸企业接到卖方预计装运日期的通知后,应及时向外运公司或中远公司办理租船订舱手续,并按规定期限将船名及船期通知对方。倘若以 FOB 或 CFR 价格成交的合同,外贸企业还应办理货运保险。租船订舱工作通常委托外贸运输公司办理。货物装船后,外贸企业应立即将船名、开船日期、提单号数、商品名称、数量、装运港、目的地等通知保险公司,据以办理货运保险。

（3）审核单据及付款赎单。外贸企业收到银行转来的国外出口商的全套结算单据后,应对照信用证,核对单据的种类、份数和内容。还要审查运、保、佣等开支。在审单无误向外付款的同时,由外贸进口企业买汇赎单。外贸企业凭银行的付款通知书与订货单位结算。

（4）报关及接货。进口货物到货后,由进口外贸企业或委托外贸交运机构办理报关,并计算纳税和港口费用。

（5）商品检验和索赔。根据国家规定,凡属法定检验的进口商品,都必须在合同规定的限期内,由商检机关检验。如发现商品数量、品种、质量、包装等与合同或信用证不符,应立即请商品检验部门出具商品检验证明书,以便据以在合同规定的索赔期限内,根据造成损失的原因和程度向出口商、运输公司或保险公司提出索赔。

（6）对内销售与结算。外贸企业收到运输公司船舶到港通知及全套单据后,应根据合同向国内客户开出发票,办理结算。

（二）进口商品采购成本的组成

我国现行制度规定:外贸企业进口的商品,其采购成本由进口商品的国外进价和进口税金等组成。

1. 国外进价

进口商品的国外进价一律以到岸价(CIF)为基础。如对外合同以离岸价格(FOB)成交的,商品离开对方口岸后,应由我方负担的国外运杂费、保险费、佣金费用,计入商品的进价。商品到达我国口岸目的港后发生的应由外贸企业负担的费用也应当计入进口商品成本。但外贸企业代国内客户垫付的国内运杂费,一律向客户托收,不计入进口商品成本。

2. 进口税金

（1）进口关税。我国关税实行从价税制,因此,纳税前先要审定完税价格。所谓完税价格,是指为进出口货物缴纳关税而由海关审核确定的价格。进口货物是以海关审定的成交价格为基础的到岸价格(CIF)作为完税价格。进口关税的计算公式如下:

$$进口关税＝完税价格×进口关税税率$$

如果进口商品以 CIF 价格成交的,成交价格即是完税价格。

如果进口商品以 FOB 价格成交的,完税价格的计算公式如下:

$$完税价格＝(FOB 价格＋运费)÷(1－保险费率)$$

如果进口商品以 CFR 价格成交的,完税价格的计算公式如下:

$$完税价格＝CFR 价格÷(1－保险费率)$$

进口关税要计入商品的采购成本。

(2) 增值税及消费税。凡在我国境内销售货物或者提供加工、修理修配劳务,以及进口货物的单位和个人为增值税的纳税义务人,应当缴纳增值税。我国按照国际通行做法,在报关进口环节由海关代征。

进口商品的增值税应按组成计税价格征收,其计算公式如下:

$$应交增值税额＝组成计税价格×税率$$
$$组成计税价格＝关税完税价格＋关税＋消费税$$

凡在我国境内生产、委托加工和进口《消费税暂行条例》中列举的消费品的单位和个人,为消费税的纳税义务人,应当缴纳消费税。征收消费税的税目只有烟、酒、化妆品、贵重首饰和小汽车等十一种产品,有的从量计征,有的从价计征。进口的应税消费品由进口人或其代理人向报关地海关申报纳税,由海关代征代缴。

进口应税消费品实行从价定率计征消费税的,其计算公式如下:

$$应交消费税额＝组成计税价格×税率$$
$$组成计税价格＝(关税完税价格＋关税)÷(1－消费税税率)$$

实行从量定额计征消费税的,应按海关核定的数量乘以单位税额计征。

增值税为价外税,一般纳税企业不应将其包含在进口商品的采购成本中。消费税则为价内税,应计入进口消费品的采购成本。

二、进口商品购进及销售的会计处理

(一) 自营进口商品购进的会计处理

(1) 收到银行转来国外全套结算单据时,将其与信用证或合同条款核对相符,并通过银行向国外出口商承付款项,以及支付国外运费和保险费时应将承付的外币金额按一定的汇率折算成记账本位币入账,作会计分录如下:

借:在途物资——进口
　　贷:银行存款

（2）进口商品运抵我国口岸，向海关申报并支付进口关税、消费税和增值税时，应将进口关税和消费税计入采购成本，将增值税计入进项税额予以抵扣，作会计分录如下：

借：在途物资——进口
　　应交税费——应交增值税（进项税额）
　　　贷：银行存款

（3）收到出口商付来佣金时，应冲减采购成本，作会计分录如下：

借：银行存款
　　　贷：在途物资——进口

（4）支付进口商品国内运杂费时，作会计分录如下：

借：在途物资——进口
　　　贷：银行存款

（5）进口商品验收入库，结转其成本时，作会计分录如下：

借：库存商品——进口
　　　贷：在途物资——进口

（二）自营进口商品销售的会计处理

外贸企业自营进口商品销售的入账，在实际工作中一般以开出进口结算单向国内客户办理货款结算的时间为准。自营进口商品销售结算有单到结算、货到结算和出库结算三种方式，其账务处理方法也有所不同。

1. 单到结算方式

在单到结算方式下，外贸企业不论进口商品是否到达我国港口，只要收到银行转来国外付款结算单据，经审核符合合同规定，即向国内客户办理货款结算，开出增值税专用发票，并确认销售入账，作会计分录如下：

借：应收账款——××单位
　　　贷：主营业务收入——自营进口销售
　　　　　应交税费——应交增值税（销项税额）

待进口商品采购成本全部收集完毕，再予结转销售成本，作会计分录如下：

借：主营业务成本——自营进口销售
　　　贷：在途物资——进口

2. 货到结算方式

在货到结算方式下,外贸企业在货船到达我国港口取得外运公司的船舶到港通知单,即向国内客户办理货款结算,开出增值税专用发票,并确认销售入账,作会计分录如下:

借:应收账款——××单位
　　贷:主营业务收入——自营进口销售
　　　　应交税费——应交增值税(销项税额)

同时,结转销售成本:

借:主营业务成本——自营进口销售
　　贷:在途物资——进口

3. 出库结算方式

在出库结算方式下,外贸企业进口商品到货后先入库,待销售出库时向国内客户办理货款结算,开出增值税专用发票,并确认销售入账,作会计分录如下:

借:应收账款——××单位
　　贷:主营业务收入——自营进口销售
　　　　应交税费——应交增值税(销项税额)

同时,结转销售成本:

借:主营业务成本——自营进口销售
　　贷:库存商品——进口

【例 7-1】 某外贸企业自营进口商品销售业务如下:

(1) 根据贸易合同从美国 B 公司进口甲商品 100 件,FOB 价格每件 200 美元,总价 20 000 美元,存入信用证存款,当日即期汇率为 1 美元=7.05 元人民币;银行卖出汇率为 1 美元=7.10 元人民币,作会计分录如下:

借:其他货币资金——信用证存款(US$ 20 000×7.05)　　　　141 000
　　财务费用　　　　　　　　　　　　　　　　　　　　　　1 000
　　贷:银行存款(US$ 20 000×7.10)　　　　　　　　　　　　　142 000

(2) 为甲商品支付国外运费 1 000 美元,保险费 200 美元,当日银行卖出汇率为 1 美元=7.08 元人民币,作会计分录如下:

借:在途物资——进口　　　　　　　　　　　　　　　　　　8 496
　　贷:银行存款(US$ 1 200×7.08)　　　　　　　　　　　　　8 496

（3）为甲商品支付进口关税及增值税，进口关税额为 29 899.20 元，增值税额为28 703.23元，作会计分录如下：

借：在途物资——进口　　　　　　　　　　　　　　29 899.20
　　应交税费——应交增值税（进项税额）　　　　　28 703.23
　　贷：银行存款　　　　　　　　　　　　　　　　　　　58 602.43

（4）收到银行转来国外全套单证，审核无误后，银行付款，即期汇率为 1 美元＝ 7.05 元人民币，作会计分录如下：

借：在途物资——进口(US＄20 000×7.05)　　　　　141 000
　　贷：其他货币资金——信用证存款　　　　　　　　　141 000

（5）美国 B 公司付来佣金 500 美元，当日银行买入汇率为 1 美元＝7.02元人民币，作会计分录如下：

借：银行存款(US＄500×7.02)　　　　　　　　　　　3 510
　　贷：在途物资——进口　　　　　　　　　　　　　　3 510

（6）支付甲商品国内运杂费 2 500 元，作会计分录如下：

借：在途物资——进口　　　　　　　　　　　　　　2 500
　　贷：银行存款　　　　　　　　　　　　　　　　　　2 500

（7）甲商品验收入库，结转其采购成本，作会计分录如下：

借：库存商品——进口商品　　　　　　　　　　　　178 385.20
　　贷：在途物资——进口　　　　　　　　　　　　　　178 385.20

（8）按合同约定将进口甲商品，出售给国内某 C 公司 20 件，每件售价人民币 4 000 元，增值税税率 13%，货款尚未收到，作会计分录如下：

借：应收账款——C 公司　　　　　　　　　　　　　90 400
　　贷：主营业务收入——自营进口销售　　　　　　　　80 000
　　　　应交税费——应交增值税（销项税额）　　　　　10 400

同时，结转销售成本：

借：主营业务成本——自营进口销售　　　　　　　　35 677.04
　　贷：库存商品——进口商品　　　　　　　　　　　　35 677.04

三、自营进口商品销售其他业务的会计处理

（一）销售退回的会计处理

1. 自营进口商品销售采取单到结算方式

在商品运达我国港口后，若发现商品的质量与合同规定严重不符，外贸企

业可根据商检部门出具的商品检验证明书,按照合同规定与国外出口商联系,将商品退还给出口商,收回货款、进口费用及退货费用,然后向国内客户办理退货手续。

【例7-2】 某外贸企业向国外S电器公司进口彩电200台,每台CIF价格200美元,计货款40 000美元,佣金800美元,采用信用证结算。向海关申报应纳进口关税额82 800元,应纳增值税额58 752元,进口成本共计361 512元。该批彩电全部销售给国内A公司,每台2 300元,货款460 000元,增值税额59 800元,货款尚未收到。

当该批彩电运到时,商检局出具了商品检验证明书,证明该批彩电为不合格产品,经与国外S电器公司联系后,同意作退货处理。

该笔销售退回业务,应作会计处理如下:

(1) 购汇垫付退还彩电的国外运费500美元,保险费100美元,当日即期汇率为1美元=7.12元人民币,银行卖出汇率为1美元=7.11元人民币,作会计分录如下:

借:应收账款——美元户(US＄600×7.12)　　　　　　　　4 272
　　贷:银行存款(US＄600×7.11)　　　　　　　　　　　　　　　 4 266
　　　　财务费用——汇兑损益　　　　　　　　　　　　　　　　　　 6

(2) 将200台彩电作进货退出处理,并向税务部门申请退还已支付的进口关税和增值税,当日即期汇率为1美元=7.10元人民币,作会计分录如下:

借:应收账款——美元户(US＄39 200×7.10)　　　　　278 320
　　应交税费——应交进口关税　　　　　　　　　　　　　 82 800
　　财务费用——汇兑损益　　　　　　　　　　　　　　　　 392
　　贷:主营业务成本——自营进口销售　　　　　　　　　　　 361 512

(3) 同时作销货退回处理,开出红字增值税专用发票,应退A公司货款460 000元,增值税额73 600元。作会计分录如下:

借:主营业务收入——自营进口销售　　　　　　　　　460 000
　　应交税费——应交增值税(销项税额)　　　　　　　　 59 800
　　贷:应收账款——A公司　　　　　　　　　　　　　　　 519 800

(4) 收到国外S公司退回的货款及代垫费用39 800美元,当日即期汇率为1美元=7.11元人民币,银行买入汇率为1美元=7.12元人民币,作会计分录如下:

借：银行存款（US＄39 800×7.12）　　　　　　　　　　283 376

　　贷：应收账款——美元户（US＄39 800×7.11）　　　　282 978

　　　　财务费用——汇兑损益　　　　　　　　　　　　　398

（5）收到税务机关退还进口关税额 82 800 元和增值税额 58 752 元，作会计分录如下：

借：银行存款　　　　　　　　　　　　　　　　　　　141 552

　　贷：应交税费——应交进口关税　　　　　　　　　　82 800

　　　　应交税费——应交增值税（进项税额）　　　　　58 752

2. 自营进口商品销售采取货到结算或出库结算方式

如果国内客户购进商品后，因发现商品的品种、规格与合同不符等原因提出退货，经外贸企业业务部门同意后，由其填制红字增值税专用发票送各有关部门办理退货手续。财会部门收到业务部门转来的红字发票，根据发票所列的销售金额借记"主营业务收入""应交税费"账户，贷记"应收账款"账户。如果退回商品已经结转了销售成本，同时还应借记"库存商品"账户，贷记"主营业务成本"账户。

（二）索赔理赔的会计处理

自营进口商品销售采取单到结算方式，当进口商品到达时，所有权已属于国内客户，由其检验商品。如发现商品短缺、质量与合同规定不符，应区别情况处理。如果属于国内运输单位责任或保险公司责任赔偿范围的，由国内客户向运输单位或保险公司索赔；如果属于国外出口商的责任，应由外贸企业根据商检部门出具的商品检验证明书在合同规定的期限内向出口商提出索赔，并向国内客户理赔。

【例 7-3】 某外贸企业向国外 A 粮食公司进口大米 200 吨，每吨 CIF 价格 200 美元，计货款 40 000 美元，佣金 900 美元，采用信用证结算。向海关申报应纳进口关税额 58 200 元，应纳增值税额 54 432 元。该批大米全部销售给国内 B 公司，每吨 2 000 元，货款 400 000 元，增值税额 52 000 元。货款尚未收到。

（1）收到 B 公司转来商检部门出具的商品检验证明书，20 吨大米霉变属于国外 A 公司的责任。外贸企业向外商提出索赔，经协商后，国外 A 公司同意赔偿 3 800 美元，应予以冲减商品销售成本，当日即期汇率为 1 美元＝7.05 元人民币，作会计分录如下：

借：应收账款——美元户（US$3 800×7.05） 26 790
　　贷：主营业务成本——自营进口销售 26 790

（2）同时作销货退回处理，开出红字增值税专用发票，应退货款40 000元，增值税额6 400元，作会计分录如下：

借：主营业务收入——自营进口销售 40 000
　　应交税费——应交增值税（销项税额） 5 200
　　贷：应收账款——B公司 45 200

（3）向税务机关申请退还20吨霉变大米已交的进口关税和增值税，作会计分录如下：

借：应交税费——应交进口关税 5 820
　　贷：主营业务成本——自营进口销售 5 820

（4）收到国外A公司付来赔偿款3 800美元，予以结汇，当日即期汇率为1美元＝7.02元人民币，银行买入汇率为1美元＝7.00元人民币，作会计分录如下：

借：银行存款（US$3 800×7.00） 26 600
　　财务费用——汇兑损益 76
　　贷：应收账款——美元户（US$3 800×7.02） 26 676

（5）收到税务机关退还20吨霉变大米的进口关税额5 820元，增值税额5 443.20元，作会计分录如下：

借：银行存款 11 263.20
　　贷：应交税费——应交进口关税 5 820.00
　　　　应交税费——应交增值税（进项税额） 5 443.20

第二节　代理进口的核算

一、代理进口概述

代理进口是指外贸企业接受没有进出口经营权的单位委托，订立代理合同，用委托单位的资金进口商品，原价转给委托单位，只收取代理手续费，外方付来的佣金、索赔款全部退给委托单位，不负担盈亏的业务。

代理进口与自营进口相比，其最大区别是外贸企业处于中介服务地位，与委托单位没有购销关系。外贸企业不垫付进口商品资金，不负担进口商品的国内外直接费用,只按照进口商品的到岸价(CIF)及规定的代理手续费率向委托单位收取代理手续费。

代理进口应由委托单位预付进口商品的采购资金,外贸企业只有在向委托单位收妥款项后,才能与进口商签订进口合同;委托单位必须负担因代理业务所发生的国内外费用和进口商品所发生的各项税金,并承担进口业务的盈亏。

二、代理进口的会计处理

外贸企业接受委托代理进口商品,在收到国内委托单位预付的进口商品采购资金时,借记"银行存款"账户,贷记"预收账款"账户。购汇支付进口商品国外运费、保险费及货款时,借记"预收账款"账户,贷记"银行存款"账户。

进口商品到达我国口岸,向海关申报计算应交进口关税、应交增值税和应交消费税时,借记"预收账款"账户,贷记"应交税费"账户。实际缴纳进口关税、增值税和消费税时,借记"应交税费"账户,贷记"银行存款"账户。

按代理进口商品到岸价(CIF)的一定比例计算代理进口手续费时,借记"预收账款"账户,贷记"其他业务收入"账户。

代理进口业务完成时,结清"预收账款"账户,多退少补,借记或贷记"预收账款"账户,贷记或借记"银行存款"账户。

【例7-4】 某外贸企业接受国内A公司委托代理进口英国B公司甲商品,进口合同规定以FOB价成交。其代理进口业务会计处理如下:

(1) 收到国内A公司预付进口商品采购货款人民币400 000元,作会计分录如下:

借:银行存款　　　　　　　　　　　　　　　　　400 000
　　贷:预收账款——A公司　　　　　　　　　　　　400 000

(2) 购汇支付英国B公司甲商品的国外运费800美元,保险费130美元,当日银行卖出汇率为1美元=7.00元人民币,作会计分录如下:

借:预收账款——A公司　　　　　　　　　　　　　6 510
　　贷:银行存款(US$930×7.00)　　　　　　　　　6 510

(3) 收到银行转来全套结算单据,计货款40 000美元,佣金800美元。审核无误,扣除佣金后支付货款,当日银行卖出汇率为1美元=7.05元人民币,作会计分录如下:

借：预收账款——A 公司   276 360

 贷：银行存款(US＄39 200×7.05)   276 360

（4）按代理进口货款 CIF 价格 2%向 A 公司收取代理手续费 800 美元,当日即期汇率为 1 美元＝7.02 元人民币,作会计分录如下:

借：预收账款——A 公司(US＄800×7.02)   5 616

 贷：其他业务收入   5 616

（5）甲商品运达我国口岸,向海关申报并支付应纳进口关税额 54 340 元,增值税额 48 294 元,作会计分录如下:

借：预收账款——A 公司   102 634

 贷：银行存款   102 634

（6）支付给国内 A 公司 8 880 元,以结清预收账款,作会计分录如下:

借：预收账款——A 公司   8 880

 贷：银行存款   8 880

第三节　进料加工的核算

一、进料加工概述

进料加工是指我国有进出口经营权的企业用外汇进口原料、材料、辅料、元器件、零部件、配套件和包装物料,加工为成品或半成品再外销出口的业务。

进料加工由企业用自身的外汇进口原料,自行安排加工后出口,自负盈亏,其进口对象和出口对象没有直接关系。

（一）进料加工的税务特点

（1）专为加工出口成品而进口的料、件,海关按实际加工复出口的数量,免征关税和缓交增值税,在复出口退税时抵扣。

（2）对签有对口合同及以保税工厂监管方式进口用于加工出口产品,而在生产过程完全消耗掉数量合理的消耗材料,如触媒剂、催化剂、洗涤剂等化学物品等,进口时予以全额保税。

（3）对用于加工成品必不可少的,但在加工过程中并没有完全消耗掉的仍有使用价值的物品和生产过程中产生的副次品和边角料,海关根据其使用价值,分别估价征税或酌情减免税。

(4) 由于改进生产工艺和改善经营管理而节余的料、件或增产的成品转为内销时,海关审核情况属实,其价值在进口料、件总值 2% 以内,并且总值在人民币 5 000 元以下的可予以免税。

(二)进料加工的期限

进料加工项下,进口的料、件应自进口之日起 1 年内加工为成品返销出口。如有特殊情况,需要延长期限的,应向主管海关申请展期。

(三)进料加工货物的内销

进料加工项下,进口的料、件和加工成品,均不得在境内销售。如因故必须转为内销时,应经经贸主管部门批准,并经海关许可。上述转为内销的货物,无论以人民币或外汇结算,经营单位和加工生产企业,应及时向海关缴纳原进口料、件的关税和增值税。属于国家限制进口的,或属于实行进口许可证管理的商品,应按国家有关规定向海关交验进口审批件或进口许可证后,方可内销。

二、进料加工的会计处理

进料加工的会计处理可以概括为三个环节:进口环节、加工环节、出口环节。

进口环节的会计处理与一般进口相同;出口环节的会计处理与一般出口内容基本相同。这里主要讲述加工环节的会计处理。

自营进料加工时,外贸企业对国内加工环节可采用委托加工、作价加工和自属非独立工厂加工三种方式:

(1) 委托加工方式又称单作价方式,是指材料不作价,承接加工单位以表外科目进行记录,外贸企业只对其支付加工工费,盈亏由外贸企业承担的方式。

外贸企业委托外厂加工时,材料不转移所有权,需设置"委托加工物资"账户反映商品形态的转变。

(2) 作价加工方式又称双作价方式,是指来料来件和加工成品各作各价进行结算,双方分别作正常购销关系处理的方式。双作价不仅是结算关系,在材料作价上可能已有盈余。

外贸企业将进口材料作价转售给加工厂,加工后的成品再作价由外贸企业向加工厂收购。在这种加工方式下,应设置"其他业务收入"和"其他业务成本"账户进行核算。

(3) 自属非独立工厂加工方式是指外贸企业将进口材料交由自属非独立

工厂加工,加工费等支出在"其他业务成本"账户核算,自属非独立工厂只需保留原始记录即可的方式。

【例 7-5】 某外贸企业从国外 A 公司进口原料 10 000 千克,作价 15 万美元,并将其送国内甲企业作价 180 万元加工,按消耗定额计算应交成品 1 万件,每件 280 元,与此同时,外贸企业又与国外 B 公司谈妥出口全部产成品。这一进料加工业务属于订有对口合同的情况,所以进口关税、增值税可以全部免除。外贸企业应作会计处理如下:

(1) 进口时,即期汇率为 1 美元＝7.10 元人民币,凭全套进口单证,作会计分录如下:

  借:在途物资——进料加工(US＄150 000×7.10) 1 065 000
   贷:应付账款——国外 A 公司 1 065 000

(2) 进口材料验收入库时,作会计分录如下:

  借:原材料——进料加工 1 065 000
   贷:在途物资——进料加工 1 065 000

(3) 原材料作价 180 万元,送甲企业加工,凭出库单及甲企业回单,作会计分录如下:

  借:应收账款——甲企业 2 034 000
   贷:其他业务收入——作价加工 1 800 000
    应交税费——应交增值税(销项税额) 234 000
  借:其他业务成本——作价加工 1 065 000
   贷:原材料——进料加工 1 065 000

(4) 加工完毕,商品收购入库,凭入库单、甲企业增值税发票及结算凭证,作会计分录如下:

  借:在途物资——进料加工商品 2 800 000
   应交税费——应交增值税(进项税额) 364 000
   贷:应收账款——甲企业 3 164 000
  借:库存商品——出口商品 2 800 000
   贷:在途物资——进料加工商品 2 800 000

【例 7-6】 假设[例 7-5]的进料加工业务无对口合同,仅为一般备料加工,按规定只能免征税金 85%。该进口材料的关税税率为 20%,增值税税率为 13%。

（1）进口时，作会计分录如下：

借：在途物资——进料加工（US＄150 000×7.10）　　　　1 065 000
　　贷：应付账款——国外 A 公司　　　　　　　　　　　　　　1 065 000

（2）凭海关交税单，作会计分录如下：

应交进口关税＝150 000×7.10×20％×15％＝31 950（元）

应交增值税＝150 000×7.10×（1＋3％）×13％×15％＝21 390.53（元）

借：在途物资——进料加工　　　　　　　　　　　　　　31 950.00
　　应交税费——应交增值税（进项税额）　　　　　　　　21 390.53
　　贷：银行存款　　　　　　　　　　　　　　　　　　　　　53 340.53

（3）根据入库单，作会计分录如下：

借：原材料——进料加工　　　　　　　　　　　　　　　1 096 950
　　贷：在途物资——进料加工　　　　　　　　　　　　　　　1 096 950

（4）根据出库单，原材料送甲企业，作会计分录如下：

借：应收账款——甲企业　　　　　　　　　　　　　　　2 034 000
　　贷：其他业务收入　　　　　　　　　　　　　　　　　　　1 800 000
　　　　应交税费——应交增值税　　　　　　　　　　　　　　234 000
借：其他业务成本　　　　　　　　　　　　　　　　　　1 096 950
　　贷：原材料——进料加工　　　　　　　　　　　　　　　　1 096 950

（5）加工完毕，入库及结清货款的会计分录同［例 7-5］。

【例 7-7】　假设［例 7-5］的进料加工业务采用委托加工方式，外贸企业应支付加工费 500 000 元（不含增值税）给甲企业，应作会计处理如下：

（1）（2）（3）的会计分录同［例 7-6］。

（4）原材料送甲企业，根据出库单，作会计分录如下：

借：委托加工物资　　　　　　　　　　　　　　　　　　1 096 950
　　贷：原材料——进料加工　　　　　　　　　　　　　　　　1 096 950

（5）完工交货，根据入库单及增值税发票，作会计分录如下：

借：委托加工物资　　　　　　　　　　　　　　　　　　500 000
　　应交税费——应交增值税（进项税额）　　　　　　　　65 000
　　贷：应付账款——甲企业　　　　　　　　　　　　　　　　565 000
借：库存商品——出口商品　　　　　　　　　　　　　　1 596 950
　　贷：委托加工物资　　　　　　　　　　　　　　　　　　　1 596 950

【例 7-8】 假设[例 7-5]的进口材料交由外贸企业的自属工厂加工,支付职工工资 300 000 元,作会计处理如下:

(1)(2)(3) 的会计分录同[例 7-6]。

(4)原材料送自属工厂,根据出库单,作会计分录如下:

    借:其他业务成本   1 396 950
        贷:原材料——进料加工   1 096 950
            应付职工薪酬   300 000

(5)完工交货,根据入库单,作会计分录如下:

    借:库存商品——出口商品   1 396 950
        贷:其他业务成本   1 396 950

第四节 来料加工的核算

一、来料加工概述

来料加工是指由外商提供全部或部分原材料、辅料、零部件、元器件、配套件和包装物料,以及加工装配项目所必需的设备、仪器等,由我方加工单位按外商的要求进行加工、装配,所成产品交外商销售,我方收取加工费用的业务。

来料加工由外方供料,供料人就是成品的承受人,所有权和盈亏均属外方,我方只收取加工费用。

(一)来料加工的税务特点

来料加工时,进口料、件、设备以及加工返销出口商品,海关准予免领进出口货物许可证,并对下列进口货物免征进口、出口的关税和进口环节增值税验放。

(1)外商提供全部或部分用于加工返销出口的原材料、辅料、零部件、元器件、配套件和包装物料。

(2)进口属于加工装配项目所必需的机器设备、品质检验仪器、安全和防治污染设备、装卸设备。

(3)为加强加工企业现代化生产管理,由外商提供直接用于生产出口产品所必需的微型计算机、闭路电视监测系统、传真机、复印机等管理设备。

(4)进口合理数量的用于安装、加固设备的材料。

（5）进口直接用于企业加工生产出口成品而在生产过程中消耗掉的燃料油,加工成品出口时海关免征出口关税。

（二）来料加工货物办理进出口报关手续

在来料加工时,料、件进口和加工成品出口时,有关经营单位或其代理人,应凭《登记手册》,并填写《来料加工进出口货物专用报关单》一式四份,交验货物的运单、发票、装箱单等,如实向海关申报。经海关核查后,予以免税放行。

（三）办理来料加工合同登记备案手续

我方有关经营单位应该在对外签订来料加工合同的批准之日起,在1个月内将有关单证,如营业执照、税务登记证、审批部门的批准文件或合同备案证明书、对外签订的正式合同的副本及海关认为必要的其他单证,向主管海关办理合同备案登记手续。

二、来料加工的会计处理

来料加工业务因材料所有权属于外方,所以外贸企业在收到外方来料时,应设置表外账户"外商来料",在表外进行处理,不入正式账户;但也可对外各作各价,采取对开信用证等结算方式进行核算。

根据承担盈亏责任的不同,外贸企业对来料加工业务分为两种经营方式:

一种是代理方式,即由外贸企业组织安排,对外与工厂共同签约,但由工厂直接承担生产、交货与盈亏责任,通过外贸企业办理出口结汇,收取外汇手续费。

另一种是自营方式,即由外贸企业单独对外签约,然后对内组织工厂生产,外贸企业承担盈亏责任,工厂只收取加工费。

在外贸企业自营方式下,对国内工厂还可以有单作价与双作价两种方式。

因此,来料加工方式可归纳成五种类型:第一类是对外单作价代理;第二类是对外单作价自营;第三类是对外双作价代理;第四类是对内单作价自营;第五类是对内双作价自营。

在以上五种类型中,每一类方式都有进料、拨交加工、加工完毕后交货等三个环节,但会计处理各有其特点。至于出口环节的会计处理在第七章已经阐述。以下就来料加工业务中与加工有关的会计处理分别不同方式予以说明。这里只提及其与加工相连带的特点。

1. 对外单作价代理方式

（1）收入来料时,凭盖有"来料加工"戳记的入库单,按数量在表外借记"外商来料"账户。

（2）发厂加工时，凭"来料加工"出库单，在表外按数量，借记"拨出来料"账户，贷记"外商来料"账户。

（3）加工完毕交货时，按消耗定额验收，根据"来料加工"入库单，在表外按数量借记"代管物资——加工成品"账户，贷记"拨出来料"账户。

（4）出口发运时，凭出库单在表外贷记"代管物资——加工成品"账户。

（5）交单时可正式入账，代理费收付作应收和应付处理，作会计分录如下：

借：应收账款——外商
　　贷：应付账款——加工厂
　　　　其他业务收入（代理手续费）

2. 对外单作价自营方式

（1）（2）的会计处理与对外单作价代理方式相同。

（3）加工完毕交货时，除根据"来料加工"入库单在表外按数量，借记"代管物资——加工成品"账户，贷记"拨出来料"账户外，还应根据应支付加工厂的加工费结算凭证正式入账，作会计分录如下：

借：库存商品——加工品（工缴费部分）
　　贷：应付账款——加工厂

（4）出口发运时，除凭出库单在表外按数量，贷记"代管物资——加工成品"账户外，还应在正式账簿，作会计分录如下：

借：发出商品
　　贷：库存商品——加工品

（5）交单时，按与外商协议的外汇手续费确认收入，同时结转相应的成本支出，作会计分录如下：

借：应收账款——外商
　　贷：其他业务收入——加工补偿
借：其他业务成本——加工补偿
　　贷：发出商品

3. 对外双作价代理方式

（1）收入来料时，凭入库单作会计分录如下：

借：原材料——作价来料
　　贷：应付账款——来料×户

来料虽然视同进口，但不需付汇，只是在今后加工完毕出口时冲账。

（2）发厂加工时，凭出库单，作会计分录如下：

借：应收账款——加工厂（料作价部分）
　　贷：原材料——作价来料

（3）加工完毕交货时，根据入库单，作会计分录如下：

借：库存商品——作价加工品
　　贷：应收账款——加工厂（料作价部分）
　　　　应收账款——加工厂（工缴费部分）

（4）出库发运时，凭出库单，作会计分录如下：

借：发出商品
　　贷：库存商品——作价加工品

（5）交单时，确认外汇手续费收入并结转成本，作会计分录如下：

借：应收账款——外商
　　贷：其他业务收入——加工补偿
借：其他业务成本——加工补偿
　　应付账款——来料×户
　　贷：发出商品

4. 对内单作价自营方式
（1）收入来料时，作会计分录如下：

借：原材料——作价来料
　　贷：应付账款——来料×户

（2）发厂加工时，作会计分录如下：

借：委托加工物资
　　贷：原材料——作价来料

（3）加工完毕交货时，作会计分录如下：

借：库存商品——作价加工品
　　贷：委托加工物资（料作价部分）
　　　　应付账款——加工厂（工缴费部分）

（4）（5）同对外双作价代理方式。

5. 对内双作价自营方式
（1）收入来料时，作会计分录如下：

借：原材料——作价来料
　　　贷：应付账款——来料×户

（2）发厂加工时,作会计分录如下：

借：应收账款——加工厂
　　　贷：其他业务收入——作价加工
借：其他业务成本——作价加工
　　　贷：原材料——作价来料

（3）加工完毕交货时,作会计分录如下：

借：库存商品——作价加工品
　　　贷：应收账款——加工厂(料、工缴费全额)

（4）（5）同对外双作价代理方式。

复习思考题

一、单项选择题

1. 根据我国现行制度,进口商品的国外进价一律以(　　)价格为基础。
   A. FOB
   B. CIF
   C. CFR
   D. FOB、CIF、CFR

2. 如果进口商品以 CFR 价格成交,完税价格的计算公式为(　　)。
   A. CFR 价格÷(1－保险费率)
   B. (CFR 价格＋运费)÷(1－保险费率)
   C. CFR 价格÷(1＋保险费率)
   D. (CFR 价格＋运费)÷(1＋保险费率)

3. 自营进口商品销售,采用货到结算方式时,外贸企业应在(　　)时确认销售收入。
   A. 收到银行转来付款结算单据,经审核符合合同规定
   B. 向国内客户销售出库
   C. 取得外运公司的船舶到港通知单
   D. 收到进口商品

4. 代理进口时,外贸企业按照进口商品(　　)价格及规定的代理手续费率收取代理手续费。

A. FOB   B. CFR

C. CIF   D. FOB、CFR、CIF

5. 进料加工项下,进口的料、件应自进口之日起( )内加工为成品返销出口。

A. 半年   B. 2年

C. 1年半   D. 1年

6. 外贸企业将进口材料交由自属非独立工厂加工,加工费等支出在( )账户核算。

A. "主营业务成本"   B. "其他业务成本"

C. "销售费用"   D. "营业外支出"

7. 来料加工时,( )是成品的承受人。

A. 供料外商   B. 外贸公司

C. 第三方客户   D. 加工企业

8. 我方有关经营单位应在对外签订的来料加工合同自批准日起,在( )个月内将有关资料向主管海关办理合同备案登记手续。

A. 4   B. 3

C. 2   D. 1

9. 如果进口商品以FOB价格成交的,完税价格的计算公式为( )。

A. FOB价格÷(1-保险费率)

B. (FOB价格+运费)÷(1-保险费率)

C. FOB价格÷(1+保险费率)

D. (FOB价格+运费)÷(1+保险费率)

10. 某外贸企业从美国进口甲商品,FOB价格30 000美元,为甲商品支付国外运费1 500美元,保险费300美元;支付甲商品进口关税53 678元,增值税额44 204元;支付甲商品国内运杂费1 500元(假设均以1美元=7.00元人民币来换算)。该甲商品进口成本为( )元。

A. 293 678   B. 277 778

C. 324 745   D. 323 245

二、多项选择题

1. 进口合同的履行包括( )。

A. 履行支付条款   B. 审核单据及付款赎单

C. 报关及接货   D. 装运条款的履行

E. 商品检验与索赔

2. 若对外合同以离岸价(FOB)成交的,应计入商品进价的有( )。

    A. 国外进价
    B. 国外运杂费
    C. 国内运杂费
    D. 保险费
    E. 佣金

3. 根据国家规定,凡属法定检验的进口商品,都必须在合同规定期限内,由商检机关检验,如发现与合同有不符,可根据造成损失原因及程度向( )提出索赔。

    A. 出口商
    B. 运输公司
    C. 保险公司
    D. 外贸企业
    E. 加工企业

4. 外贸企业代理进口时,应遵循( )的原则。

    A. 不垫付进口商品资金
    B. 不负担国内运杂费
    C. 不负担国外运费
    D. 不负担保险费
    E. 不负担佣金

5. 自营进料加工时,外贸企业对国内加工环节可采用( )加工方式。

    A. 委托
    B. 作价
    C. 自属非独立工厂
    D. 单作价
    E. 双作价

6. 来料加工时,对下列( )免征进口、出口关税和进口环节增值税验放。

    A. 进口属于加工装配项目所必需的机器设备
    B. 进口合理数量的用于安装、加固设备的材料
    C. 外商提供用于加工返销出口的原材料
    D. 为加强加工企业现代化生产管理,由外商提供直接用于生产出口产品所需的管理设备
    E. 进口用于企业加工生产全部产品而在生产过程中消耗掉的燃料

7. 根据承担盈亏责任不同,外贸企业对来料加工业务可分为( )等经营方式。

    A. 代理
    B. 委托加工
    C. 自营
    D. 自属非独立工厂加工
    E. 委托代销

8. 来料加工方式可归纳为以下类型( )。

A. 对外单作价代理　　　　B. 对外单作价自营

C. 对外双作价自营　　　　D. 对内单作价自营

E. 对内双作价代理

9. 外贸企业自营进口业务程序主要包括(　　)。

A. 进口贸易前的各项准备工作

B. 进口贸易磋商

C. 进口合同的签订

D. 进口合同的履行

E. 办理托运手续

10. 进口环节的消费税可由(　　)向报关地海关申报纳税,由海关代征代缴。

A. 出口商　　　　　　　　B. 进口人

C. 国内企业　　　　　　　D. 代理人

E. 运输公司

三、判断题

1. 进口商品时,若以 FOB 或 CFR 价格成交,外贸企业应办理货运保险。
(　　)

2. 外贸企业收到银行转来的国外出口商的全套结算单据后,不仅要核对单据的种类、份数和内容,还要审查运、保、佣等开支。(　　)

3. 进口货物是以海关审定的成交价格为基础的离岸价格(FOB)作为完税价格的。(　　)

4. 计入商品采购成本的进口税金包括进口关税、增值税及消费税。
(　　)

5. 自营进口商品销售,采用单到结算方式,外贸企业确认销售收入及销售成本时,不通过"库存商品"账户核算。(　　)

6. 自营进口商品销售采用单到结算方式,所有权已属国内客户,所以,当发现商品不符合同规定时,由国内客户直接向出口商提出索赔。(　　)

7. 外贸企业只有在向委托单位收妥款项后,才能与进口商签订进口合同。(　　)

8. 来料加工由企业用自身的外汇进口原料,自行安排加工后出口。
(　　)

9. 专门加工出口成品而进口的料、件,海关按实际加工复出口的数量,免

征关税和缓交增值税,在复出口退税时抵扣。 （　　）

10. 作价加工方式下,材料不转移所有权。 （　　）

四、名词解释

1. 自营进口销售   2. 代理进口

3. 进料加工   4. 单到结算

5. 货到结算   6. 出库结算

7. 自属非独立工厂加工   8. 作价加工

9. 委托加工   10. 来料加工

五、简答题

1. 试述进口贸易业务的程序。

2. 试述自营进口商品采购成本的构成。

3. 自营进口商品销售收入如何确认?分别简述三种不同的确认时间。

4. 自营进口商品销售采取单到结算方式时,如何进行索赔理赔的会计处理?

5. 试述进料加工的税务特点。

6. 试述进料加工货物内销的前提条件。

7. 试述来料加工的税务特点。

8. 根据承担盈亏责任不同,外贸企业对来料加工分为哪两种经营方式?分别简述两种方式的特点。

六、计算与分析题

1. **目的**　练习自营进口商品购进的核算。

资料　某外贸公司向美国 A 公司进口化学用品一批,采用信用证结算,12 月份发生下列有关的经济业务:

(1) 5 日,接到银行转来美国 A 公司全套结算单据,开列化学用品 FOB 价格为 30 000 美元,经审核无误,购汇予以支付。当日银行卖出汇率 1 美元＝7.10 元人民币。

(2) 6 日,购汇支付进口化学用品国外运费 1 200 美元,保险费 800 美元,当日银行卖出汇率 1 美元＝7.10 元人民币。

(3) 15 日,化学用品运到我国口岸向海关申报并支付应纳进口关税额 132 872.73 元,增值税额 92 959.45 元。

（4）20日，美国A公司汇来佣金1500美元，当日银行买入汇率1美元＝7.00元人民币，予以结汇。

（5）21日，支付进口商品国内运杂费1500元。

（6）21日，美国A公司运来的化学用品已验收入库，结转其采购成本。

要求 根据上述资料编制会计分录。

2. **目的** 练习自营进口商品销售采取单到结算的会计处理。

资料 某外贸公司向美国A公司进口乙商品，采用信用证结算方式，9月发生下列有关的经济业务：

（1）15日，接到银行转来A公司全套结算单据，开列乙商品500件，每件价格为202美元，共计货款101000美元，佣金1000美元。经审核无误，扣除佣金后，购汇付款。当日银行卖出汇率1美元＝7.09元人民币。

（2）16日，将该批乙商品出售给国内B公司，接到业务部门转来增值税专用发票，开列乙商品500件，每件3000元，共计货款1500000元，增值税额195000元。收到B公司签发的商业汇票，以承兑支付全部款项。

（3）25日，乙商品运达我国口岸，向海关申报并支付乙商品应纳进口关税额162000元，应纳消费税额243000元，应纳增值税额145741.70元。

（4）28日，支付进口商品国内运杂费1200元。

（5）29日，乙商品采购完毕，结转其销售成本。

要求 根据上述资料编制会计分录。

3. **目的** 练习自营进口商品销售采取出库结算的会计处理。

资料 某外贸公司从瑞士某公司进口钟表，2月份发生下列有关的经济业务：

（1）3日，接到银行转来瑞士公司全套单据，开列钟表500只，每只CIF价格为200美元，共计100000美元，佣金1200美元。经审核无误后，予以支付。当日银行卖出汇率1美元＝7.10元人民币。

（2）8日，钟表运到我国口岸，向海关申报并支付应纳进口关税额160056元，增值税额113107.28元。

（3）11日，支付进口钟表国内运杂费1500元。

（4）11日，瑞士运来的500只钟表已验收入库，结转其采购成本。

（5）16日，销售给国内某公司300只钟表，每只售价2600元，货款共计780000元，增值税额101400元，收到转账支票，存入银行。

（6）16日，结转300只钟表的销售成本。

要求 根据上述资料编制会计分录。

4. 目的　练习自营进口商品销售退回的会计处理。

资料　承计算与分析题 2,某外贸公司 10 月接着又发生下列有关的经济业务:

(1) 1 日,接到 B 公司送来商检局出具的商品检验证明书,证明上月 25 日到货的美国 A 公司发来的 500 件乙商品为不合格产品,经与 A 公司联系后同意作退货处理,垫付退还美国 A 公司的国外运费 1 200 美元,保险费 300 元,当日市场汇率 1 美元=7.05 元人民币,银行卖出汇率 1 美元=7.10 元人民币。

(2) 3 日,将 500 件乙商品作进货退出处理,并向税务部门申请退还已交的进口关税额 162 000 元、消费税额 243 000 元和增值税额 145 741.70 元。当日即期汇率 1 美元=7.03 元人民币。

(3) 3 日,开出红字专用发票,作销货退回处理,应退 B 公司款 1 500 000 元,增值税额 195 000 元。

(4) 15 日,收到美国 A 公司退回的货款及代垫费用 101 500 美元,当日即期汇率 1 美元=7.05 元人民币,银行买入汇率 1 美元=7.00 元人民币。

(5) 20 日,收到税务机关退还已交乙商品的进口关税、消费税和增值税。

要求　根据上述资料编制会计分录。

5. 目的　练习自营进口商品销售索赔理赔的会计处理。

资料　某外贸公司自营进口商品采用单到结算方式,从美国某公司进口甲商品,采用信用证结算方式。3 月份发生下列有关的经济业务:

(1) 2 日,接到银行转来美国全套结算单据,开列甲商品 30 箱,每箱 CIF 价格为 1 500 美元,共计货款 45 000 美元,佣金 700 美元。经审核无误,扣除佣金后购汇付款。当日银行卖出汇率 1 美元=7.10 元人民币。

(2) 3 日,该批甲商品售给国内某公司,接到业务部门转来增值税专用发票,开列甲商品 30 箱,每箱 28 000 元,货款 840 000 元,增值税额 109 200 元,收到转账支票,存入银行。

(3) 18 日,甲商品运达我国口岸,向海关申报并支付应纳进口关税额 71 766 元,应纳增值税额 50 864.58 元。

(4) 18 日,甲商品采购完毕,结转其销售成本。

(5) 22 日,收到国内某公司转来商检部门出具的商品检验证书,证明美国公司的甲商品存在一定质量问题。现向外商提出索赔,经协商后外商同意赔偿 4 430 美元,当日市场汇率 1 美元=7.06 元人民币。

(6) 24 日,向国内公司开出红字专用发票,应退货款 38 000 元,增值税额 4 940 元。

（7）25日，转回应退货物成本并向税务机关申请退还因甲商品质量问题已交的进口关税7 176.6元和增值税额5 086.46元。

（8）27日，收到美国公司付来赔偿款4 430美元，当日即期汇率1美元＝7.06元人民币，当日银行买入汇率1美元＝7.00元人民币。

（9）30日，收到税务机关退还部分已缴纳的进口关税7 176.6元，增值税5 086.46元，存入银行。

要求　根据上述资料编制会计分录。

6. **目的**　练习代理进口业务的会计处理。

资料　某外贸公司接受国内A公司委托，进口美国B公司的电器。3月份发生下列有关的经济业务：

（1）3日，收到A公司预付代理进口电器款项800 000元，存入银行。

（2）8日，购汇支付美国B公司电器的国外运费1 000美元、保险费200美元，当日银行卖出汇率1美元＝7.10元人民币。

（3）14日，收到银行转来美国B公司全套结算单据，开列电器500台，每台FOB价格为150美元，共计货款75 000美元，佣金1 500美元，经审核无误，扣除佣金后购汇支付货款，当日银行卖出汇率1美元＝7.10元人民币。

（4）14日，按代理进口电器货款CIF价格的2%向国内A公司结算代理手续费1 500美元，当日即期汇率1美元＝7.06元人民币。

（5）22日，电器运达我国口岸，向海关申报并支付电器应纳进口关税121 909.09元，增值税额86 180.78元。

（6）26日，签发转账支票，将代理业务的余款退还国内A公司。

要求　根据上述资料编制会计分录。

7. **目的**　练习进料加工业务的会计处理。

资料　某外贸企业从国外A公司进口原料20 000千克，作价200 000美元，并将其送国内甲企业作价加工，按消耗定额计算应交成品20 000件，每件120元，与此同时，外贸企业又与国外B公司谈妥出口全部产成品。本月发生下列有关的经济业务：

（1）1日，收到银行转来A公司全套结算单据，开列原材料20 000千克，共计货款200 000美元。当日即期汇率1美元＝7.06元人民币。

（2）5日，原材料已运达，并验收入库。

（3）6日，原材料作价200万元，送甲企业加工，收到出库单及甲企业回单。

（4）20日，原材料加工完毕，商品验收入库，收到入库单、甲企业增值税发票及结算凭证。

要求

（1）根据上述资料编制会计分录。

（2）若进料加工业务无对口合同，仅为一般备料加工，按规定只能免征税金85%。该进口材料的关税税率为20%，增值税税率为13%，编制有关会计分录。

（3）若进料加工业务采用委托加工方式，外贸企业支付加工费350 000元给甲企业，编制有关会计分录。

第八章　出口货物退(免)税的核算

┌─ 本章学习要点 ─────────────────────────┐

　　了解出口货物退(免)增值税、消费税的政策规定及适用范围，掌握出口货物退(免)增值税、消费税的计算方法。重点掌握出口货物退(免)增值税、消费税的账务处理。

└──────────────────────────────────┘

第一节　出口货物退(免)增值税的核算

一、出口货物退(免)增值税的政策规定

（一）出口货物退(免)增值税的基本政策

世界各国为了鼓励本国货物出口，在遵循 WTO 基本规则的前提下，都会采取一些优惠的税收政策。我国根据实际情况，采取出口退税与免税相结合的政策。因为我国的出口体制尚不成熟，拥有出口经营权的企业还仅限于少部分须经国家批准的企业，并且我国市场的某些货物，如稀有金属等还不能满足国内的需要，所以，对某些非生产性企业采取限制从事出口业务，对国家紧缺的货物则限制出口，并不予出口退(免)税。目前，我国的出口货物增值税税收政策分为以下三种形式。

　　1. 出口免税并退税

出口免税是指对货物在出口销售环节不征增值税、消费税，这是把货物出口环节与出口前的销售环节都同样视为一个征税环节；出口退税是指对货物在出口前实际承担的税收负担，按规定的退税率计算后予以退还。

　　2. 出口免税不退税

出口免税与上述第一种形式的含义相同。出口不退税是指适用这个政策的出口货物因在前一道生产、销售环节或进口环节是免税的，因此，出口时该货物的价格中本身就不含税，也无须退税。

　　3. 出口不免税也不退税

出口不免税是指对国家限制或禁止出口的某些货物的出口环节视同内销环

节,照常征税;出口不退税是指对这些货物出口不退还出口前其所负担的税款。

（二）增值税出口退税率

（1）除财政部和国家税务总局根据国务院决定而明确的增值税出口退税率外,出口货物的退税率为其适用税率。

（2）外贸企业购进按简易办法征税的出口货物、从小规模纳税人购进的出口货物,其退税率分别为简易办法实际执行的征收率、小规模纳税人征收率。上述出口货物取得增值税专用发票的,退税率按照增值税专用发票上的税率和出口货物退税率孰低的原则确定。

（3）出口企业委托加工修理修配货物、其加工修理修配费用的退税率,为出口货物的退税率等。

（4）适用不同退税率的货物劳务,应分开报关、核算并申报退（免）税,未分开报关、核算或划分不清的从低适用退税率。

（三）增值税退（免）税的计税依据

（1）生产企业出口货物劳务（进料加工复出口货物除外）增值税退（免）税的计税依据,为出口货物劳务的实际离岸价（FOB）。

（2）生产企业进料加工复出口货物增值税退（免）税的计税依据,按出口货物劳的离岸价扣除出口货物所含的海关保税进口料件的金额后确定。

（3）生产企业国内购进无进项税额且不计提进项税额的免税原材料加工后出口的货物的计税依据,按出口货物离岸价扣除出口货物所含的国内购进免税原材料的金额后确定。

（4）外贸企业出口货物（委托加工修理修配货物除外）增值税退（免）税的计税依据,为购进出口货物的增值税专用发票注明的金额或海关进口增值税专用缴款书注明的完税价格。

（5）外贸企业出口委托加工修理修配货物增值税退（免）税的计税依据,为加工修理修配费用增值税专用发票注明的金额。外贸企业应将加工修理修配使用的原材料（进料加工海关保税进口料件除外）作价销售给受托加工修理修配的生产企业,受托加工修理修配的生产企业应将原材料成本并入加工修理修配费用开具发票。

（6）出口进项税额未计算抵扣的已使用过的设备增值税退（免）税的依据,按下列公式确定：

$$\frac{退（免）税}{计税依据} = \frac{增值税专用发票上的金额或海关进口}{增值税专用缴款书注明的完税价格} \times \frac{已使用过的设备}{固定资产净值} \div \frac{已使用过}{的设备原值}$$

已使用过的设备固定资产净值＝已使用过的设备原值－已使用过的设备已计提累计折旧

二、出口货物退(免)增值税的计算方法及会计处理

(一)生产企业出口货物退(免)增值税的计算方法及会计处理

1. 生产企业免抵退的计算步骤和公式

(1)当期应纳税额的计算：

$$当期应纳税额 = 当期销项税额 - \left(当期进项税额 - 当期不得免征和抵扣税额\right)$$

其中：

$$当期不得免征和抵扣税额 = 当期出口货物离岸价 \times 外汇人民币折合率 \times \left(出口货物适用税率 - 出口货物退税率\right) - 当期不得免征和抵扣税额抵减额$$

$$当期不得免征和抵扣税额抵减额 = 当期免税购进原材料价格 \times \left(出口货物适用税率 - 出口货物退税率\right)$$

(2)当期免抵退税额的计算：

$$当期免抵退税额 = 当期出口货物离岸价 \times 外汇人民币折合率 \times 出口货物退税率 - 当期免抵退税额抵减额$$

其中：

$$当期免抵退税额抵减额 = 当期免税购进原材料价格 \times 出口货物退税率$$

(3)当期应退税额和免抵税额的计算：

如果当期期末留抵税额≤当期免抵退税额时：

$$当期应退税额 = 当期期末留抵税额$$
$$当期免抵税额 = 当期免抵退税额 - 当期应退税额$$

如果当期期末留抵税额＞当期免抵退税额时：

$$当期应退税额 = 当期免抵退税额$$
$$当期免抵税额 = 0$$

当期期末留抵税额根据当期《增值税纳税申报表》中"期末留抵税额"确定。

(4)当期免税购进原材料价格包括当期国内购进的无进项税额且不计提进项税额的免税原材料的价格和当期进料加工保税进口料件的价格,其中当期进料加工保税进口料件的价格为组成计税价格。

$$当期进料加工保税进口料件的组成计税价格 = 当期进口料件到岸价格 + 海关实征关税 + 海关实征消费税$$

如果采用"实耗法"的,当期进料加工保税进口料件的组成计税价格为当期进料加工出口货物耗用的进口料件组成计税价格。其计算公式如下:

$$\begin{array}{l}当期进料加工保税进口 \\ 料件的组成计税价格\end{array} = \begin{array}{l}当期进料加工出 \\ 口货物离岸价格\end{array} \times \begin{array}{l}外汇人民 \\ 币折合率\end{array} \times \begin{array}{l}计划 \\ 分配率\end{array}$$

$$计划分配率 = 计划进口总额 \div 计划出口总额 \times 100\%$$

如果采用"购进法"的,当期进料加工保税进口料件的组成计税价格为当期实际购进的进料加工进口料件的组成计税价格。

若当期实际不得免征和抵扣税额抵减额大于当期出口货物离岸价×外汇人民币折合率×(出口货物适用税率－出口货物退税率)的,则:

$$\begin{array}{l}当期不得免征和 \\ 抵扣税额抵减额\end{array} = \begin{array}{l}当期出口 \\ 货物离岸价\end{array} \times \begin{array}{l}外汇人民 \\ 币折合率\end{array} \times \left(\begin{array}{l}出口货物 \\ 适用税率\end{array} - \begin{array}{l}出口货物 \\ 退税率\end{array}\right)$$

2. 生产企业免抵退的会计处理

(1)购进材料:

企业购进材料时,按销货方提供专业发票上注明的税额,或按其他结算凭证计算的进项税额,或海关核销免税进口料件组成计税价格和征税税率计算的进项税额,借记"应交税费——应交增值税(进项税额)";按增值税专用发票上注明的价款,或其他结算凭证的合计金额扣除进项税额后的余额,借记"在途物资""原材料""生产成本"等账户;按已付或应付的全部款项,贷记"银行存款""应付账款"等账户。

(2)出口销售:

企业出口货物时,按销售金额,借记"应收账款""银行存款"等账户,贷记"主营业务收入"账户。出口货物同时有内销的,按内销货物分别计算销项税额和销售收入。

(3)转出不予抵扣或退税的税额:

由于货物购进时的增值税税率一般高于其退税率,因此货物出口后应将不予退税或抵税的进项税额转入当期的主营业务成本。转出当期不予抵扣或退税的税额时,借记"主营业务成本"账户,贷记"应交税费——应交增值税(进项税额转出)"账户。

(4)抵税和退税:

情况一,企业的应纳税额经计算如为正数,即为当期实际应缴纳的税款。实际纳税时,借记"应交税费——应交增值税(已交税金)"账户,贷记"银行存款"账户。

情况二,企业的应纳税额经计算如为负数,且当期期末留抵税额≤当期免抵退税额时,当期应退税额等于当期期末留抵税额,按该金额,借记"其他应收款"账户,期末留抵税额与免抵退税额之间的差额,借记"应交税费——应交增值税(出口抵减内销产品应纳税额)账户",按免抵退税额,贷记"应交税费——应交增值税(出口退税)"账户。期末,"应交税费——应交增值税"账户余额为0。

情况三,企业的应纳税额经计算如为负数,且当期期末留抵税额＞当期免抵退税额时,当期应退税额等于当期免抵退税额,按该金额,借记"其他应收款"账户,贷记"应交税费——应交增值税(出口退税)"账户。留抵税额中未抵扣完的部分结转至下期继续抵扣。

(5)收到退税款:

企业实际收到退税款时,借记"银行存款"账户,贷记"其他应收款"账户。

出口货物办理退税后,如果发生退关、国外退货或转为内销,企业必须及时、主动地向主管税务机关办理申报手续,补缴已退税款,借记"其他应收款"账户,贷记"银行存款"(入账时,用红字记贷方)账户。

3. 生产企业免抵退税的会计实例

【例8-1】 某自营出口的生产企业为增值税一般纳税人,出口货物的征税率为13％,退税率为12％,本月购进原材料一批,取得增值税专用发票注明的价款400万元,准予抵扣的进项税额52万元通过认证。上月末留抵税款6万元,本月内销货物不含税销售额200万元,收款226万元存入银行,本月出口货物的销售额折合人民币400万元。计算该企业当期的"免、抵、退"税额如下:

(1)当期免抵退不得免征和抵扣税额＝400×(13％－12％)＝4(万元)。

(2)当期应纳税额＝200×13％－(52－4)－6＝－28(万元)。

(3)出口货物"免、抵、退"税额＝400×12％＝48(万元)。

(4)按规定,如当期末留抵税额≤当期免抵退税额时:

当期应退税额＝当期期末留抵税额＝28(万元)

(5)当期免抵税额＝当期免抵退税额－当期应退税额＝48－28＝20(万元)。

以上业务应作会计分录为:

(1)结转当期免抵退不得免征和抵扣税额时:

借:主营业务成本 　　　　　　　　　　　　　　　　　40 000

　　贷:应交税费——应交增值税(进项税额转出) 　　　　　　40 000

（2）计算当期应退税额时：

　　借：其他应收款　　　　　　　　　　　　　　　　　　　280 000
　　　　贷：应交税费——应交增值税（出口退税）　　　　　　　　280 000

（3）计算当期免抵税额时：

　　借：应交税费——应交增值税（出口抵减内销产品应纳税额）　200 000
　　　　贷：应交税费——应交增值税（出口退税）　　　　　　　　200 000

（4）实际收到退税款时：

　　借：银行存款　　　　　　　　　　　　　　　　　　　　280 000
　　　　贷：其他应收款　　　　　　　　　　　　　　　　　　　280 000

　　【例 8-2】　某自营出口的生产企业为增值税一般纳税人，出口货物的征税率为 13%，退税率为 12%，本月购进原材料一批，取得增值税专用发票注明的价款 500 万元，准予抵扣的进项税额 65 万元通过认证。上月末留抵税款 9 万元，本月内销货物不含税销售额 90 万元，收款 101.7 万元存入银行，本月出口货物的销售额折合人民币 250 万元。计算该企业当期的"免、抵、退"税额如下：

（1）当期免抵退不得免征和抵扣税额＝250×（13%－12%）＝2.5（万元）。

（2）当期应纳税额＝90×13%－（65－2.5）－9＝－59.8（万元）。

（3）出口货物"免、抵、退"税额＝250×12%＝30（万元）。

（4）按规定，如当期末留抵税额＞当期免抵退税额时：

$$当期应退税额＝当期免抵退税额＝30（万元）$$

（5）当期免抵税额＝当期免抵退税额－当期应退税额＝30－30＝0。

（6）当期期末留抵结转下期继续抵扣税额＝59.8－30＝29.8（万元）。

以上业务的会计分录如下：

（1）结转当期免抵退不得免征和抵扣税额时：

　　借：主营业务成本　　　　　　　　　　　　　　　　　　25 000
　　　　贷：应交税费——应交增值税（进项税额转出）　　　　　　25 000

（2）计算当期应退税额时：

　　借：其他应收款　　　　　　　　　　　　　　　　　　　300 000
　　　　贷：应交税费——应交增值税（出口退税）　　　　　　　　300 000

（3）实际收到退税款时：

借：银行存款	300 000
贷：其他应收款	300 000

【例8-3】　某自营出口的生产企业为增值税一般纳税人,出口货物的征税率为13％,退税率为13％,本月购进原材料一批,取得增值税专用发票注明的价款为700万元,准予抵扣的进项税额91万元通过认证。当月进料加工免税进口料件的组成计税价格350万元(该企业采用"购进法"核算)。上月末留抵税款21万元。本月内销货物不含税销售额350万元,收款406万元存入银行,本月出口货物的销售额折合人民币700万元。计算该企业当期的"免、抵、退"税额如下：

(1) 当期应纳税额＝350×13％－91－21＝－66.5(万元)。

(2) 免抵退税额抵减额＝免税购进原材料×材料出口货物退税率＝350×13％＝45.5(万元)。

(3) 当期出口货物"免、抵、退"税额＝700×13％－45.5＝45.5(万元)。

(4) 按规定,如当期末留抵税额＞当期免抵退税额时：

当期应退税额＝当期免抵退税额＝45.5(万元)

(5) 当期免抵税额＝当期免抵退税额－当期应退税额＝45.5－45.5＝0。

(6) 本月期末留抵结转下期继续抵扣税额＝66.5－45.5＝21(万元)。

以上业务的会计分录如下：

(1) 计算当期应退税额时：

借：其他应收款	455 000
贷：应交税费——应交增值税(出口退税)	455 000

(2) 实际收到退税款时：

借：银行存款	455 000
贷：其他应收款	455 000

【例8-4】　某自营出口的生产企业为增值税一般纳税人,出口一台已使用过的设备。该设备购进时取得的增值税专用发票注明的价款为120万元,增值税为15.6万元,当时的入账价值为135.60万元,其进项税额未计算抵扣。出口时,该设备已计提折旧56.16万元,出口的销售价格为68万元,退税率为13％。计算该设备的退税金额如下：

(1) 应退增值税计税依据＝120×(135.60－56.16)÷135.60
＝70.300 9(万元)。

（2）应退增值税额＝70.300 9×13％＝9.139 1（万元）。

以上业务的会计分录如下：

（1）注销固定资产账面价值时：

借：固定资产清理 794 400
　　累计折旧 561 600
　　　贷：固定资产 1 356 000
借：应收账款 680 000
　　　贷：固定资产清理 680 000
借：资产处置损益 114 400
　　　贷：固定资产清理 114 400

（2）计算应退增值税时：

借：其他应收款 91 391
　　　贷：应交税费——应交增值税（出口退税） 91 391

（3）实际收到退税款时：

借：银行存款 91 391
　　　贷：其他应收款 91 391

（二）外贸企业出口货物退（免）增值税的计算方法及会计处理

1. 外贸企业出口货物退（免）增值税的计算方法

（1）外贸企业出口委托加工修理修配货物以外的货物：

$$增值税应退税额＝增值税退（免）税计税依据×出口货物退税率$$

（2）外贸企业出口委托加工修理修配货物：

$$出口委托加工修理修配货物的增值税应退税额＝委托加工修理修配的增值税退（免）税计税依据×出口货物退税率$$

2. 外贸企业出口货物退（免）增值税的会计处理

1）从一般纳税人收购货物出口退（免）增值税的会计处理

外贸企业从一般纳税人收购出口的货物，在购进时，应按增值税专用发票上注明的增值税额，借记"应交税费——应交增值税（进项税额）"账户，按照增值税专用发票上记载的全部金额，贷记"应付账款""银行存款"等账户。出口货物时，按照出口货物购进时取得的增值税专用发票上记载的进项税额或应分摊的进项税额与按照国家规定的退税率计算的应退税额的差额，借记"主营业务成本"账户,贷记"应交税费——应交增值税(进项税额转出)"账户。

外贸企业按照规定退税率计算出应收出口退税时,借记"其他应收款"账户,贷记"应交税费——应交增值税(出口退税)"账户;收到出口退税款时,借记"银行存款"账户,贷记"其他应收款"账户。

【例 8-5】　某外贸企业当月收购机床 100 台,增值税专用发票上注明的价款为 700 万元,税款 91 万元,合计 791 万元。当月合计出口机床 90 台,出口 FOB 价为 112.5 万美元,即期汇率为 1 美元＝7 元人民币。所有货款均以银行存款付讫。出口报关后 1 个月办妥退税事宜,退税率为 12%,收到的退税款存入银行。相关计算和会计处理如下:

(1) 购进机床 100 台时:

借:库存商品	7 000 000	
应交税费——应交增值税(进项税额)	910 000	
贷:银行存款		7 910 000

(2) 出口机床 90 台时:

借:应收账款——美元户(US＄1 125 000×7)	7 875 000	
贷:主营业务收入		7 875 000

同时,结转销售成本:

借:主营业务成本	6 300 000	
贷:库存商品		6 300 000

(3) 计算不予退税的税额时:

不予退税的税额＝91×(90÷100)－90×(700÷100)×12%＝6.3(万元)

借:主营业务成本	63 000	
贷:应交税费——应交增值税(进项税额转出)		63 000

(4) 计算应退增值税额时:

应退税额＝90×(700÷100)×12%＝75.6(万元)

借:其他应收款	756 000	
贷:应交税费——应交增值税(出口退税)		756 000

(5) 收到实际退税款时:

借:银行存款	756 000	
贷:其他应收款		756 000

【例 8-6】 某外贸公司本月购进布匹委托加工成服装出口,取得布匹增值税专用发票一张,注明计税金额 90 000 元,增值税税率为 13%,出口退税率 13%;委托加工取得服装厂加工费增值税专用发票,注明的加工费计税金额 3 000 元,增值税税率为 13%,退税率为 13%,其应退税额计算如下:

$$当期应退税额 = 90\,000 \times 13\% + 3\,000 \times 13\% = 12\,090(元)$$

相关会计分录如下:

借:其他应收款   12 090

 贷:应交税费——应交增值税(出口退税)   12 090

2)从小规模纳税人收购货物出口退(免)增值税的会计处理

外贸企业从小规模纳税人收购货物出口,按规定计算出应收出口退税时,借记"其他应收款"账户,贷记"应交税费——应交增值税(出口退税)"账户;收到出口退税款时,借记"银行存款"账户,贷记"其他应收款"账户。

【例 8-7】 某外贸企业从小规模生产企业购入麻纱一批用于出口,金额 60 000 元,小规模纳税人开来普通发票。外贸企业已将该批货物全部出口,有关出口应收的全套凭证已经备齐。相关计算和会计处理如下:

(1)计算应退增值税时:

$$应退税额 = 60\,000 \div (1 + 3\%) \times 3\% = 1\,747.57(元)$$

借:其他应收款   1 747.57

 贷:应交税费——应交增值税(出口退税)   1 747.57

(2)收到增值税退税款时:

借:银行存款   1 747.57

 贷:其他应收款   1 747.57

3)外贸企业代理出口业务退(免)增值税的会计处理

外贸企业代理出口货物时,作为受托人将余款划给委托人后,退(免)增值税事宜均由委托人负责申请办理。作为受托人的外贸企业仅就手续费收入计算纳税。

三、提供零税率应税服务的范围及退(免)增值税的会计处理

(一)提供零税率应税服务的范围

1. 国际运输服务、港澳台运输服务

(1)国际运输服务。具体包括:在境内载运旅客或货物出境;在境外载运旅客或货物入境;在境外载运旅客或货物。但是,从境内载运旅客或货物至国内海关特殊监管区域及场所、从国内海关特殊监管区域及场所载运旅客或货物至国内其他地区或者国内海关特殊监管区域及场所,不属于国际运输服务。

(2)港澳台运输服务。具体包括:提供的往返内地与中国香港、澳门、台湾地区的交通运输服务;在中国香港、澳门、台湾地区提供的交通运输服务。

2.向境外单位提供研发服务、设计服务

研发服务是指就新技术、新产品、新工艺或者新材料及其系统进行研究与试验开发的业务活动。

设计服务是指把计划、规划、设想通过视觉、文字等形式传递出来的业务活动。包括工业设计、造型设计、服装设计、环境设计、平面设计、包装设计、动漫设计、展示设计、网站设计、机械设计、工程设计、广告设计、创意策划、文印晒图等。

但是,向境外单位提供的设计服务,不包括对境内不动产提供的设计服务。另外,向国内海关特殊监管区域及场所内单位提供研发服务、设计服务不实行增值税退(免)税办法,应按规定征收增值税。

(二)提供零税率应税服务退(免)增值税的计算及会计处理

零税率应税服务增值税免抵退税的退税率,一般为其适用税率。依下列公式计算。

1.当期免抵退税额的计算

$$\frac{\text{当期零税率应税}}{\text{服务免抵退税额}} = \frac{\text{当期零税率应税服务}}{\text{免抵退税计税依据}} \times \frac{\text{外汇人民}}{\text{币折合率}} \times \frac{\text{零税率应税服务}}{\text{增值税退税率}}$$

2.当期应退税额和当期免抵税额的计算

(1)当期期末留抵税额≤当期免抵退税额时:

$$\text{当期应退税额} = \text{当期期末留抵税额}$$
$$\text{当期免抵税额} = \text{当期免抵退税额} - \text{当期应退税额}$$

(2)当期期末留抵税额>当期免抵退税额时:

$$\text{当期应退税额} = \text{当期免抵退税额}$$
$$\text{当期免抵税额} = 0$$

外贸企业兼营的零税率应税服务增值税免退税,依下列公式计算:

$$\frac{\text{外贸企业兼营的零税}}{\text{率应税服务应退税额}} = \frac{\text{外贸企业兼营的零税率应}}{\text{税服务免退税计税依据}} \times \frac{\text{零税率应税服务}}{\text{增值税退税率}}$$

【例8-8】　某研发企业1月份业务如下:外购仪器取得增值税专用发票注

明的金额为 300 000 元,税额为 39 000 万元;支付外购仪器运费,取得增值税专用发票注明的金额为 5 000 元,税额为 450 元;购买研发用原材料等,取得增值税专用发票注明的金额为 100 000 万元,税额为 13 000 元。向境外企业提供研发服务取得收入 5 000 000 元;向境内单位提供研发服务取得含税收入 530 000 元;当月库存原材料因管理不善丢失,成本价 30 000 元。期初无留抵税额,研发服务适用税率为 6%,出口应税服务适用增值税"免、抵、退"办法。

计算该企业提供跨境应税服务应纳(或退)增值税如下:

(1)计算销项税额、进项税额及留抵税额时:

$$销项税额=530\ 000/(1+6\%)\times6\%=30\ 000(元)$$
$$进项税额=39\ 000+450+13\ 000-30\ 000\times13\%=48\ 550(元)$$
$$留抵税额=48\ 550-30\ 000=18\ 550(元)$$

(2)计算免抵退税额时:

$$5\ 000\ 000\times6\%=300\ 000(元)$$

(3)计算应退税额。由于免抵退税额>留抵税额,则:

$$应退增值税=18\ 550(元)$$

(4)计算免抵税额时:

$$300\ 000-18\ 550=281\ 450(元)$$

根据计算结果,编制会计分录如下:

```
借:其他应收款                                         18 550
    贷:应交税费——应交增值税(出口退税)                        18 550
借:应交税费——应交增值税(出口抵减内销产品应纳税额)    281 450
    贷:应交税费——应交增值税(出口退税)                       281 450
```

第二节　出口应税消费品退(免)消费税的核算

一、出口应税消费品退(免)消费税的政策规定

涉外企业出口应税消费品与已纳增值税出口货物一样,国家都是给予退(免)税优惠的。出口应税消费品退(免)消费税在政策上分为以下三种情况。

(一)出口免税并退税

适用这个政策的是:有出口经营权的外贸企业购进应税消费品直接出口,

以及外贸企业受其他外贸企业委托代理出口应税消费品。这里需要注意的是,外贸企业受其他企业(主要是非生产性的商贸企业)委托,代理出口应税消费品是不予退(免)税的。

(二)出口免税但不退税

适用这个政策的是:有出口经营权的生产性企业自营出口或生产企业委托外贸企业代理出口自产的应税消费品,依据其实际出口数量免征消费税,不予办理退还消费税。这里,免征消费税是指对生产性企业按其实际出口数量免征生产环节的消费税。不予办理退还消费税,是指因已免征生产环节的消费税,该应税消费品出口时,已不含有消费税,所以也无须再办理退还消费税了。

这项政策规定与前述生产性企业自营出口或委托代理出口自产货物退(免)增值税的规定是不一样的。其政策区别的原因是,消费税仅在生产企业的生产环节征收,生产环节免税了,出口的应税消费品就不含有消费税了;而增值税却在货物销售的各个环节征收,生产企业出口货物时,已纳的增值税就需退还。

(三)出口不免税也不退税

适用这个政策的是:除生产企业、外贸企业外的其他企业,具体是指一般商贸企业,这类企业委托外贸企业代理出口应税消费品一律不予退(免)税。

二、出口应税消费品退(免)消费税额的计算

(一)外贸企业出口应税消费品应退消费税的计算

外贸企业从生产企业购进货物直接出口或受其他外贸企业委托代理出口应税消费品的应退消费税款,分三种情况处理:

(1)属于从价定率计征消费税的应税消费品,为已征且未在内销应税消费品应纳税额中抵扣的购进出口货物金额,其计算公式如下:

$$应退消费税税额 = 从价定率计征消费税的退税计税依据 \times 比例税率$$

(2)属于从量定额计征消费税的应税消费品,为已征且未在内销应税消费品应纳税额中抵扣的购进出口货物数量,其计算公式为:

$$应退消费税税额 = 从量定额计征消费税的退税计税依据 \times 定额税率$$

(3)属于复合计征消费税的应税消费品,按从价定率和从量定额的计税依据确定,其计算公式为:

$$应退消费税税额 = 从价定率计征消费税的退税计税依据 \times 比例税率 + 从量定额计征消费税的退税计税依据 \times 定额税率$$

【例 8-9】 某白酒生产企业为增值税一般纳税人,本月自营出口白酒 50 吨,其不含增值税的销售额为 200 万元,该白酒的比例税率为 20%,定额税率为每 500 克 0.5 元。计算该白酒应退消费税额如下:

应退消费税额＝200×20%＋50×1 000×1 000÷500×0.000 05＝45(万元)

(二) 生产企业出口应税消费品退(免)消费税的计算

生产企业自营出口或委托外贸企业代理出口自产的应税消费品,依据其实际出口数量免征消费税,不予办理退还消费税。

(三) 出口货物发生退关、国外退货的税务处理

出口的应税消费品办理退税后,若发生退关或国外退货,进口时予以免税的,报关出口者必须及时向其所在地的主管税务机关申报补缴已退消费税税款。

生产企业出口的应税消费品办理免税后,发生退关或国外退货,进口时已予以免税的,经所在地主管税务机关批准,可暂不办理补税,待其转为国内销售时,再向其主管税务机关申报补缴消费税。

三、出口应税消费品退(免)消费税的会计处理

1. 生产企业出口应税消费品退(免)消费税的会计处理

生产企业直接出口自产应税消费品,或委托外贸企业代理出口应税消费品时,按规定予以免税,不计算应纳消费税。

2. 外贸企业出口应税消费品退(免)消费税的会计处理

外贸企业购进货物直接出口或受其他外贸企业委托代理出口应税消费品,申请退税时,按应退税额,借记"其他应收款"账户,贷记"主营业务成本"账户;实际收到退税款时,借记"银行存款"账户,贷记"其他应收款"账户。

出口后,若发生退关或退货应补缴已退消费税款时,应借记"主营业务成本"账户,贷记"其他应收款"账户;实际补缴退款时,借记"其他应收款"账户;贷记"银行存款"账户。

【例 8-10】 某外贸公司从国内某摩托车厂购入摩托车 600 辆,价款 3 400 000 元,增值税额 442 000 元,厂方已计算缴纳消费税额 340 000 元,款已支付。外贸公司将该批摩托车销往国外,并按规定申请办理消费税退税,退税款已收到;与此同时,该公司收到上批出口摩托车退货一批,当时已退这批货物的消费税 26 000 元,按规定应计算补缴退税款。关于消费税退税的会计处理如下:

(1) 从国内采购摩托车时:

借：材料采购　　　　　　　　　　　　　　　　3 400 000
　　应交税费——应交增值税(进项税额)　　　　442 000
　　贷：银行存款　　　　　　　　　　　　　　　　　3 842 000

(2) 计算摩托车出口应退消费税时：

借：其他应收款　　　　　　　　　　　　　　　340 000
　　贷：主营业务成本　　　　　　　　　　　　　　　340 000

(3) 收到消费税退税款时：

借：银行存款　　　　　　　　　　　　　　　　340 000
　　贷：其他应收款　　　　　　　　　　　　　　　　340 000

(4) 计算并补缴出口退货已退消费税时：

借：主营业务成本　　　　　　　　　　　　　　260 000
　　贷：其他应收款　　　　　　　　　　　　　　　　260 000
借：其他应收款　　　　　　　　　　　　　　　260 000
　　贷：银行存款　　　　　　　　　　　　　　　　　260 000

复 习 思 考 题

一、单项选择题

1. 下列对于我国出口货物增值税的退税率中,不正确的是(　　)。
   A. 除财政部和国家税务总局根据国务院决定而明确的增值税出口退税率外,出口货物的退税率为其适用税率
   B. 外贸企业购进按简易办法征税的出口货物、从小规模纳税人购进的出口货物,其退税率分别为简易办法实际执行的征收率、小规模纳税人征收率。上述出口货物取得增值税专用发票的,退税率按照增值税专用发票上的税率和出口货物退税率孰低的原则确定
   C. 出口企业委托加工修理修配货物、其加工修理修配费用的退税率,为出口货物的退税率
   D. 适用不同退税率的货物劳务,应分开报关、核算并申报退(免)税,未分开报关、核算或划分不清的从高适用退税率

2. 某电器生产企业自营出口自产货物,2010 年 10 月末计算出的期末留抵税款为 6 万元,当期免抵退税额为 15 万元,则当期免抵税额为(　　)万元。

A. 0   B. 6

C. 9   D. 15

3. 凡从小规模纳税人购进税务机关代开的增值税专用发票的出口货物，其计算退税的公式为（   ）。

     A. 应退税额＝增值税专用发票注明的金额×3%

     B. 应退税额＝$\dfrac{增值税专用发票注明的金额}{1+3\%}×3\%$

     C. 应退税额＝$\dfrac{增值税专用发票注明的金额}{1+16\%}×3\%$

     D. 应退税额＝$\dfrac{增值税专用发票注明的金额}{1+16\%}×16\%$

4. 转出当期不予抵扣或退税的增值税税额时，作会计处理为（   ）。

     A. 借记"应交税费——应交增值税（进项税额转出）"账户，贷记"主营业务成本"账户

     B. 借记"主营业务成本"账户，贷记"应交税费——应交增值税（进项税额转出）"账户

     C. 借记"管理费用"账户，贷记"应交税费——应交增值税（进项税额转出）"账户

     D. 借记"管理费用"账户，贷记"其他应收款"账户

5. 某外贸企业从摩托车厂购进摩托车 400 辆，直接报关离境出口，取得的增值税专用发票的单价是每辆 5 000 元，支付从摩托车厂到出境口岸的运费 8 万元，装卸费 2 万元，离岸价每辆 700 美元（1 美元＝7.1 元人民币）。摩托车消费税税率为 10%。则该企业应退消费税（   ）万元。

     A. 20.8   B. 21

     C. 20   D. 22.68

6. 某生产企业为增值税一般纳税人，兼营出口与内销。2005 年 2 月发生以下业务：购进原材料增值税专用发票上注明价款 100 万元，内销收入 50 万元，出口货物离岸价格 180 万元。出口货物增值税税率 16%，退税率为 13%，则当期出口应退增值税（   ）万元。

     A. 23.4   B. 2.6

     C. 20.8   D. 1.5

7. 有出口经营权的生产企业实行免、抵、退办法计算应退增值税时，实际收到退税款时，应贷记（   ）账户。

A. "应交税费——应交增值税(出口退税)"

B. "应交税费——应交增值税(进项税额转出)"

C. "应交税费——未交增值税"

D. "其他应收款"

8. 有出口经营权的生产企业实行免、抵、退办法计算应退增值税时,计算出应退税额并申请退税时,应贷记(　　)账户。

A. "应交税费——应交增值税(出口退税)"

B. "应交税费——应交增值税(进项税额转出)"

C. "应交税费——未交增值税"

D. "其他应收款"

9. 某日化生产企业自营出口自产货物,2010 年 8 月末计算出的期末留抵增值税税款为 10 万元,当期免抵退增值税额为 6 万元,则当期应退增值税税额为(　　)万元。

A. 0　　　　　　　　　　　　B. 6

C. 4　　　　　　　　　　　　D. 10

10. 有出口经营权的生产性企业自营出口或生产企业委托外贸企业代理出口自产的应税消费品,其运用的退(免)消费税政策是(　　)。

A. 出口免税并退税　　　　　B. 出口免税但不退税

C. 出口不免税也不退税　　　D. 出口退税但不免税

二、多项选择题

1. 我国根据出口企业的不同形式和出口货物的不同种类,对出口货物分别采取不同的增值税税收政策有(　　)。

A. 出口免税并退税　　　　　B. 出口不免税但退税

C. 出口免税但不退税　　　　D. 出口不免税也不退税

E. 出口先征后退

2. 企业计算出的当期应退增值税额,应作的会计分录有(　　)。

A. 借记"其他应收款"账户,贷记"应交税费——应交增值税(出口退税)"

B. 借记"其他应付款"账户,贷记"应交税费——应交增值税(出口退税)"

C. 借记"银行存款"账户,贷记"其他应收款"账户

D. 借记"银行存款"账户,贷记"其他应付款"账户

    E. 借记"银行存款"贷记"应交税费——应交增值税(出口退税)"

3. 提供零税率的国际运输服务,具体包括(　　)。

    A. 在境内载运旅客或货物出境

    B. 在境外载运旅客或货物入境

    C. 在境外载运旅客或货物

    D. 从境内载运旅客或货物至国内海关特殊监管区域及场所

    E. 从国内海关特殊监管区域及场所载运旅客或货物至国内其他地区

4. 在下列各项中,零税率应税服务增值税免抵退税的公式计算,正确的有(　　)。

    A. 当期零税率应税服务免抵退税额＝当期零税率应税服务免抵退税计税依据×外汇人民币折合率×零税率应税服务增值税退税率

    B. 当期期末留抵税额≤当期免抵退税额时,当期应退税额＝当期期末留抵税额;当期免抵税额＝当期免抵退税额－当期应退税额

    C. 当期期末留抵税额＞当期免抵退税额时,当期应退税额＝当期免抵退税额;当期免抵税额＝0

    D. 当期期末留抵税额≤当期免抵退税额时,当期应退税额＝当期期末留抵税额;当期免抵税额＝0

    E. 当期期末留抵税额＞当期免抵退税额时,当期应退税额＝当期免抵退税额;当期免抵税额＝当期免抵退税额－当期应退税额

5. 对外适用零税率的研发服务是指就新技术、新产品、新工艺或者新材料及其系统进行研究与试验开发的业务活动,包括(　　)。

    A. 工业设计　　　　　　　　B. 服装设计

    C. 动漫设计　　　　　　　　D. 工程设计

    E. 创意策划

6. 增值税退(免)税的计税依据,包括(　　)。

    A. 生产企业出口货物劳务(进料加工复出口货物除外)增值税退(免)税的计税依据,为出口货物劳务的实际离岸价

    B. 生产企业出口货物劳务(进料加工复出口货物除外)增值税退(免)税的计税依据,为出口货物劳务的实际到岸价

    C. 生产企业进料加工复出口货物增值税退(免)税的计税依据,按出口货物劳的离岸价扣除出口货物所含的海关保税进口料件的金额后确定

    D. 生产企业国内购进无进项税额且不计提进项税额的免税原材料加工后出口的货物的计税依据,按出口货物离岸价扣除出口货物所含

的国内购进免税原材料的金额后确定

　　E. 外贸企业出口货物(委托加工修理修配货物除外)增值税退(免)税的计税依据,为购进出口货物的增值税专用发票注明的金额或海关进口增值税专用缴款书注明的完税价格

　　7. 涉外企业出口货物退(免)增值税,在会计处理时可能借记的账户有(　　)。

　　A. "主营业务成本"

　　B. "其他应收款"

　　C. "应交税费——应交增值税(出口抵减内销产品应纳税额)"

　　D. "应交税费——应交增值税(出口退税)"

　　E. "银行存款"

　　8. 外贸企业从生产企业购进货物直接出口或受其他外贸企业委托代理出口应税消费品,其应退消费税额的计算公式可以是(　　)。

　　A. 应退消费税额＝从价定率计征消费税的退税计税依据×比例税率

　　B. 应退消费税额＝离岸价×定额税率

　　C. 应退消费税额＝到岸价×比例税率

　　D. 应退消费税额＝从量定额计征消费税的退税计税依据×定额税率
　　　 出口货物的数量×单位税额

　　E. 应退消费税税额＝出口货物的关税完税价×定额税率

　　9. 我国出口应税消费品退(免)消费税的政策有(　　)。

　　A. 出口免税并退税　　　　　　B. 出口免税但不退税

　　C. 出口退税但不免税　　　　　D. 出口不免税也不退税

　　E. 出口与内销相同

　　10. 外贸企业对出口应税消费品退(免)消费税作会计处理时,可能登记的账户有(　　)。

　　A. "银行存款"　　　　　　　　B. "其他应收款"

　　C. "主营业务成本"　　　　　　D. "税金及附加"

　　E. "应交税费——应交消费税"

三、判断题

　　1. 除财政部和国家税务总局根据国务院决定而明确的增值税出口退税率外,出口货物的退税率为其适用税率。　　　　　　　　　　　　(　　)

　　2. 适用不同退税率的货物劳务,应分开报关、核算并申报退(免)税,未分

开报关、核算或划分不清的从高适用退税率。　　　　　　　　（　　）

　　3. 生产企业出口货物劳务(进料加工复出口货物除外)增值税退(免)税的计税依据，为出口货物劳务的实际离岸价(FOB)。　　　　（　　）

　　4. 生产企业直接出口的应税消费品如果发生退关、退货的，报关出口者应向其所在地主管税务机关申报补缴已退的消费税款。　　　　（　　）

　　5. 纳税人直接出口的应税消费品办理免税后，发生退关、退货的，经所在地主管税务机关批准可暂不补税，待其转为国内销售时，再向主管税务机关申报补缴消费税。　　　　　　　　　　　　　　　　　　（　　）

　　6. 外贸企业直接购进国家规定的免税货物(包括免税农产品)出口的，免税但不予退税。　　　　　　　　　　　　　　　　　　（　　）

　　7. 外贸企业在货物出口后按成本与退税率计算退税，征、退税之差计入财务费用。　　　　　　　　　　　　　　　　　　　（　　）

　　8. 免抵退增值税时当期期末留抵税额≤当期免抵退税额时，当期应退税额等于当期期末留抵税额，"应交税费——应交增值税"账户期末余额为0。
　　　　　　　　　　　　　　　　　　　　　　　　　　　　（　　）

　　9. 出口货物增值税退税率是出口货物的实际增值税征税额与退税计税依据的比例。　　　　　　　　　　　　　　　　　　（　　）

　　10. 生产企业自营出口或委托外贸企业代理出口自产的应税消费品，依据其实际出口数量免征消费税，不予办理退还消费税。　　　（　　）

四、名词解释

1. 出口退税　　　　　　　　　2. 先征后退
3. 免抵退增值税　　　　　　　4. 免税并退税
5. 免税不退税　　　　　　　　6. 不免税也不退税

五、简答题

1. 简述我国出口货物增值税税收政策的三种形式。
2. 试述适用零税率应税服务的具体范围。
3. 生产企业出口货物退(免)增值税与退(免)消费税的政策有何异同？
4. 外贸企业出口货物退(免)增值税与退(免)消费税的政策有何异同？
5. 简述出口货物发生退关、退货时的消费税税务处理。

六、计算及分析题

1. **目的** 练习免抵退增值税的计算及会计处理。

资料 某有进出口经营权的生产企业,2010年12月出口产品销售收入100万美元,汇率为1美元=7.05元人民币,内销产品销售收入800万元人民币,当月购进材料进项税额为250万元。产品适用增值税税率为13%,退税率为12%。

要求 计算当期应纳(或应退)增值税额,并作相应的会计分录。

2. **目的** 练习免抵退增值税的计算及会计处理。

资料 某有进出口经营权的化工生产企业(一般纳税人),兼营出口业务与内销业务。2010年9月、10月发生以下经济业务:

(1) 9月份,国内购进原材料,取得增值税专用发票注明价款100万元,当月验收入库。内销货物不含税收入50万元,出口货物离岸价格为22.5万美元,即期汇率为1美元=7元人民币,支付销货运费2万元,其增值税税率为9%。另有上期留抵税额6万元。

(2) 10月份,国内采购原料,取得增值税专用发票,专用发票上注明价款100万元,货已验收入库。进料加工免税进口料件到岸价格5万美元,即期汇率为1美元=7元人民币,海关实征关税10万元。内销货物不含税收入80万元,出口货物离岸价为15万美元,即期汇率为1美元=7元人民币。

要求 计算该企业9月份、10月份出口退税额和免抵税额(出口货物征税率为13%,退税率为12%),并作有关会计分录。

3. **目的** 练习适用零税率应税服务退免增值税的计算及会计处理。

资料 某远洋运输企业(增值税一般纳税人)20×4年3月在境内载运货物出境取得收入600万元;在境外载运货物入境取得收入700万元;在境内载运货物取得收入1 000万元。当月发生购置运输船舶的进项税额150万元,外购其他货物进项税额50万元。运输服务的增值税税率为9%。

要求 计算该企业当期应退免增值税额,并作相应的会计分录。

4. **目的** 练习退(免)消费税的计算及会计处理。

资料 某外贸企业从国内一生产企业购进摩托车100辆,取得厂家开具的增值税专用发票,每辆支付金额为1.695万元(含增值税),本月全部外销,出口离岸价折合人民币为205万元。摩托车适用增值税税率为13%,消费税税率为10%。

要求 计算当期应退消费税额,并作相应的会计分录。

第九章 利润及利润分配的核算

本章学习要点

　　了解利润的构成内容、利润分配的顺序和涉外企业的所得税优惠，掌握利润及利润分配的会计处理。重点掌握所得税核算方法及账务处理。

第一节 利 润 的 核 算

一、利润的构成与计算

　　利润是指企业在一定会计期间的经营成果。利润包括收入减去费用后的净额、直接计入当期利润的利得和损失。其中，收入减去费用后的净额，反映的是企业日常活动的经营成果；而直接计入当期利润的利得和损失，反映的是企业非日常活动的经营成果，其最终会引起所有者权益发生增减变动，但与所有者投入资本或向所有者分配利润无关。企业应当严格区分收入和利得，费用和损失，以全面、准确地反映企业的获利能力。

　　利润的构成，可以用以下公式进行计算：

$$净利润＝利润总额－所得税费用$$

$$利润总额＝营业利润＋营业外收入－营业外支出$$

$$营业利润 ＝ 营业收入 － 营业成本 － 税金及附加 － 销售费用 － 管理费用 － 财务费用$$

$$－ 资产减值损失 ＋ 公允价值变动收益 ＋ 投资收益$$

1. 资产减值损失

　　资产减值损失是企业因计提各项资产减值准备所形成的损失，包括坏账准备、存货跌价准备、固定资产减值准备、无形资产减值准备、投资性房地产减值准备、长期股权投资减值准备、持有至到期投资减值准备等。

2.公允价值变动损益

公允价值变动损益是企业以公允价值计量的各项资产,因公允价值变动形成的损益,包括交易性金融资产、采用公允价值模式计量的投资性房地产等。

3.投资收益

投资收益是企业因对外投资,而确认所取得的投资收益或投资损失,包括债券投资的利息收入、长期股权投资、交易性金融资产、持有至到期投资、可供出售金融资产等取得的投资收益。

4.营业外收入

营业外收入是企业发生的各项应计入当期利润的利得,包括债务重组利得、盘盈利得、捐赠利得等。

5.营业外支出

营业外支出是企业发生的各项应计入当期利润的损失,包括报废非流动资产损失、债务重组损失、公益性捐赠支出、非常损失、盘亏损失等。

二、利润的会计处理

企业应设置"本年利润"账户,核算企业本年度内实现的净利润(或净亏损)。期末,企业将各收入类账户的余额转入"本年利润"账户的贷方;将各成本、费用类账户的余额转入"本年利润"账户的借方。转账后,"本年利润"账户如为贷方余额,反映本年度自年初开始累计实现的净利润;如为借方余额,反映本年度自年初开始累计发生的净亏损。年度终了,应将"本年利润"账户的全部累计余额,转入"利润分配"账户,如为净利润,借记"本年利润"账户,贷记"利润分配——未分配利润"账户;如为净亏损,作相反会计分录。年度结账后,"本年利润"账户无余额。

【例9-1】 某外商投资企业12月初"本年利润"账户贷方余额为8 000万元,12月月末有关损益类账户的本月记录如下:主营业务收入2 680万元,其他业务收入85万元,投资收益318万元,营业外收入160万元,主营业务成本1 585万元,税金及附加134万元,其他业务成本52万元,管理费用126万元,财务费用18万元,销售费用100万元,营业外支出28万元,所得税费用396万元。12月月末将以上各项收入和支出转入"本年利润"账户,作会计分录如下:

(1)结转各项收入:

借:主营业务收入		26 800 000
其他业务收入		850 000
投资收益		3 180 000
营业外收入		1 600 000
贷:本年利润		32 430 000

（2）结转各项支出：

借：本年利润	24 390 000
贷：主营业务成本	15 850 000
税金及附加	1 340 000
其他业务成本	520 000
管理费用	1 260 000
财务费用	180 000
销售费用	1 000 000
营业外支出	280 000
所得税费用	3 960 000

经过上述的结转，各损益类账户没有余额，根据"本年利润"账户借、贷方发生额的记录，计算该企业 12 月实现的净利润为 804 万元（3 243 － 2 439）。

根据"本年利润"年末贷方余额，计算该企业本年实现的净利润为 8 804 万元（8 000＋804），并予以结转，作会计分录如下：

借：本年利润	88 040 000
贷：利润分配——未分配利润	88 040 000

第二节　所得税的核算

一、涉外企业所得税概述

企业在一段时期的经营结束之后，实现了各项收益，就要计算缴纳所得税。所得税是国家对境内企业生产经营所得和其他所得依法征收的一种税。任何一种组织形式的企业都属于应税义务人，都要按照税法的规定计算缴纳所得税。

（一）涉外企业纳税义务人

涉外企业，即外商投资企业和外国企业所得税的纳税义务人，可以分为居民企业和非居民企业两大类。

居民企业，是指依法在中国境内成立，或者依照外国（地区）法律成立但实际管理机构在中国境内的企业。居民企业应当就其来源于中国境内、境外的所得缴纳企业所得税。

非居民企业，是指依照外国（地区）法律成立且实际管理机构不在中国境内，但在中国境内设立机构、场所的，或者在中国境内未设立机构、场所，但有来源于中国境内所得的企业。对于在中国境内设立机构、场所的非居民企业，应当就其所设机构、场所取得的来源于中国境内的所得，以及发生在中国境外但与其所设机构、场所有实际联系的所得，缴纳企业所得税。对于在中国境内未设立机构、场所的，或者虽设立机构、场所但取得的所得与其所设机构、场所没有实际联系的非居民企业，应当就其来源于中国境内的所得缴纳企业所得税（适用税率为 20%）。

（二）应纳税所得额

涉外企业每一纳税年度的收入总额，减除不征税收入、免税收入、各种扣除以及允许弥补的以前年度亏损后的余额，为应纳税所得额。

1. 收入总额

企业以货币形式和非货币形式从各种来源取得的收入，为收入总额。包括：

（1）销售货物收入。

（2）提供劳务收入。

（3）转让财产收入。

（4）股息、红利等权益性投资收益。

（5）利息收入。

（6）租金收入。

（7）特许权使用费收入。

（8）接受捐赠收入。

（9）其他收入。

2. 不准扣除的支出

企业实际发生的与取得收入有关的、合理的支出，准予在计算应纳税所得额时扣除，包括成本、费用、税金、损失和其他支出。但下列支出不得扣除：

（1）向投资者支付的股息、红利等权益性投资收益款项。

（2）企业所得税税款。

（3）税收滞纳金。

（4）罚金、罚款和被没收财物的损失。

（5）非公益性捐赠支出。

（6）赞助支出。

（7）未经核定的准备金支出。

（8）与取得收入无关的其他支出。

3. 非居民企业应纳税所得额的计算

在中国境内未设立机构、场所的,或者虽设立机构、场所但取得的所得与其所设机构、场所没有实际联系的非居民企业,应当按照下列方法计算其应纳税所得额:

(1) 股息、红利等权益性投资收益和利息、租金、特许权使用费所得,以收入金额为应纳税所得额。

(2) 转让财产所得,以收入金额减除财产净值后的余额为应纳税所得额。

(3) 其他所得,参照上述规定的方法计算应纳税所得额。

4. 境外缴纳的所得税额的抵免

涉外企业取得的下列所得已在境外缴纳的所得税额,可以从其当期应纳税额中抵免,抵免限额为该项所得按规定计算的应纳税额;超过抵免限额的部分,可以在以后 5 个年度内,用每年度抵免限额抵免当年应抵税额后的余额进行抵补:

(1) 居民企业来源于中国境外的应税所得。

(2) 非居民企业在中国境内设立机构、场所,取得发生在中国境外但与该机构、场所有实际联系的应税所得。

居民企业从其直接或者间接控制的外国企业分得的来源于中国境外的股息、红利等权益性投资收益,外国企业在境外实际缴纳的所得税额中属于该项所得负担的部分,可以作为该居民企业的可抵免境外所得税额,在规定的抵免限额内抵免。

(三) 税收优惠

1. 免税收入

企业的下列收入为免税收入:

(1) 国债利息收入。

(2) 符合条件的居民企业之间的股息、红利等权益性投资收益。

(3) 在中国境内设立机构、场所的非居民企业从居民企业取得与该机构、场所有实际联系的股息、红利等权益性投资收益。

(4) 符合条件的非营利组织的收入。

2. 免征、减征企业所得税的收入

企业的下列所得,可以免征、减征企业所得税:

(1) 从事农、林、牧、渔业项目的所得。

(2) 从事国家重点扶持的公共基础设施项目投资经营的所得。

（3）从事符合条件的环境保护、节能节水项目的所得。

（4）符合条件的技术转让所得。

3. 税率优惠

（1）符合条件的小型微型企业，减按 20％的税率征收企业所得税。

（2）国家需要重点扶持的高新技术企业，减按 15％的税率征收企业所得税。

二、涉外企业所得税核算的要求

（一）确定资产、负债的计税基础

企业在取得资产、负债时，应当确定其计税基础。

1. 资产的计税基础

资产的计税基础，是指在收回资产账面价值过程中，计算应纳税所得额时按照税法可以自应税经济利益中抵扣的金额。在通常情况下，资产取得时其入账价值与计税基础是相同的，只是在后续计量过程中，有可能因会计准则的有关规定与税法规定不同，会产生资产的账面价值与其计税基础有差异，如按照会计准则规定，企业的各项资产如发生减值，应当将其可变现净值或可收回金额低于其账面价值的差额，计提相关的资产减值准备，其损失计入当期损益，从税前利润中扣除。但税法规定，企业计提的资产减值准备一般不能在税前抵扣，只有在资产发生实质性损失时，才能允许税前扣除，这时资产的计税基础仍应为计提减值准备前的账面价值。

2. 负债的计税基础

负债的计税基础，是指负债的账面价值减去未来期间计算应纳税所得额时，按照税法规定可予抵扣的金额。一般而言，像短期借款、应付票据、应付账款等负债的确认和偿还，不会对当期损益和应纳税所得额产生影响，其计税基础即为账面价值。但在某些情况下，负债的确认可能会涉及损益，进而影响不同期间的应纳税所得额，使其计税基础与账面价值产生差异。如企业按会计准则规定，对因或有事项确认的预计负债，按最佳估计数计入当期损益，在税前利润中扣除；但按税法规定，与预计负债相关的费用只能在实际发生时才可以在税前扣除，该负债的计税基础应当为零。

（二）暂时性差异及其分类

企业应于每个资产负债表日，对资产、负债的账面价值与其计税基础进行分析、比较，两者之间存在差额的，该差额就称为暂时性差异；未作为资产和负债确认的项目,按照税法规定可以确定其计税基础的,该计税基础与其账面价值之间的差额也属于暂时性差异。

按照暂时性差异对未来期间应税金额的影响,分为应纳税暂时性差异和可抵扣暂时性差异两类。

1. 应纳税暂时性差异

应纳税暂时性差异,是指在确定未来收回资产或清偿负债期间的应纳税所得额时,将导致产生应税金额的暂时性差异。如按会计准则规定,企业自行开发的无形资产在满足资本化条件后发生的支出应当资本化,确认为无形资产成本;但按税法规定,企业的研究开发支出一般可于发生当期在税前扣除,由此产生自行开发的无形资产在持有期间的应纳税暂时性差异。又如,企业支付 500 万元取得一项交易性金融资产,当期期末其公允价值为 580 万元,这时此项交易性金融资产的账面价值应调整为 580 万元,而其计税基础仍为成本 500 万元,差额 80 万元即为应纳税暂时性差异。

2. 可抵扣暂时性差异

可抵扣暂时性差异,是指在确定未来收回资产或清偿负债期间的应纳税所得额时,将导致产生可抵扣金额的暂时性差异。如企业的某批存货成本 1 000 万元,期末估计的可变现净值为 800 万元,按会计准则规定,应当计提存货跌价准备 200 万元;但按税法规定,其损失的 200 万元不允许税前扣除,该批存货的计税基础仍为 1 000 万元,与其账面价值 800 万元之间的差额 200 万元即为可抵扣暂时性差异。又如,企业因销售商品提供售后服务等原因于当期确认了 100 万元的预计负债,假定企业在确认预计负债的当期未发生售后服务费用,期末预计负债的账面价值为 100 万元,而预计负债的计税基础应为零,由此产生可抵扣暂时性差异 100 万元。

在实际工作中,资产的账面价值与其计税基础可能存在暂时性差异的情况,一般有如下资产:固定资产、无形资产、交易性金融资产、其他权益工具投资金融资产、长期股权投资、投资性房地产以及其他计提减值准备的资产等。而负债的账面价值与其计税基础可能存在暂时性差异的主要是预计负债。

企业对发生的应纳税或可抵扣暂时性差异,可以根据以下规律加以区分:当资产的账面价值大于其计税基础,或负债的账面价值小于其计税基础,其差额为应纳税暂时性差异;当资产的账面价值小于其计税基础,或负债的账面价值大于其计税基础,其产生的差额则为可抵扣暂时性差异。

另外,按照税法规定,允许抵减的各年度利润的可抵扣亏损,也视同可抵扣暂时性差异。

(三)递延所得税资产、递延所得税负债的确认与转回

企业应当按照暂时性差异与适用所得税税率计算的结果,确认递延所得税资产、递延所得税负债以及相应的递延所得税费用。具体而言,应根据可抵扣暂时性差异与适用所得税税率计算确认递延所得税资产;根据应纳税暂时性差异与适用所得税税率计算确认递延所得税负债:与递延所得税资产、递延所得税负债相对应的即为递延所得税费用。其中,递延所得税资产,是指企业当期和以前期间已支付的所得税超过应支付的所得税部分;而递延所得税负债,则指企业当期和以前期间应交未交的所得税部分。

需要说明的是,企业确认由可抵扣暂时性差异产生的递延所得税资产,应当以未来期间很可能取得用来抵扣可抵扣暂时性差异的应纳税所得额为限,该应纳税所得额为未来期间企业正常经营活动实现的应纳税所得额,以及因应纳税暂时性差异在未来期间转同相应增加的应税所得,并应提供相应的证据。

递延所得税资产和递延所得税负债确认后,相关的可抵扣暂时性差异或应纳税暂时性差异于以后各期间转回的,应当调整原已确认的递延所得税资产、递延所得税负债以及相应的递延所得税费用。

(四)所得税的核算方法

1. 所得税核算的账户设置

企业应设置"所得税费用""递延所得税资产"和"递延所得税负债"等账户进行所得税会计的账务处理。

"所得税费用"账户属于损益类账户,借方登记企业按规定从当期损益中扣除的所得税费用,期末将借方余额从贷方转入"本年利润"账户,结转后应无余额。

"递延所得税资产"账户,是用来核算因确认的可抵扣暂时性差异以及根据税法规定可用以后年度税前利润弥补的亏损而产生的所得税资产。该账户的借方登记应予确认的递延所得税资产期末余额大于期初余额的差额(即递延所得税资产的增加额);贷方登记应予确认的递延所得税资产期末余额小于期初余额的差额(即递延所得税资产的减少额);该账户期末借方余额,反映企业已确认但尚未转回的递延所得税资产的余额。

"递延所得税负债"账户,是用来核算因确认的应纳税暂时性差异而产

生的所得税负债。该账户的贷方登记应予确认的递延所得税负债期末余额大于期初余额的差额(即递延所得税负债的增加额);借方登记应予确认的递延所得税负债期末余额小于期初余额的差额(即递延所得税负债的减少额);该账户期末贷方余额,反映企业已确认但尚未转回的递延所得税负债的余额。

"递延所得税资产"和"递延所得税负债"应当按照可抵扣暂时性差异和应纳税暂时性差异等项目进行明细分类核算。

2. 所得税核算的基本程序

企业的所得税核算,可以按照下列程序进行:

(1) 确定资产、负债的账面价值。

(2) 确定资产、负债的计税基础。

(3) 比较账面价值与计税基础,确定暂时性差异。

(4) 确认递延所得税资产或递延所得税负债。

(5) 计算应交所得税。其计算公式为:

$$应交所得税=应纳税所得额×适用税率$$

$$应纳税所得额=税前会计利润±纳税调整金额$$

(6) 确认利润表中的所得税费用。

利润表中的所得税费用,应为当期应交所得税以及递延所得税费用(或收益)两者之和,其计算公式如下:

$$所得税费用=当期所得税费用+递延所得税费用-递延所得税收益$$

上式中当期所得税费用,是指当期按照税法规定计算确定的应交所得税费用;递延所得税费用,是指因确认递延所得税负债产生的所得税费用;递延所得税收益,是指因确认递延所得税资产而产生的所得税收益。

另外,在计算递延所得税资产和递延所得税负债时,应当根据税法规定,按照预期收回该资产或清偿该负债期间的适用税率计算。

【例 9-2】 某企业 20×5 年 12 月购入某项设备,按税法规定使用 2 年,按会计规定使用 4 年,设备原价 40 万元,按直线法计提折旧(不考虑净残值)。假如该企业每年实现税前会计利润为 250 万元,所得税税率为 25%,无其他纳税调整事项。根据资料,该企业有关所得税的计算(见表 9-1)及处理如下:

表 9-1

所得税计算表

单位：元

年 度 项 目	20×6 年	20×7 年	20×8 年	20×9 年
资产的计税基础	200 000	0	0	0
资产的账面价值	300 000	200 000	100 000	0
暂时性差异	(100 000)	(200 000)	(100 000)	0
所得税税率	25％	25％	25％	25％
递延所得税负债年末余额	(25 000)	(50 000)	(25 000)	(25 000)
递延所得税负债年初余额	0	(25 000)	(50 000)	0
递延所得税负债本期发生额	(25 000)	(25 000)	25 000	25 000
应交所得税	(600 000)①	(600 000)	(650 000)②	(650 000)
所得税费用	625 000	625 000	625 000	625 000

① 600 000＝(2 500 000－100 000)×25％。

② 650 000＝(2 500 000＋100 000)×25％。

20×6 年和 20×7 年应作会计分录为：

借：所得税费用 625 000
　　贷：应交税费——应交所得税 600 000
　　　　递延所得税负债 25 000

20×8 年和 20×9 年应作会计分录为：

借：所得税费用 625 000
　　递延所得税负债 25 000
　　贷：应交税费——应交所得税 650 000

在实际工作中，为简化起见，企业可以在资产负债表日，按资产、负债项目汇总确定其账面价值与计税基础、计算暂时性差异、确认递延所得税资产或递延所得税负债，并对所得税会计进行综合处理。

【例 9-3】 甲企业适用的企业所得税税率为 25％，20×8 年按税法规定确定的应纳税所得额为 1 500 万元。预计该企业会持续盈利，能够获得足够的应纳税所得额。20×8 年 12 月 31 日该企业资产负债表中有关项目金额和计税基础数据及暂时性差异计算如表 9-2 所示。

表 9-2

20×5 年暂时性差异计算表

单位：元

项　目	账面价值	计税基础	暂　时　性　差　异	
			应纳税暂时性差异	可抵扣暂时性差异
交易性金融资产	3 000 000	3 600 000		600 000
固定资产	25 000 000	21 000 000	4 000 000	
预计负债	4 000 000	0		4 000 000
合　　计			4 000 000	4 600 000

根据资料，甲企业 20×8 年计算确认的递延所得税负债、递延所得税资产、应交所得税以及所得税费用如下：

（1）递延所得税负债＝4 000 000×25％＝1 000 000（元）

（2）递延所得税资产＝4 600 000×25％＝1 150 000（元）

（3）应交所得税＝15 000 000×25％＝3 750 000（元）

（4）所得税费用＝3 750 000＋1 000 000－1 150 000＝3 600 000（元）

应作会计分录为：

借：所得税费用　　　　　　　　　　　　　　　　　　3 600 000

　　递延所得税资产　　　　　　　　　　　　　　　　1 150 000

　　贷：应交税费——应交所得税　　　　　　　　　　　　3 750 000

　　　　递延所得税负债　　　　　　　　　　　　　　　　1 000 000

【例 9-4】　如［例 9-3］中甲企业 20×9 年按税法规定确定的应纳税所得额为 2 000 万元。预计未来期间能够获得足够的应纳税所得额用来抵扣暂时性差异。20×9 年 12 月 31 日其资产负债表中有关项目金额和计税基础数据及暂时性差异计算如表 9-3 所示。

表 9-3

20×9 年暂时性差异计算表

单位：元

项　目	账面价值	计税基础	暂　时　性　差　异	
			应纳税暂时性差异	可抵扣暂时性差异
交易性金融资产	4 500 000	4 000 000	500 000	
存货	9 000 000	9 600 000		600 000

（续表）

项 目	账面价值	计税基础	暂 时 性 差 异	
			应纳税暂时性差异	可抵扣暂时性差异
固定资产	30 000 000	28 000 000	2 000 000	
无形资产	1 000 000	2 000 000		1 000 000
预计负债	6 000 000	0		6 000 000
合 计			2 500 000	7 600 000

根据上述资料,20×9年甲企业应确认的递延所得税负债、递延所得税资产、应交所得税以及所得税费用的分析计算如下:

（1）递延所得税负债年末余额＝2 500 000×25％＝625 000（元）

$$递延所得税负债本期发生额 = 递延所得税负债年末余额 - 年初余额$$

$$＝625 000－1 000 000＝－375 000（元）$$

（2）递延所得税资产年末余额＝7 600 000×25％＝1 900 000（元）

$$递延所得税资产本期发生额 = 递延所得税资产年末余额 - 年初余额 =$$

$$1 900 000－1 150 000＝750 000（元）$$

（3）应交所得税＝20 000 000×25％＝5 000 000（元）

（4）所得税费用＝5 000 000－375 000－750 000＝3 875 000（元）

应作会计分录为:

借:所得税费用	3 875 000
递延所得税负债	375 000
递延所得税资产	750 000
贷:应交税费——应交所得税	5 000 000

（五）所得税核算的特殊问题

1. 不影响所得税费用的递延所得税

在某些情况下,企业发生的递延所得税产生于直接计入所有者权益的交易或事项,或者产生于企业合并中资产、负债的账面价值与其计税基础之间的差异。这类交易或事项中产生的递延所得税不影响利润表中确认的所得税费用,其所得税影响应分别以下情况加以确认:

（1）直接计入所有者权益的交易或事项产生的递延所得税。直接计入所有者权益的交易或事项,如可供出售金融资产公允价值的变动,相关资产、负债的账面价值与其计税基础之间形成暂时性差异的,应当按规定确认递延所得税资产或递延所得税负债,计入资本公积(其他资本公积)。

【例 9-5】 某企业当期购入的一项其他权益工具投资金融资产,成本为300 万元,期末,其公允价值为 350 万元,该企业所得税率为 25%。

该资产的公允价值变动,应调整其账面价值,差额计入其他综合收益。但其计税基础一般不会发生变动,调整后账面价值与计税基础之间形成的暂时性差异,应确认的递延所得税也应计入资本公积。因此,上述企业应作如下会计处理:

借:可供出售金融资产——公允价值变动　　　　　500 000
　　贷:其他综合收益——其他资本公积　　　　　　　500 000
借:其他综合收益——其他资本公积　　　　　125 000
　　贷:递延所得税负债　　　　　　　　　　　　125 000

(2) 企业合并中产生的递延所得税。由于会计准则规定与税法规定对企业合并的处理不同,可能会造成企业合并中取得资产、负债的入账价值与其计税基础的差异。比如,非同一控制下企业合并产生的应纳税暂时性差异或可抵扣暂时性差异在确认递延所得税负债或递延所得税资产的同时,相应的递延所得税费用(或收益),通常应调整企业合并中所确认的商誉。

2. 可抵扣亏损和税收抵减

按照税法规定允许以后年度所得弥补的可抵扣亏损,以及可结转以后年度的税收抵减,按照可抵扣暂时性差异的原则处理。

3. 递延所得税资产的复核

企业应当在资产负债表日,对递延所得税资产的账面价值进行复核。如果未来期间很可能无法获得足够的应纳税所得额用以抵扣递延所得税资产的利益,应当减记递延所得税资产的账面价值。以后,在很可能获得足够的应纳税所得额时,减记的金额应当转回。

第三节　利润分配的核算

一、涉外企业利润分配的顺序

外商投资企业实现的税后净利润应按照顺序进行分配。

(一)弥补亏损

外商投资企业发生的年度亏损,可以用下一年度的税前会计利润弥补,下一年度利润不足弥补的,可以在 5 年内弥补;连续 5 年未弥补的用税后利润弥补。

（二）提取三项基金

外商投资企业应当按照法律、行政法规的规定,按净利润提取储备基金、企业发展基金、职工奖励及福利基金。三项基金的提取比例由企业董事会讨论决定。其中,外资企业可不提企业发展基金,其储备基金的提取比例不得低于税后利润的 10%,当提取的金额达到注册资本的 50% 时,可以不再提取。

储备基金是企业未分配利润的转化形式。当企业发生亏损时,可以用储备基金弥补亏损。经董事会讨论决定,也可以将一部分储备基金转增资本。

企业发展基金主要用于发展企业生产,可以作为流动资金,也可以购建固定资产,或扩大企业生产经营,企业发展基金经批准也可用于转增资本。

职工奖励及福利基金是企业对职工的一项负债,只能用于职工的非正常性奖励和职工集体福利支出,不得挪作他用,即使企业解散也不得改变其性质和用途。

（三）分配投资者利润

外商投资企业提取三项基金后的剩余利润,即为可供分配利润,可根据董事会确定的利润分配方案,按各方出资比例进行分配。

需要说明的是,外商投资企业以前年度亏损未弥补完,不得提取储备基金、企业发展基金、职工奖励及福利基金;在提取储备基金、企业发展基金、职工奖励及福利基金以前不得向投资者分配利润;企业以前年度尚未分配的利润可以并入本年度进行利润分配。

中外合作经营企业法规定,中外合作者在合作企业合同中约定合作期限届满时,合作企业的全部固定资产无偿归中国合作者所有的,合作企业可以用合作期间的利润归还外方合作者的投资。但中外合作经营企业的亏损在未弥补前,不得用利润归还投资。

二、涉外企业利润分配的会计处理

外商投资企业进行利润分配的会计处理,应设置"利润分配"总分类账户,用于核算企业利润分配(或亏损弥补)和历年利润分配(或亏损弥补)后的结存余额。其借方登记各项利润分配数或结转年度的亏损额;贷方登记从"本年利润"账户的转入数或亏损的弥补数。

利润分配账户一般应设置"其他转入""提取储备基金""提取企业发展基金""提取职工奖励及福利基金""应付股利""未分配利润"等明细账户进行明细分类核算。

（一）弥补亏损的会计处理

外商投资企业发生的年度亏损应从"本年利润"账户的贷方转入"利润分配——未分配利润"账户的借方。结转后，"利润分配——未分配利润"账户的借方余额，即为未弥补亏损的数额。企业未弥补的亏损额，可以在以后 5 年内用税前利润弥补，超过 5 年未弥补的亏损，用税后利润弥补。无论是以税前利润还是用税后利润弥补亏损，其会计处理方法是相同的，所不同的是在两者计算缴纳所得税时的处理不同。在以税前利润弥补亏损的情况下，其弥补的数额可以抵减当期应纳税所得额，而以税后利润弥补的数额，则不能作为纳税所得扣除处理。

【例 9-6】 某外商投资企业 20×0 年发生亏损 800 000 元，20×1—20×5 年每年实现税前利润为 150 000 元，20×6 年实现税前利润为 200 000 元，该企业所得税税率为 33%，20×0—20×6 年该企业应作会计处理如下：

（1）20×0 年年末，结转年度亏损，作会计分录如下：

　　借：利润分配——未分配利润　　　　　　　　　　　800 000
　　　　贷：本年利润　　　　　　　　　　　　　　　　　　800 000

（2）20×1—20×5 年各年年末，以税前利润弥补亏损，作会计分录如下：

　　借：本年利润　　　　　　　　　　　　　　　　　　150 000
　　　　贷：利润分配——未分配利润　　　　　　　　　　150 000

至 20×5 年年末，"利润分配——未分配利润"账户期末余额为借方 50 000 元，即还有未弥补亏损 50 000 元。

（3）20×6 年年末，首先计算应交所得税为 66 000 元（200 000×33%），作会计分录如下：

　　借：所得税费用　　　　　　　　　　　　　　　　　66 000
　　　　贷：应交税费——应交所得税　　　　　　　　　　66 000
　　借：本年利润　　　　　　　　　　　　　　　　　　66 000
　　　　贷：所得税费用　　　　　　　　　　　　　　　　66 000

然后，结转本年净利润 134 000 元（200 000－66 000），弥补以前年度未弥补的亏损，作会计分录如下：

　　借：本年利润　　　　　　　　　　　　　　　　　　134 000
　　　　贷：利润分配——未分配利润　　　　　　　　　　134 000

最后，计算"利润分配——未分配利润"账户期末余额为贷方 84 000 元

(134 000－50 000)，即期末未分配利润为 84 000 元。

（二）三项基金的会计处理

1. 储备基金

外商投资企业按净利润一定比例提取储备基金时，应借记"利润分配——提取储备基金"账户，贷记"盈余公积——储备基金"账户。当企业发生经营亏损，经董事会决议用储备基金弥补亏损时，应借记"盈余公积——储备基金"账户，贷记"利润分配——其他转入"账户。经董事会决议，用一部分储备基金转赠资本时，应借记"盈余公积——储备基金"账户，贷记"实收资本"账户。

【例 9-7】　某外商投资企业本年度实现税后利润为 500 000 元，按 10％的比例提取储备基金，作会计分录如下：

借：利润分配——提取储备基金　　　　　　　　　　　　　50 000
　　贷：盈余公积——储备基金　　　　　　　　　　　　　　50 000

上述企业经批准，将提取的储备基金 100 000 元弥补亏损，150 000 元转增资本，作会计分录如下：

借：盈余公积——储备基金　　　　　　　　　　　　　　250 000
　　贷：利润分配——其他转入　　　　　　　　　　　　　100 000
　　　　实收资本　　　　　　　　　　　　　　　　　　150 000

2. 企业发展基金

外商投资企业提取企业发展基金时，应借记"利润分配——提取企业发展基金"账户，贷记"盈余公积——企业发展基金"账户。为了反映企业发展基金的使用情况，可以在"盈余公积——企业发展基金"账户下开设"补充流动资金"和"购建固定资产"等明细分类账户。提取的企业发展基金先记入"补充流动资金"明细分类账户，动用企业发展基金购建固定资产时，再转入"购建固定资产"明细分类账户。企业发展基金经批准用于转赠资本时，应借记"盈余公积——企业发展基金"账户，贷记"实收资本"账户。

【例 9-8】　某外商投资企业本年度按税后利润 2 500 000 元，提取 10％的企业发展基金，作会计分录如下：

借：利润分配——提取企业发展基金　　　　　　　　　　250 000
　　贷：盈余公积——企业发展基金（补充流动资金）　　　250 000

上述企业经批准，用企业发展基金 30 000 元购买一项固定资产时，应作会计分录如下：

```
借：固定资产                                                    30 000
    贷：银行存款                                                          30 000
```

同时：

```
借：盈余公积——企业发展基金(补充流动资金)                      30 000
    贷：盈余公积——企业发展基金(购建固定资产)                          30 000
```

3. 职工奖励及福利基金

外商投资企业按净利润的一定比例提取职工奖励及福利基金时,应借记"利润分配——提取职工奖励及福利基金"账户,贷记"应付职工薪酬"账户。职工奖励及福利基金使用时,应借记"应付职工薪酬"账户,贷记"银行存款"等账户。

【例 9-9】 某外商投资企业本年度实现税后利润 1 000 000 元,按 5%提取职工奖励及福利基金,作会计分录如下:

```
借：利润分配——提取职工奖励及福利基金                         50 000
    贷：应付职工薪酬                                                    50 000
```

上述企业用职工奖励及福利基金支付职工年终奖金及集体福利支出共32 000元,应作会计分录如下:

```
借：应付职工薪酬                                              32 000
    贷：银行存款                                                        32 000
```

(三) 分配投资者利润的会计处理

外商投资企业弥补亏损、提取三项基金后的余额,可以根据董事会决议向投资者分配利润。企业分配投资者利润时,应借记"利润分配——应付股利"账户,贷记"应付股利"账户。实际支付投资者利润时,应借记"应付股利"账户,贷记"银行存款"账户。

【例 9-10】 某外商投资企业本年度实现的税后利润按规定提取储备基金、企业发展基金、职工奖励及福利基金后,决定向投资者分配利润 180 000 元,作会计分录如下:

```
借：利润分配——应付股利                                       180 000
    贷：应付股利                                                        180 000
```

上述企业开出支票 180 000 元,支付投资者利润,作会计分录如下:

```
借：应付股利                                                  180 000
    贷：银行存款                                                        180 000
```

中外合作经营企业按照规定在合作期间以净利润归还投资者的投资时，应借记"利润分配——利润归还投资"账户，贷记"盈余公积——利润归还投资"账户；同时，借记"已归还投资"账户，贷记"银行存款"账户。

【例 9-11】 某中外合作经营企业按合同规定，用本年度实现净利润120 000元归还外方合作者投资，并开出支票以银行存款支付，应作会计分录如下：

借：利润分配——利润归还投资　　　　　　　　　120 000

　　贷：盈余公积——利润归还投资　　　　　　　　　　　120 000

同时：

借：已归还投资　　　　　　　　　　　　　　　120 000

　　贷：银行存款　　　　　　　　　　　　　　　　　　120 000

"已归还投资"账户的期末借方余额，反映实际已归还投资者的投资，在资产负债表中应作为实收资本的减项列示。

复习思考题

一、单项选择题

1. 下列各项中，应列为管理费用处理的是（　　）。

　　A. 自然灾害造成的流动资产净损失

　　B. 退休人员工资

　　C. 固定资产盘盈净收益

　　D. 专设销售机构人员的工资

2. 企业专设销售机构固定资产折旧费应计入（　　）。

　　A. 管理费用　　　　　　　　　B. 销售费用

　　C. 主营业务成本　　　　　　　D. 其他业务成本

3. 下列项目中，属于工业企业其他业务收入的是（　　）收入。

　　A. 罚款　　　　　　　　　　　B. 出售固定资产

　　C. 材料销售　　　　　　　　　D. 出售无形资产

4. 下列账户中，属于外商投资企业特有的利润分配账户的是（　　）。

　　A."盈余公积"　　　　　　　　B."资本公积"

　　C."储备基金"　　　　　　　　D."应付股利"

5. 在企业所得税法中规定，减按 20％ 税率征收所得税的是（　　）。

　　A. 在经济特区开办的生产性外商投资企业

B. 在经济特区开办的非生产性外商投资企业

C. 在上海浦东新区开办的生产性外商投资企业

D. 符合条件的小型微利企业

6. 国家需要重点扶持的高新技术企业,可以减按(　　)的税率征收企业所得税。

A. 15%   B. 20%

C. 18%   D. 25%

7. 列入利润表中所得税费用数额与本期应交所得税数额之间的关系是(　　)。

A. 前者大于后者   B. 前者小于后者

C. 两者相等   D. 前者可能大于也可能小于后者

8. 某企业上年适用的企业所得税税率为30%,"递延所得税资产"账户借方余额为120万元。本年适用的所得税税率为25%,本年计算的可抵扣暂时性差异200万元。该企业本年"递延所得税资产"账户发生额为(　　)万元。

A. 借方50   B. 贷方70

C. 借方70   D. 借方48

9. 对企业所得税的优惠政策,下列说法正确的是(　　)。

A. 在经济特区开办的非生产性外商投资企业适用15%的税率

B. 国家高新技术产业开发区的中外合资高新技术企业适用15%的税率

C. 中西部地区从事能源交通基础设施项目的生产性外商投资企业适用15%的税率

D. 从事综合条件的环境保护、节能节水项目的所得,可以免征、减征企业所得税

10. 某外商投资企业(外方投资者占投资比例60%),2010年利润总额1 200万元,应纳税所得额1 500万元,缴纳企业所得税税率25%,该企业2010年应交所得税(　　)万元。

A. 75   B. 99

C. 300   D. 375

二、多项选择题

1. 构成并影响营业利润的项目有(　　)。

A.“主营业务成本”　　　　B.“税金及附加”

C.“投资收益”　　　　　　D.“管理费用”和“财务费用”

E.“其他业务收入”

2. 下列项目中,应计入营业外支出的有(　　　)。

A. 对外捐赠支出　　　　　B. 报废固定资产净损失

C. 违反经济合同的罚款支出　D. 债务重组损失

E. 材料物资的自然损耗

3. 下列项目中,属于营业外收入核算的内容有(　　　)。

A. 存货盘盈收入　　　　　B. 无法归还的应付账款

C. 出售无形资产净收益　　D. 债务重组收益

E. 接受现金捐赠

4. 在对所得税进行核算时,下列事项中,可能不影响当期所得税费用的递延所得税的有(　　　)。

A. 递延所得税产生于直接计入所有者权益的事项

B. 递延所得税产生于企业合并

C. 对递延所得税资产进行复核

D. 递延所得税产生于可抵扣亏损

E. 递延所得税负债转回

5. 下列支出,不准在计算应纳税所得额时扣除的有(　　　)。

A. 企业所得税税款　　　　B. 税收滞纳金

C. 非公益性捐赠款　　　　D. 利息支出

E. 赞助支出

6. 下列资产中,其账面价值与计税基础之间可能存在暂时性差异的有(　　　)。

A. 库存现金　　　　　　　B. 无形资产

C. 应收账款　　　　　　　D. 固定资产

E. 银行存款

7. 在计算应纳税所得额时,下列项目中,应计入收入总额的有(　　　)。

A. 利息收入　　　　　　　B. 租金收入

C. 销售货物收入　　　　　D. 红利收入

E. 提供劳务收入

8. 销售商品确认为收入要同时满足的条件有(　　　)。

A. 企业已经将商品所有权上的主要风险和报酬转移给买方

B. 企业没有保留通常与所有权相联系的继续管理权

C. 与交易相关的经济利益能够流入企业

D. 相关的收入和成本能够可靠地计量

E. 企业没有对已售出的商品实施控制

9. 企业应设置"本年利润"账户,核算企业本年度内实现的净利润(或净亏损),下列做法正确的有(　　)。

A. 将各收入类账户的发生额转入"本年利润"账户的借方

B. 将各收入类账户的发生额转入"本年利润"账户的贷方

C. 将各成本、费用类账户的发生额转入"本年利润"账户的借方

D. 将各成本、费用类账户的发生额转入"本年利润"账户的贷方

E. 年度终了将"本年利润"账户的全部累计余额,转入"利润分配"账户

10. 根据税收优惠政策,下列项目中可以作为免税收入的有(　　)。

A. 符合条件的居民企业之间的股利、红利收入

B. 符合条件的非营利组织的收入

C. 国债利息收入

D. 公司债利息收入

E. 技术转让收入

三、判断题

1. 凡是在经济特区开办的外商投资企业,均适用 15% 的所得税税率。
（　　）

2. 符合条件的小型微型企业,可以减按 20% 的税率征收企业所得税。
（　　）

3. 居民企业来源于中国境外的应税所得,可以从其当期应纳税所得额中抵免。　（　　）

4. 国家需要重点扶持的高新技术企业,可以减按 15% 的税率征收企业所得税。　（　　）

5. 暂时性差异对企业所得的影响仅限于本期,只影响本期利润的调整,不影响以后各期。　（　　）

6. 外商投资企业以往会计年度未分配的利润,可与本会计年度可供分配的利润一并分配。　（　　）

7. 储备基金的提取比例不得低于税后利润的 15%,当累计提取金额达到注册资本的 50% 时,可以不再提取。　（　　）

8. 外商投资企业本年的净利润按规定提取三项基金后的剩余部分,即为可分配利润。　　　　　　　　　　　　　　　　　　　　　　　（　　）

9. 企业发生亏损时,可用储备基金来弥补,不必作转账分录,不需要将亏损与储备基金相互冲销。　　　　　　　　　　　　　　　　　　　（　　）

10. 结账后,"本年利润"账户余额在贷方为净利润,"本年利润"账户余额在借方为净亏损。　　　　　　　　　　　　　　　　　　　　　　　（　　）

四、名词解释

1. 营业利润　　　　　　　　　　2. 营业外收入

3. 资产的计税基础　　　　　　　4. 应纳税暂时性差异

5. 可抵扣暂时性差异　　　　　　6. 负债的计税基础

7. 递延所得税资产　　　　　　　8. 递延所得税负债

9. 储备基金　　　　　　　　　　10. 所得税费用

11. 企业发展基金　　　　　　　　12. 职工奖励及福利基金

五、简答题

1. 涉外企业利润总额的组成内容有哪些?

2. 简述减免税优惠政策有哪些?

3. 试述所得税的核算程序。

4. 应纳税暂时性差异和可抵扣暂时性差异是怎样形成的? 它们对纳税影响是如何反映的?

5. 简述外商投资企业利润分配的去向。

六、计算与分析题

1. 目的　练习利润的会计处理。

资料　某外商投资企业 20×7 年 12 月初,"本年利润"账户贷方余额为 1 005 000 元,12 月份各损益类账户余额如下:

账户	借方余额	贷方余额
主营业务收入		600 000
主营业务成本	420 000	
其他业务收入		36 000
其他业务成本	30 000	

税金及附加	30 000	
账　户	借方余额	贷方余额
销售费用	6 000	
管理费用	24 000	
财务费用	6 000	
投资收益		45 000
营业外收入		15 000
营业外支出	12 000	
所得税费用	55 440	

要求　根据上述资料,作 12 月份结转损益类账户及年终净利润结转的会计分录。

2. 目的　练习利润分配的会计处理。

资料　某中外合资经营企业 20×8 年度有关业务资料如下:

(1) 1 月 1 日,企业股东权益总额为 46 500 万元(其中,股本总额为 10 000 万元;资本公积为 30 000 万元;盈余公积为 6 000 万元;未分配利润为 500 万元)。2010 年度实现净利润 400 万元,股本与资本公积项目未发生变化。

(2) 3 月 1 日,企业董事会提出利润分配方案:

① 按 20×8 年度实现净利润的 10% 提取储备基金,按 5% 提取企业发展基金,按 5% 提取职工奖励及福利基金。

② 以 20×8 年 12 月 31 日的股本总额为基数,以资本公积(股本溢价)转增股本,每 10 股转增 4 股,计 4 000 万股。

③ 决定分派现金股利 300 万元。

④ 20×8 年 6 月 10 日,企业办妥上述资本公积转增股本的有关手续,并将转增的股本与现金股利转入各股东账户。

要求　根据上述资料编制有关会计分录("利润分配"和"盈余公积"账户要求写出明细账户)。

3. 目的　练习所得税的会计处理。

资料　某企业某项设备于 20×7 年 12 月购入,按税法规定使用 6 年,按会计核算规定使用 3 年,该设备原始价值 600 万元,按直线法计提折旧(不考虑净残值)。假如,该企业每年实现的税前会计利润为 800 万元,企业所得税税率为 25%,无其他纳税调整事项。

要求　作该企业有关所得税的会计处理。

4. **目的** 练习所得税会计的综合处理。

资料 某企业20×8年初递延所得税资产借方余额为29 700元,递延所得税负债贷方余额为99 000元,该企业所得税税率为25%。预计未来期间能够产生足够的应纳税所得额用来抵扣可抵扣暂时性差异。

20×8年度利润表中的利润总额为10 000 000元,发生的与所得税核算有关的经济业务如下:

(1) 当期购入到期一次还本付息的国债,成本1 000 000元,期末,确认利息收入50 000元,作为以摊余成本计量的金融资产进行核算。

(2) 应付税收滞纳金10 000元。

(3) 当年度发生研发支出3 000 000元,其中费用化支出为1 000 000元,资本化支出为2 000 000元(已达到预定使用状态)。该支出税法规定,可按实际发生额的150%加计扣除税前利润。

(4) 一项固定资产成本1 000 000元,会计累计折旧为200 000元,税法允许税前扣除的累计折旧为250 000元。

(5) 期末存货的账面价值为1 000 000元,其计税基础为1 120 000元。

(6) 一项其他权益工具投资,其成本为320 000元,期末,因公允价值上升,调整后的账面价值为350 000元。

要求

(1) 计算确定该企业20×8年度应纳税所得额及应交所得税。

(2) 计算当期递延所得税资产、递延所得税负债和所得税费用,并作相关会计分录。

5. **目的** 练习利润和利润分配的会计处理。

资料 ABC中外合资经营企业20×2年开始经营,当年发生亏损64 000元,20×3年实现税前利润23 000元,20×4年实现税前利润3 592 000元,该企业所得税税率为33%(不考虑所得税调整因素)。根据董事会决议,储备基金、企业发展基金、职工奖励及福利基金的提取率分别为10%、6%、8%,分配利润840 000元。中外双方出资比例为6∶4。

要求 根据上述资料作有关会计分录。

第十章 财务报表的编制和折算

本章学习要点

了解财务报告的组成内容，以及资产负债表、利润表、现金流量表、所有者权益变动表的结构；掌握资产负债表、利润表、所有者权益变动表的编制内容，现金流量表的编制基础以及外币财务报表的折算方法；重点掌握资产负债表、利润表、现金流量表的编制，以及我国外币财务报表的折算。

第一节 财务报告的组成和列报要求

一、财务报告的组成和作用

(一)财务报告的组成

财务报告，是指企业对外提供的反映企业某一特定日期的财务状况和某一会计期间的经营成果、现金流量等会计信息的文件，包括财务报表和其他应当在财务报告中披露的相关信息和资料。其中，财务报表是对企业财务状况、经营成果和现金流量的结构性表述。

财务报表至少应当包括下列组成部分：

(1) 资产负债表。

(2) 利润表。

(3) 现金流量表。

(4) 所有者权益(或股东权益，下同)变动表。

(5) 附注。

(二)财务报告的作用

提供财务报告是会计核算工作的一个重要环节，它对于改善企业的内部管理，满足报告使用者决策需要，以及加强国家宏观管理具有重要作用。

(1) 通过财务报告，企业管理者可以及时了解、分析企业经营管理的业绩,考核计划执行的结果,并为预测和决策提供依据。

(2)通过财务报告,投资者、债权人可以及时了解、评价企业的偿债能力、获利能力及理财手段,分析企业的经营趋势,并为投资、信贷决策提供参考资料。

(3)通过财务报告,有关的政府管理机关可以及时检查、监督企业的经营活动情况,同时,通过财务报表的逐级汇总,又为国家宏观管理提供重要的经济信息。

二、财务报表列报的基本要求

编制财务报表,应当符合下列基本要求:

(1)企业应当以持续经营为基础,根据实际发生的交易和事项,按照企业会计准则的规定进行确认和计量,在此基础上编制财务报表。企业不应以附注披露代替确认和计量。

企业管理层应当评价企业的持续经营能力,对持续经营能力产生重大怀疑的,应当在附注中披露导致对持续经营能力产生重大怀疑的影响因素。

企业正式决定或被迫在当期或将在下一个会计期间进行清算或停止营业的,表明其处于非持续经营状态,应当采用其他基础编制财务报表,并在附注中声明财务报表未以持续经营为基础列报、披露未以持续经营为基础的原因和财务报表的编制基础。

(2)财务报表项目的列报应当在各个会计期间保持一致,不得随意变更,但下列情况除外:① 会计准则要求改变财务报表项目的列报。② 企业经营业务的性质发生重大变化后,变更财务报表项目的列报能够提供更可靠、更相关的会计信息。

(3)在编制财务报表的过程中,应当考虑报表项目的重要性。对于性质或功能不同的项目,应当在财务报表中单独列报,但不具有重要性的项目除外。性质或功能类似的项目,其所属类别具有重要性的,应当按其类别在财务报表中单独列报。

重要性,是指财务报表某项目的省略或错报会影响使用者据此作出经济决策的,该项目具有重要性。

判断项目的重要性,应当考虑该项目的性质是否属于企业日常活动等因素;判断项目金额大小的重要性,应当通过单项金额占资产总额、负债总额、所有者权益总额、营业收入总额、营业成本总额、净利润等直接相关项目金额的比重加以确定。

(4)财务报表中的资产项目和负债项目的金额、收入项目和费用项目的金额不得相互抵销,但满足抵销条件的除外。

资产项目按扣除减值准备后的净额列示,不属于抵销。

非日常活动产生的损益,以收入扣减费用后的净额列示,不属于抵销。

(5) 当期财务报表的列报,至少应当提供所有列报项目上一可比会计期间的比较数据,以及与理解当期财务报表相关的说明,但其他会计准则另有规定的除外。

财务报表项目的列报发生变更的,应当对上期比较数据按照当期的列报要求进行调整,并在附注中披露调整的原因和性质,以及调整的各项目金额。对上期比较数据进行调整不切实可行的,应当在附注中披露不能调整的原因。不切实可行,是指企业在作出所有合理努力后仍然无法采用某项规定。

(6) 企业应当在财务报表的显著位置至少披露下列各项内容:① 编报企业的名称。② 资产负债表日或财务报表涵盖的会计期间。③ 人民币金额单位。④ 财务报表是合并财务报表的,应当予以标明。

(7) 企业至少应当按年编制财务报表。年度财务报表涵盖的期间短于1年的,应当披露年度财务报表的涵盖期间,以及短于1年的原因。

第二节 财务报表的编制

一、资产负债表的编制

(一) 资产负债表的意义和作用

资产负债表,是指反映企业在某一特定日期财务状况的报表。它反映企业在某一特定日期所拥有或控制的经济资源、所承担的现时义务和所有者对净资产的要求权。

编制资产负债表的作用是:

(1) 通过资产负债表,可以向报表使用者提供企业所拥有或控制的经济资源,以及这些经济资源的分布和结构。

(2) 通过资产负债表,可以准确地反映企业所承担的债务和投资者对企业拥有的权益,以及相互间的比例关系。

(3) 通过对资产负债表的分析对比,可以了解企业的支付能力、偿债能力以及财务实力,并可以预测企业的财务发展趋势。

(二) 资产负债表的结构

我国的资产负债表,采用账户式结构,把资产、负债和所有者权益各项目分别列示在表的左右两方。左方列示资产各项目,反映全部资产的分布及存在形态;右方列示负债和所有者权益各项目,反映全部负债和所有者权益的内容及构成情况。资产负债表的编制结果,要求左方的资产总计与右方的负债和所有者权益总计相等。

资产负债表的格式,如表 10-1 所示。

表 10-1

资 产 负 债 表

编制单位:甲股份有限公司　　　20××年 12 月 31 日

会企 01 表
单位:元

资　　　产	期末余额	年初余额	负债和所有者权益 (或股东权益)	期末余额	年初余额
流动资产:			流动负债:		
货币资金	636 348	1 125 040	短期借款	40 000	240 000
交易性金融资产		12 000	交易性金融负债		
衍生金融资产			衍生金融负债		
应收票据	251 060	160 080	应付票据	303 000	350 640
应收账款	280 300	276 000	应付账款	540 040	572 400
预付款项	152 000	160 000	预收款项		
其他应收款	4 000	4 000	合同负债		
存货	1 987 760	2 064 000	应付职工薪酬	144 000	88 000
合同资产			应交税费	165 307.20	29 280
持有待售资产			其他应付款	65 772.68	40 800
一年内到期的非流动资产			持有待售负债		
其他流动资产			一年内到期的非流动负债		800 000
流动资产合计	3 311 468	3 801 120	其他流动负债		
非流动资产:			流动负债合计	1 258 119.88	2 121 120
债权投资			非流动负债:		
其他债权投资			长期借款	928 000	480 000
长期应收款			应付债券		
长期股权投资	200 000	200 000	其中:优先股		
其他权益工具投资			永续债		
其他非流动金融资产			长期应付款		
投资性房地产			预计负债		
固定资产	1 760 800	880 000	递延收益		
在建工程	582 400	1 200 000	递延所得税负债		
生产性生物资产			其他非流动负债		
			非流动负债合计	928 000	480 000
			负债合计	2 186 119.88	2 601 120

（续表）

资　　产	期末余额	年初余额	负债和所有者权益 （或股东权益）	期末余额	年初余额
油气资产			所有者权益（或股东 　权益）：		
无形资产	432 000	480 000	实收资本（或股本）	4 000 000	4 000 000
开发支出			其他权益工具		
			其中：优先股		
商誉			永续债		
长期待摊费用			资本公积		
			减：库存股		
递延所得税资产			其他综合收益		
其他非流动资产	160 000	160 000	盈余公积	104 948. 12	80 000
			未分配利润	155 600	40 000
非流动资产合计	3 135 200	2 920 000	所有者权益（或股东 　权益）合计	4 260 548. 12	4 120 000
资　产　总　计	6 446 668	6 721 120	负债和所有者权益 （或股东权益）总计	6 446 668	6 721 120

（三）资产负债表项目的列示

资产和负债应当分别流动资产和非流动资产、流动负债和非流动负债列示。金融企业的各项资产或负债，按照流动性列示能够提供可靠且更相关信息的，可以按照其流动性顺序列示。

满足下列条件之一的资产，应当归类为流动资产：① 预计在一个正常营业周期中变现、出售或耗用。② 主要为交易目的而持有。③ 预计在资产负债表日起 1 年内（含 1 年）变现。④ 自资产负债表日起 1 年内，交换其他资产或清偿负债的能力不受限制的现金或现金等价物。

沉动资产以外的资产应当归类为非流动资产。其中，正常营业周期，通常是指企业从购买用于加工的资产起至实现现金或现金等价物的期间。正常营业周期通常短于 1 年，在 1 年内有几个营业周期。但是，也存在正常营业周期长于 1 年的情况，如房地产开发企业开发用于出售的房地产开发产品、造船企业制造用于出售的大型船只等，往往超过 1 年才变现、出售或耗用，仍应划分为流动资产。正常营业周期不能确定的，应当以 1 年（12 个月）作为正常营业周期。

满足下列条件之一的负债，应当归类为流动负债：① 预计在一个正常营业周期中清偿。② 主要为交易目的而持有。③ 自资产负债表日起 1 年内到期应予清偿。④ 企业无权自主地将清偿推迟至资产负债表日后 1 年以上。

流动负债以外的负债应当归类为非流动负债。

对于在资产负债表日起 1 年内到期的负债,企业预计能够自主地将清偿义务展期至资产负债表日后 1 年以上的,应当归类为非流动负债;不能自主地将清偿义务展期的,即使在资产负债表日后、财务报告批准报出日前签订了重新安排清偿计划协议,该项负债仍应归类为流动负债。

企业在资产负债表日或之前违反了长期借款协议,导致贷款人可随时要求清偿的负债,应当归类为流动负债。贷款人在资产负债表日或之前同意提供在资产负债表日后 1 年以上的宽限期,企业能够在此期限内改正违约行为,且贷款人不能要求随时清偿,该项负债应当归类为非流动负债。

（四）资产负债表的编制方法

企业应以日常会计核算记录的数据为基础进行归类、整理和汇总,加工成报表项目,形成资产负债表。

1. "年初余额"的填列方法

"年初余额"栏内各项目数字,应根据上年末资产负债表"期末余额"栏内所列数字填列。如果本年度资产负债表规定的各个项目的名称和内容同上年度不相一致,应对上年年末资产负债表各项目的名称和数字按本年度的规定进行调整,按调整后的数字填入本表"年初余额"栏内。

2. "期末余额"的填列方法

"期末余额"是指某一资产负债表日的数字,即月末、季末、半年末或年末的数字。资产负债表各项目"期末余额"的数据来源,可以通过以下几种方式取得:

（1）直接根据总账账户的余额填列。资产负债表的绝大多数项目,都应当直接根据总账账户的余额填列。例如,"交易性金融资产""长期待摊费用""短期借款""实收资本""盈余公积"等项目。

（2）根据几个总账账户的余额计算填列。例如,"货币资金"项目,应当根据"库存现金""银行存款""其他货币资金"等账户的余额计算填列。

（3）根据有关明细账户的余额计算填列。例如,"预付款项"项目,应当根据"预付账款""应付账款"等账户的所属明细账户借方余额合计数填列;"应付款项"项目,应当根据"预付账款""应付账款"等账户的所属明细账户贷方余额合计数填列。

（4）根据总账账户和明细账户的余额分析计算填列。例如，"长期应收款"项目，应当根据"长期应收款"总账账户余额，减去"未实现融资收益"总账账户余额，再减去所属相关明细账户中 1 年内到期的部分填列；"长期应付款"项目，应当根据"长期应付款"总账账户余额，减去"未确认融资费用"总账账户余额，再减去所属相关明细账户中 1 年内到期的部分填列。

（5）根据总账账户与其备抵账户抵销后的净额填列。例如，"存货"项目，应当根据"原材料""库存商品"等账户的余额，减去"存货跌价准备"账户余额后的金额填列；"固定资产"项目，应当根据"固定资产"账户余额，减去"累计折旧""固定资产减值准备"等账户余额后的金额填列。

3. 资产负债表列示说明

（1）"货币资金"项目，反映企业期末持有的现金、银行存款和其他货币资金等总额。

（2）"应收票据""应收账款""预付款项""其他应收款""存货""其他权益工具投资""债权投资""长期应收款""长期股权投资""投资性房地产""固定资产""工程物资""无形资产""商誉"等项目，反映企业期末持有的相应资产的账面余额扣减累计折旧（折耗）、累计摊销、累计减值准备后的账面价值。

（3）"存货"项目还反映建造承包商的"工程施工"期末余额大于"工程结算"期末余额的差额。

企业待摊费用有期末余额的，应在"预付款项"项目中反映。

"一年内到期的非流动资产"项目，反映长期应收款、债权投资等资产中将于 1 年内到期或摊销完毕的部分。

"其他非流动资产"项目，反映企业期末持有的"衍生工具""套期工具""被套期项目"等。

（4）"短期借款""交易性金融负债""应付票据及应付账款""预收款项""应付职工薪酬""应交税费""其他应付款""其他流动负债""长期借款""应付债券""长期应付款""递延所得税负债""预计负债"等项目，通常反映企业期末尚未偿还的各项负债的账面余额。

（5）"应付票据""应付账款"项目还反映建造承包商的"工程施工"期末余额小于"工程结算"期末余额的差额。

企业预提费用有期末余额的，应在"预收款项"项目中反映。

"一年内到期的非流动负债"项目，反映长期应付款、长期借款、应付债券、预计负债等负债中将于 1 年内到期的部分。"其他流动负债"项目,反映企业期末持有的衍生工具、套期工具、被套期项目以及递延收益中将于 1 年内到期的部分等。

（6）"实收资本（或股本）""资本公积""库存股""盈余公积""未分配利润"等项目,通常应反映企业期末持有的接受投资者投入企业的实收资本、企业收购的尚未转让或注销的本公司股份金额、从净利润中提取的盈余公积余额等。

以人民币以外的货币作为记账本位币的企业,可以增设"外币报表折算差额"项目,列在"未分配利润"项目之后。

二、利润表的编制

（一）利润表的意义和作用

利润表,是指反映企业在一定会计期间经营成果的报表。

编制利润表的作用有:

（1）可以用来反映企业一定时期内利润（或亏损）的实现情况,以便了解企业的获利能力。

（2）可以用来分析企业利润增减变化的原因,评价企业的经营业绩,有助于投资者、债权人作出正确的决策。

（3）可以用来考核企业利润计划的执行结果,挖掘潜力,改善经营,以利于不断提高经济效益。

（二）利润表的组成内容

在利润表中,费用应当按照功能分类,分为从事经营业务发生的成本、管理费用、销售费用和财务费用等。

我国的企业利润表一般采用多步式结构,其内容主要包括以下几个方面:

（1）营业收入。营业收入由主营业务收入和其他业务收入组成。

（2）营业利润。营业收入减去营业成本（包括主营业务成本和其他业务成本）、税金及附加、销售费用、管理费用、财务费用、资产减值损失,加上公允价值变动收益、投资收益,即为营业利润。

（3）利润总额。营业利润加上营业外收入,减去营业外支出,即为利润总额。

（4）净利润。利润总额减去所得税费用,即为净利润。

（5）每股收益。每股收益包括基本每股收益和稀释每股收益两个指标。

利润表的格式,如表 10-2 所示。

表 10-2

利 润 表

会企 02 表

编制单位：甲股份有限公司　　　　　　20××年　　　　　　　　　单位：元

项　　　目	本期金额	上期金额
一、营业收入	1 000 000	（略）
减：营业成本	600 000	
税金及附加	1 600	
销售费用	16 000	
管理费用	125 680	
研发费用		
财务费用	33 200	
其中：利息费用	33 200	
利息收入		
加：其他收益		
投资收益（损失以"－"号填列）	25 200	
其中：对联营企业和合营企业的投资收益	24 000	
净敞口套期收益（损失以"－"号填列）		
公允价值变动收益（损失以"－"号填列）		
资产处置收益（损失以"－"号填列）		
信用减值损失	24 720	
资产减值损失		
二．营业利润（亏损以"－"号填列）	224 000	
加：营业外收入	40 000	
减：营业外支出	15 760	
三．利润总额（亏损总额以"－"号填列）	248 240	
减：所得税费用	81 919.20	
四．净利润（净亏损以"－"号填列）	166 320.80	
（一）持续经营净利润（净亏损以"－"号填列）		
（二）终止经营净利润（净亏损以"－"号填列）		
五．其他综合收益的税后净额		
（一）不能重分类进损益的其他综合收益		
……		
（二）将重分类进损益的其他综合收益		
……		
六．综合收益总额		
七．每股收益：		
（一）基本每股收益		
（二）稀释每股收益		

（三）利润表的编制方法

1."本期金额"栏

"本期金额"栏反映各项目的本期实际发生数。如果上年度利润表的项目名称和内容与本年度利润表不相一致,应对上年度利润表项目的名称和数字按本年度的规定进行调整,填入报表的"上期金额"栏。

2. 各项目的填列依据

报表中各项目主要根据各损益类账户的发生额分析填列。

3. 利润表有关项目的列示说明

(1)"营业收入"项目,反映企业经营主要业务和其他业务所确认的收入总额。

(2)"营业成本"项目,反映企业经营主要业务和其他业务发生的实际成本总额。

"税金及附加"项目,反映企业经营业务应负担的消费税、城市维护建设税、资源税、土地增值税、房产税、土地使用税、车船税、印花税和教育费附加等。

"销售费用"项目,反映企业在销售商品过程中发生的包装费、广告费等费用和为销售本企业商品而专设的销售机构的职工薪酬、业务费等经营费用。

"管理费用"项目,反映企业为组织和管理生产经营发生的管理费用。

"财务费用"项目,反映企业筹集生产经营所需资金等而发生的筹资费用。

"资产减值损失"项目,反映企业有关资产发生的减值损失。

(3)"投资收益"项目,反映企业以各种方式对外投资所取得的收益。其中,"对联营企业和合营企业的投资收益"项目,反映采用权益法核算的对联营企业和合营企业投资在被投资单位实现的净损益中应享有的份额(不包括处置投资形成的收益)。

"公允价值变动收益"项目,反映企业交易性金融资产、交易性金融负债,以及采用公允价值模式计量的投资性房地产等公允价值变动形成的应计入当期损益的利得或损失。

(4)"营业外收入"和"营业外支出"项目,反映企业发生的与其经营活动无直接关系的各项收入和支出。

(5)"所得税费用"项目,反映企业根据所得税准则确认的应从当期利润总额中扣除的所得税费用。

(6)"基本每股收益"和"稀释每股收益"项目,应当反映根据每股收益准则的规定计算的金额。

三、现金流量表的编制

(一)现金流量表的意义和作用

现金流量表,是指反映企业在一定会计期间现金和现金等价物流入和流出的报表。

编制现金流量表的作用有:

（1）能够说明企业一定时期内现金流入和流出的原因，用来分析企业的偿债能力和支付股利的能力。

（2）有助于分析企业未来获取现金的能力，以及分析企业投资理财活动对经营成果和财务状况的影响。

（3）通过补充资料的形式，能够提供不涉及现金收支的重大投资和筹资活动方面的信息，使财务报表使用者能够全面了解和分析企业的投资和筹资活动情况。

（二）现金流量表的编制基础

现金流量表是以现金为基础编制的。这里的现金是广义的概念，指的是现金及现金等价物。具体包括：

（1）库存现金。它是指企业持有的可随时用于支付的现金，即出纳手里保管的现金限额。

（2）银行存款。它是指企业存在银行或其他金融机构随时可以用来支付的存款，但如果存在银行或其他金融机构不能随时用于支付的存款，不作为现金流量表中的现金，而提前通知银行或其他金融机构便可提取的定期存款，则包括在现金流量表的现金概念中。

（3）其他货币资金。它是指企业存在银行有特定用途的资金，如外埠存款、银行本票存款、银行汇票存款、信用证存款、信用卡存款等。

（4）现金等价物。它是指企业持有的期限短、流动性强、易于转换为已知金额的现金、价值变动风险很小的投资，通常指自购买日起 3 个月内到期的投资。权益性投资变现的金额通常不确定，因而不属于现金等价物。企业应当根据具体情况，确定现金等价物的范围，一经确定不得随意变更。

（三）现金流量表的内容

现金流量表通常将企业一定时期内产生的现金流量分为经营活动产生的现金流量、投资活动产生的现金流量和筹资活动产生的现金流量三种。

1. 经营活动产生的现金流量

经营活动，是指企业投资活动和筹资活动以外的所有交易和事项，包括销售商品或提供劳务、经营租赁、购买商品或接受劳务、制造产品、广告宣传、推销产品、缴纳税款等。通过现金流量表中反映的经营活动产生的现金流入和现金流出，可以说明企业经营活动对现金流入和流出净额的影响程度。

2. 投资活动产生的现金流量

投资活动，是指企业长期资产的购建和不包括在现金等价物范围内的投资及其处置活动，包括取得或收回权益性证券的投资、购买或收回债券投资、购建或处置固定资产、无形资产和其他长期资产等。通过现金流量表中反映的投资活动所产生的现金流量,可以分析企业通过投资获取现金流量的能力,以及投资产生的现金流量对企业现金流量净额的影响程度。

3. 筹资活动产生的现金流量

筹资活动,是指导致企业所有者权益及借款规模和构成发生变化的活动,包括吸收权益性投资、发行债券、借入资金、偿还债务、支付股利等。通过现金流量表中所反映的筹资活动产生的现金流量,可以分析企业筹资的能力,以及筹资产生的现金流量对企业现金流量净额的影响程度。

(四)现金流量表的结构

现金流量表的结构分为正表和补充资料两大部分:正表部分反映企业的经营活动、投资活动以及筹资活动产生的现金流入和流出情况;补充资料部分则反映将净利润调节为经营活动的现金流量,不涉及现金收支的投资和筹资活动,以及现金及现金等价物净变动情况。

现金流量表的格式,如表10-3所示。

表10-3

现 金 流 量 表

会企03表

编制单位:甲股份有限公司　　　　20××年　　　　单位:元

项　　　　　目	本期金额	上期金额
一、经营活动产生的现金流量:		
销售商品、提供劳务收到的现金	1 074 000	(略)
收到的税费返还		
收到其他与经营活动有关的现金		
经营活动现金流入小计	1 074 000	
购买商品、接受劳务支付的现金	305 812.80	
支付给职工以及为职工支付的现金	240 000	
支付的各项税费	163 519.20	
支付其他与经营活动有关的现金	64 000	
经营活动现金流出小计	773 332	
经营活动产生的现金流量净额	300 668	
二、投资活动产生的现金流量:		
收回投资收到的现金	13 200	
取得投资收益收到的现金	24 000	
处置固定资产、无形资产和其他长期资产收回的现金净额	240 240	
处置子公司及其他营业单位收到的现金净额		
收到其他与投资活动有关的现金		
投资活动现金流入小计	277 440	
购建固定资产、无形资产和其他长期资产支付的现金	360 800	

（续表）

项　　　目	本期金额	上期金额
投资支付的现金		
取得子公司及其他营业单位支付的现金净额		
支付其他与投资活动有关的现金		
投资活动现金流出小计	360 800	（略）
投资活动产生的现金流量净额	−83 360	
三、筹资活动产生的现金流量：		
吸收投资收到的现金		
取得借款收到的现金	320 000	
收到其他与筹资活动有关的现金		
筹资活动现金流入小计	320 000	
偿还债务支付的现金	1 000 000	
分配股利、利润或偿付利息支付的现金	10 000	
支付其他与筹资活动有关的现金	16 000	
筹资活动现金流出小计	1 026 000	
筹资活动产生的现金流量净额	−706 000	
四、汇率变动对现金及现金等价物的影响		
五、现金及现金等价物净增加额	−488 692	
加：期初现金及现金等价物余额	1 125 040	
六、期末现金及现金等价物余额	6 336 348	

补　充　资　料	本期金额	上期金额
1. 将净利润调节为经营活动现金流量：		
净利润	166 320.80	（略）
加：资产减值准备	24 720	
固定资产折旧、油气资产折耗、生产性生物资产折旧	80 000	
无形资产摊销	48 000	
长期待摊费用摊销		
处置固定资产、无形资产和其他长期资产的损失（收益以"−"号填列）	−40 000	
固定资产报废损失（收益以"−"号填列）	15 760	
公允价值变动损失（收益以"−"号填列）		
财务费用（收益以"−"号填列）	33 200	
投资损失（收益以"−"号填列）	−25 200	
递延所得税资产减少（增加以"−"号填列）		
递延所得税负债增加（减少以"−"号填列）		
存货的减少（增加以"−"号填列）	76 240	
经营性应收项目的减少（增加以"−"号填列）	−88 000	（略）
经营性应付项目的增加（减少以"−"号填列）	9 627.20	
其他		
经营活动产生的现金流量净额	300 668	
2. 不涉及现金收支的重大投资和筹资活动：		
债务转为资本		

（续表）

补 充 资 料	本期金额	上期金额
一年内到期的可转换公司债券		
融资租入固定资产		
3. 现金及现金等价物净变动情况：		
现金的期末余额	636 348	
减：现金的期初余额	1 125 040	
加：现金等价物的期末余额		
减：现金等价物的期初余额		
现金及现金等价物净增加额	−488 692	

（五）现金流量表的编制方法

企业可根据业务量的大小及复杂程度，选择采用工作底稿法、T 形账户法，或直接根据有关科目的记录分析填列现金流量表。

1. 经营活动产生现金流量的编制方法

1）直接法。直接法是指通过现金收入和现金支出的主要类别反映企业来自经营活动现金流量的方法。

首先，按照我国《企业会计准则——现金流量表》规定，直接法下经营活动现金流入的内容及编制主要包括以下项目：

（1）"销售商品、提供劳务所收到的现金"项目，反映企业销售商品、提供劳务实际收到的现金，包括本期销售商品、提供劳务收到的现金，以及前期销售和前期提供劳务本期收到的现金和本期预收的款项，减去本期退回本期销售的商品和前期销售本期退回的商品支付的现金。本项目可以根据"库存现金""银行存款""应收账款""应收票据""预收账款""主营业务收入""其他业务收入"等账户的记录分析填列。

（2）"收到的税费返还"项目，反映企业收到返还的各种税费，如收到的增值税、消费税、所得税、教育费附加返还等。本项目可以根据"库存现金""银行存款""税金及附加"等账户的记录分析填列。

（3）"收到其他与经营活动有关的现金"项目，反映企业除了上述项目外，收到的其他与经营活动有关的现金收入，如罚款收入、流动资产损失中由个人赔偿的现金收入等。

其次，直接法下经营活动现金流出的内容主要包括以下项目：

（1）"购买商品、接受劳务支付的现金"项目，反映企业购买商品、接受劳务实际支付的现金，包括本期购入商品、接受劳务支付的现金，以及本期支付前期购入商品、接受劳务的未付款项和本期预付款项。本期发生的购货退回收到的现金应从本项目内减去。本项目可以根据"库存现金""银行存款""应付账款""应付票据""营业成本"等账户的记录分析填列。

(2)"支付给职工以及为职工支付的现金"项目,反映企业实际支付给职工,以及为职工支付的现金,包括本期实际支付给职工的工资、奖金、各种津贴和补贴等,以及为职工支付的养老、失业等社会保险基金、交纳的就业保险金等其他费用,不包括支付的离退休人员的各项费用和支付给购建固定资产人员的工资等。企业支付给离退休人员的各项费用,包括支付的统筹退休金以及未参加统筹的退休人员的费用,在"支付的其他与经营活动有关的现金"项目中反映;支付给购建固定资产人员的工资,在"购建固定资产、无形资产和其他长期资产所支付的现金"项目反映。本项目可以根据"应付职工薪酬""库存现金""银行存款"等账户的记录分析填列。

(3)"支付的各项税费"项目,反映企业当期实际上交税务部门的各项税费,包括本期发生并支出的税费,以及本期支付的以前各期发生的税费和预交的税费,如支付的所得税、房产税、印花税、车船税、土地增值税、教育费附加等,但不包括计入固定资产价值,实际支付的耕地占用税。本项目可以根据"应交税费""库存现金""银行存款"等账户的记录分析填列。

(4)"支付其他与经营活动有关的现金"项目,反映企业支付的除以上各项目外,与经营活动有关的其他现金支出,如罚款支出、支付的差旅费、办公费、业务招待费、保险费、广告费、展览费等现金支出。若其他与经营活动有关的现金流出金额较大,应单列项目反映。本项目可以根据"库存现金""银行存款""管理费用""营业外支出"等账户的记录分析填列。

2)间接法。间接法是指以本期净利润为起点,调整不涉及现金的收入、费用、营业外收支以及应收应付等项目的增减变动,据此计算经营活动的现金流量。

首先,采用间接法,将净利润调节为经营活动的现金流量时,需要调整的项目分为四大类:

(1)实际没有支付现金的费用,如"资产减值准备""固定资产折旧""无形资产摊销"等项目。这些费用应加计入净利润中去。

(2)实际没有收到现金的收益,如"公允价值变动收益"等项目,这些收益应在净利润中减去。

(3)不属于经营活动的损益,如"处置固定资产损益""投资损益""财务费用"等项目。这些损益应根据实际发生数增减净利润。

(4)经营性应收应付项目的增减变动,对经营性应收项目的增加应冲减净利润,而对经营性应付项目的增加应增加净利润;反之,则应减少净利润。

其次,间接法下经营活动产生现金流量净额各项目的填列方法如下:

(1)资产减值准备。该项目反映企业当期实际计提的各项资产减值准备,包括坏账准备、存货跌价准备、长期股权投资减值准备、持有至到期投资减值准备、投资性房地产减值准备、固定资产减值准备、在建工程减值准备、无形资产减值准备、商誉减值准备等。本项目可以根据"资产减值损失"账户的记录分析填列。

(2)固定资产折旧。该项目反映企业本期累计计提的固定资产折旧。本项目可根据"累计折旧"账户的贷方发生额分析填列。

(3)无形资产摊销和长期待摊费用摊销。这两个项目分别反映企业本期累计摊入成本费用的无形资产价值及长期待摊费用。这两个项目可以根据"无形资产""长期待摊费用"账户的贷方发生额分析填列。

(4)处置固定资产、无形资产和其他长期资产的损失。该项目反映企业本期处置固定资产、无形资产和其他长期资产发生的净损失(或净收益)。如为净收益,以"-"号填列。本项目可根据"资产处置损益"等账户所属的有关明细账户的记录分析填列。

(5)固定资产报废损失。该项目反映企业本期发生的固定资产盘亏净损失。该项目可根据"营业外支出"和"营业外收入"账户所属的有关明细账户记录分析填列。

(6)公允价值变动损益。该项目反映企业持有的交易性金融资产、交易性金融负债、采用公允价值模式计量的投资性房地产等公允价值变动形成的净损失。如为净收益以"-"号填列。本项目可以根据"公允价值变动损益"账户所属有关明细账户的记录分析填列。

(7)财务费用。该项目反映企业本期实际发生的应属于投资活动或筹资活动的财务费用。属于投资活动、筹资活动的部分,在计算净利润时已扣除,但这部分发生的现金流出不属于经营活动现金流量的范畴,所以,需要予以加回。本项目可以根据"财务费用"账户的本期发生额分析填列;如为收益,以"-"号填列。

(8)投资损失。该项目反映企业对外投资所实际发生的投资损失减去收益后的净损失。本项目可以根据利润表"投资收益"项目的数字填列;如为投资收益,以"-"号填列。

(9)递延所得税资产减少。该项目反映企业资产负债表"递延所得税资产"项目的期初余额与期末余额的差额。本项目可以根据"递延所得税资产"账户发生额分析填列。

(10)递延所得税负债增加。该项目反映企业资产负债表"递延所得税负债"项目的期初余额与期末余额的差额。本项目可以根据"递延所得税负债"账户发生额分析填列。

（11）存货的减少。该项目反映企业本期存货的减少（减:增加）。本项目可以根据资产负债表"存货"项目的期初、期末余额的差额填列；期末数大于期初数的差额，以"－"号填列。

（12）经营性应收项目的减少。该项目反映企业本期经营性应收项目的减少（减:增加）。经营性应收项目主要是指应收账款、应收票据和其他应收款中与经营活动有关的部分及应收的增值税销项税额等。本项目可以根据资产负债表"应收账款""应收票据""其他应收款"等项目的期初、期末余额的差额分析填列；期末数大于期初数的差额,以"－"号填列。

（13）经营性应付项目的增加。该项目反映企业本期经营性应付项目的增加（减:减少）。经营性应付项目主要是指应付账款、应付票据、应付职工薪酬、应交税费、其他应付款等项目中与经营活动有关的部分以及应付的增值税进项税额等。本项目可以根据资产负债表"应付账款""应付票据""应付职工薪酬""应交税费""其他应付款"等项目的期初、期末余额的差额分析填列；期末数小于期初数的差额,以"－"号填列。

2. 投资活动产生现金流量的编制方法

1) 投资活动产生现金流入的项目。

（1）"收回投资收到的现金"项目,反映企业出售、转让或到期收回除现金等价物以外的对其他企业的权益工具、债务工具和合营中的权益等投资收到的现金。收回债务工具实现的投资收益、处置子公司及其他营业单位收到的现金净额不包括在本项目内。本项目可以根据"债权投资""其他债权投资""长期股权投资""库存现金""银行存款"等账户的记录分析填列。

（2）"取得投资收益收到的现金"项目,反映企业除现金等价物以外的对其他企业的权益工具、债务工具和合营中的权益投资分回的现金股利和利息等,不包括股票股利。本项目可以根据"库存现金""银行存款""投资收益"等账户的记录分析填列。

（3）"处置固定资产、无形资产和其他长期资产而收到的现金净额"项目,反映企业处置固定资产、无形资产和其他长期资产所取得的现金,扣除为处置这些资产而支付的有关费用后的净额,本项目还包括固定资产报废、毁损的变卖收益以及遭受灾害而收到的保险赔偿收入等。本项目可以根据"固定资产清理""库存现金""银行存款"等账户的记录分析填列。

（4）"处置子公司及其他营业单位收到的现金净额"项目,反映企业处置子公司及其他营业单位取得的现金,减去相关处置费用以及子公司及其他营业单位持有的现金和现金等价物后的净额。本项目可以根据"长期股权投资""银行存款""库存现金"等账户的记录分析填列。

（5）"收到其他与投资活动有关的现金"项目,反映企业除了上述各项以外,收到的其他与投资活动有关的现金流入。比如,企业收回购买股票和债券时支付的已宣告但尚未领取的现金股利或已到付息期但尚未领取的利息。若其他与投资活动有关的现金流入金额较大,应单列项目反映。本项目可以根据"应收股利""应收利息""银行存款""库存现金"等账户的记录分析填列。

2）投资活动产生现金流出的项目。

（1）"购建固定资产、无形资产和其他长期资产支付的现金"项目,反映企业购买、建造固定资产,取得无形资产和其他长期资产实际支付的现金,以及用现金支付的应由在建工程负担的职工薪酬,不包括为购建固定资产而发生的借款利息资本化的部分,以及融资租入固定资产支付的租赁费。企业支付的借款利息和融资租入固定资产所支付的租赁费在筹资活动产生的现金流量中反映。本项目可以根据"固定资产""在建工程""无形资产""库存现金""银行存款"等账户的记录分析填列。

（2）"投资支付的现金"项目,反映企业取得的除现金等价物以外的对其他企业的权益工具、债务工具和合营中的投资所支付的现金,以及支付的佣金、手续费等交易费用,但取得子公司及其他营业单位支付的现金净额除外。本项目可以根据"债权投资""其他债权投资""长期股权投资""库存现金""银行存款"等账户的记录分析填列。

（3）"取得子公司及其他营业单位支付的现金净额"项目,反映企业购买子公司及其他营业单位购买出价中以现金支付的部分,减去子公司及其他营业单位持有的现金及现金等价物后的现金净额。本项目可以根据"长期股权投资""库存现金""银行存款"等账户的记录分析填列。

（4）"支付其他与投资活动有关的现金"项目,反映企业除了上述各项目外,支付的其他与投资活动有关的现金流出。比如,企业购买股票和债券时支付的已宣告但尚未领取的现金股利或已到付息期但尚未领取的利息等。若某项其他与投资活动有关的现金流出金额较大,应单列项目反映。本项目可以根据"应收股利""应收利息""银行存款""库存现金"等账户的记录分析填列。

3. 筹资活动产生现金流量的编制方法

1）筹资活动产生现金流入的项目。

（1）"吸收投资收到的现金"项目,反映企业收到的投资者投资的现金,包括以发行股票、债券等方式筹集的资金实际收到款项,减去直接支付的佣金、手续费、宣传费、咨询费、印刷费等发行费用后的净额。本项目可以根据"实收资本(或股本)""库存现金""银行存款"等账户的记录分析填列。

(2)"取得借款收到的现金"项目,反映企业举借各种短期、长期借款所收到的现金。本项目可以根据"短期借款""长期借款""库存现金""银行存款"等账户的记录分析填列。

(3)"收到其他与筹资活动有关的现金"项目,反映企业除上述项目外,收到的其他与筹资活动有关的现金流入,如接受现金捐赠等。若某项其他与筹资活动有关的现金流入金额较大,应单列项目反映。本项目可以根据"银行存款""库存现金""营业外收入"等有关账户的记录分析填列。

2) 筹资活动产生现金流出的项目。

(1)"偿还债务支付的现金"项目,反映企业以现金偿还债务的本金,包括偿还金融企业的借款本金、偿还债券本金等。企业支付的借款利息、债券利息,在"分配股利、利润或偿付利息支付的现金"项目反映,不包括在本项目内。本项目可以根据"短期借款""长期借款""应付债券""库存现金""银行存款"等账户的记录分析填列。

(2)"分配股利、利润或偿付利息支付的现金"项目,反映企业实际支付现金股利,支付给其他投资单位的利润以及支付的借款利息、债券利息等。本项目可以根据"应付股利""应付利息""财务费用""库存现金""银行存款"等账户的记录分析填列。

(3)"支付其他与筹资活动有关的现金"项目,反映企业除了上述各项目外,支付的其他与筹资活动有关的现金流出,如捐赠现金支出、融资租入固定资产支付的租赁费等。若某项其他与筹资活动有关的现金流出金额较大,应单列项目反映。本项目可以根据"营业外支出""长期应付款""银行存款""库存现金"等账户的记录分析填列。

4. 汇率变动对现金及现金等价物的影响

该项目反映企业外币现金流量及境外子公司的现金流量折算为人民币时,所采用的现金流量发生日的即期汇率或即期汇率近似汇率折算的人民币金额与"现金及现金等价物净增加额"中的外币现金净增加额按期末汇率折算的人民币金额之间的差额。

【例 10-1】 甲股份有限公司 20×7 年 12 月 31 日资产负债表、20×7 年度利润表如表 10-1、表 10-2 所示,其他有关资料如下:

1) 20×7 年度利润表有关账户的明细资料如下:

（1）营业成本中生产成本、制造费用的组成：职工薪酬 19 920 元，折旧费 8 000 元，其余为原材料费用。

（2）管理费用的组成：职工薪酬 13 680 元，无形资产摊销 48 000 元，折旧费 16 000 元，支付其他费用 48 000 元。

（3）财务费用的组成：计提借款利息 17 200 元，支付银行借款手续费 16 000 元。

（4）资产减值损失的组成：计提坏账准备 720 元，计提固定资产减值准备 24 000 元，上年年末坏账准备余额为 1 440 元。

（5）投资收益的组成：收到联营企业的股息收入 24 000 元，与本金一起收回的交易性金融资产投资收益 1 200 元。

（6）营业外收入的组成：处置固定资产净收益 40 000 元（其所处置固定资产原价为 320 000 元，累计折旧为 120 000 元，收到处置收入 240 000 元。）假定不考虑与固定资产处置有关的税费。

（7）营业外支出的组成：报废固定资产净损失 15 760 元（其所报废固定资产原价为 160 000 元，累计折旧 144 000 元，支付清理费用 400 元，收到残值收入 640 元）。

2）资产负债表有关账户的明细资料如下：

（1）交易性金融资产的期初数无公允价值变动金额，本期全部收回，同时收到投资收益 1 200 元。该项交易性金融资产不属于现金等价物。

（2）存货中生产成本、制造费用的组成：职工薪酬 240 000 元，折旧费 56 000 元，其余为原材料费用。

（3）应交税费的组成：本期增值税进项税额 33 972.8 元，增值税销项税额 170 000 元，已交增值税 80 000 元。应交税费期初数中，应交增值税金额为 24 000 元；应交税费期末数中，应交增值税金额为 80 027.2 元，其余为其他应交税费（含在建工程负担的税费 80 000 元）。增值税金额均为企业销售和采购商品发生的增值税额。

（4）应付职工薪酬的期初数无应付在建工程人员的部分，本期支付在建工程人员工资 160 000 元。应付职工薪酬的期末数中应付在建工程人员的部分为 22 400 元。

（5）应付利息均为短期借款利息，其中本期计提利息 9 200 元，支付利息 10 000 元。

（6）本期用现金购买固定资产 80 800 元，购买工程物资 120 000 元。

（7）本期用现金偿还短期借款 200 000 元，偿还 1 年内到期的长期借款

800 000 元;借入长期借款 320 000 元。

（8）除上述所给资料外,有关债权债务的增减变动均以货币资金结算。

根据以上资料,不考虑本年度发生的其他交易或事项,采用分析填列法,编制的甲公司 2007 年度现金流量表如表 10-3 所示。

四、所有者权益变动表的编制

（一）所有者权益变动表的意义和作用

所有者权益变动表,是指反映构成所有者权益的各组成部分当期的增减变动情况的报表。

编制所有者权益变动表的作用有:

（1）可以详细提供企业所有者权益的各组成内容及增减变动情况,以便了解企业所有者权益的构成及其合理性。

（2）可以用来分析企业所有者权益增减变动的原因,以此作为报表使用者进行经济决策的依据。

（二）所有者权益变动表的内容

在所有者权益变动表中,至少应当单独列示反映下列信息的项目:

（1）净利润。

（2）直接计入所有者权益的利得和损失项目及其总额。

（3）会计政策变更和差错更正的累积影响金额。

（4）所有者投入资本和向所有者分配利润等。

（5）按照规定提取的盈余公积。

（6）实收资本(或股本)、资本公积、盈余公积、未分配利润的期初和期末余额及其调节情况。

当期损益、直接计入所有者权益的利得和损失,以及与所有者的资本交易导致的所有者权益的变动,应当分别列示。

（三）所有者权益变动表的编制方法

1. "上年年末余额"项目

"上年年末余额"项目,反映企业上年资产负债表中实收资本(或股本)、资本公积、库存股、盈余公积、未分配利润的年末余额。

2. "会计政策变更"和"前期差错更正"项目

"会计政策变更"和"前期差错更正"项目,分别反映企业采用追溯调整法处理的会计政策变更的累积影响金额和采用追溯重述法处理的会计差错更正的累积影响金额。

3."本年增减变动额"项目

1)"净利润"项目,反映企业当年实现的净利润(或净亏损)金额。

2)"直接计入所有者权益的利得和损失"项目,反映企业当年直接计入所有者权益的利得和损失金额。

(1)"可供出售金融资产公允价值变动净额"项目,反映企业持有的可供出售金融资产当年公允价值变动的金额。

(2)"权益法下被投资单位其他所有者权益变动的影响"项目,反映企业对按照权益法核算的长期股权投资,在被投资单位除当年实现的净损益以外其他所有者权益当年变动中应享有的份额。

(3)"与计入所有者权益项目相关的所得税影响"项目,反映企业根据《企业会计准则第18号——所得税》规定应计入所有者权益项目的当年所得税影响金额。

3)"所有者投入和减少资本"项目,反映企业当年所有者投入的资本和减少的资本。

(1)"所有者投入资本项目",反映企业接受投资者投入形成的实收资本(或股本)和资本溢价或股本溢价。

(2)"股份支付计入所有者权益的金额"项目,反映企业处于等待期中的权益结算的股份支付当年计入资本公积的金额。

4)"利润分配"项目,反映企业当年的利润分配金额。

(1)"提取盈余公积"项目,反映企业按照规定提取的盈余公积。

(2)"对所有者(或股东)的分配"项目,反映对所有者(或股东)分配的利润(或股利)金额。

5)"所有者权益内部结转"项目,反映企业构成所有者权益的组成部分之间的增减变动情况。

(1)"资本公积转增资本(或股本)"项目,反映企业以资本公积转增资本或股本的金额。

(2)"盈余公积转增资本(或股本)"项目,反映企业以盈余公积转增资本或股本的金额。

(3)"盈余公积弥补亏损"项目,反映企业以盈余公积弥补亏损的金额。

【例10-2】　承[例10-1]资料,假定甲股份有限公司2007年提取盈余公积24 948.12元,向投资者分配利润25 772.68元。其编制的所有者权益变动表(上年金额略)如表10-4所示。

表 10-4

所有者权益变动表

年度_____

编制单位：_____

会企 04 表
单位：元

项目	本年金额												上年金额											
	实收资本（或股本）	其他权益工具			资本公积	减：库存股	其他综合收益	盈余公积	未分配利润	所有者权益合计			实收资本（或股本）	其他权益工具			资本公积	减：库存股	其他综合收益	盈余公积	未分配利润	所有者权益合计		
		优先股	永续债	其他										优先股	永续债	其他								
一、上年年末余额																								
加：会计政策变更																								
前期差错更正																								
其他																								
二、本年初余额																								
三、本年增减变动金额（减少以"－"号填列）																								
（一）综合收益总额																								
（二）所有者投入和减少资本																								
1. 所有者投入的普通股																								
2. 其他权益工具持有者投入资本																								
3. 股份支付计入所有者权益的金额																								
4. 其他																								
（三）利润分配																								
1. 提取盈余公积																								
2. 对所有者（或股东）的分配																								
3. 其他																								
（四）所有者权益内部结转																								
1. 资本公积转增资本（或股本）																								
2. 盈余公积转增资本（或股本）																								
3. 盈余公积弥补亏损																								
4. 设定受益计划变动额结转留存收益																								
5. 其他综合收益结转留存收益																								
6. 其他																								
四、本年年末余额																								

第三节　外币财务报表的折算

一、外币报表折算的含义和目的

（一）外币报表折算的含义

外币报表折算是指为特定的目的，将以某种货币表示的财务报表折算成以另一种特定货币表示的财务报表过程。

外币报表折算完全不同于外币兑换业务。外币兑换业务是以一种货币兑换成另一种货币，它要发生实际货币的等值交换；而外币报表折算并不涉及不同货币的实际交换，仅仅是将财务报表各项目的表述语言从一种货币为单位改变为以另一种货币为单位。因此，外币报表折算不应该影响资产、负债的计量基础，或影响收入与费用的确认时间，以及改变计量项目的属性。

（二）外币报表折算的目的

外币报表折算的目的，归纳起来一般有以下几种：

（1）跨国经营的子公司或附属公司，将以某种外币表示的财务报表折算为境内母公司或总公司记账本位币表示的财务报表。

（2）境内的子公司、联营公司或合营公司，当其采用与母公司或总公司、报告公司不同记账本位币表示的财务报表，需要将其财务报表折算为母公司或总公司、报告公司记账本位币的财务报表。

（3）境内以某种非人民币货币作为记账本位币的企业，按规定在期末将报送的非人民币表示的财务报表折算为以人民币表示的财务报表。

（4）为境外股东、债权人或其他报表阅读者提供财务报表的，需要将以本国货币表示的财务报表折算为某种国外货币表示的财务报表。

（5）为在境外筹集资金而准备发行股票或债券的企业，需要将以本国货币表示的财务报表折算成国外投资者、债权人所在国货币表示的财务报表。

上述前两种财务报表折算目的可以作为一类，其财务报表的折算主要是为满足控股的母公司、投资的总公司或报告公司了解、控制、管理子公司、附属公司，或国内联营公司和合营公司的财务状况、经营成果，以及利润分配情况，掌握其经营政策、经营方针和各资源的分配和利用情况，以便为控股的母公司，或投资的总公司、报告公司的管理当局进行经营决策提供依据。同时，根据折算后的财务报表，可以作为母公司或总公司、报告公司合并、汇编财务报表的基础。后三种财务报表折算目的也可以归为一类,其进行财务报表折算主要是为满足报表使用者便于理解报表项目内容,财务报表的折算起到了语言翻译的作用,为财务报表的各自使用者提供投资、信贷、政府管理等方面决策的依据。

外币报表的折算究竟采用什么汇率比较恰当,因采用汇率不同报表折算后的差额如何处理,这两个问题至今仍是国际会计界的一大难题。不同的折算目的可采用不同的折算方法进行折算,同一张外币报表由于采用的折算方法不同,折算的结果也会截然不同。下面就以合并、汇编财务报表为目的的报表折算方法,将国际上通行的方法予以分析说明。

二、外币报表折算的方法

外币报表折算的方法是指外币报表所列的各项资产、负债、收入和费用,是按现行汇率折算还是按历史汇率折算,选用的方法不同,折算的结果会各不相同。目前,世界各国对外币报表进行折算主要有四种方法,它们是:流动与非流动法、货币与非货币法、时间量度法,以及现行汇率法。

(一)流动与非流动法

采用流动与非流动法,首先将被折算的国外子公司或附属公司资产负债表各项目划分为流动和非流动两大类,对流动资产和流动负债各项目的外币金额,应按编报日的现行汇率折算成国内母公司或总公司的记账本位币金额。对非流动资产和非流动负债各项目,则按取得资产或承担债务时日的历史汇率折算。对公司的实收资本或股本项目,按实际收到资本或发行股份时日的历史汇率折算。留存收益项目,则为报表折算的轧差平衡数。利润表项目,其中的折旧费和摊销费按取得有关资产时的实际历史汇率折算,其余的收入、费用项目均按编报期间的平均汇率进行折算。

流动与非流动法早在 30 年代就已被美国广泛使用。采用这种方法折算报表,因为在报告当期子公司或附属公司的流动资产和流动负债是按现行汇率折算的,所以折算的结果有利于分析其营运资金情况。而子公司或附属公司的净营运资金情况,则取决于折算结果是收益还是损失。在流动资产大于流动负债的情况下,外币贬值,就会发生折算损失;反之,外币升值,就会取得折算收益。这种因折算产生的损失,从稳健角度出发,计入母公司或总公司记账本位币表述的当期损失;反之,因折算取得的收益,则作为暂记项目列入以母公司或总公司记账本位币表述的资产负债表所有者权益下,并可递延用来抵销未来会计期间可能发生的折算损失。流动与非流动法的缺点,在于它缺乏概念依据,不能充分说明为什么流动与非流动的分类与采用的折算汇率有关。同时,对存货这一按历史成本计量的流动资产项目,采用现行汇率进行折算,也是很不恰当的。

【例 10-3】　某母公司以人民币为记账本位币,该母公司在境外有一子公司,其会计核算是以美元为记账本位币。子公司向母公司编报期初美元的汇率为 7.40 元人民币,期末美元的汇率为 7.60 元人民币,则报告期美元的平均汇率为 7.50 元人民币。假定,子公司资产、负债、所有者权益各项目美元的历史汇率均为 7.35 元人民币。子公司当年向所有者分配利润 250 美元。

采用流动与非流动法,将子公司编报的以美元表示的财务报表折算为母公司要求的以人民币表示的财务报表如表 10-5、表 10-6 和表 10-7所示。

表 10-5

子公司利润表(简化)

20××年度　　　　　　　　　　　　　　　　　　　　单位:元

项　　　　目	美元金额	折算汇率	人民币金额
一、营业收入	5 000	7.50	37 500
减:营业成本	4 000		29 985
其中:固定资产折旧成本	100	7.35	735
其他营业成本	3 900	7.50	29 250
减:期间费用	300		2 247
其中:固定资产折旧费用	20	7.35	147
其他期间费用	280	7.50	2 100
二、营业利润	700		5 268
减:营业外支出	50	7.50	375
三、利润总额	650		4 893
减:所得税费用	250	7.50	1 875
四、净利润	400		3 018
五、其他综合收益的税后净额			
其中:外币财务报表折算差额			72
六 综合收益总额	400		3 090

表 10-6

子公司所有者权益变动表(简化)

20××年度 单位:元

	实收资本			外币报表折算差额	未分配利润			所有者权益合计
	美元	折算汇率	人民币元		美元	折算汇率	人民币元	人民币元
一、本年年初余额	1 000	7.35	7 350					7 350
二、本年增减变动金额								
(一)综合收益总额				72	400		3 018	3 090
(二)所有者投入和减少资本								
(三)利润分配								
2. 对所有者的分配					−250	7.50	−1 875	−1 875
三、本年年末余额	1 000		7 350	72	150		1 143	8 565

表 10-7

子公司资产负债表(简化)

20××年 12 月 31 日 单位:元

资产	美元金额	折算汇率	人民币金额	负债和所有者权益	美元金额	折算汇率	人民币金额
货币资金	200	7.60	1 520	应付账款	550	7.60	4 180
应收账款	300	7.60	2 280	长期借款	450	7.35	3 307.5
存 货	500	7.60	3 800	实收资本	1 000	7.35	7 350
长期股权投资	150	7.35	1 102.5	其他综合收益			72①
固定资产	1 000	7.35	7 350	未分配利润	150		1 143②
合 计	2 150		16 052.5	合 计	2 150		16 052.5

① 为折算后资产负债表的轧差平衡数。
② 按折算后所有者权益变动表中的年末未分配利润数填列。

(二)货币与非货币法

采用货币与非货币法,需要根据资产负债表中各项目所代表的货币量是否固定不变为标准,分为货币性项目和非货币性项目两大类。货币性项目的特征是,它们的价值是按被折算的国外子公司或附属公司的固定金额表示的,如企业的现金、银行存款、应收账款、应收票据等属于货币性资产,而企业的应付账款、短期借款、长期借款,以及应付债券等属于货币性负债。这些项目的固定金额,除现金、银行存款外,表示将在未来收到或付出一笔固定的外币金额的权利或责任,只要汇率一有变动,它们的母公司或总公司的本国货币等值就会发生变化。因此,对货币性项目应按编报日的现行汇率进行折算,这样,属于流动资产的存货就被排除在货币性资产之外而与长期投资、固定资产、无形资产等非流动资产,以及需要在将来的商品或劳务承担的负债等项目,都属于非货币性项目。它们按历史成本计量的价值在报表折算时,应按当初资产取得或负债发生时日的历史汇率进行折算。对于股东权益部分,因子公司或附属公司的实收资本或股本一般总是按资本取得或股份发行时日的历史汇率折算的,所以,也可以将它归入非货币性项目;留存收益则为报表折算的轧差平衡数。利润表项目,其折算方法基本与流动与非流动法相同。折旧费和摊销费应按取得有关资产时日的历史汇率折算,其他收入和费用项目均按报告期平均汇率折算。但销售成本中的存货成本则应按历史汇率折算。对于报表折算过程中形成的折算差额,在货币与非货币法下一般不予递延,而是计入当期的损益。

货币与非货币法最初是在 20 世纪 50 年代由美国普华斯教授倡议的,之后又得到了美国全国会计师联合会的赞同。它恰当地表达了汇率变动的会计影响,具有明确的概念依据。但是,这种方法的缺陷和流动与非流动法一样,在决定折算应采用现行汇率还是历史汇率这点上,是以资产和负债项目的某种分类组合为基础的。然而,外币报表折算所涉及的问题是计量而不是分类,选用适当的折算汇率不一定与资产和负债项目的如何分类有直接的关系。

【例 10-4】　假设[例 10-3]中采用货币与非货币法,将子公司编制的、以美元表示的财务报表折算为母公司要求的、以人民币表示的财务报表如表 10-8、表 10-9 和表 10-10 所示。

表 10-8

子公司利润表(简化)

20××年度

单位:元

项　　目	美元金额	折算汇率	人民币金额
一、营业收入	5 000	7.50	37 500
减:营业成本	4 000		26 610
其中:固定资产折旧成本	100	7.35	735
存货成本	2 500	7.35	18 375
其他成本	1 400	7.50	10 500
减:期间费用	300		2 242.5

（续表）

项　　目	美元金额	折算汇率	人民币金额
其中：固定资产折旧费用	20	7.35	147
存货费用	30	7.35	220.5
其他期间费用	250	7.50	1 875
二、营业利润	700		5 647.5
减：营业外支出	50	7.50	375
三、利润总额	650		5 272.5
减：所得税费用	250	7.50	1 875
外币报表折算差额			(545)*
四、净利润	400		2 852.5
五、其他综合收益的税后净额			
六、综合收益总额	400		2 852.5

　　≒ 为外币报表折算损失，它是不包括折算损失的未分配利润数与折算后资产负债表的轧差平衡数的差额，即 545 ＝(5 272.5－1 875－1 875)－977.5。

表 10-9

子公司所有者权益变动表(简化)

20××年度　　　　　　　　　　　　　　　　　单位：元

	实收资本			未分配利润			所有者权益合计
	美元	折算汇率	人民币元	美元	折算汇率	人民币元	人民币元
一、本年年初余额	1 000	7.35	7 350				7 350
二、本年增减变动金额							
（一）综合收益总额				400		2 852.5	2 852.5
（二）所有者投入和减少资本						－545	－545
（三）利润分配							
2. 对所有者的分配				－250	7.5	－1 875	－1 875
三、本年年末余额	1 000		7 350	150		977.5	8 327.5

表 10-10

子公司资产负债表(简化)

20××年 12 月 31 日　　　　　　　　　　　　　单位：元

资　　产	美元金额	折算汇率	人民币金额	负债和所有者权益	美元金额	折算汇率	人民币金额
货币资金	200	7.60	1 520	应付账款	550	7.60	4 180
应收账款	300	7.60	2 280	长期借款	450	7.60	3 420

（续表）

资　　产	美 元金 额	折 算汇 率	人民币金　额	负债及所有者权益	美 元金 额	折 算汇 率	人民币金　额
存　　货	500	7.35	3 675	实收资本	1 000	7.35	7 350
长期股权投资	150	7.35	1 102.5	未分配利润	150		977.5 *
固定资产	1 000	7.35	7 350				
合　　　计	2 150		15 927.5	合　　　计	2 150		15 927.5

　*　为折算后资产负债表的轧差平衡数。

（三）时间量度法

　　时间量度法又称时态法或时间性法。它是基于外币报表的折算，只是一种计量变换程序，是对现定价值的重新表述，因而不应该改变计量项目的属性，而只能将改变计量单位作为前提。根据这一前提，对资产负债表的现金、银行存款、应收账款和应付账款项目应按现行汇率折算，其他资产和负债项目则视其特性，可以按现行汇率折算，也可以按历史汇率折算。即资产和负债项目，如按历史成本计量的，应按历史汇率折算；反之，如按现行成本计量的，则应按现行汇率折算。对于股东权益部分，实收资本或股本项目总是按资本取得或股份发行时日的历史汇率折算；留存收益项目，则为轧差的平衡数。利润表中的收入和费用项目，按发生时日的实际汇率折算。如果收入或费用的发生是大量的，也可用加权平均汇率折算。对于折算过程中产生的折算差额，也应全部确认为当期损益，在会计报表上予以单独列示。

　　时间量度法是在 20 世纪 70 年代由美国会计学家提出的，随后在美国的财务会计准则委员会公布的第 8 号准则中，要求美国在折算外币报表时应遵循时间量度法原则。值得注意的是，如果在纯粹的历史成本计量模式下，根据时间量度法折算的结果，与按照货币与非货币法折算的结果是非常相似的；如果在纯粹的现行成本计量模式下，按时间量度法对所有资产和负债项目都按现行汇率折算，其折算的结果又与后面介绍的现行汇率法十分接近。但是，如果对存货和长期投资采用成本与市价孰低法或对非货币性资产按重置成本计价，时间量度法与其他折算方法折算的结果会有明显的不同。因此，时间量度法比较灵活，它符合资产、负债的计量基础，能适用于一切外币报表的折算目的。

　　【例 10-5】　仍用［例 10-3］的资料，但该子公司固定资产价值是按历史成本计量，其他资产、负债均按现行成本计量。采用时间量度法，将子公司编制的、以美元表示的财务报表折算为母公司要求的、以人民币表示的财务报表如表10-11、表10-12 和表10-13 所示(为简便起见,利润表按平均汇率折算)。

表 10-11

子公司利润表(简化)

20××年度   单位:元

项　　目	美元金额	折算汇率	人民币金额
一、营业收入	5 000	7.50	37 500
减:营业成本	4 000	7.50	30 000
减:期间费用	300	7.50	2 250
二、营业利润	700		5 250
减:营业外支出	50	7.50	375
三、利润总额	650		4 875
减:所得税费用	250	7.50	1 875
外币报表折算差额			15 *
四、净利润	400		3 015
五、其他综合收益的税后净额			
六、综合收益总额	400		3 015

* 为外币报表折算收益,它是折算后资产负债表的轧差平衡数与不包括折算收益的未分配利润数的差额,即15＝1 140－(4 875－1 875－1 875)。

表 10-12

子公司所有者权益变动表(简化)

20××年度   单位:元

	实收资本			未分配利润			所有者权益合计
	美元	折算汇率	人民币元	美元	折算汇率	人民币元	人民币元
一、本年年初余额	1 000	7.35	7 350				7 350
二、本年增减变动金额							
(一)综合收益总额				400		3 015	3 015
(二)所有者投入和减少资本						15	15
(三)利润分配							
2. 对所有者的分配				−250	7.50	−1 875	−1 875
三、本年年末余额	1 000		7 350	150		1 140	8 490

表 10-13

子公司资产负债表(简化)

20××年 12 月 31 日　　　　　　　　　　　　　　　　单位:元

资　　产	美元金额	折算汇率	人民币金额	负债和所有者权益	美元金额	折算汇率	人民币金额
货币资金	200	7.60	1 520	应付账款	550	7.60	4 180
应收账款	300	7.60	2 280	长期借款	450	7.60	3 420
存　　货	500	7.60	3 800	实收资本	1 000	7.35	7 350
长期股权投资	150	7.60	1 140	未分配利润	150		1 140 *
固定资产	1 000	7.35	7 350				
合　　计	2 150		16 090	合　　计	2 150		16 090

＊ 为折算后资产负债表的轧差平衡数。

(四)现行汇率法

现行汇率法又称期末汇率法或单一汇率法。在现行汇率法下,应以编报日的现行汇率折算所有的资产、负债、收入和费用项目。只有公司的实收资本或股本项目,仍按收到资本或发行股份时日的历史汇率折算。但是,如果收入和费用的发生是大量的,为简化起见,通常也可以按照编报当期的加权平均汇率折算。因报表折算产生的折算差额,应在资产负债表的股东权益中以单独项目予以列示,而不把其计入当期损益。

采用现行汇率法折算外币报表的着眼点,在于保持境外子公司或附属公司会计报表原有的财务成果和财务关系。它不改变外币报表的性质,改变的只是形式,如同把一种语言翻译成另一种语言那样,对外币报表的所有项目都乘上一个常数,因此,它是一种最简便的外币报表折算方法。但是,在按历史成本计量的会计模式下,以现行汇率来折算历史成本金额,显然在理论上是没有依据的。

【例 10-6】　仍用[例 10-3]的资料,采用现行汇率法,将子公司编制的、以美元表示的财务报表折算为母公司要求的、以人民币表示的财务报表如表 10-14、表 10-15 和表 10-16 所示。

表 10-14

子公司利润表(简化)

20××年度　　　　　　　　　　　　　　　　单位:元

项　　　目	美元金额	折算汇率	人民币金额
一、营业收入	5 000	7.60	38 000
减:营业成本	4 000	7.60	30 400
减:期间费用	300	7.60	2 280

（续表）

项　　目	美元金额	折算汇率	人民币金额
二、营业利润	700		5 320
减：营业外支出	50	7.60	380
三、利润总额	650		4 940
减：所得税费用	250	7.60	1 900
四、净利润	400		3 040
五、其他综合收益的税后净额			
其中：外币财务报表折算差额			250
六、综合收益总额	400		3 290

表 10-15

子公司所有者权益变动表（简化）

20××年度　　　　　　　　　　　　　　　　　　　　　　　单位：元

	实收资本			外币报表折算差额	未分配利润			所有者权益合计
	欧元	折算汇率	人民币元		美元	折算汇率	人民币元	人民币元
一、本年年初余额	1 000	7.35	7 350					7 350
二、本年增减变动金额								
（一）综合收益总额				250	400		3 040	3 290
（二）所有者投入和减少资本								
（三）利润分配								
2. 对所有者的分配					−250	7.6	−1 900	−1 875
三、本年年末余额	1 000		7 350	250	150		1 140	8 740

表 10-16

子公司资产负债表（简化）

20××年12月31日　　　　　　　　　　　　　　　　　　　单位：元

资　　产	美元金额	折算汇率	人民币金额	负债和所有者权益	美元金额	折算汇率	人民币金额
货币资金	200	7.60	1 520	应付账款	550	7.60	4 180
应收账款	300	7.60	2 280	长期借款	450	7.60	3 420
存　货	500	7.60	3 800	实收资本	1 000	7.35	7 350
长期股权投资	150	7.60	1 140	其他综合收益			250①
固定资产	1 000	7.60	7 600	未分配利润	150		1 140②
合　　计	2 150		16 340	合　　计	2 150		16 340

① 为资产负债表的轧差平衡数。

② 按折算后所有者权益变动表中的年末未分配利润数填列。

三、外币报表折算方法的比较和选择

（一）外币报表折算方法的比较

1. 各种折算方法折算汇率的比较

外币报表折算方法中的流动与非流动法、货币与非货币法，以及时间量度法可统称为多汇率法。这三种折算方法在折算时有一个共同构思，那就是，尽力要对国外子公司或附属公司的外币报表项目，按交易发生时日的会计记录，将它们的发生额折算为本国母公司或总公司记账本位币等值。因此，需要为不同项目选择适当的汇率进行折算。而现行汇率法在折算时的思路，只是要保持国外子公司或附属公司原有外币报表的财务成果和财务关系，报表折算起到的只是语言翻译的作用，而不应改变外币报表的性质，所以除实收资本或股本项目外，外币报表的所有项目都用单一的现行汇率进行折算。现将不同折算方法下外币报表各项目的折算汇率作出比较如表 10-17 和表 10-18 所示。

表 10-17

外币利润表及所有者权益变动表折算汇率比较表

汇率　　方法 项　目	流动与 非流动法	货币与 非货币法	时间量度法	现行汇率法
营业收入	A	A	H 或 A	C 或 A
营业成本				
固定资产折旧成本	H	H	H 或 A	C 或 A
存货成本	A	H	H 或 A	C 或 A
其他成本	A	A	H 或 A	C 或 A
期间费用				
固定资产折旧费用	H	H	H 或 A	C 或 A
存货费用	A	H	H 或 A	C 或 A
其他费用	A	A	H 或 A	C 或 A
营业外收支	A	A	H 或 A	C 或 A
所得税费用	A	A	H 或 A	C 或 A
分配利润	A	A	H 或 A	C 或 A
未分配利润	G	G	G	G
备　　注	A 表示平均汇率 H 表示历史汇率 C 表示现行汇率 G 表示折算轧差平衡数			

表 10-18

外币资产负债表折算汇率比较表

汇率　　方法　项　目	流动与非流动法	货币与非货币法	时间量度法	现行汇率法
货币资金	C	C	C	C
应收账款	C	C	C	C
存货				
按成本计价	C	H	H	C
按市价计价	C	H	C	C
长期投资				
按成本计价	H	H	H	C
按市价计价	H	H	C	C
固定资产	H	H	H	C
应付账款	C	C	C	C
长期借款	H	C	C	C
实收资本	H	H	H	H
未分配利润	G	G	G	G

注：A、H、C、G 所表示的汇率同表 10-17。

2. 各种折算方法应用情况的比较

外币报表的四种折算方法，在应用上各有利弊。根据普赖斯、华特豪斯国际会计公司菲茨杰拉德，斯蒂克勒和瓦茨的《国际调查》及美国学者乔伊及巴维什 1982 年秋在《国际会计杂志》发表的财务会计标准："跨国公司的综合与政策结构"文章中，对世界 53 个国家和地区外币折算方法采用情况的调查总结如表 10-19 所示。

表 10-19

各国(地区)外币报表折算方法应用情况表

折　算　方　法	采用的国家和地区
流动与非流动法	新西兰、南非、伊朗等 7 国
货币与非货币法	巴哈马、哥斯达黎加、芬兰、韩国、新西兰等 10 国
时间量度法	美国、巴拿马、阿根廷、加拿大、英国、奥地利等 13 国
现行汇率法	美国、法国、德国、日本、荷兰、瑞士、新加坡、澳大利亚、印度、丹麦、加拿大、英国、中国香港、爱尔兰等 23 国和地区

从表 10-19 可以看出，流动与非流动法已日趋淘汰，剩下的折算方法实

际可分为两种基本趋势：一种是单一的现行汇率法，目前为大多数经济发达的国家和地区采用；另一种为多汇率法，虽然货币与非货币法和时间量度法在概念上有所区别，但两者均为多汇率法，并且如果当非货币性资产按历史成本计量和历史汇率折算时，两者的区别就极小，所以可以把货币与非货币法基本归入时间量度法。如果把采用货币与非货币法和时间量度法并成一类，同时又以现行汇率法作为一类，那么这两类方法在国际上的流行程度是不相上下的。

（二）外币报表折算方法的选择

美国财务会计准则委员会第52号财务准则公告代替了第8号公告，提出要视不同环境而分别采用时间量度法和现行汇率法。美国会计标准委员会ASC第20号标准会计惯例公告，以及加拿大特许会计师协会第1 650节会计建议书中也同时推荐时间量度法和现行汇率法。国际会计准则委员会第21号国际会计准则，也建议根据不同情况分别采用时间量度法和现行汇率法。那么在实际操作中，会计人员应如何具体选择外币报表的折算方法呢？对此问题，美国财务会计准则委员会第52号公告，以及国际会计准则委员会第21号国际会计准则分别提出以功能货币标准和国外主体分类标准来择定外币报表的折算方法。

1. 功能货币择定标准

美国财务会计准则委员会第52号公告《外币折算》（1981年），明确提出以功能货币为标准来择定外币报表的折算方法，其主要内容如下：

某一国外主体（子公司或附属公司）的功能货币是指它从事经营活动和创造现金流量的主要经济环境的通货。如果某一国外主体的经营活动仅仅是母公司经营活动的扩展，就像母公司直接从事这样的国外经营活动那样，它的功能货币就是母公司的报告货币（本国货币），这样的观点被称为母公司货币观点，处于这样经济环境的子公司或附属公司的外币报表折算方法应选用时间量度法。如果某一国外主体的经营活动相对来说是自主的，并在某一外国（其所在东道国）形成一个实体而独立于母公司的经营活动之外，它的功能货币就是所在国当地货币或其在经营活动中主要使用的另一个国家的货币，这样的观点称为子公司货币观点，处于这样经济环境的子公司或附属公司应选用现行汇率法折算外币报表。由此可以看出，功能货币的择定是国外子公司或附属公司在外币报表折算时选择折算方法的关键问题。那么，应根据哪些条件来判断、择定其功能货币呢？美国会计准则委员会第52号公告列举以下选择功能货币的六项标准如表10-20所示。

表 10-20

选择功能货币的标准

经济因素	以母公司报告货币 为功能货币的条件	以子公司当地货币 为功能货币的条件
现金流量	直接影响母公司的现金流量,经常地汇回母公司	主要是当地货币,不影响或很少影响母公司的现金流量
销售价格	对汇率变动有反应,由世界范围内的竞争决定	对汇率变动基本上没反应,主要由当地的竞争支配
销售市场	主要在母公司所在国,以母公司通货标价	主要在子公司所在的东道国,以当地通货标价
费用	主要与从母公司进口的生产要素有关	主要在当地环境中发生
公司间交易	经常而大量	既不经常也不大量
理财	财源主要来自母公司,或依靠母公司偿付债务	主要表现为当地货币,通过当地经营活动来偿付债务

2. 国外主体分类择定标准

国际会计准则委员会第 21 号国际会计准则《外汇汇率变动影响的会计处理》(1983 年),提出按国外主体分类为标准择定外币报表的折算方法,其主要内容概括为:

子公司或附属公司如果是独立经营的国外实体,应选用现行汇率法折算外币报表;如果是母公司的国外有机组成单位,应选用时间量度法。判断子公司或附属公司是国外实体还是母公司的国外有机组成部分的条件有以下五项:

(1)国外经营单位生产产品的人工、材料和其他成本主要是当地费用,还是主要依靠来自母公司所在国的产品和劳务?

(2)国外经营单位和母公司日常活动之间的联系很少,还是占有很高比例?

(3)国外经营单位的日常活动主要依靠自己的营业和当地借款来筹措资金,还是主要依靠母公司筹资?

(4)国外经营单位的市场主要在母公司所在国之外,还是在母公司所在国之内?

(5)还有其他因素可以说明母公司的现金收支不受国外经营单位的日常活动影响,还是可以说明有直接影响?

国外子公司或附属公司的日常经营活动,如果符合上述五项条件中的前者,就可以判断它为独立经营的国外实体;如果符合上述五项条件中的后者,那么它就是母公司的国外有机组成部分。

从美国财务会计准则委员会第 52 号公告和国际会计准则委员会第 21 号

国际会计准则中可以看出,对外币报表折算方法的选用,不管采取功能货币择定标准还是采取国外主体分类择定标准,其关键还是取决于国外子公司或附属公司对本国母公司的依赖程度,如果很少依赖,基本独立的,那它就是独立经营的国外实体,其功能货币就是所在东道国的当地货币,应采用现行汇率法折算外币报表;反之,如果基本依赖,很少独立的,那它就成了母公司的国外组成部分,母公司的本国货币就成了它的功能货币,它的外币报表折算就应该采用时间量度法。但值得提出的是,在某些情况下,国外子公司或附属公司的功能货币可能不是所在东道国的当地货币,而是第三国的某种货币,这样,它的当地货币报表就需要先采用时间量度法折算为功能货币,然后,再采用现行汇率法将功能货币折算为母公司的本国货币。

四、我国外币报表的折算

(一)境外经营财务报表的折算

我国企业会计准则对境外经营(包括在境外的子公司、合营企业、联营企业、分支机构)的财务报表,规定应当遵循下列原则进行折算:

(1)资产负债表中的资产和负债项目,采用资产负债表日的即期汇率折算,所有者权益项目除"未分配利润"项目外,其他项目采用发生时的即期汇率折算。

(2)利润表中的收入和费用项目,采用交易发生日的即期汇率折算;也可以采用按照系统合理的方法确定的与交易发生日即期汇率近似的汇率折算。

按照上述原则折算产生的外币财务报表折算差额,在资产负债表中"其他综合收益"项目下列示。

对境内的子公司、合营企业、联营企业、分支机构,其外币财务报表也视同境外经营的财务报表,按上述规定进行折算。

【例 10-7】　某母公司有一境外子公司,该子公司财务报表的编报货币为美元,年初美元的即期汇率为 7.40 元人民币,资产负债表日的即期汇率为 7.20 元人民币,则本期美元的平均汇率为 7.30 元人民币(作为利润表折算汇率)。假定该子公司年初盈余公积为 50 美元,折合人民币为 370 元;年初未分配利润为 100 美元,折合人民币为 738 元;本期提取盈余公积和分配投资者利润分别为 50 美元和 250 美元,折合人民币分别为 367.5 元和 1 837.5 元。除"未分配利润"项目外,其他所有者权益项目发生时的即期汇率 1 美元均为 7.35 元人民币。

按规定,将该子公司以美元表示的财务报表折算成以人民币表示的财务报表如表 10-21 至表 10-23 所示。

表 10-21

子公司利润表(简化)

20××年度 单位:元

项 目	美元金额	折算汇率	人民币金额
一、营业收入	4 000	7.30	29 200
减:营业成本	3 200	7.30	23 360
减:期间费用	300	7.30	2 190
二、营业利润	500		3 650
减:营业外支出	50	7.30	365
三、利润总额	450		3 285
减:所得税费用	150	7.30	1 095
四、净利润	300		2 190
五、其他综合收益的税后净额			
其中:外币财务报表折算差额	−170.50		
六、综合收益总额	300		2 019.50

表 10-22

子公司所有者权益变动表(简化)

20××年度 单位:元

	实收资本			其他综合收益	盈余公积			未分配利润			所有者权益合计
	美元	折算汇率	人民币		美元	折算汇率	人民币	美元	折算汇率	人民币	人民币
一、本年年初余额	1 000	7.35	7 350		50		370	100		738	8 458
二、本年增减变动金额											
(一)综合收益总额				−170.5				300		2 190	2 019.5
(二)所有者投入和减少资本											
(三)利润分配											
1. 提取盈余公积					50	7.35	367.5	−50		−367.5	
2. 对所有者的利润								−250	7.35	−1 837.5	−1 837.5
三、本年年末余额	1 000		7 350	−170.5	100		737.5	100		723	8 640

表 10-23

子公司资产负债表(简化)

20××年 12 月 31 日   单位:元

资　　产	美元金额	折算汇率	人民币金额	负债和所有者权益	美元金额	折算汇率	人民币金额
货币资金	150	7.20	1 080	应付账款	450	7.20	3 240
应收账款	250	7.20	1 800	长期借款	350	7.20	2 520
存货	400	7.20	2 880	实收资本	1 000	7.35	7 350
长期股权投资	200	7.20	1 440	其他综合收益			(170.5)①
固定资产	1 000	7.20	7 200	盈余公积	100		737.5
				未分配利润	100		723②
合　　计	2 000		14 400	合　　计	2 000		14 400

① 为报表折算损失,是资产负债表折算后轧差数。

② 按所有者权益变动表折算后年末未分配利润数填列。

(二)恶性通货膨胀经济中境外经营财务报表的折算

1. 恶性通货膨胀经济的判断

境外经营的子公司、合营企业、联营企业、分支机构是否处于恶性通货膨胀经济中,通常可以按照以下特征进行判断:

(1)3 年累计通货膨胀率接近或超过 100％。

(2)利率、工资和物价与物价指数挂钩。

(3)公众不是以当地货币,而是以相对稳定的外币为单位作为衡量货币金额的基础。

(4)公众倾向于以非货币性资产或相对稳定的外币来保存自己的财富,持有的当地货币主要用以投资以保持购买力。

(5)即使信用期限很短,赊销、赊购交易仍按补偿信用期预计购买力损失的价格成交。

2. 处于恶性通货膨胀经济中的境外经营财务报表的折算

我国企业会计准则规定,处于恶性通货膨胀经济中的境外经营财务报表,应当按照下列步骤进行折算:

(1)对资产负债表项目运用一般物价指数予以重述(即调整),对利润表项目运用一般物价指数变动予以重述。

在对资产负债表项目进行重述时,由于现金、应收账款、其他应收款等货币性项目已经以资产负债表日的计量单位表述,因此不需要对其进行重述;通过协议与物价变动挂钩的资产和负债,应根据协议约定进行调整;非货币性项目中,有些是以资产负债表日的计量单位列示的,如存货如果已经以可变现净值列示,资产负债表日就不需要进行重述。其他非货币性项目,如固定资产、投资、无形资产等,应自购置日起以一般物价指数变动予以重述。

在对利润表项目进行重述时,所有项目金额都需要自其初始确认之日起,以一般物价指数变动进行重述,以使利润表的所有项目都以资产负债表日的计量单位表述,由于上述表述而产生的差额计入当期净利润。

(2)按照最近资产负债表日的即期汇率折算资产负债表和利润表。

具体的折算处理可见第八章第五节中先调整后折算法。

当境外经营不再处于恶性通货膨胀经济中时,应当停止重述,按照停止之日的价格水平重述的财务报表进行折算。

(三)处置境外经营时报表折算差额的处理

根据我国企业会计准则规定,企业在处置境外经营时,应当将资产负债表中所有者权益项目下列示的、与该境外经营相关的外币财务报表折算差额,自所有者权益项目转入处置当期损益;部分处置境外经营的,应当按处置的比例计算处置部分的外币财务报表折算差额,转入处置当期损益。

复习思考题

一、单项选择题

1. 下列各项中,不符合现金流量表中现金概念的是(　　)。

    A. 企业银行本票存款

    B. 企业银行汇票存款

    C. 不能随时用于支付的存款

    D. 企业购入 3 个月内到期的国债

2. "应收账款"账户所属明细账户如有贷方余额,则应在资产负债表中的(　　)项目内反映。

    A. "应收账款"　　　　　　B. "应付账款"

    C. "预付款项"　　　　　　D. "预收款项"

3. 在编制资产负债表时,下列项目中,应在流动资产类中单独列示的是(　　)。

A. 1年内到期的无形资产

B. 1年内到期的长期股票投资

C. 1年内到期的非流动资产

D. 1年内到期的其他长期投资

4. 销货折让在利润表上应(　　)。

A. 作为销售费用　　　　B. 在毛利下扣除

C. 在营业收入中扣除　　D. 作为营业外损失

5. 下列经济事项中,能使企业经营活动现金流量发生变化的是(　　)。

A. 支付罚款　　　　　　B. 无形资产摊销

C. 赊销商品　　　　　　D. 支付借款利息

6. 资产负债表中,根据总账账户余额直接填列的项目是(　　)。

A. "实收资本"　　　　　B. "货币资金"

C. "应付账款"　　　　　D. "长期借款"

7. 报表折算比较灵活,符合资产、负债的计量基础,能适用于一切外币报表折算目的的方法是(　　)。

A. 流动与非流动法　　　B. 货币与非货币法

C. 时间量度法　　　　　D. 现行汇率法

8. 在流动与非流动法下,资产负债表中的流动资产应按照(　　)汇率折算。

A. 现行　　　　　　　　B. 历史

C. 平均　　　　　　　　D. 期初

9. 对采用市价计价的存货项目,在外币财务报表折算时必须按历史汇率折算的方法是(　　)。

A. 流动与非流动法　　　B. 货币与非货币法

C. 时间量度法　　　　　D. 现行汇率法

10. 外币财务报表中的固定资产项目,只有在采用(　　)折算时按现行汇率折算,其他方法都应按历史汇率折算。

A. 现行汇率法　　　　　B. 时间量度法

C. 流动与非流动法　　　D. 货币与非货币法

二、多项选择题

1. 资产负债表中的"货币资金"项目应根据(　　)账户的期末余额合计数填列。

A."交易性金融资产"

B."一年内到期的非流动资产"

C."其他货币资金"

D."库存现金"

E."银行存款"

2. 下列各项中,属于"筹资活动产生的现金流量"的有( )。

A. 在工程成本中列支的利息支出

B. 融资租赁所支付的现金

C. 分配股利或利润所支付的现金

D. 取得债券利息所收到的现金

E. 吸收投资收到的现金

3. 下列各项中,应包括在资产负债表"存货"项目中的有( )。

A."原材料"   B."库存商品"

C."固定资产"   D."委托加工物资"

E."低值易耗品"

4. 现金流量表中,"支付给职工以及为职工支付的现金"项目应反映的内容有( )。

A. 为离退休人员支付的统筹退休金

B. 为经营管理人员支付的住房公积金

C. 为在建工程人员支付的养老保险金

D. 支付给职工的困难补助

E. 支付给经营人员的工资、奖金、津贴

5. 现金等价物的特点有( )。

A. 持有期限短

B. 流动性高

C. 易于转换为已知金额的现金

D. 价值变动风险很小

E. 持有期限长

6. 下列资产减值准备相关账户余额,不在资产负债表上单独列示的有( )。

A."坏账准备"

B."长期股权投资减值准备"

C."存货跌价准备"

D. "固定资产减值准备"

E. "无形资产减值准备"

7. 在采用货币与非货币法的情况下,下列项目采用历史汇率折算的有( )。

    A. "应收账款"   B. "存货"

    C. "固定资产"   D. "实收资本"

    E. "所得税费用"

8. 因财务报表折算产生的折算差额,全部确认为当期损益的方法有( )。

    A. 流动与非流动法   B. 货币与非货币法

    C. 时间量度法   D. 现行汇率法

    E. 历史汇率法

9. 采用流动与非流动法折算外币财务报表时,按现行汇率折算的报表项目有( )。

    A. "交易性金融资产"   B. "存货"

    C. "固定资产"   D. "其他应收款"

    E. "长期借款"

10. 下列外币财务报表项目中,采用历史汇率折算的有( )项目。

    A. 现行汇率法下的"实收资本"

    B. 时间量度法下的"固定资产"

    C. 流动与非流动法下的"存货"

    D. 货币与非货币法下的"短期借款"

    E. 时间量度法下的"应收账款"

三、判断题

1. 资产负债表中的"存货"项目,应根据"材料采购""原材料""材料成本差异""库存商品"等账户的借方余额合计数填列。 ( )

2. "营业收入"项目,应根据"主营业务收入"账户直接填列。 ( )

3. 利润表中所有项目都是根据有关的损益类账户本期实际发生额填列的。 ( )

4. 对外投资转出无形资产,由于不影响企业现金流量的增减变化,因此不需要在现金流量表正表中反映。 ( )

5. 在填列现金流量表的"收回投资收到的现金"项目时,应包括收回的持

有至到期投资的利息收入。 （　　）

5. 财务报表附注主要对财务报表不能包括的内容或披露不详尽的内容作进一步的解释说明,以有助于会计报表使用者理解和使用会计信息。

（　　）

7. 当采用流动与非流动法时,在流动负债大于流动资产的情况下,外币贬值就会产生折算损失。 （　　）

8. 采用时间量度法进行折算外币财务报表时,存货项目不论按成本计价还是按市价计价,均采用现行汇率。 （　　）

9. 外币财务报表折算采用现行汇率法时,必须将所有财务报表项目乘以现行汇率进行折算。 （　　）

10. 对外币财务报表中的"长期投资"项目,在采用时间量度法折算时,必须区分按成本计价和按市价计价,并分别采用历史汇率和现行汇率进行折算;而在采用其他折算方法时,则需采用单一的汇率进行折算。 （　　）

11. 货币与非货币法和时间量度法在概念上有所区别,但两者均为多汇率法,如果当按历史成本计量的非货币性资产按历史汇率折算时,两者可归为一类。 （　　）

12. 外币财务报表折算需要解决的是两个难题:一是采用什么汇率折算比较恰当;二是会计报表折算后的差额如何处理。 （　　）

四、名词解释

1. 资产负债表　　　　　　2. 利润表
3. 现金流量表　　　　　　4. 所有者权益变动表
5. 现行汇率法　　　　　　6. 外币报表折算
7. 货币与非货币法　　　　8. 流动与非流动法
9. 时间量度法　　　　　　10. 货币性项目

五、简答题

1. 简述财务报表的组成内容。
2. 在编制财务报表时,必须符合哪些基本要求?
3. 简述编制资产负债表的作用和方法。
4. 简述编制利润表的作用和方法。
5. 简述编制现金流量表的作用和方法。
6. 外币报表折算与外币兑换业务有何区别?其折算目的有哪几种?

7. 采用流动与非流动法折算外币报表的特点是什么？其优缺点如何？

8. 哪些项目属于货币性项目？它与非货币性项目的折算有何不同？

9. 试述流动与非流动法和货币与非货币法的异同。

10. 何谓时间量度法？它与其他折算方法相比具有哪些特点？

11. 现行汇率法折算报表的着眼点在哪里？其最大优点是什么？

12. 外币报表折算方法选择的标准有哪几种？其判断条件是什么？

13. 我国对外币报表的折算方法有何规定？具体又如何进行折算？

六、计算与分析题

1. **目的**　练习资产负债表的编制。

资料　某企业20××年×月月末部分账户期末余额如表10-24所示。

表10-24

部分账户期末余额表

单位：人民币元

总 账 账 户			所 属 明 细 账 户		
名　　称	借	贷	名　　称	借	贷
应收账款	300 000		A企业	320 000	
			B企业		20 000
坏账准备		500			
预付账款	2 000		C企业	2 500	
			D企业		500
持有至到期投资①	25 000				
固定资产原价②	8 000 000				
累计折旧③		5 000 000			
应付账款		6 000	E企业		8 000
			F企业	2 000	
预收账款		3 000	G企业		3 500
			H企业	500	
长期借款④		10 000			
应付债券⑤		20 000			
利润分配		5 000	未分配利润		5 000
本年利润		14 000			

① 其中1年内到期持有至到期投资10 000元。

② 其中融资租入固定资产60 000元。

③ 其中融资租入固定资产已提折旧4 800元。

④ 其中1年内到期长期借款4 000元。

⑤ 其中1年内到期应付债券12 000元。

要求 根据以上资料填制资产负债表(年初数略)。

2. **目的** 练习财务报表的编制。

资料 某公司20××年发生下列经济业务:

(1) 购入原材料货款899 280元,增值税额116 906.40元,货款及增值税款已用银行存款支付,材料已验收入库。

(2) 一张到期的商业承兑汇票360 000元,以银行存款付讫。

(3) 销售一批产品,货款3 600 000元,增值税额为468 000元,收到货款及增值税款2 948 400元。

(4) 出售交易性金融资产,账面成本减少54 000元,出售收入为59 400元,存入银行。

(5) 购入1台不需安装的设备,买价900 000元,包装费及运杂费3 600元。全部款项已用银行存款支付,设备已交付使用。

(6) 某工程应负担的长期借款利息540 000元,应付税费360 000元,款项未付。

(7) 基本生产车间报废设备1台,账面原价720 000元,已提折旧648 000元,以银行存款支付清理费1 800元,残料收入2 880元存入银行,该设备已清理完毕。

(8) 以银行存款偿还长期借款3 000 000元。

(9) 一张到期的银行承兑汇票720 000元,已收到存入银行。

(10) 收到现金股利180 000元,存入银行。

(11) 出售1台不需用设备,账面原价1 440 000元,已提折旧540 000元,收到价款1 080 000元。

(12) 提取短期借款利息41 400元,长期借款利息36 000元,均计入本期损益。

(13) 分配职工工资共2 052 000元,其中,生产工人工资1 128 600元,车间管理人员工资41 040元,行政管理人员工资61 560元,在建工程人员工资820 800元。

(14) 用银行存款支付职工工资1 800 000元。

(15) 以银行存款归还短期借款本息945 000元(其中利息45 000元,已预提)。

(16) 产品生产领用原材料2 646 000元,车间领用低值易耗品189 000元(采用一次摊销法摊销)。

(17) 计提固定资产折旧共360 000元,其中计入制造费用288 000元,计入管理费用72 000元。

(18) 摊销长期待摊费用360 000元,其中,管理费用负担36 000元,制造费用负担324 000元,摊销无形资产216 000元。

（19）收到应收账款 183 600 元，存入银行。

（20）计提坏账准备 3 240 元。

（21）以银行存款支付广告费、展览费 252 000 元。

（22）计算并结转本期完工产品成本 4 616 640 元。

（23）销售产品一批，货款 900 000 元，增值税款为 117 000 元，收到一张面值为 1 017 000 元银行承兑汇票。

（24）将上述银行承兑汇票到银行办理贴现，贴现息 72 000 元。

（25）本期应交纳的教育费附加 7 200 元。

（26）以银行存款交纳增值税 360 000 元，教育费附加 7 200 元。

（27）结转本期销售产品成本 2 700 000 元。

（28）将各损益类科目结转本年利润。

（29）计算并结转本期应交所得税 368 636.40 元。

（30）按本期实现净利润，提取法定盈余公积 10%，任意盈余公积 5%。

（31）结转本年净利润及利润分配各明细科目的余额。

（32）从银行借入 5 年期借款 1 440 000 元，已存入银行账户。

（33）用银行存款交纳所得税 162 840 元。

要求

（1）根据上述经济业务，编制会计分录。

（2）编制资产负债表。

（3）编制利润表。

（4）编制现金流量表。

（5）编制所有者权益变动表。

3. 目的　练习外币报表的折算方法。

资料　某公司以人民币作为记账本位币，其在境外一子公司的记账本位币为美元。该子公司 20×7 年以美元表述的资产负债表和利润表资料如表 10-25 和表 10-26 所示。

表 10-25

子公司资产负债表(简化)

20×7 年 12 月 31 日　　　　　　　　　　　　单位:美元

资　　　产	金　　额	负债和所有者权益	金　　额
货币资金	300	应付账款	400
应收账款	500	长期借款	1 200

（续表）

资　　　产	金　　额	负债和所有者权益	金　　　额
存　　　货	1 000	普通股本	3 000
固定资产	3 000	留存利润	200
合　　计	4 800	合　　计	4 800

其他有关资料有：

该子公司 20×7 年编报期初美元的汇率为 7.35 元人民币,期末美元的汇率为 7.55 元人民币,年度美元的平均汇率为 7.45 元人民币,所有项目美元的历史汇率均为 7.40 元人民币。

假定,子公司当年向所有者分配利润 900 美元。

表 10-26

子公司利润表

20×7 年度　　　　　　　　　　　　　　　　　　　　　　单位:美元

营业收入	10 000
减:营业成本	8 000
其中:固定资产折旧成本	1 000
存货成本	3 500
其他业务成本	3 500
减:期间费用	500
其中:固定资产折旧费用	100
存货费用	200
其他期间费用	200
营业利润	1 500
加:营业外收入	100
利润总额	1 600
减:所得税费用	500
净利润	1 100
其他综合收益的税后净额	
综合收益总额	1 100

要求

(1) 按流动与非流动法、货币与非货币法、时间量度法和现行汇率法将该子公司的美元报表折算成人民币报表(假如该子公司固定资产价值按历史成本计量,其他资产、负债均按现行成本计量)。

(2) 对各种方法计算出的折算损益进行比较,说明其对当期损益的影响。

4. 目的　练习外币报表的折算方法。

资料　见计算与分析题 3 有关资料(假如该子公司当年按净利润 10% 提取盈余公积)。

要求　根据我国现行规定,将该子公司的美元报表折算为人民币报表。

第十一章 财务报表的分析和合并

─ 本章学习要点 ─

　　了解财务报表分析及财务报表合并的目的,掌握财务报表的分析方法,财务报表合并的范围及要求。重点掌握财务报表的具体分析及合并财务报表调整、抵销分录的编制。

第一节 财务报表的分析

一、财务报表分析的目的和方法

　　企业编制财务报表,主要是为了向报表使用者提供有关企业财务状况、经营成果、现金流量及其变化情况的信息,为他们作出有关决策提供依据。然而,财务报表所提供的只是历史的或静态的数据,不能直接用于决策。报表使用者如要作出正确的经济决策,还需要对财务报表所提供的各项数据进行加工、比较、分析和解释,以便正确评价企业财务状况的好坏、经营管理的得失,进一步制定有关投资、信贷、财务、管理等方面的方针、政策。因此,财务报表分析是会计工作的重要组成部分,它将财务报表的各项数据资料有重点、有针对性地加以比较、分析和考察,借以对企业的财务状况、经营成果及现金流量作出正确评价,以便于报表使用者正确进行决策。

　　财务报表分析的目的,主要是确定企业的财务状况、获利能力和偿债能力等情况。对于不同的报表使用者其分析的角度、侧重点会有所不同。一般来说,债权人关心的是企业的偿债能力,以此作为是否向企业贷款的依据;投资者关心的主要是企业的获利能力,以便作出是否对企业进行投资的决策;而企业管理者关心的则是企业全面的财务状况和经营成果。因为,如果企业财务状况不佳,不能按期偿还债务,势必信用受损,影响其获利能力;同样,如果企业经营成果不理想,或甚至连年亏损,必定会影响声誉,增加筹措资金的困难。

　　财务报表分析的方法,主要有比率分析法和趋势分析法两种。比率分析法是指在同一期财务报表上,将不同项目、不同类别或不同报表的有关项目之间,用比率来反映它们的相互关系,并据以分析评价企业的财务状况和经营成果。而趋势分析法是指将一个企业连续若干期的财务报表,比较各项目前后期的增减方向和幅度,从而揭示企业财务状况和经营成果的增减变化及发展趋势。采用趋势分析法可采用绝对指标,也可采用相对指标。

二、比率分析法

报表分析的比率,种类很多。根据报表使用者的要求和用途不同可归纳为反映短期偿债能力的比率、反映长期偿债能力的比率、反映资金周转状况的比率、反映获利能力的比率以及反映所有者收益情况的比率等五大类。

（一）反映短期偿债能力的比率

1. 流动比率

流动比率是衡量企业短期偿债能力最常用的比率,它是企业流动资产总额与流动负债总额的比值。其计算公式如下:

$$流动比率＝流动资产÷流动负债$$

流动比率表明了企业的短期债务可由企业流动资产偿还的能力。通常认为,流动比率在 2:1 左右即属适当。但实际上,应根据企业的营业周期而异,一般情况下,营业周期短,流动比率相应就低;营业周期长,流动比率就需相应增加。然而,流动比率高,虽然从债权人角度讲偿债有保障,但从企业角度来看未必是好现象。因为,过高的流动比率,可能意味着存货的滞销积压,也可能表示拥有过多货币资金没有充分利用。另外,在判断企业短期偿债能力时,还应将流动比率与其他指标结合考虑。

2. 速动比率

速动比率,亦称酸性试验,它是企业速动资产与流动负债的比值。速动资产是指企业可以立即用来偿付流动负债的那部分流动资产,一般从流动资产中扣除存货后即可求得。因为,在流动资产中存货的流动性,即变现能力最差。除此以外,还可以从流动资产中扣除其他与当期变现能力关系不大的项目,如预付账款等。但如果这些项目数额不大,可以不予考虑它们的影响。因此,速动比率的计算公式如下:

$$速动比率＝速动资产÷流动负债＝（流动资产－存货）÷流动负债$$

速动比率比流动比率更能说明企业的短期偿债能力。一般认为,速动比率以不低于 1:1 为好,但在不同行业情况会有所不同。因此,应参照各行业一般历史水平予以判断和评价。

3. 现金比率

现金比率是衡量企业在紧急情况下，对短期债务支付能力的指标，它是货币资金和短期证券总额与流动负债的比值。其计算公式如下：

$$现金比率＝(货币资金＋短期证券)÷流动负债$$

现金比率在评价企业短期偿债能力时的重要性不及流动比率和速动比率，它只能说明企业在特殊情况下的应急支付能力。因此，企业一般不需要备有过多的货币资金和短期证券，而削弱资金的有效利用。

（二）反映长期偿债能力的比率

1. 负债比率

负债比率，又称资产负债率，用来说明债权人债权的保障程度，它是负债总额与资产总额的比值。其计算公式如下：

$$负债比率＝负债总额÷资产总额$$

负债比率是衡量企业长期偿债能力的一个主要指标。对于债权人来说，一般希望负债比率越低越好，以求债权的安全；但从投资者角度出发，负债比率低其承担的有限责任就大，另外，也说明企业在负债经营方面还不够大胆。

2. 利润相当于利息的倍数

利润相当于利息的倍数用以作为判断债权安全程度的一个补充手段，它是净利润加上利息费用及所得税后的合计数与利息费用的比值。其计算公式如下：

$$利润相当于利息的倍数＝(净利润＋利息费用＋所得税)÷利息费用$$

企业的利润越大，利润相当于利息的倍数就越大，债权人收回本金和按期取息也越有保障。

3. 所有者权益比率

所有者权益比率是投资者最关心的一项指标，它是所有者权益总额与资产总额的比值。其计算公式如下：

$$所有者权益比率＝所有者权益总额÷资产总额$$

所有者权益比率与负债比率之和应该等于100％。一般来说，在企业经营利润高于借款利息率的情况下，投资者可获得超额利润。这时，所有者权益比率越小，对投资者越有利。但是，如何将所有者权益比率和负债比率保持在适当的水平，还需在预期利润和增加风险这两者之间权衡利害得失。

4．权益比率

权益比率是将企业债权人权益和所有者权益结合起来,通过两者权益结构的比较,衡量企业长期偿债能力的指标。它是负债总额与所有者权益总额的比值。其计算公式如下：

$$权益比率＝负债总额÷所有者权益总额$$

权益比率与负债比率有着相同的作用,它表明债权人权益受到所有者权益的保障程度。同时,也说明企业基本财务结构的强弱。从企业长期偿债能力角度出发,这个指标越低越好。

5．长期负债与固定资产比率

$$长期负债与固定资产比率＝长期负债÷固定资产$$

上述公式中的固定资产是指减除累计折旧后的净额。

这一比率说明企业的长期负债能够用固定资产偿还的能力。在固定资产总额大于长期负债的情况下,它反映出企业有较强的偿还长期负债的能力,同时还有着借债的潜力;反之,则说明企业的固定资产还不足以偿还长期负债,必须动用其他的资产,特别是在需要用固定资产作抵押的情况下,债权人安全保障的程度较弱。

（三）反映资金周转状况的比率

1．应收账款周转率

应收账款周转率表明年度内应收账款转为现金的次数,它是赊销净额与应收账款平均余额的比值。其计算公式如下：

$$应收账款周转率＝赊销净额÷应收账款平均余额$$

其中：赊销净额＝销售收入－现销收入－销售退回、折扣、折让

应收账款平均余额＝（期初应收账款余额＋期末应收账款余额）÷2

还可以通过计算应收账款平均账龄,来判断应收账款的变现速度。其计算公式如下：

$$\frac{应收账款}{平均账龄} = \frac{360}{应收账款周转率} = \frac{应收账款平均余额}{赊销净额} \times 360$$

在计算上述两个公式时,应该说明的是：应收账款应是扣除估计坏账损失后的净额;赊销净额不应包括现销额,但企业外部报表使用者通常不易获得企业赊销数据,因此一般按销货净额进行计算。

一般来说,应收账款周转率越高越好,这说明客户信用良好,不易发生坏

账损失,同时,也表明企业收账效率较高,偿债能力较强;反之,则说明客户拖欠较久,信用欠佳,或企业催收工作不力,使过多资金积压在滞收的应收账款上,应采取措施加以改进。

2. 存货周转率

存货周转率是反映一定时期存货资产的周转次数,用来衡量企业销货能力强弱及存货是否适量的指标,它是销货成本与平均存货的比值。其计算公式如下:

$$存货周转率＝销货成本÷存货平均余额$$

其中: 存货平均余额＝(期初存货余额＋期末存货余额)÷2

存货周转率与企业的获利能力有直接关系。通常认为,此项比率越高越好,因为在成本利润相同的情况下,存货周转率越高,获利就越大;反之,可能由于销售不力,采购过量或质量低劣等引起存货周转率低,应予以重视。

3. 营运资金周转率

营运资金是流动资产减去流动负债后的余额,营运资金周转率表明一定时期企业拥有的营运资金,平均每元所能创造的销售收入的指标,它是销货净额与平均营运资金的比值。其计算公式如下:

$$营运资金周转率＝销货净额÷平均营运资金$$

其中: 平均营运资金＝(期初营运资金＋期末营运资金)÷2

在一般情况下,营运资金周转率越高越好。

4. 全部资产周转率

全部资产周转率表明企业一定时期的全部资产,平均每元获得销售收入的水平,它是销货净额与平均资产总额的比值。其计算公式如下:

$$全部资产周转率＝销货净额÷平均资产总额$$

其中: 平均资产总额＝(期初资产总额＋期末资产总额)÷2

一般来说,全部资产周转率越高说明企业资金的利用效果越好。但该指标应与企业历史水平和同行的平均水平加以比较,才能作出正确的评价。

(四)反映获利能力的比率

1. 资本收益率

资本收益率是反映企业运用投资者投入资本获取收益能力的指标,它是企业净利润与实收资本(或股本)的比值。其计算公式如下:

$$资本收益率＝净利润÷实收资本$$

资本收益率越高，说明投资者投入资本的效益越好；反之则差。它是投资者进行投资决策时的一个重要依据。

2. 资本保值增值率

资本保值增值率是指期末所有者权益总额与期初所有者权益总额的比值。其计算公式如下：

$$资本保值增值率＝期末所有者权益总额÷期初所有者权益总额$$

资本保值增值率是衡量投资者投入企业资本的完整性、保全性及增值性的重要指标。当该指标等于 1 时，说明资本保值；当该指标小于 1 时，说明资本减值；相反，当该指标大于 1 时，说明资本增值，而且指标越大越好。

3. 资产报酬率

资产报酬率是用来衡量企业全部资产获利能力的指标，它是利润总额加上利息支出的合计数与平均资产总额的比值。其计算公式如下：

$$资产报酬率＝（利润总额＋利息支出）÷平均资产总额$$

资产报酬率越高，说明资产的利用效率越高，获利能力越强。

4. 销售利润率

销售利润率是反映企业销售收入的获利能力，即每元销售收入可以获得的利润，它是净利润与销货净额的比值。其计算公式如下：

$$销售利润率＝净利润÷销货净额$$

销售利润率能够比较直观地看出销售收入与利润的关系。

5. 成本利润率

成本利润率是指每元成本可以获得的利润水平，它是净利润与全部成本、费用的比值。其计算公式如下：

$$成本利润率＝净利润÷全部成本、费用$$

其中：全部成本、费用＝销售成本＋销售费用＋管理费用＋财务费用

成本利润率指标反映了企业所得与所耗之间的关系，比率越大，表明经济效益越好；反之，经济效益就越差。

6. 资产净利率

资产净利率是评价企业获利能力的一项综合性指标，它是净利润与平均资产总额的比值。其计算公式如下：

$$资产净利率＝净利润÷平均资产总额$$

这一指标还可进一步分解为销售利润率和资产周转率两个指标。即：

$$\frac{资产}{净利率}＝\frac{净利润}{平均资产总额}＝\frac{净利润}{销售净额}×\frac{销售净额}{平均资产总额}$$

资产净利率能够将销售盈利情况与资产周转情况结合起来,综合反映企业的获利能力。同时,企业的管理当局可以通过指标的分解,进一步分析影响获利水平的原因,从而寻找经营管理中的薄弱环节,制定出有针对性的改进措施。

（五）反映投资者收益情况的比率

1. 留存盈利率

留存盈利率是反映投资者取得当前收益与留存收益之间关系的指标,它是净利润扣除当年应付利润后的余额与净利润的比值。其计算公式如下：

$$留存盈利率＝（净利润－应付利润）÷净利润$$

留存盈利率的高低取决于企业的经营方针。一般情况下,在企业初创阶段,出于经营发展、扩大规模的考虑,可能此项比率会相对高些;待企业经营发展到一定阶段,资金积累到一定水平时,可能会相对低些。

2. 所有者权益报酬率

所有者权益报酬率是指平均每元所有者权益能够取得的收益水平,它是净利润与平均所有者权益总额的比值。其计算公式如下：

$$所有者权益报酬率＝净利润÷平均所有者权益总额$$

其中

$$\frac{平均所有者}{权益总额}＝\left(\frac{期初所有者}{权益总额}＋\frac{期末所有者}{权益总额}\right)÷2$$

所有者权益报酬率是反映所有者权益获利能力的指标,指标越高,说明投资带来的收益越高。

3. 股利支付率

股利支付率是反映普通股股东直接到手的股利占全部盈利额的比值。其计算公式如下：

$$股利支付率＝每股股利÷每股盈利额$$

股利支付率是投资者关心的指标,不同投资者对股利支付率的要求是不一致的,有的投资者希望有近期利益,多得股利;但有的投资者则愿意将利润用于企业发展，以获得更大股利。在实际工作中，股利支付率一般应根据企业经营发展资金需要量的具体情况而定。

4. 股利收益率

股利收益率是每股股利与普通股市价的比值。其计算公式如下：

$$股利收益率＝每股股利÷普通股每股市价$$

股利收益率高说明投资的效益好，但股票市价是在经常波动的，同时，如要正确评价股票投资的获利水平，还需和其他指标结合起来进行考察。

5. 每股盈余

每股盈余反映平均每股的收益水平，它是净利润与流通股数的比值。其计算公式如下：

$$每股盈余＝净利润÷流通股数$$

该项指标值越高，说明每一股份可得的利润越多，投资的效益越好；反之，则差。

6. 每股股利

每股股利是反映发放股利总额与流通股数的比值。其计算公式如下：

$$每股股利＝发放股利总额÷流通股数$$

每股股利的大小不仅取决于企业盈利水平的高低，同时，还受制于企业股利发放的方针。它是投资者十分关心的问题。

7. 市盈率

市盈率是每股市价与每股盈余的比值。其计算公式如下：

$$市盈率＝每股市价÷每股盈余$$

市盈率反映股票的每股盈余与市场价格的关系，比值越高，说明投资者的收益水平越高。这也是投资者重视的指标。

（六）反映经营现金流量情况的比率

1. 经营现金流动负债比率

经营现金流动负债比率是企业经营活动产生现金流量净额与流动负债的比值，它反映企业获得现金偿还短期债务的能力。其计算公式如下：

$$经营现金流动负债比率＝经营活动现金流量净额÷流动负债$$

企业为了偿还即将到期的流动负债，虽然可以通过出售投资或其他长期资产等现金流入，以及筹措借款来解决，但最安全而规范的办法，应是利用企业经营活动产生的现金净流量。该比率越大,说明企业的短期偿债能力越强。

2. 经营现金全部负债比率

经营现金全部负债比率是企业经营活动产生现金流量净额与全部负债的比值。其计算公式如下:

$$经营现金全部负债比率＝经营活动现金流量净额÷负债总额$$

该比率反映企业用年度经营活动产生的现金净流量偿付全部债务的能力,它是一个能比较综合反映企业现金偿债能力的指标。

3. 销售现金比率

销售现金比率是企业经营活动产生现金流量净额与营业收入的比值,它说明企业在一定时期内从每1元营业收入中取得的现金有多少可以用于经营之外的支出。其计算公式如下:

$$销售现金比率＝经营活动现金流量净额÷营业收入$$

该比率越大,说明企业内部资金筹措、自我扩张的能力越强,从而应付突发事件和市场变化的现金支付能力也会越强。

4. 净资产现金比率

净资产现金比率是企业经营活动产生现金流量净额与净资产平均余额的比值,它说明每1元净资产创造经营现金净流量的能力。其计算公式如下:

$$净资产现金比率＝经营活动现金流量净额÷净资产平均余额$$

该比率越高,表明投资者取得现金回报的能力越强,投资报酬的风险越小。用该指标与所有者权益报酬率比较,可以判断自有资本获取净利的质量。

5. 现金再投资比率

现金再投资比率是用企业来自经营活动产生现金流量净额中已被保留的那部分,同各项资产相比较,从而评价其重新再投资于各项营业资产比率的指标。其计算公式如下:

$$\frac{现金再}{投资比率}＝\frac{经营活动现金流量净额－现金股利}{固定资产＋长期投资＋其他长期资产＋营运资金}$$

该比率越高,说明企业可用于再投资各项资产的现金越多;反之,比率越低,说明可用于再投资的现金越少。一般来说,该比率达到8%~10%时比较理想。

6. 每股经营现金流量

每股经营现金流量是企业经营活动产生现金流量净额与发行在外普通股股数的比值。其计算公式如下：

每股经营现金流量＝经营活动现金流量净额÷普通股股数

该指标越高，表明企业的每股普通股所获得的现金流量越多。将该指标与每股盈余相比较，除可以考察企业每股盈余的质量外，还可以考察企业现金股利的支付能力。

（七）比率分析法的实际应用

比率分析法应用很广，它能够通过同一时期财务报表有关数据的分析、比较，帮助报表使用者评价企业的偿债能力、资金周转状况、获利能力及投资效益等方面的情况。但是，在实际应用中它还存在着某些局限性：其一，比率分析法所使用的数据仅属过去的历史性资料，对预测只具有参考价值；其二，计算出来的比率在不同企业间比较时，如会计核算方法不同就会毫无意义；其三，在通货膨胀情况下，分析的结果受物价变动因素的影响而存在扭曲；其四，每一比率只不过是两项数据的对比结果，很难说明企业的整体情况。因此，在应用比率分析法时，应该将分析数据的运用和企业经营中的实际情况结合起来，将比率分析与趋势分析结合起来，将财务状况的静态分析与动态分析结合起来，以提高财务报表的分析效果。

三、趋势分析法

趋势分析法可采用统计图表的形式，以观察变化趋势。但经常采用的则是编制比较财务报表的方法，它更能揭示企业财务状况、经营成果的变化原因和发展趋势，为报表使用者提供决策依据。编制比较财务报表，可以用绝对金额进行比较，也可以按百分比用相对数进行比较。

（一）用绝对数分析比较财务报表

用绝对数分析比较财务报表时，可以将一个企业连续数期的资产负债表、利润表等财务报表排列在一起，并增设"增减"栏，列示增减金额及增减百分比。比较时，可统一以某一年为基期，也可以分别以前一年作为基期。

（二）用相对数分析比较财务报表

用相对数分析比较财务报表，可以揭示比较财务报表中各项目之间的比例关系，它经常用来说明各项目对整体的相对重要性。这种分析方法通常先将财务报表中的某一关键项目的金额作为100％，再计算出其余各项目占关键项目的百分比，然后将几年的百分比进行比较，分析其变化、发展的趋势。

第二节　财务报表的合并

一、合并财务报表概述

（一）合并财务报表的目的和范围

1. 合并财务报表的目的

在以控股为目的的企业合并中,由于一个企业通过购买或换取另一个企业具有表决权的股份,从而取得了在生产经营、财务方针等方面对其施加控制的权利。这时,负责合并的企业就成了控股的母公司,而被并企业则成了负责合并企业的附属子公司。虽然,这两家企业仍作为独立的法律主体继续经营下去,但在生产经营方面,它们却成了控制与被控制的经济实体,即企业集团。因此,在会计上为了反映这一经济实体的资产、负债、所有者权益,以及整个企业集团的经营成果,就需要在它们自身编制的财务报表基础上编制合并财务报表,以满足企业集团母公司的报表阅读者了解其综合会计信息的要求。因此,合并财务报表,是指反映母公司和其全部子公司形成的企业集团整体财务状况、经营成果和现金流量的财务报表。

2. 合并财务报表的合并理论和范围

企业集团的母公司在编制合并财务报表时,确定哪些子公司应当纳入合并范围,哪些子公司不应当纳入合并范围的依据,主要取决于编制合并财务报表所采用的合并理论。目前,国际上主要的合并理论有母公司理论、实体理论和所有权理论三种。母公司理论强调母公司的股东权益,将编制合并财务报表看作是母公司报表的扩展和延伸,并从母公司角度考虑财务报表合并范围和合并方法等问题。其特点主要是:在合并资产负债表中,将少数股东权益作为负债处理,合并后的所有者权益均为母公司所有。实体理论强调,构成企业集团的多数股东权益和少数股东权益是同等重要的,应一视同仁。其特点主要是:在合并资产负债表中,将少数股东权益作为企业集团所有者权益的组成部分,而不作为负债处理。所有权理论强调编制合并财务报表的企业对另一企业的经济活动和财务决策具有重大影响的所有权。其主要特点是:对于拥有所有权企业的资产、负债和当期实现的损益,均按一定比例合并计入合并财务报表。在我国,合并财务报表基本上是以实体理论为基础编制的。

根据我国《企业会计准则第 33 号——合并财务报表》的规定,合并财务报表的合并范围,应当以控制为基础予以确定。这里所说的控制,是指投资方拥有对被投资方的权力,通过参与被投资方的相关活动而享有可变回报,并且有能力运用对被投资方的权力影响其回报金额。

控制的定义包含三项基本要素,在判断投资方是否能够控制被投资方时,如果投资方具备以下所有要素,则投资方能够控制被投资方:

(1)拥有对被投资方的权力。

(2)通过参与被投资方的相关活动而享有可变回报。

(3)有能力运用对被投资方的权力影响其回报金额。

具体来说,投资方在判断其是否控制被投资方时,应考虑所有的事实和情况,当且仅当投资方同时具备上述三个要素时,投资方才控制被投资方。如果事实和情况表明上述控制三个要素中的一个或多个发生变化,则投资方要重新判断其是否控制被投资方。

(二)合并财务报表的组成部分和前期准备

1.合并财务报表的组成部分

根据我国的企业会计准则规定,合并财务报表至少应当包括下列组成部分:

(1)合并资产负债表。

(2)合并利润表。

(3)合并现金流量表。

(4)合并所有者权益变动表。

(5)附注。

2.合并财务报表的前期准备

合并财务报表是以母公司和其子公司的财务报表为基础,根据其他有关的资料,由母公司编制。在合并财务报表编制之前,母公司和子公司都应当作好相应的前期准备。

(1)母公司的前期准备。母公司在合并财务报表编制之前,应做的前期准备包括:① 按照权益法核算要求对子公司的长期股权投资进行调整。② 统一子公司所采用的会计政策,使子公司采用的会计政策与母公司保持一致。③ 统一子公司的会计期间,使子公司的会计期间与母公司保持一致。

(2)子公司的前期准备。在合并财务报表编制之前,子公司除了应当向母公司提供财务报表外,还应当向母公司提供下列有关资料:① 采用的与母公司不一致的会计政策及其影响金额。② 与母公司不一致的会计期间的说明。③ 与母公司、其他子公司之间发生的所有内部交易的相关资料。④ 所有者权益变动的有关资料。⑤ 编制合并财务报表所需要的其他资料。

二、合并财务报表的编制方法

企业合并财务报表,应当以母公司和子公司的资产负债表、利润表和所有者权益变动表为基础,在抵销母公司与子公司、子公司相互之间发生的内部交易对合并资产负债表、合并利润表和合并所有者权益变动表的影响后,由母公司合并编制。

（一）母公司长期股权投资的调整

在编制合并财务报表前,母公司应当按照权益法核算要求对子公司的长期股权投资进行调整。除此之外,对非同一控制下企业合并形成的母子公司,在编制合并财务报表前,母公司还需要对子公司个别财务报表中的有关数据,按照购买日可辨认资产、负债的公允价值为基础进行调整。然后,再根据合并财务报表的编制要求,作必要的抵销合并。

母公司对子公司的长期股权投资按照权益法要求进行调整时,在合并工作底稿中应当编制的调整分录为:对于应享有子公司当期实现净利润的份额,借记"长期股权投资"项目,贷记"投资收益"项目;按照应承担子公司当期发生的亏损份额,作相反的调整分录,借记"投资收益"项目,贷记"长期股权投资"项目。对于当期收到子公司分派的现金股利或利润,借记"投资收益"项目,贷记"长期股权投资"项目。在持股比例不变的情况下,对于子公司净损益以外所有者权益的其他变动,母公司按照应享有或应承担的份额,借记或贷记"长期股权投资"项目,贷记或借记"资本公积"项目。

【例 11-1】 某母公司 20×7 年年初以 2 000 万元银行存款取得某子公司 60%股份(属于非同一控制下企业合并),采用成本法核算长期股权投资,假定,该子公司在合并日可辨认资产、负债的公允价值与其账面价值相等。20×7 年度,该子公司实现净利润 800 万元,当年未分配利润;年末,其持有的其他权益工具投资的公允价值升值金额为 100 万元,扣除应确认的递延所得税负债 33 万元后,增加其他综合收益 67 万元。除此之外,无其他需调整事项。

根据资料,母公司应在合并财务报表工作底稿中,确认在 20×7 年度子公司实现净利润中应享有的份额 480 万元(800×60%),作调整分录为:

借:长期股权投资		4 800 000
贷:投资收益		4 800 000

同时,根据该子公司因其他权益工具投资的公允价值升值而增加其他综合收益中的份额 40.2 万元(67×60%),调整长期股权投资金额,作调整分录为:

借：长期股权投资　　　　　　　　　　　　　　　　402 000
　　贷：其他综合收益　　　　　　　　　　　　　　　　　　402 000

其合并财务报表工作底稿如表 11-1 所示。

表 11-1

合并财务报表工作底稿(部分)

单位：元

项　　　　目	母公司	子公司	抵　销　分　录		合并后金额
			借　方	贷　方	
利润表：					
投资收益	3 000 000			①4 800 000	7 800 000
资产负债表：					
长期股权投资——对子公司投资	20 000 000		①4 800 000		25 202 000
			②402 000		
资本公积	1 500 000	670 000		②402 000	2 572 000

注：金额数字前的①②代表本例的两笔调整分录。

（二）母公司长期股权投资与子公司所有者权益的抵销

当母公司对子公司进行长期股权投资时,在母公司个别资产负债表中,一方面反映为长期股权投资以外的其他资产的减少,另一方面反映为长期股权投资的增加;而在子公司个别资产负债表中,一方面反映为实收资本的增加,另一方面反映为相对应的资产增加;但对整个企业集团来说,资产、负债和所有者权益并未发生增减变动。因此,在编制合并财务报表时应当将母公司对子公司的长期股权投资与子公司的所有者权益项目予以抵销。

在纳入合并范围的子公司为全资子公司的情况下,母公司对子公司长期股权投资的数额和子公司所有者权益各项目的数额应当全额抵销。在合并工作底稿中编制抵销分录时,应借记"实收资本""资本公积""盈余公积"和"未分配利润——年末"项目,贷记"长期股权投资"项目。但在纳入合并范围的子公司为非全资子公司的情况下,应当将母公司对子公司长期股权投资的数额和子公司所有者权益中母公司所拥有的比例数额相抵销;其余的比例数额,在合并财务报表中应作为"少数股东权益"处理。在合并工作底稿中编制抵销分录时,应借记"实收资本""资本公积""盈余公积"和"未分配利润——年末"项目,贷记"长期股权投资"和"少数股东权益"项目。

当母公司对子公司长期股权投资的数额大于子公司所有者权益中母公司所拥有的比例数额时,其差额应作为"商誉"项目列示。商誉发生减值的,应当按照经减值测试后的金额列示。

【例 11-2】 假设,某母公司对其子公司长期股权投资的数额(调整后)为1 600 000元,拥有该子公司 80%的股份。该子公司所有者权益总额为1 800 000元,其中实收资本为1 000 000 元,资本公积为 600 000 元,盈余公积为200 000元。有关母公司与该子公司个别资产负债表数据如表 11-2 所示。

表 11-2

母公司与子公司资产负债表

20×0 年 12 月 31 日   单位:元

项　　　　目	母　公　司	子　公　司
资产:		
银行存款	650 000	360 000
应收账款	450 00	90 000
存货	2 400 000	450 000
长期股权投资——对子公司投资 80%	1 600 000	
固定资产	8 400 000	1 350 000
资　产　总　计	13 500 000	2 250 000
负债和所有者权益		
应付账款	2 100 000	300 000
长期借款	1 500 000	
应付债券		150 000
股本	5 000 000	1 000 000
资本公积	2 800 000	600 000
盈余公积	2 100 000	200 000
负债和所有者权益总计	13 500 000	2 250 000

本例中,母公司对子公司长期股权投资数额为1 600 000 元,与其在子公司所有者权益中拥有的数额1 440 000 元(1 800 000×80%)之间的差额为160 000元,应当作为商誉处理。至于子公司所有者权益中 20%的部分,应作为少数股东权益处理。应作抵销分录如下:

借：实收资本   1 000 000

    资本公积   600 000

    盈余公积   200 000

    商誉   160 000

贷：长期股权投资   1 600 000

    少数股东权益   360 000

其合并工作底稿如表 11-3 所示。

表 11-3

合并资产负债表工作底稿

20×0 年 12 月 31 日   单位：元

项　　目	资产负债表		抵 销 分 录		少数股权	合并资产负债表
	母公司	子公司	借　方	贷　方		
资产：						
银行存款	650 000	360 000				1 010 000
应收账款	450 000	90 000				540 000
存货	2 400 000	450 000				2 850 000
长期股权投资——对子公司投资80%	1 600 000			①1 600 000		0
商誉			①160 000			160 000
固定资产	8 400 000	1 350 000				9 750 000
资产总计	13 500 000	2 250 000				14 310 000
负债和所有者权益						
应付账款	2 100 000	300 000				2 400 000
长期借款	1 500 000					1 500 000
应付债券		150 000				150 000
实收资本	5 000 000	1 000 000	①1 000 000			5 000 000
资本公积	2 800 000	600 000	①600 000			2 800 000
盈余公积	2 100 000	200 000	①200 000			2 100 000
少数股东权益20%					①360 000	360 000
负债和所有者权益总计	13 500 000	2 250 000	1 960 000	1 600 000	360 000	14 310 000

注：金额数字前的①代表本例的一笔抵销分录。

（三）公司间债权与债务的抵销

母公司与子公司、子公司与子公司之间的债权与债务，包括公司间相互销售、提供劳务等产生的内部应收与应付、预收与预付等款项，以及企业集团内部公司间的债券投资和应付债券等事项。这些事项属于企业集团内部的资金活动,在编制合并财务报表时应相互抵销。

1. 应收应付、预收预付项目的抵销

【例 11-3】 某母公司在 20×0 年 12 月 31 日取得了某子公司 100%股权,至 20×1 年 12 月 31 日两公司的资产负债表中存在着下列债权与债务项目:

(1) 母公司的应收股利中包含子公司应付给母公司的股利 5 000 元。

(2) 子公司的应收账款中包含应收母公司货款 10 000 元。

对这两笔公司间的应收应付项目,在编制合并财务报表工作底稿(见表 11-4)时,应相互抵销,作抵销分录为:

借:其他应付款 5 000
  贷:其他应收款 5 000
借:应付账款 10 000
  贷:应收账款 10 000

表 11-4

合并财务报表工作底稿(部分)

单位:元

项　　　目	母公司	子公司	抵 销 分 录		合并后金额
			借　方	贷　方	
资产负债表:					
应收账款	56 000	48 000		②10 000	94 000
其他应收款	12 000	4 000		①5 000	11 000
应付票据及应付账款	84 000	75 000	②10 000		149 000
其他应付款	15 000	8 000	①5 000		18 000

注:金额数字前的①②代表本例中的两笔抵销分录。

2. 内部应收账款提取坏账准备的抵销

企业集团公司间内部交易产生的应收款项,在坏账损失采用备抵法核算时,这部分应收款项已根据一定比例提取坏账准备。因此,在编制合并财务报表时,除了应将内部应收款项予以抵销外,还需对提取相应比例的坏账准备予以抵销。

【例 11-4】 假设,上例子公司应收母公司货款 10 000 元,已提取 50 元坏账准备记入"信用减值损失"账户。对这一事项,在编制合并财务报表工作底稿时,应作抵销分录为:

借：应收账款——坏账准备   50

 贷：信用减值损失   50

由于抵销分录是在编制合并财务报表工作底稿时编制的,抵销金额仅仅在合并财务报表上扣除不予反映,但企业集团各公司的个别财务报表数据资料仍未变化。在个别财务报表上,应收款项提取的坏账准备已经入账,减少当期利润。因此,到了下期,在连续编制合并财务报表的情况下,应首先将期初个别财务报表中因上期内部应收款项计提的坏账准备对期初未分配利润的影响,按合并财务报表的编制要求予以调整,即借记“应收账款——坏账准备”项目,贷记“未分配利润——年初”项目。然后,再根据本期内部应收款项的增减额按比例将提取的坏账准备予以抵销。

【例 11-5】 假设,在[例 11-4]子公司资产负债表“应收账款”项目中,20×2 年 12 月 31 日含有应收母公司货款 18 000 元,补提信用减值损失 40 元,20×3 年 12 月 31 日含有应收母公司货款 15 000 元,转回信用减值利得 15 元。在编制合并财务报表工作底稿时,应作抵销分录如下:

(1)调整 20×2 年期初内部应收账款提取的信用减值损失对年初未分配利润的影响:

借：应收账款——坏账准备   50

 贷：未分配利润——年初   50

(2)抵销 20×2 年度本期内部应收应付项目:

借：应付账款   18 000

 贷：应收账款   18 000

(3)抵销 20×2 年期末补提的信用减值损失 40 元:

借：应收账款——坏账准备   40

 贷：信用减值损失   40

(4)调整 20×3 年期初内部应收账款提取的信用减值损失对年初未分配利润的影响:

借：应收账款——坏账准备   90

 贷：未分配利润——年初   90

(5)抵销 20×3 年度本期内部应收应付项目:

借：应付账款   15 000

 贷：应收账款   15 000

(6)抵销 20×3 年期末转回的信用减值利得 15 元:

借：信用减值损失   15

  贷：应收账款——坏账准备   15

3. 内部债券投资与应付债券的抵销

企业集团公司间相互购售债券，一般属于内部债权与债务，在编制合并财务报表时，不仅需要将债券的购售价格相互抵销，即借记"应付债券"项目，贷记"债权投资""其他债权投资"或"交易性金融资产"等项目。而且，还需要将购售债券的投资收益和利息支出编制抵销分录，借记"投资收益"项目，贷记"财务费用"或"在建工程"项目。如果抵销后有差额的，其差额记入"投资收益"项目。

【例 11-6】 某母公司于 20×2 年年初按面值 500 000 元购入某子公司发行的债券，年利率 10%，期限 3 年，每年年末付息，到期还本，公司将其作为以摊余成本计量的金融资产。在 20×2 年年末编制合并财务报表工作底稿（如表 11-5 所示）时，应作抵销分录为：

（1）抵销债券的余额：

借：应付债券   500 000

  贷：债权投资   500 000

（2）抵销债券的利息：

借：投资收益   50 000

  贷：财务费用   50 000

表 11-5

合并财务报表工作底稿（部分）

单位：元

项　　　目	母公司	子公司	抵　销　分　录		合并后金额
			借　方	贷　方	
利润表：					
财务费用		50 000		②50 000	0
投资收益	50 000		②50 000		0
资产负债表：					
债权投资	500 000			①500 000	0
应付债券		500 000	①500 000		0

注：金额数字前的①②代表本例的两笔抵销分录。

假如，上述债券改为面值为 500 000 元，购售价格为 521 635 元，票面年利率 6%，实际年利率 5%，期限 5 年，每年年末付息，到期还本。则在 20×2 年年末编制合并财务报表工作底稿（见表 11-6）时，应作抵销分录为：

（1）抵销债券的摊余成本：

　借：应付债券　　　　　　　　　　　　　　　517 716.75
　　贷：债权投资　　　　　　　　　　　　　　　　　　517 716.75
（2）抵销债券的利息收入与支出：
　借：投资收益　　　　　　　　　　　　　　　　26 081.75
　　贷：财务费用　　　　　　　　　　　　　　　　　　26 081.75

表 11-6

合并会计报表工作底稿(部分)

单位：元

项　　　目	母公司	子公司	抵 销 分 录		合并后金额
			借　方	贷　方	
利润表：					
财务费用		26 081.75		②26 081.75	0
投资收益	26 081.75		②26 081.75		0
资产负债表：					
债权投资	517 716.75			①517 716.75	0
应付债券		517 716.75	①517 716.75		0

注：金额数字前的①②代表本例中的两笔抵销分录。

如果债券利息，一方记入"在建工程"账户，另一方记入"投资收益"账户，那么，这部分未实现的内部利润在以后年度编制合并财务报表时，还应予以调整，即借记"未分配利润——年初"项目，贷记"在建工程"项目，如果在建工程已形成固定资产，就需要按公司间购售固定资产的内部利润进行合并处理。

（四）公司间存货交易中的内部利润抵销

合并财务报表应反映企业集团整体对外销售实现的利润，公司间内部销售取得的利润，在编制合并财务报表时要予以抵销，另外，公司间购售的存货，如果到了年终仍未对外售出，在编制合并财务报表时，也需要将未对外售出存货中包含的内部利润抵销掉。

【例 11-7】　某母公司 20×2 年年初向某子公司出售存货，销售收入为 150 000 元，销售成本为 120 000 元。子公司购入后，在20×2年度内售出 50%，售价为 80 000 元，另外的 50% 尚未售出。

在 20×2 年年末编制合并财务报表工作底稿(见表 11-7)时，应作抵销分录为：

（1）抵销 50% 已实现的内部销售收入和成本：

表11-7

合并会计报表工作底稿(部分)

单位：元

项　目	母公司	子公司	抵　销　分　录 借　方	贷　方	合并后金额
利润表：					
营业收入	150 000	80 000	①75 000 ②75 000		80 000
营业成本	120 000	75 000		①75 000 ②60 000	60 000
营业利润	30 000	5 000	150 000	135 000	20 000
资产负债表：					
存货		75 000		②15 000	60 000

注：金额数字前的①②代表本例中的两笔抵销分录。

借：营业收入　　　　　　　　　　　　　　　　　　75 000
　　贷：营业成本　　　　　　　　　　　　　　　　　　75 000

（2）抵销50％未实现的内部销售收入、成本和利润：

借：营业收入　　　　　　　　　　　　　　　　　　75 000
　　贷：营业成本　　　　　　　　　　　　　　　　　　60 000
　　　　存货　　　　　　　　　　　　　　　　　　　15 000

经过上述抵销，子公司已售出的50％内部购入存货，在合并财务报表上反映的是整个企业集团对外销售的收入为80 000元，成本为60 000元，利润为20 000元；而未售出的50％存货通过抵销，已将内部销售产生的未实现利润15 000元在合并财务报表上减去了，合并后的这部分存货反映的是母公司的成本价60 000元。但是，由于合并财务报表是根据母公司和子公司个别会计报表编制的，下年度在母公司的个别会计报表上，对子公司未售出50％存货的内部未实现利润，仍保留在年初未分配利润中。因此，在下年度编制合并财务报表时，需要将这部分上期未实现的内部销售利润对本期期初未分配利润的影响进行调整，借记"年初未分配利润"项目，如这部分存货下年度已售出，应贷记"营业成本"项目，如仍未售出，则贷记"存货"项目。

【例11-8】　假设，上述子公司20×2年度购入未售出的50％存货，到20×3年度其中的80％已售出，销售价为64 000元，还有20％仍未售出，作为期末存货。

在 20×3 年年末,编制合并财务报表工作底稿(见表 11-8)时,应作抵销分录为:

(1)调整上期购入本期已实现内部销售存货利润对期初未分配利润的影响 12 000 元(15 000×80%):

借:未分配利润——年初　　　　　　　　　　　　　　　12 000
　　贷:营业成本　　　　　　　　　　　　　　　　　　　　　　12 000

(2)调整上期购入本期未实现内部销售存货利润对期初未分配利润的影响 3 000 元(15 000×20%):

借:未分配利润——年初　　　　　　　　　　　　　　　3 000
　　贷:存货　　　　　　　　　　　　　　　　　　　　　　　3 000

表 11-8

合并财务报表工作底稿(部分)

单位:元

项　　　目	母公司	子公司	抵　销　分　录		合并后金额
			借　方	贷　方	
利润表:					
营业收入		64 000			64 000
营业成本		60 000		①12 000	48 000
营业利润		4 000		12 000	16 000
所有者权益变动表:					
未分配利润——年初	15 000		①12 000 ②3 000		
资产负债表:					
存货		15 000		②3 000	12 000

注:金额数字前的①②代表本例中的两笔抵销分录。

(五)公司间固定资产交易中的内部利润抵销

企业集团中的母公司与子公司,子公司与子公司之间一方销售自身生产的产品,另一方购入后作为固定资产使用的固定资产交易业务所产生的内部利润,在编制合并财务报表时应予以抵销。但这种抵销要延续到该项固定资产使用年限的结束。这是因为,购入固定资产的公司其购入固定资产的原始价值中所包含的内部利润,不是企业集团的真正利润。另外,购入固定资产的公司根据固定资产使用年限而计提的折旧,通过计入成本、费用,最终从销售收入中收回。这部分收入也包含了公司间的内部利润。因此,都需要在编制合并财务报表时抵销。

1. 固定资产交易及使用期间内部利润的抵销

【例 11-9】 某母公司于 20×0 年 12 月将其生产的一台设备以 60 000 元的价格出售给某子公司,该台设备的成本为 50 000 元。假定,预计该设备的使用年限为 5 年,无残值,子公司购入后作管理用设备采用直线法计提折旧。

(1) 20×0 年度母子公司编制合并财务报表工作底稿时,应将固定资产交易所产生的内部销售收入、销售成本,以及子公司固定资产原始价值中所包含的未实现内部利润予以抵销,作抵销分录为:

借:营业收入	60 000
贷:营业成本	50 000
固定资产——原价	10 000

其合并财务报表工作底稿如表 11-9 所示。

(2) 20×1 年度编制母子公司合并财务报表工作底稿时,除了需要将固定资产交易产生的内部未实现利润 10 000 元从母公司年初未分配利润中予以抵销外,还需要将子公司当年计入销售成本(或管理费用)的折旧额 12 000 元中所包含的已实现内部利润2 000 元予以抵销。为此,应作抵销分录为:

表 11-9

合并财务报表工作底稿(部分)

单位:元

项 目	母公司	子公司	抵 销 分 录		合并后金额
			借 方	贷 方	
利润表:					
营业收入	60 000		①60 000		
营业成本	50 000			①50 000	
营业利润	10 000		60 000	50 000	
资产负债表:					
固定资产——原价		60 000		①10 000	50 000

注:金额数字前的①代表 20×0 年度编制的一笔抵销分录。

借：未分配利润——年初　　　　　　　　　　　　　　　10 000

　　贷：固定资产——原价　　　　　　　　　　　　　　　　　　10 000

借：固定资产——累计折旧　　　　　　　　　　　　　　2 000

　　贷：管理费用　　　　　　　　　　　　　　　　　　　　　　2 000

其合并财务报表工作底稿如表 11-10 所示。

表 11-10

合并财务报表工作底稿(部分)

单位：元

项　　　目	母公司	子公司	抵　销　分　录		合并后金额
			借　方	贷　方	
利润表：					
管理费用		12 000		②2 000	10 000
所有者权益变动表：					
未分配利润——年初	10 000		①10 000		
资产负债表：					
固定资产——原价	60 000			②10 000	50 000
固定资产——累计折旧		12 000	②2 000		10 000

注：金额数字前的①②代表 20×1 年度编制的两笔抵销分录。

（3）20×2 年度编制合并财务报表工作底稿时,仍需抵销固定资产交易产生的内部未实现利润 10 000 元。同时,除了抵销子公司当年计入成本、费用的折旧额中所包含的已实现内部利润 2 000 元外,还需抵销 20×1 年度实现但在 20×2 年度子公司年初未分配利润中少计的内部利润 2 000 元。因此,应作抵销分录为：

借：未分配利润——年初　　　　　　　　　　　　　　　10 000

　　贷：固定资产——原价　　　　　　　　　　　　　　　　　　10 000

借：固定资产——累计折旧　　　　　　　　　　　　　　2 000

　　贷：管理费用　　　　　　　　　　　　　　　　　　　　　　2 000

借：固定资产——累计折旧　　　　　　　　　　　　　　2 000

　　贷：未分配利润——年初　　　　　　　　　　　　　　　　　2 000

其合并财务报表工作底稿如表 11-11 所示。

表 11-11

合并财务报表工作底稿(部分)

单位：元

项　　　目	母公司	子公司	抵　销　分　录		合并后金额
			借　方	贷　方	
利润表：					
管理费用		12 000		②2 000	10 000
所有者权益变动表：					
未分配利润——年初	10 000	−12 000	①10 000	③2 000	−10 000
资产负债表：					
固定资产——原价		60 000		①10 000	50 000
固定资产——累计折旧		24 000	②2 000 ③2 000		20 000

注：金额数字前的①②③代表 20×2 年度编制的两笔抵销分录。

(4) 20×3 年度编制合并财务报表工作底稿时，仍需像 20×2 年度一样予以抵销，但需要抵销的 20×1 年度、20×2 年度已实现但在 20×3 年度子公司年初未分配利润中少计的内部利润应是 4 000 元。为此，应作抵销分录为：

```
借：未分配利润——年初                    10 000
    贷：固定资产——原价                        10 000

借：固定资产——累计折旧                   2 000
    贷：管理费用                               2 000

借：固定资产——累计折旧                   4 000
    贷：未分配利润——年初                      4 000
```

其合并财务报表工作底稿如表 11-12 所示。

表 11-12

合并财务报表工作底稿(部分)

单位：元

项　　　目	母公司	子公司	抵　销　分　录		合并后金额
			借　方	贷　方	
利润表：					
管理费用		12 000		②2 000	10 000

（续表）

项　目	母公司	子公司	抵销分录		合并后金额
			借方	贷方	
所有者权益变动表：					
未分配利润——年初	10 000	−24 000	①10 000	③4 000	−20 000
资产负债表：					
固定资产——原价		60 000		①10 000	50 000
固定资产——累计折旧		36 000	②2 000 ④4 000		30 000

注：金额数字前的①②③代表20×3年度编制的两笔抵销分录。

（5）20×5年度编制合并财务报表工作底稿时，应作抵销分录为：

借：未分配利润——年初　　　　　　　　　　　　　　　10 000
　　贷：固定资产——原价　　　　　　　　　　　　　　　10 000
借：固定资产——累计折旧　　　　　　　　　　　　　　2 000
　　贷：管理费用　　　　　　　　　　　　　　　　　　　2 000
借：固定资产——累计折旧　　　　　　　　　　　　　　8 000
　　贷：未分配利润——年初　　　　　　　　　　　　　　8 000

其合并财务报表工作底稿如表11-13所示。

表11-13

合并财务报表工作底稿（部分）

单位：元

项　目	母公司	子公司	抵销分录		合并后金额
			借方	贷方	
利润表：					
管理费用		12 000		②2 000	10 000
所有者权益变动表：					
未分配利润——年初	10 000	−48 000	①10 000	③8 000	−40 000
资产负债表：					
固定资产——原价		60 000		①10 000	50 000
固定资产——累计折旧		60 000	②2 000 ③8 000		50 000

注：金额数字前的①②③代表20×5年度编制的两笔抵销分录。

2. 内部交易固定资产清理时的抵销

内部交易的固定资产在清理时,对购入公司来说,一般通过"固定资产清理"账户进行核算,最后将清理的净损益转入"营业外收入"或"营业外支出"账户。但是对清理时合并财务报表的抵销,还需根据不同情况进行处理。

(1) 使用期满清理时的抵销。如果[例 11-9]中子公司于第 5 年 20×5 年度使用期满时进行清理,这时,原来固定资产价值中未实现的内部利润已全部实现。因此,在期末编制的合并财务报表工作底稿中,只需将本期多计提的折旧额包含在年初未分配利润中的内部利润予以抵销,作抵销分录为:

借:未分配利润——年初   2 000

    贷:管理费用   2 000

其合并财务报表工作底稿如表 11-14 所示。

表 11-14

合并财务报表工作底稿(部分)

单位:元

项 目	母公司	子公司	抵 销 分 录		合并后金额
			借 方	贷 方	
利润表:					
管理费用		12 000		①2 000	10 000
所有者权益变动表:					
未分配利润——年初	10 000	−48 000	①2 000		−40 000
资产负债表:					
固定资产——原价		0			
固定资产——累计折旧		0			

注:金额数字前的①代表本例中的一笔抵销分录。

(2) 超期使用清理时的抵销。在内部交易固定资产超期使用期间,需要将购入公司固定资产价值中含有的未实现内部销售利润予以抵销。另外,还需对累计折旧中多计提的内部销售利润予以抵销。

【例 11-10】 上述内部交易的固定资产,子公司在使用 5 年仍继续使用,不予清理。在继续使用期间每年期末编制合并财务报表工作底稿时,应作抵销分录为:

借：未分配利润——年初 10 000

贷：固定资产——原价 10 000

借：固定资产——累计折旧 10 000

贷：未分配利润——年初 10 000

其合并财务报表工作底稿如表 11-15 所示。

表 11-15

合并财务报表工作底稿(部分)

单位：元

项 目	母公司	子公司	抵 销 分 录		合并后金额
			借 方	贷 方	
利润表：					
管理费用		0			
所有者权益变动表：					
未分配利润——年初	10 000	−60 000	①10 000	②10 000	−50 000
资产负债表：					
固定资产——原价		60 000		①10 000	50 000
固定资产——累计折旧		60 000	②10 000		50 000

注：金额数字前的①②代表本例中的两笔抵销分录。

待该项固定资产清理时,由于固定资产的原始价值与累计折旧已随着固定资产的清理而注销,因而也就不存在固定资产原始价值中未实现内部销售利润的抵销问题,以及累计折旧中多计提的内部销售利润的抵销问题。因此,对编制超期使用的内部交易固定资产清理时合并财务报表工作底稿时,不需作抵销处理。

其合并财务报表工作底稿如表 11-16 所示。

表 11-16

合并财务报表工作底稿(部分)

单位：元

项 目	母公司	子公司	抵 销 分 录		合并后金额
			借 方	贷 方	
利润表：					
管理费用					

（续表）

项　　目	母公司	子公司	抵　销　分　录		合并后金额
			借　方	贷　方	
所有者权益变动表：					
未分配利润——年初	10 000	−60 000			−50 000
资产负债表：					
固定资产——原价		0			
固定资产——累计折旧		0			

3. 提前清理时的抵销

公司间内部购入固定资产,在使用期满前清理时,由于固定资产已不复存在,其价值中包含的内部销售利润已随清理而成为实现的损益。另外,清理当期计提的折旧和以前年度累计折旧中包含的内部利润也随着清理而转为损益。因此,这些金额应分别与"营业外收入"或"营业外支出"项目相抵销。

【例 11-11】 假设,上述内部交易的固定资产,子公司于第 4 年 20×4 年度进行报废清理。发生清理收入 14 000 元,清理费用 1 000 元,清理净收益为 1 000 元转入"营业外收入"账户。

在编制合并财务报表工作底稿时,应作抵销分录为:

```
借：未分配利润——年初                    10 000
    贷：营业外收入                               10 000
借：营业外收入                            2 000
    贷：管理费用                                  2 000
借：营业外收入                            6 000
    贷：未分配利润——年初                        6 000
```

其合并财务报表工作底稿如表 11-17 所示。

表 11-17

合并财务报表工作底稿(部分)

单位：元

项　　目	母公司	子公司	抵　销　分　录		合并后金额
			借　方	贷　方	
利润表：					
管理费用		12 000		②2 000	10 000

（续表）

项　　目	母公司	子公司	抵　销　分　录		合并后金额
			借　方	贷　方	
营业外收入		1 000	②2 000 ③6 000	①10 000	3 000
所有者权益变动表：					
未分配利润——年初	10 000	−36 000	①10 000	③6 000	−30 000
资产负债表：					
固定资产——原价		0			
固定资产——累计折旧		0			

注：金额数字前的①②③代表本例中的三笔抵销分录。

（六）公司间内部投资收益与利润分配的抵销

母公司对子公司长期股权投资收益，实际上就是子公司实现的净利润与母公司对其所持股比例相乘的结果。但在编制合并利润表时，子公司本年实现的净利润已还原为收入、成本和费用项目与母公司的各相应项目进行了合并，因此，应当将母公司对子公司长期股权投资收益予以抵销。而子公司将实现的净利润进行的利润分配，包括提取盈余公积、分配投资者利润以及期末未分配利润，其中，母公司持股比例部分的数额是归属于母公司的，其数额正好与母公司对子公司长期股权投资收益相抵销。

当子公司存在年初未分配利润时，子公司当年实现的净利润与年初未分配利润之和就是可供分配利润，并分别按持股比例分配给母公司和少数股东，因此，也应当予以抵销。

在纳入合并范围的子公司为全资子公司时，公司间投资收益与利润分配的抵销，应当借记"投资收益""未分配利润——年初"项目，贷记"提取盈余公积""对所有者的分配"和"未分配利润——年末"项目；在纳入合并范围的子公司为非全资子公司的情况下，则应当借记"投资收益""少数股东收益"和"未分配利润——年初"项目，贷记"提取盈余公积""对所有者的分配"和"未分配利润——年末"项目。

【例 11-12】　假设，某母公司拥有子公司 90％的股权。子公司年初未分配利润为 5 000 元，本年实现的净利润为 75 000 元，提取盈余公积为 15 000 元，分配股利为 40 000 元，年末未分配利润为 25 000 元。为此，编制的抵销分录应为：

借：投资收益   67 500

   少数股东收益   7 500

   未分配利润——年初   5 000

  贷：提取盈余公积   15 000

     对所有者的分配   40 000

     未分配利润——年末   25 000

其合并财务报表工作底稿如表 11-18 所示。

表 11-18

合并财务报表工作底稿（部分）

单位：元

项　　目	母公司	子公司	抵 销 分 录		少数股权	合并后金额
			借　方	贷　方		
利润表：						
营业收入	3270000	1 140 000				4 410 000
减：营业成本	2587500	862 500				3 450 000
减：期间费用	451 500	165 000				616 500
营业利润	231 000	112 500				343 500
加：投资收益	67 500		①67 500			
利润总额	298 500	112 500				343 500
减：所得税费用	84 200	37 500				121 700
少数股东收益					①7 500	(7 500)
净利润	214 300	75 000	67 500		7 500	214 300
所有者权益变动表：						
未分配利润——年初	50 000	5 000	①5 000			50 000
提取盈余公积	37 000	15 000		①15 000		37 000
对所有者的分配	150 000	40 000		①40 000		150 000
未分配利润——年末	77 300	25 000		①25 000		77 300

注：金额数字前的①代表本例中的一笔抵销分录。

（七）合并财务报表的其他编制问题

1. 合并资产负债表

（1）母公司在报告期内因同一控制下企业合并增加的子公司在编制合并

资产负债表时,应当调整合并资产负债表的期初数。

因非同一控制下企业合并增加的子公司,编制合并资产负债表时,不应当调整合并资产负债表的期初数。

(2) 母公司在报告期内处置子公司,编制合并资产负债表时,不应当调整合并资产负债表的期初数。

2. 合并利润表

(1) 子公司少数股东分担的当期亏损超过了少数股东在该子公司期初所有者权益中享有的份额,其余额应当分别下列情况进行处理:① 公司章程或协议规定少数股东有义务承担,并且少数股东有能力予以弥补的,该项余额应当冲减少数股东权益。② 公司章程或协议未规定少数股东有义务承担的,该项余额应当冲减母公司的所有者权益。该子公司以后期间实现的利润,在弥补了母公司所有者权益承担的属于少数股东的损失之前,应当全部归属于母公司的所有者权益。

(2) 母公司在报告期内因同一控制下企业合并增加的子公司,应当将该子公司合并当期期初至报告期末的收入、费用、利润纳入合并利润表。

因非同一控制下企业合并增加的子公司,应当将该子公司购买日至报告期末的收入、费用、利润纳入合并利润表。

(3) 母公司在报告期内处置子公司,应当将该子公司期初至处置日的收入、费用、利润纳入合并利润表。

3. 合并所有者权益变动表

合并所有者权益变动表可以在合并工作底稿中与合并资产负债表和合并利润表同时进行编制,也可以根据合并资产负债表和合并利润表进行编制。

三、合并现金流量表的编制

合并现金流量表应当以母公司和子公司的现金流量表为基础,在抵销母公司与子公司、子公司与子公司之间发生的内部交易对合并现金流量表的影响后,由母公司合并编制。

(一) 合并现金流量表的编制方法

1. 内部以现金投资或收购股权

当母公司与子公司、子公司相互之间当期以现金投资或收购股权时,会引起现金从投资方流入被投资方,它属于集团内部的现金转移,应当将其抵销,借记"投资支付的现金"项目,贷记"吸收投资收到的现金"项目。

2. 内部收付现金股利、利润或利息

当期母公司与子公司、子公司相互之间因股权投资或债权投资而以现金支付投利、利润或利息的,实质上只是整个集团的现金内部流动,因而在编制合并现金流量表时,应当予以抵销,借记"分配股利、利润或偿付利息支付的现金"项目,贷记"取得投资收益收到的现金"项目。

3. 内部以现金结算债权与债务

集团内部以现金结算的是属于母公司与子公司、子公司相互之间的应收账款(或应收票据、预付账款)和应付账款(或应付票据、预收账款)的,应当在合并现金流量表时,编制抵销分录,借记"购买商品、接受劳务支付的现金"项目,贷记"销售商品、提供劳务收到的现金"项目。

如果以现金结算的是母公司与子公司、子公司相互之间的其他应收款和其他应付款的,应当编制的抵销分录为,借记"支付其他与经营活动有关的现金"项目,贷记"收到其他与经营活动有关的现金"项目。

4. 内部以现金购销商品

母公司与子公司、子公司相互之间当期以现金购销商品的,其现金流量应当抵销,借记"购买商品、接受劳务支付的现金"项目,贷记"销售商品、提供劳务收到的现金"项目。

5. 内部以现金购销固定资产、无形资产和其他长期资产

母公司与子公司、子公司相互之间以现金购销固定资产、无形资产和其他长期资产的,应当将出售方收到的现金净额与购买方支付的现金相互抵销,借记"账建固定资产、无形资产和其他长期资产支付的现金"项目,贷记"处置固定资产、无形资产和其他长期资产收回的现金净额"项目。

6. 内部相互借款

母公司与子公司、子公司相互之间借款产生的现金流量应当抵销,借记"投资支付的现金"项目,贷记"取得借款收到的现金"项目。

内部借款归还时产生现金流量的抵销,应借记"偿还债务支付的现金"项目,贷记"收回投资收到的现金"项目。

7. 其他内部交易的现金流量

母公司与子公司、子公司相互之间,因发生其他内部交易所产生的现金流量,也应当根据实际情况予以抵销。

【例 11-13】 某企业集团内母公司拥有子公司 60％ 股权,本年度母、子两公司有关现金结算的内部交易如下:

(1) 母公司向子公司购买一批原材料,价值 500 000 元,以银行存款支付。

(2) 母公司出售一项专利权给子公司,价款 240 000 元,已收到。母公司以银行存款支付税费 132 000 元。

（3）母公司支付包装物押金 10 000 元给子公司。

（4）母公司收到子公司分配的现金股利 1 200 000 元。

（5）母公司向子公司借款 2 500 000 元，并支付利息125 000元。

（6）子公司收到母公司上年度购买原材料欠款 130 000 元。

1）根据上述内部交易，编制合并现金流量表抵销分录如下：

（1）借：购买商品、接受劳务支付的现金　　　　　　　　　　500 000

　　　贷：销售商品、提供劳务收到的现金　　　　　　　　　　　　　500 000

（2）借：购建固定资产、无形资产和

　　　　　其他长期资产支付的现金　　　　　　　　　　　　108 000

　　　贷：处置固定资产、无形资产和

　　　　　其他长期资产收回的现金净额　　　　　　　　　　　　　108 000

（3）借：支付其他与经营活动有关的现金　　　　　　　　　10 000

　　　贷：收到其他与经营活动有关的现金　　　　　　　　　　　　　10 000

（4）借：分配股利、利润或偿还利息支付的现金　　　　　1 200 000

　　　贷：取得投资收益收到的现金　　　　　　　　　　　　　　　1 200 000

（5）借：投资支付的现金　　　　　　　　　　　　　　　2 500 000

　　　贷：取得借款收到的现金　　　　　　　　　　　　　　　　　2 500 000

　　　借：分配股利、利润或偿还利息支付的现金　　　　　125 000

　　　贷：取得投资收益收到的现金　　　　　　　　　　　　　　　125 000

（6）借：购买商品、接受劳务支付的现金　　　　　　　　130 000

　　　贷：销售商品、提供劳务收到的现金　　　　　　　　　　　　130 000

2）其合并财务报表工作底稿如表 11-19 所示。

表 11-19

合并财务报表工作底稿(部分)

单位：元

项　　目	母公司	子公司	抵 销 分 录		合并后金额
			借　方	贷　方	
现金流量表：					
销售商品、提供劳务收到的现金	6 000 000	2 000 000		①500 000 ⑥130 000	7 370 000
收到其他与经营活动有关的现金	350 000	180 000		③10 000	520 000
购买商品、接受劳务支付的现金	4 500 000	1 200 000	①500 000 ⑥130 000		5 070 000

（续表）

| 项　　目 | 母公司 | 子公司 | 抵　销　分　录 | | 合并后金额 |
			借　方	贷　方	
支付其他与经营活动有关的现金	510 000	231 000	③10 000		731 000
取得受资收益收到的现金	2 100 000	160 000		④1 200 000 ⑤125 000	935 000
处置固定资产、无形资产和其他长期资产收回的现金净额	150 000	30 000		②108 000	72 000
购建固定资产、无形资产和其他长期资产支付的现金	410 000	270 000	②108 000		572 000
投资支付的现金	1 400 000	2 500 000		⑤2 500 000	1 400 000
取得借款收到的现金	5 000 000	180 000		⑤2 500 000	2 680 000
分配股利、利润或偿还利息支付的现金	1 800 000	2 000 000	④1 200 000 ⑤125 000		2 475 000

注：金额数字前的①～⑥代表本例中的六笔抵销分录。

（二）合并现金流量表的其他编制问题

（1）合并现金流量表补充资料可以根据合并资产负债表和合并利润表进行编制。

（2）母公司在报告期内因同一控制下企业合并增加的子公司，应当将该子公司合并当期期初至报告期末的现金流量纳入合并现金流量表。

因非同一控制下企业合并增加的子公司，应当将该子公司购买日至报告期末的现金流量纳入合并现金流量表。

（3）母公司在报告期内处置子公司，应当将该子公司期初至处置日的现金流量纳入合并现金流量表。

（4）在子公司为非全资的情况下，涉及子公司与其少数股东之间的现金流入和流出，应分别以下情况反映：① 对于子公司的少数股东增加在子公司中的权益性资本投资，应当在"筹资活动产生的现金流量"之下的"吸收投资收到的现金"项目下"其中：子公司吸收少数股东投资收到的现金"项目反映。② 对于子公司向少数股东支付现金股利或利润，应当在"筹资活动产生的现金流量"之下的"分配股利、利润或偿付利息支付的现金"项目下"其中：子公司支付给少数股东的股利、利润"项目反映。

复习思考题

一、单项选择题

1. 在计算速动比率时,要从流动资产中扣除存货部分,其原因是在流动资产中(　　)。

　　A. 存货的价值变动较大　　　　B. 存货的质量难以保证

　　C. 存货的变现能力最差　　　　D. 存货的数量不易确定

2. 某零售商店主要采用现金销售,应收账款较少。该店的流动比率若保持在(　　)的水平上,应当认为是正常的。

　　A. 1:1　　　　　　　　　　　B. 4:1

　　C. 0.4:1　　　　　　　　　　D. 2:1

3. 某公司原流动比率为2:1,速动比率为1:1,现以银行存款支付下年度报刊订阅费,则该企业(　　)。

　　A. 两种比率不变　　　　　　　B. 流动比率下降

　　C. 速动比率下降　　　　　　　D. 两种比率均提高

4. 若流动资产＞流动负债,那么开出支票偿还短期借款会使(　　)。

　　A. 营运资金增加　　　　　　　B. 流动比率降低

　　C. 营运资金减少　　　　　　　D. 流动比率提高

5. 将企业集团内部应收账款计提的坏账准备抵销处理时,应当借记"坏账准备"账户,贷记(　　)账户。

　　A. "营业外收入"　　　　　　　B. "营业外支出"

　　C. "投资收益"　　　　　　　　D. "资产减值损失"

6. 按照我国合并财务报表会计准则规定,少数股东权益在合并资产负债表中,应(　　)单独列示。

　　A. 在长期负债项目中　　　　　B. 在所有者权益类项目中

　　C. 在流动负债项目中　　　　　D. 作为少数股东权益以总额

7. 在编制合并资产负债表时,将企业集团内部交易形成的存货中包含的未实现内部销售利润抵销时,应作抵销分录如下:(　　)。

　　A. 借记"营业利润"账户,贷记"存货"账户

　　B. 借记"净利润"账户,贷记"存货"账户

　　C. 借记"营业收入"账户,贷记"存货"账户

D. 借记"投资收益"账户,贷记"存货"账户

8. 当投资公司拥有被投资公司(　　)以上股权时,一般需要编制合并财务报表。

    A. 25%　　　　　　　　　　B. 90%

    C. 70%　　　　　　　　　　D. 50%

9. 上期从集团内部购入存货未售出部分,在本期编制抵销分录时,应作为对(　　)的调整。

    A. 年初未分配利润　　　　　B. 年末未分配利润

    C. 本期销售成本　　　　　　D. 期末存货

10. 内部交易形成的固定资产在使用期满清理时,应抵销的内容是(　　)。

    A. 交易产生的内部利润

    B. 当期计提折旧包含的内部利润

    C. 以前年度计提折旧包含的内部利润

    D. 交易产生的及以前年度计提折旧包含的内部利润

11. 以下各项中,能提高企业利润相当于利息倍数的是(　　)。

    A. 用抵押借款购买厂房　　　B. 宣告并支付现金股利

    C. 所得税税率降低　　　　　D. 成本下降增加利润

12. 某公司年末的流动比率为1.5,如果该公司增加短期借款,则会使流动比率(　　)。

    A. 降低　　　　　　　　　　B. 提高

    C. 不变　　　　　　　　　　D. 不确定

13. 下列财务比率中,不属于反映企业盈利能力的指标是(　　)。

    A. 销售净利率　　　　　　　B. 每股收益

    C. 资产负债率　　　　　　　D. 资产净利率

二、多项选择题

1. (　　)等因素,都会影响资产净利率的形成。

    A. 制造成本　　　　　　　　B. 所得税费用

    C. 应付票据　　　　　　　　D. 应收账款

    E. 销售收入

2. 一般情况下,影响流动比率的主要因素有(　　)。

    A. 营业周期　　　　　　　　B. 存货周转速度

C. 应收账款数额　　　　　　　D. 流动负债数额

E. 长期负债数额

3. 影响全部资产周转率变化的因素有(　　)。

A. 权益乘数　　　　　　　　　B. 销货净额

C. 存货　　　　　　　　　　　D. 营业利润

E. 营业外收入

4. 影响资本保值增值率变动的主要因素有(　　)。

A. 企业的盈亏　　　　　　　　B. 追加资本投入

C. 股利支付　　　　　　　　　D. 社会贡献

E. 计提盈余公积

5. 能够分析企业长期偿债能力的指标有(　　)。

A. 利润相当于利息倍数　　　　B. 长期负债与固定资产比率

C. 权益比率　　　　　　　　　D. 资产负债率

E. 存货周转率

6. 衡量企业短期偿债能力的指标有(　　)。

A. 流动比率　　　　　　　　　B. 速动比率

C. 现金比率　　　　　　　　　D. 负债比率

E. 应收账款周转率

7. 反映资金周转状况比率的有(　　)。

A. 原材料周转率　　　　　　　B. 营运资金周转率

C. 资本收益率　　　　　　　　D. 股利支付率

E. 全部资金周转率

8. 对于同一时期报表分析的方法有(　　)。

A. 短期偿债能力比率分析　　　B. 获利能力比率分析

C. 结构百分比分析　　　　　　D. 定基百分比分析

E. 财务趋势分析

9. A 公司拥有 C 公司 30% 的普通股份,拥有 B 公司 80% 的普通股份,B 公司拥有 C 公司 30% 的普通股份。则(　　)不是 A 公司直接和间接拥有 C 公司股份比例的正确值。

A. 54%　　　　　　　　　　　B. 60%

C. 80%　　　　　　　　　　　D. 30%

E. 50%

10. 下列情况中,应纳入合并报表编制范围的有(　　)。

A. 直接投资占 50% 以上股权的被投资企业

B. 间接投资占 50% 以上股权的被投资企业

C. 有权任免董事会等类似权力机构多数成员的企业

D. 有权控制其财务与经营政策的企业

E. 持续经营所有者权益为负数的子公司

11. 合并财务报表编制的特点和要求有( )。

A. 以个别财务报表为编制基础

B. 各公司需提供完整的账簿记录

C. 各公司应统一会计期间、会计政策

D. 合并应体现一体性原则

E. 各公司需提供有关合并需要的资料

12. 内部利息收入与支出相互抵销时,编制的抵销分录可能登记的账户有( )。

A. "财务费用"　　　　　　　　B. "在建工程"

C. "营业外收入"　　　　　　　D. "营业外支出"

E. "管理费用"

13. 内部交易的固定资产在提前报废清理的情况下,编制的抵销分录中可能出现的项目有( )。

A. 未分配利润——年初

B. 固定资产——原价

C. 固定资产——累计折旧

D. 营业外收入

E. 营业外支出

14. 下列投资行为中,可能会产生合并财务报表编制问题的有( )。

A. 对被投资单位进行债券投资

B. 对被投资单位进行直接投资

C. 对被投资单位进行短期股票投资

D. 对被投资单位进行长期股票投资

E. 对被投资单位进行联营投资

三、判断题

1. 流动比率越高,表明企业短期偿债能力越强。　　　　　　( )

2. 资本保值增值率小于1,说明资本增值。　　　　　　　　( )

3. 企业期末存货估价偏低,会提高期末速动比率。　　　　　　　（　　）

4. 存货的不同计价方法不构成对企业短期偿债能力的影响,因而在分析企业的短期偿债能力时,不必对其过分追究。　　　　　　　（　　）

5. 因为营运资金表明企业偿还短期负债的能力,故而对企业来讲营运资金越多越好。　　　　　　　　　　　　　　　　　　　　（　　）

6. 应收账款周转率指标无助于对企业速动比率的分析。　　　　（　　）

7. 利润相当于利息倍数指标,可以用来衡量应付的债务利息超过借入资金所获盈利的风险。　　　　　　　　　　　　　　　　　　（　　）

8. 对于投资者来说,股利支付率总是越高越好。　　　　　　　（　　）

9. 合并财务报表应该根据母公司和子公司的个别财务报表为基础编制。
　　　　　　　　　　　　　　　　　　　　　　　　　　　　（　　）

10. 如果一个企业没有对外股权投资,就不会存在合并财务报表的编制问题。　　　　　　　　　　　　　　　　　　　　　　　　（　　）

11. 企业集团内部如果当期购入的存货在当期已全部对外销售,就不涉及任何抵销的问题。　　　　　　　　　　　　　　　　　　（　　）

12. 母公司拥有半数以上权益性资本的所有被投资企业,均应纳入合并报表范围内。　　　　　　　　　　　　　　　　　　　　（　　）

13. 对于子公司相互之间发生的内部交易,在编制合并财务报表时不需要进行抵销处理。　　　　　　　　　　　　　　　　　　（　　）

14. 合并商誉不仅包括母公司权益性资本投资与子公司所有者权益中所拥有的份额抵销时产生的差额,也包括企业集团内部相互之间持有对方债券时抵销所产生的差额。　　　　　　　　　　　　　　　　　（　　）

15. 如果本期期末内部应收与应付账款的数额与上期期末相等,仍需对坏账准备作必要的抵销处理。　　　　　　　　　　　　　　（　　）

16. 如果纳入合并范围的子公司所采用的会计期间、会计政策与母公司不一致,需要按母公司的会计期间和统一会计政策进行调整,然后才能加以合并。　　　　　　　　　　　　　　　　　　　　　　　　（　　）

四、名词解释

1. 商誉报表分析　　　　　　　　2. 比率分析法

3. 趋势分析法　　　　　　　　　4. 流动比率

5. 负债比率　　　　　　　　　　6. 存货周转率

7. 资产报酬率　　　　　　　　　8. 资产净利率

9. 销售现金比率 10. 合并商誉

11. 少数股东权益 12. 实体理论

五、简答题

1. 财务报表分析中比率分析有哪几种？如何进行分析？

2. 反映企业资金周转状况的比率有哪些？具体怎样分析？

3. 影响资产净利率的因素是什么？如何进行分解分析？

4. 如何采用趋势分析法分析企业财务状况、经营成果的变化原因和发展趋势？

5. 简述应纳入合并财务报表的范围，为什么？

6. 试述"少数股权"在合并财务报表中的列示方法。

7. 在编制合并财务报表时需要相互抵销的内部往来经济事项有哪些？如何予以抵销？

六、计算与分析题

1. **目的**　练习比率分析方法。

资料　某公司 20××年简单的资产负债表及利润表资料如表 11-20 和表 11-21 所示。

表 11-20

××公司资产负债表(简化)

20××年 12 月 31 日　　　　　　　单位:人民币元

资　产	年初数	年末数	负债和所有者权益	年初数	年末数
银行存款	55 800	88 200	短期借款	10 800	46 800
应收账款	72 000	63 000	应付账款	7 200	3 600
存货	27 000	40 500	长期借款	54 000	36 000
固定资产原价	144 000	144 000	实收资本	180 000	180 000
减:累计折旧	28 800	34 200	盈余公积	10 800	16 830
固定资产净值	115 200	109 800	未分配利润	7 200	18 270
合　计	270 000	301 500	合　计	270 000	301 500

表 11-21

××公司利润表(简化)

20××年度　　　　　　　　　　　　　　　单位:人民币元

项　　　目	本年累计数
营业收入	226 800
减:营业成本	102 060
销售费用	120 000
管理费用	10 140
财务费用(其中:利息费用 24 000)	30 600
营业利润	72 000
加:营业外收支净额	18 000
利润总额	90 000
减:所得税费用	29 700
净利润	60 300

要求　根据上述资料计算(四舍五入,保留两位小数):

(1) 流动比率。

(2) 速动比率。

(3) 负债比率。

(4) 利润相当于利息倍数。

(5) 所有者权益比率。

(6) 权益比率。

(7) 应收账款周转率。

(8) 存货周转率。

(9) 营运资金周转率。

(10) 资本收益率。

(11) 资产净利率。

2. **目的**　练习报表分析方法。

资料　某企业 20××年年末长期负债对股东权益的比率为 0.5:1,总资产周转率为 2.5 次,应收账款周转天数为 18 天,存货周转率为 9 次,毛利率为 10%,速动比率为 1:1。该公司期末与期初有关资产、负债、所有者权益各项目的金额相同。

要求　计算填列表 11-22,形成完整的资产负债表简表。

表 11-22

资产负债表(简化)

单位:人民币元

资　　产	金　　额	负债和所有者权益	金　　额
货币资金		应付账款	100 000
应收账款		长期借款	
存　　货		股本	150 000
固定资产		未分配利润	50 000
合　　计		合　　计	

3. **目的**　练习合并财务报表的编制。

资料

(1)母公司销售一批产品给子公司,年末应收账款中包含子公司应付账款 8 000 元,提取的信用减值损失为 40 元。第 2 年年末母公司应收账款中包含子公司应付账款 5 000 元,转回的信用减值利得为 15 元;第 3 年年末母公司的应收账款中无子公司应付账款,转回的信用减值利得为 25 元。

(2)母公司本年年初购入子公司发行的面值为 10 000 000 元、期限为 5 年的债券,发行价 10 432 700 元,票面年利率 6%,实际年利率 5%,每年末付息,到期还本。母公司将其作为以摊余成本计量的金融资产进行核算。

(3)子公司销售一批存货给母公司,销售价 80 000 元,成本价 60 000 元,母公司购入后对外销售 60%,销售额 65 000 元,还有 40%未售出。

(4)按第(3)项资料,下年度子公司又销售一批存货给母公司,销售价 40 000 元,成本价 32 000 元,母公司将上年购入的未销售存货全部售出,销售额 42 000 元,本期购入的全部未出售。

(5)按第(3)项资料,母公司将上年度购入的未销售存货 50%售出,销售价款 21 000 元,50%未出售,本期购入子公司存货一批,销售价款 40 000 元,成本价 32 000 元,全部未出售。

(6)子公司从母公司购入一台使用过的设备,售价 60 000 元,成本价 48 000 元,折旧年限 6 年,期满报废。

(7)母公司拥有子公司(同一控制下企业合并形成)100%的股权,年初子公司所有者权益账面:实收资本 500 000 元,盈余公积 25 000 元,未分配利润 10 000 元;母公司到期股权投资余额(按权益法调整后)为 535 000 元。本年度子公司实现净利润 50 000 元,提取盈余公积 7 500 元,支付投资者利润

30 000 元。

(8) 母公司拥有子公司(非同一控制下企业合并形成)80%的股权,年初子公司的实收资本为 100 000 元,母公司长期股权投资(按权益法调整后)92 000 元。子公司当年实现净利润 10 000 元,提取盈余公积 1 000 元;另外,因持有的可供出售金融资产,年末公允价值升值增加资本公积 5 000 元。

要求

(1) 根据所给资料,作出在编制合并资产负债表、合并利润表、合并所有者权益变动表时的调整抵销分录[根据其中第(1)(2)项资料编制 3 年抵销分录,根据第(6)项资料编制 6 年的抵销分录]。

(2) 根据第(2)、第(3)、第(7)项资料编制合并现金流量表抵销分录。

第十二章 企业解散与清算

本章学习要点

了解企业解散的原因、清算的种类及程序，掌握解散与清算的核算步骤及清算方法。重点掌握资本转让式清算与完全解散式清算的账务处理。

第一节 解散与清算概述

一、企业解散的原因

（一）正常解散（期满解散）

外商投资企业由于合营或合作合同到期，企业经营期限届满，而且在到期前 6 个月内，合营或合作各方都没有提出延期要求，届时企业自动解散的，称为正常解散，或称为期满解散，它是企业经营的正常结局。

（二）非正常解散（提前解散）

外商投资企业凡出现下列情况，无法经营下去而被迫解散的，称为非正常解散，或称为提前解散，它是企业经营的非正常结局：

（1）企业发生严重亏损，无力继续经营。

（2）合营或合作一方不履行协议、合同、章程规定的义务，致使企业无法继续经营。

（3）因自然灾害、战争等不可抗力遭受严重损失，无法继续经营。

（4）企业未达到其经营目的，同时继续经营又无发展前途。

（5）企业合同、章程所规定的其他解散原因已经出现。

（6）企业无力偿还到期债务，亏损严重以致宣告破产倒闭。

（7）违反国家法律、法规，危害社会公共利益而被依法撤销。

二、清算的种类与方式

（一）清算的种类

外商投资企业宣布解散时，应按编制年度决算财务报表的办法，编制自年初起至决定解散日止的年度财务报表,对各项财产、债权、债务由清算委员会组织全面清查。外商投资企业清算应当依照我国有关法律、行政法规的规定,以经批准的企业合同、章程为基础,按照公平、合理和保护企业投资者、债权人合法权益的原则进行。根据企业是否能够自行组织清算委员会,可以将清算划分为两类。

1. 普通清算

外商投资企业宣告清算时,应当按照《外商投资企业清算办法》的规定进行清算。企业的资产能抵偿债务,并且其董事会或管理机构能够自行组织清算委员会进行清算的,依照普通清算的规定办理。

2. 特别清算

企业不能自行组织清算委员会进行清算或者依照普通清算的规定进行清算出现严重阻碍的,企业董事会或者联合管理委员会等权力机构、投资者或者债权人可以向企业审批机关申请进行特别清算。企业审批机关批准进行特别清算的,依照特别清算的规定办理。企业被依法责令关闭而解散,进行清算的,应依照特别清算的规定办理。

(二)清算的方式

1. 资本转让式清算

资本转让式清算是指外商投资企业解散时,外方将资本转让给中方,中方支付外方应得的转让资本净值,由外商投资企业变为中方独资经营企业,原外商投资企业解散。这一方式一般适用于满期解散型企业。合资或合作合同期满,而企业继续经营还有前途的企业通常采用资本转让式清算。

2. 完全解散式清算

完全解散式清算是指外商投资企业的各方投资者均不愿继续经营该企业,或无继续经营条件而进行的解散清算。企业在解散时,将所有的财产物资和负债逐一清算,将剩余的财产变换成现金,按出资比例全部分配完。这一方式适用于由特殊原因造成提前解散的企业。由于合资或合作一方不履行合同、章程规定的义务而致使企业无法继续经营下去,必须完全解散的,一切损失均由不履行义务的一方负责。

第二节　清算的程序

一、普通清算的程序

外商投资企业进行普通清算一般包括七个程序。

（一）确定清算期限

企业清算开始之日为企业经营期限届满之日，或者企业审批机关批准企业解散之日，或者人民法院判决或者仲裁机构裁决终止企业合同之日。企业清算期限自清算开始之日起至向企业审批机关提交清算报告之日止，一般不得超过 180 日。因特殊情况需要延长清算期限的，由清算委员会在距清算期限届满的 15 日前，向企业审批机关提出延长清算期限的申请。延长的期限不得超过 90 日。企业在清算期间，不得开展新的经营活动。

（二）组织清算委员会

企业进行清算，应当由企业权力机构组织成立清算委员会。清算委员会应当自清算开始之日起 15 日内成立。清算委员会至少由 3 人组成，其成员由企业权力机构在企业权力机构成员中选任或者聘请有关专业人员担任。清算委员会设主任 1 人，由企业权力机构任命。经企业权力机构同意，清算委员会可以聘请工作人员办理清算的具体事务。

1. 清算期间应当更换清算委员会成员的情形

（1）清算委员会成员有违法行为。

（2）债权人请求并确有正当理由。

（3）清算委员会成员死亡或者丧失行为能力。

2. 清算委员会在清算期间可行使的职权

（1）清理企业财产，编制资产负债表和财产清单，制订清算方案。

（2）公告未知债权人并书面通知已知债权人。

（3）处理与清算有关的企业未了结的业务。

（4）提出财产评估作价和计算依据。

（5）清缴所欠税款。

（6）清理债权、债务。

（7）处理企业清偿债务后的剩余财产。

（8）代表企业参与民事诉讼活动。

清算委员会编制的资产负债表和财产清单、提出的财产评估作价和计算依据、制订的清算方案，须经企业权力机构确认后，报企业审批机关备案。

清算委员会成立后，企业有关人员应当在清算委员会指定的期限内将企业的财务报表、财务账册、财产目录、债权人和债务人名册以及与清算有关的其他资料，提交清算委员会。

清算委员会应当依法履行清算义务，并按照协商原则处理有关清算的事务。清算委员会成员应当忠于职守，不得利用职权收受贿赂或者牟取非法收入，不得侵占企业财产。

清算期间，企业审批机关和其他有关主管机关可以派人参加企业有关清算会议，监督企业清算工作。

（三）通知与公告

企业应当自清算开始日起7日内，将企业名称、地址、清算原因和清算开始日期等以书面通知企业审批机关、企业主管部门、海关、外汇管理机关、企业登记机关、税务机关和企业开户银行等有关单位；企业有国有资产的，还应当通知国有资产监督管理部门。

清算委员会应当自成立之日起10日内，书面通知已知的债权人申报债权，并应当自成立之日起60日内，至少在一种全国性报纸、一种当地省级或者市级报纸上刊登公告两次。第一次公告应当自清算委员会成立之日起10日内刊登。清算公告应当写明企业名称、地址、清算原因、清算开始日期、清算委员会通信地址、成员名单及联系人等。

债权人应当自接到通知书之日起30日内，未接到通知书的自第一次公告之日起90日内，向清算委员会申报债权。债权人应在规定的期限内申报债权，并提交有关债权数额以及与债权有关的证明材料。

未在规定的申报债权期内申报债权的，按照以下规定处理：

（1）已知债权人的债权，应当列入清算。

（2）未知债权人的债权，在企业剩余财产分配结束前，可以请求清偿。

（3）企业剩余财产已经分配结束的，视为放弃债权。

（四）清偿债权与债务

对债权人申报的债权，清算委员会应当进行登记，并在核定债权后，将核定结果书面通知债权人。债权人对清算委会关于债权的核定结果有异议的，可以自收到书面通知之日起15日内，要求清算委员会进行复核。债权人对复核结果仍有异议的，可以自收到复核的书面通知之日起15日内向企业住所地的人民法院提起诉讼；债权人与企业有仲裁约定的，应当依法提交仲裁。诉讼或者仲裁期间，清算委员会不得对有争议的财产进行分配。

清算委员会对清算期间发生的财产盘盈或者盘亏、变卖，无力归还的债务或者无法收回的债权，以及清算期间的收入或者损失等，应当书面向企业权力机构说明原因、提出证明并计入清算损益。

1. 从清算财产中优先支付的清算费用

（1）管理、变卖和分配企业清算财产所需要的费用。

（2）公告、诉讼、仲裁费用。

（3）在清算过程中需要支付的其他费用。

2. 优先支付清算费用后清算财产的清偿顺序

清算开始之日前成立的有财产担保的债权,债权人享有就该担保物优先受偿的权利。清算财产优先支付清算费用后,按照下列顺序清偿:

（1）职工的工资、劳动保险费。

（2）国家税款。

（3）其他债务。

清算费用未支付、企业债务未清偿以前,企业财产不得分配。企业支付清算费用,并清偿其全部债务后的剩余财产,按照投资者的实际出资比例分配;但是法律、行政法规或者企业合同、章程另有规定的除外。

清算过程中发现企业财产不足清偿债务的,清算委员会应当向人民法院申请宣告企业破产;被依法宣告破产的,依照有关破产清算的法律、行政法规办理。

3. 自清算开始之日前的 180 日内企业的无效行为

（1）无偿转让企业财产。

（2）非正常压价出售企业财产。

（3）对原来没有财产担保的债务提供财产担保。

（4）对未到期的债务提前清偿。

（5）放弃本企业的债权。

自清算开始之日起至清算终结前,中外投资者对企业财产不得处理。

（五）清算财产的评估作价与处理

1. 清算财产的范围

清算财产包括:① 清算开始日前企业经营管理的全部财产;② 清算开始日至清算结束日前所取得的财产;③ 应当由清算企业行使的其他财产权利。

根据我国《破产法》的原则规定、国务院的《通知》和《补充通知》以及最高人民法院《破产规定》等司法解释规定,在确认清算财产的范围时,应注意以下问题:

（1）企业与他人共有的物、债权、知识产权等财产或者财产权,应当在清算中予以分割,企业分割所得属于清算财产;不能分割的,应当就其应得部分转让,转让所得属于清算财产。

（2）企业的开办人注册资本投入不足的,应当由该开办人予以补足,补足部分属于清算财产。

（3）企业清算前受让他人财产并依法取得所有权或者土地使用权的,即便未支付或者未完全支付对价,该财产仍属于清算财产。

（4）企业的财产被采取民事诉讼执行措施的,在受理破产案件后尚未执行的或者未执行完毕的剩余部分,在该企业被宣告清算后列入清算财产。因错误执行应当执行回转的财产,在执行回转后列入清算财产。

（5）企业依照法律规定取得代位求偿权的,依该代位求偿权享有的债权属于清算财产。

（6）企业在被宣告清算时未到期的债权视为已到期,属于清算财产,但应当减去未到期的利息。

（7）企业设立的分支机构和没有法人资格的全资机构的财产,应当一并纳入清算程序进行清理。

（8）企业的职工住房,已经签订合同、交付房款、进行房改、卖给职工个人的,不属于清算财产。未进行房改的职工住房,可由清算组向有关部门申请办理房改事项,向职工出售,所得款项属于清算财产。按照国家规定不具备房改条件,或者职工在房改中不购买住房的,由清算委员会根据实际情况处理。企业的幼儿园、学校、医院等公益福利性设施,按国家有关规定处理,不作为清算财产分配,但是,没有必要续办并能整体出让的,可以计入清算财产。

2. 对清算财产评估作价的规定

（1）企业合同、章程有规定的,按照企业合同、章程的规定办理。

（2）企业合同、章程没有规定的,由中外投资者协商决定,并报企业审批机关批准。

（3）企业合同、章程没有规定,中外投资者协商不能达成一致意见,由清算委员会依照国家有关规定及参照资产评估机构的意见确定并报企业审批机关批准。

（4）法院判决或者仲裁裁决终止企业合同,并规定清算财产评估作价办法的,依照判决或者裁决的规定办理。

清算财产变卖时,企业投资者有优先购买权,由出价高的一方购买。

（六）清算终结

清算委员会完成清算方案所确定的工作后,应当制作清算报告。清算报告应当包括以下内容:

（1）清算的原因、期限、过程。

（2）债权、债务的处理结果。

（3）清算财产的处理结果。

清算报告经企业权力机构确认后,报企业审批机关备案。自清算报告提交企业审批机关之日起 10 日内,清算委员会须向税务机关、海关分别办理注销登记。清算委员会应自办理前款手续之日起 10 日内,将清算报告并附税务机关、海关出具的注销登记证明,报送企业登记机关,办理企业注销登记,缴销营业执照,并负责在一种全国性报纸、一种当地省或者市级报纸上公告企业终止。

（七）会计档案的移交

无论是原企业的会计档案,还是清算过程中新形成的会计档案,均属重要的会计资料,清算委员会应按照有关规定进行档案的移交。清算结束后,清算委员会应当将接受的会计账册等连同在清算期间形成的会计档案一并移交有关单位保存。会计档案保管要求和保管期限应当符合《会计档案管理办法》的规定。

（1）中外合资经营企业、中外合作经营企业由中方投资者负责保管;中方投资者有 2 个以上的,由企业主管部门指定其中 1 个负责保管。

（2）外资企业由企业审批机关指定的单位负责保管。

二、特别清算的程序

企业审批机关批准特别清算之日或者企业被依法责令关闭之日,为特别清算开始之日。

（一）清算组织

企业进行特别清算,由企业审批机关或其委托的部门组织中外投资者、有关机关的代表和有关专业人员成立清算委员会。清算委员会设主任 1 人,由企业审批机关或其委托的部门指定。特别清算期间,清算委员会主任行使企业法定代表人的职权,清算委员会行使企业权力机构的职权。清算委员会处理有关清算的事务,向企业审批机关报告工作。

清算委员会可以召集企业权力机构会议和债权人会议,商讨有关清算的具体事项。

清算委员会制订的清算方案和制作的清算报告须经企业审批机关确认。

（二）债权人会议

所有债权人均为债权人会议成员,债权人会议成员享有表决权,但有财产担保的债权人未放弃优先受偿权的除外。债权人会议主席由人民法院从有表决权的债权人中指定。

债权人会议由清算委员会负责召集。清算委员会应当自债权人会议召开的 15 日前书面通知债权人。债权人不能出席债权人会议时,应当书面委托代理人出席会议。债权人会议行使下列职权:

（1）审查债权人提供的有关债权的证明材料以及债权数额和担保情况。

（2）了解债务清偿情况，就清算方案和债务清偿情况向清算委员会提出债权人意见。

特别清算的具体程序与普通清算的程序基本相同。

第三节　解散与清算的核算

一、资本转让式清算的核算

（一）核算步骤

1. 编制清算前（解散日）资产负债表

外商投资企业采用资本转让式清算的，需要在清算前（解散日），按资产、负债和所有者权益的账面价值，编制资产负债表。

2. 支付清算费用

设置"清算费用"账户，核算被清算企业在清算期间发生的各项费用，如支付清算委员会成员酬劳、劳务费等。"清算费用"账户应按发生的费用项目设置明细账。企业支付各种清算费用时借记"清算费用"账户，贷记"银行存款"账户，清算终结时，将"清算费用"余额转入"清算损益"账户。

3. 按重估价调整账面

在外商投资企业期满解散或提前解散时，由企业董事会聘请合资或合作各方认可的第三者，如注册会计师、资产评估师等，对企业中现存的财产物资、债权债务进行重新估价，以确定转让产权额。根据市价或企业今后的获利能力及风险等因素重新评估各项资产，并调整其账面价值。重估的资产有的会增值，有的会减值。重估增值与重估减值相抵后，便是重估的损益。

4. 结转清算损益

设置"清算损益"账户，核算企业解散清算期间重估、处置资产、确认债务等发生的损益。清算的损益扣除清算费用便得出清算净损益。若收益大于损失则为清算净收益，清算净收益须缴纳所得税。清算损益核算的内容具体有以下几方面：

（1）核算被清算企业按重估价调整资产时发生的损益。调高资产价值时借记"资产"账户，贷记"清算损益"账户；调低资产价值时借记"清算损益"账户，贷记"资产"账户。

（2）核算被清算企业按重估价调整负债时发生的损益。调高负债价值时借记"清算损益"账户，贷记"负债"账户；调低负债价值时借记"负债"账户，贷记"清算损益"账户。

（3）结转"清算费用"账户的余额，结转时借记"清算损益"账户，贷记"清算费用"账户。

（4）结转"清算损益"账户，若为清算净收益则借记"清算损益"账户，贷记"利润分配——未分配利润"账户；若为清算净损失则借记"利润分配——未分配利润"账户，贷记"清算损益"账户。

5. 计算并支付转让资本额

清算损益加上重估前净资产额，得出重估后净资产额，然后按合资或合作各方的出资比例确定资本转让方应得的资本净值，作为受让方的支付依据。企业现存现金、银行存款不足支付时，中方应追加投入资金，补充银行存款。

6. 编制清算后资产负债表

采用资本转让式清算，在清算结束后，还需要按清算后结果，编制清算结束日资产负债表。

（二）具体账务处理

【例 12-1】 某外商投资企业经营期限为 8 年，营业执照于 20×1 年 10 月 15 日签发。到 20×9 年 10 月 14 日，该企业经营期满，营业中止。由于该企业经营管理很有成效，产品销路继续看好，该企业将再经营下去，但该企业外方投资者乙方因开发新产品，急于收回在企业的投资，因此企业的投资者决定以资本转让的方式清算原企业，由中方投资者甲方接受乙方的资本，成为甲方独资的企业。

该外商投资企业于解散日，即 20×9 年 10 月 15 日，编制资产负债表如表 12-1 所示。

表 12-1

资产负债表（简化）

编制单位：××××　　　　　　　20×9 年 10 月 15 日（解散日）　　　　　　　单位：人民币元

资　产	金　额	负债和所有者权益	金　额
流动资产：		流动负债：	
货币资金	62 400	短期借款	48 000
应收票据及应收账款	84 000	应付票据及应付账款	18 000
预付款项	13 200	其他应付款	18 000
其他应收款	4 800	应付职工薪酬	12 000
存货	162 000	流动负债合计	96 000
流动资产合计	326 400	非流动负债：	
非流动资产：		长期借款	60 000

（续表）

资　　产	金　　额	负债和所有者权益	金　　额
长期股权投资	96 000	负债合计	156 000
固定资产	120 000	所有者权益：	
非流动资产合计	216 000	实收资本	324 000
		其中：甲方投资	194 400
		乙方投资	129 600
		资本公积	26 400
		盈余公积	24 000
		未分配利润	12 000
		所有者权益合计	386 400
资产总计	542 400	负债和所有者权益总计	542 400

对财产物资进行重新评估后，该企业编制了资产负债重估表如表 12-2 所示。

表 12-2

资产负债重估表

20×9 年 10 月　　　　　　　　　　　　　　　单位：人民币元

资　　产			负债和所有者权益		
项　　目	账面价值	重估价值	项　　目	账面价值	重估价值
货币资金	62 400	62 400	短期借款	48 000	48 000
应收票据及应收账款	84 000	75 600	应付票据及应付账款	18 000	18 000
预付款项	13 200	—	其他应付款	18 000	18 000
其他应收款	4 800	2 880	应付职工薪酬	12 000	12 000
存货	162 000	129 600	长期借款	60 000	60 000
长期股权投资	96 000	98 400	实收资本	324 000	324 000
固定资产	120 000	124 800	资本公积	26 000	—
			盈余公积	24 000	—
			应付清算费用		6 480
			未分配利润	12 000	7 200
合　　计	542 400	493 680	合　　计	542 400	493 680

说明：(1) 应收账款估计 10% 无法收回，作坏账处理。

(2) 其他应收款估计 40% 无法收回，作坏账处理。

(3) 存货按市场价估计，只值 80% 的价值。

(4) 长期投资所投项目获利能力逐步上升，作投资价值升值 2.5% 处理。

(5) 固定资产根据实际新旧程度重新估价。

整个清算业务过程中的会计处理如下：

（1）支付各项清算费用 6 480 元：

借：清算费用 6 480
　　贷：银行存款 6 480

（2）调低应收账款价值 8 400 元：

借：清算损益 8 400
　　贷：应收账款 8 400

（3）调低其他应收款价值 1 920 元：

借：清算损益 1 920
　　贷：其他应收款 1 920

（4）注销预付款项 13 200 元：

借：清算损益 13 200
　　贷：预付款项 13 200

（5）调整存货价值，其中原材料 96 000 元，在产品 24 000 元，产成品 36 000元，低值易耗品 6 000 元，均调低 20％：

借：清算损益 32 400
　　贷：原材料 19 200
　　　　生产成本 4 800
　　　　库存商品 7 200
　　　　低值易耗品 1 200

（6）调高某项固定资产价值 4 800 元：

借：累计折旧 4 800
　　贷：清算损益 4 800

（7）调高长期投资价值 2 400 元：

借：长期股权投资 2 400
　　贷：清算损益 2 400

（8）结转清算费用 6 480 元：

借：清算损益 6 480
　　贷：清算费用 6 480

（9）结转清算净损失 55 200 元：

借：利润分配——未分配利润　　　　　　　　　　　　55 200
　　贷：清算损益　　　　　　　　　　　　　　　　　　　　　　55 200

（10）结转资本公积、盈余公积的余额：

借：资本公积　　　　　　　　　　　　　　　　　　　26 400
　　盈余公积　　　　　　　　　　　　　　　　　　　24 000
　　贷：利润分配——未分配利润　　　　　　　　　　　　　　　50 400

（11）分配未分配利润余额 7 200 元（12 000＋50 400－55 200）。按中方 60%、外方 40%分配：

借：利润分配——未分配利润　　　　　　　　　　　　7 200
　　贷：实收资本——甲方投资　　　　　　　　　　　　　　　　4 320
　　　　实收资本——乙方投资　　　　　　　　　　　　　　　　2 880

（12）乙方转让资本 132 480 元。企业现金与银行存款不够支付,甲方再投入人民币 84 000 元,补充银行存款：

借：银行存款　　　　　　　　　　　　　　　　　　　84 000
　　贷：实收资本——甲方投资　　　　　　　　　　　　　　　　84 000

（13）支付乙方转让资本 132 480 元：

借：实收资本——乙方投资　　　　　　　　　　　　132 480
　　贷：银行存款　　　　　　　　　　　　　　　　　　　　　132 480

根据上述账务处理,编制清算后的资产负债表如表 12-3 所示。

表 12-3

资产负债表（简化）

编制单位：××××　　　　　20×9 年 10 月 31 日（清算结束日）　　　　　单位：人民币元

资　　产	金　　额	负债和所有者权益	金　　额
流动资产：		流动负债	
货币资金	7 440	短期借款	48 000
应收票据及应收账款	75 600	应付票据及应付账款	18 000
预付款项	—	其他应付款	18 000
其他应收款	2 880	应付职工薪酬	12 000
存货	129 600	流动负债合计	96 000

（续表）

资　　产	金　　额	负债和所有者权益	金　　额
流动资产合计	215 520	非流动负债：	
非流动资产：		长期借款	60 000
长期股权投资	98 400	负债合计	156 000
固定资产	124 800	所有者权益：	
非流动资产合计	223 200	实收资本	282 720
		所有者权益合计	282 720
资 产 总 计	438 720	负债和所有者权益总计	438 720

二、完全解散式清算的核算

（一）核算步骤

1. 编制清算前（解散日）资产负债表

外商投资企业采用完全解散式清算的，在清算前（解散日）需要按资产、负债和所有者权益编制资产负债表。

2. 支付清算费用

设置"清算费用"账户，核算被清算企业在清算期间发生的各项费用，如清算委员会成员酬劳、劳务费等。"清算费用"账户应按发生的费用项目设置明细账。企业支付各种清算费用时借记"清算费用"账户，贷记"银行存款"账户，清算终结时，将其余额转入"清算损益"账户。

3. 变卖财产物资、收回债权

企业通过全面的解散清算，确定现存的财产物资价值，收回在外的债权款项，同时以财产物资支付所有债务。下面简述各类财产物资的清算：

（1）固定资产的清算。固定资产一般是按市价根据其新旧程度变卖。变卖收入与账面价值所产生的差异，为变卖损益，应记入"清算损益"账户。

（2）存货的清算。在变卖存货前，必须先进行存货的盘点。若实际存货的种类、数量、余额等与账面不符，应先报董事会审核，短缺者作损失处理，而后按现存实物进行变卖。存货按市价变卖的折价或溢价差额作为变卖损益处理。存货变卖损益的处理与固定资产的变卖损益处理相同。

（3）债权的清算。首先须逐笔核实所有的债权款项与债务人，确定所有债权款项，然后积极催款，限期债务人归还结清。若对方实在无偿还能力，则提交董事会审核作坏账处理，直接冲减未分配利润。

（4）债务的清算。首先须逐笔核实所有的债务款项与债权人,而后按照优先偿还的原则,逐笔偿还。若剩余现款不足偿还,须宣告破产,按法定破产程序清算。在实务上,也可以与债权人协商解决。

企业在变卖财产、收回债权时应设置"清算损益"账户,该账户的借方为清算损失,贷方为清算收益,该账户的余额反映清算后的净损益,如为清算净收益,应视同利润缴纳所得税,税后余额转入"利润分配——未分配利润"账户。

4. 清偿债务

企业进行债务清偿时,应首先支付所欠职工工资和社会保险费,其次缴纳所欠税费,然后清偿有担保的债务,最后清偿其他债务。若剩余现款不足偿还清偿其他债务时,按现款和债务款的比例偿还。

（1）支付所欠职工工资和社会保险费等,按照实际支付金额借记"应付职工薪酬"账户,贷记"银行存款"账户。

在清算过程中发生的支付给职工的其他各种费用,应直接记入"清算费用"账户,不通过"应付职工薪酬"账户核算。

（2）缴纳所欠的税费,按实际缴纳的金额借记"应交税费"账户,贷记"银行存款"账户。

（3）清偿其他债务,按实际清偿各种债务的金额借记"应付票据"或"其他应付款"等账户,贷记"银行存款"账户。

5. 核算不足清偿的债务或分配剩余财产

在清算过程中,如有不足清偿的债务,应先将账面的所有者权益账户余额转入"利润分配——未分配利润"账户,然后再将"利润分配——未分配利润"账户余额与未清偿债务的账面余额对冲核销,借记"应付票据"或"其他应付款"等账户,贷记"利润分配——未分配利润"账户。

清算财产按照法定顺序清偿后的剩余部分,应向股东进行分配。在分配剩余财产时应先将"利润分配——未分配利润"账户余额转入"实收资本"账户,然后再按中外各方的投资比例分配,借记"实收资本"账户,贷记"银行存款"账户。

（二）具体账务处理

【例 12-2】　某外商投资企业经营期限为 18 年,营业执照于 1999 年 10 月 20 日签发。到 2014 年 6 月 25 日,该企业未达到其经营目的,同时继续经营又无发展前途,董事会决定采用完全解散的方式清算原企业。

该企业于解散日,即 2014 年 6 月 25 日,编制资产负债表如表 12-4 所示。

表 12-4

资 产 负 债 表(简化)

编制单位：××××　　　　　　　2014 年 6 月 25 日(解散日)　　　　　　　单位：人民币元

资　　产	金　　额	负债和所有者权益	金　　额
流动资产：		流动负债：	
货币资金	30 400	短期借款	5 580
应收票据及应收账款	124 880	应付票据及应付账款	17 500
预付款项	20 800	其他应付款	15 800
其他应收款	6 600	应付职工薪酬	5 000
存货	69 200	流动负债合计	43 880
流动资产合计	251 880	非流动负债：	
非流动资产：		长期借款	50 000
其他债权投资	120 000	负债合计	93 880
固定资产	150 000	所有者权益：	
非流动资产合计	270 000	实收资本	350 000
		其中：甲方投资	210 000
		乙方投资	140 000
		未分配利润	78 000
		所有者权益合计	428 000
资 产 总 计	521 880	负债和所有者权益总计	521 880

具体清算的会计处理如下：

（1）支付各项清算费用 6 000 元：

借：清算费用　　　　　　　　　　　　　　　　　　　　　　6 000

　　贷：银行存款　　　　　　　　　　　　　　　　　　　　　　6 000

（2）收回应收账款 119 880 元，另 5 000 元因对方已经破产，无法收回。收回其他应收款 6 600 元：

借：银行存款　　　　　　　　　　　　　　　　　　　　　126 480

　　清算损益　　　　　　　　　　　　　　　　　　　　　　5 000

　　贷：应收账款　　　　　　　　　　　　　　　　　　　　　124 880

　　　　其他应收款　　　　　　　　　　　　　　　　　　　　6 600

（3）折价出售存货，收入为 66 700 元：

借：银行存款　　　　　　　　　　　　　　　　　　　　　66 700

　　清算损益　　　　　　　　　　　　　　　　　　　　　　2 500

　　贷：存货　　　　　　　　　　　　　　　　　　　　　　69 200

（4）变卖固定资产,净收入 160 000 元,溢价 10 000 元:

借:银行存款　　　　　　　　　　　　　　　160 000

　累计折旧　　　　　　　　　　　　　　　1 320 000

　贷:清算损益　　　　　　　　　　　　　　　　10 000

　　固定资产　　　　　　　　　　　　　　　1 470 000

（5）归还短期借款 5 580 元,支付利息 400 元:

借:短期借款　　　　　　　　　　　　　　　　5 580

　清算损益　　　　　　　　　　　　　　　　　400

　贷:银行存款　　　　　　　　　　　　　　　　5 980

（6）偿还其他应付流动负债 38 300 元:

借:应付账款　　　　　　　　　　　　　　　　17 500

　其他应付款　　　　　　　　　　　　　　　15 800

　应付职工薪酬　　　　　　　　　　　　　　5 000

　贷:银行存款　　　　　　　　　　　　　　　38 300

（7）冲销预付款项 20 800 元:

借:清算损益　　　　　　　　　　　　　　　　20 800

　贷:预付款项　　　　　　　　　　　　　　　20 800

（8）归还长期借款 50 000 元:

借:长期借款　　　　　　　　　　　　　　　　50 000

　贷:银行存款　　　　　　　　　　　　　　　50 000

（9）收回其他债权投资 120 000 元:

借:银行存款　　　　　　　　　　　　　　　120 000

　贷:其他债权投资　　　　　　　　　　　　120 000

（10）结转清算费用 6 000 元:

借:清算损益　　　　　　　　　　　　　　　　6 000

　贷:清算费用　　　　　　　　　　　　　　　6 000

（11）结转清算损益 24 700 元:

借:利润分配——未分配利润　　　　　　　　24 700

　贷:清算损益　　　　　　　　　　　　　　24 700

（12）结转未分配利润余额 53 300 元(78 000—24 700):

借：利润分配——未分配利润　　　　　　　　　　　53 300
　　　贷：实收资本——甲方(60%)　　　　　　　　　31 980
　　　　　实收资本——乙方(40%)　　　　　　　　　21 320

(13) 分配剩余财产：

借：实收资本——甲方(60%)　　　　　　　　　　241 980
　　实收资本——乙方(40%)　　　　　　　　　　161 320
　　　贷：银行存款　　　　　　　　　　　　　　　403 300

复习思考题

一、单项选择题

1. 下列各项中,根据企业清算法律制度的有关规定,清算财产在优先支付清算费用后,首先应当清偿的是(　　　)。

　　A. 清算企业所欠税款

　　B. 清算企业所欠职工工资和劳动保险费用

　　C. 清算企业所欠银行贷款

　　D. 清算企业所欠其他企业的债务

2. 合营企业未达到其经营目的又无发展前途而提出解散申请的属于(　　　)。

　　A. 正常解散　　　　　　　　　B. 非正常解散

　　C. 普通清算　　　　　　　　　D. 特别清算

3. 债权人向清算委员会申报债权的法定期限为(　　　)。

　　A. 收到通知之日起的 10 日内,未收到通知的自第一次公告之日起 1 个月内

　　B. 收到通知之日起的 15 日内,未收到通知的自第一次公告之日起 1 个月内

　　C. 收到通知之日起的 30 日内,未收到通知的自第一次公告之日起 90 日内

　　D. 收到通知之日起的 30 日内,未收到通知的自第一次公告之日起 180 日内

4. 企业进行清算,应当由企业权力机构组织成立清算委员会。清算委员会应当自清算开始之日起(　　　)日内成立。

A. 5　　　　　　　　　　B. 7

C. 15　　　　　　　　　　D. 30

5. 被清算的外商投资企业在资本转让式清算中,按重估价调整资产时发生的损益应记入(　　)账户。

A. "清算费用"　　　　　　B. "清算损益"

C. "未分配利润"　　　　　D. "营业外支出"

6. 应依照普通清算规定办理清算的企业是(　　)。

A. 被依法责令关闭而解散的企业

B. 能够自行组织清算委员会的企业

C. 清算出现严重阻碍的企业

D. 不能自行组织清算委员会的企业

7. 未在规定的申报债权期内申报债权的,在(　　)之前,可以请求清偿。

A. 剩余财产分配结束　　　B. 清算开始日

C. 企业终止　　　　　　　D. 清算委员会成立

8. 债权人会议中没有表决权的债权人是(　　)。

A. 无财产担保的债权人

B. 有财产担保但放弃优先受偿权的债权人

C. 有财产担保未放弃优先受偿权的债权人

D. 有财产担保但担保物灭失的债权人

9. 中外合资经营企业清算结束后,会计档案应当得到合理保管,下列做法符合规定的是(　　)。

A. 由中方投资者负责保管

B. 由外方投资者负责保管

C. 由出资最多的一方负责保管

D. 由审批机关指定的单位负责保管

10. 结转"清算损益"账户时,应作的会计分录为(　　)。

A. 若为清算净损失的借记"资本公积"账户,贷记"清算损益"账户

B. 若为清算净收益的借记"利润分配——未分配利润"账户,贷记"清算损益"账户

C. 若为清算净损失的借记"清算损益"账户,贷记"利润分配——未分配利润"账户

D. 若为清算净收益的借记"清算损益"账户,贷记"利润分配——未分配利润"账户

11. 完全解散式清算过程中,发生的支付给职工的除工资和社会保险费外的其他各种费用,应计入(   )。

    A. 应付职工薪酬   B. 清算费用

    C. 应付工资   D. 清算损益

12. 清偿有担保债务后的剩余财产不足清偿其他债务时,下列做法符合规定的是(   )。

    A. 按各债务款的比例偿还   B. 先偿还金额较大的债务

    C. 先偿还金额较小的债务   D. 平均分配

13. 在资本转让式清算下,转让方应得的资本净值计算正确的是(   )。

    A. 账面净资产额×出资比例

    B. (清算损益+重估前净资产额)×出资比例

    C. 清算损益×出资比例

    D. (清算损益+重估前资产额)×出资比例

二、多项选择题

1. 下列各项中,外商投资企业应当解散的有(   )。

    A. 经营期限届满

    B. 企业发生严重亏损,无力继续经营

    C. 因不可抗力遭受损失,无力继续经营

    D. 合营一方不履行合营企业协议、合同、章程规定的义务,致使企业无法继续经营

    E. 企业无力偿还到期债务

2. 根据清算法律制度的有关规定,下列各项中,属于清算财产的有(   )。

    A. 清算前受让他人财产并依法取得所有权但尚未支付价款的财产

    B. 被采取民事诉讼执行程序但在受理破产案件后尚未执行的财产

    C. 担保物灭失后产生的保险金、赔偿金

    D. 尚未办理产权过户手续但已经向买方交付的财产

    E. 清算期间取得的财产

3. 清算委员会在清算期间的职权有(   )。

    A. 清理企业财产,编制资产负债表和财产清单,制订清算方案

    B. 公告未知债权人并书面通知已知债权人

    C. 处理与清算有关的企业未了结的业务

D. 提出财产评估作价和计算依据

E. 清理债权与债务

4. 从清算财产中优先支付的清算费用有( )。

A. 变卖清算财产所需要的费用

B. 诉讼费用

C. 债权人的差旅费用

D. 公告与通知费用

E. 变卖清算财产发生的损益

5. 自清算开始之日前的 180 日内,下列企业行为无效的有( )。

A. 无偿转让企业财产

B. 非正常压价出售企业财产

C. 对原来没有财产担保的债务提供财产担保

D. 为生产经营赊购原材料

E. 对未到期的债务提前清偿

6. 清算期间,应当更换清算委员会成员的情形有( )。

A. 清算委员会成员有违法行为

B. 清算委员会成员处理企业清偿债务后的剩余财产

C. 清算委员会成员死亡或者丧失行为能力

D. 清算委员会成员提出财产评估作价

E. 债权人请求并确有正当理由

7. "清算损益"账户核算的内容有( )。

A. 调整应收账款价值

B. 注销预付款项

C. 结转"清算费用"账户的余额

D. 支付转让资本额

E. 结转资本公积的余额

8. 对于完全解散式清算,下列说法正确的有( )。

A. 解散时外方将资本转让给中方,原外商投资企业变为中方独资经营企业

B. 确定现存的财产物资价值,同时以财产物资支付所有债务

C. 清算净收益视同净收益缴纳所得税,税后余额转入未分配利润

D. 清算财产按照法定顺序清偿后的剩余部分向股东进行分配

E. 按重估价调整账面价值,无须清偿债务

9. 对清算财产作价,可以按照( )办理。

A. 企业合同、章程的规定

B. 中外投资者协商决定

C. 清算委员会评估决定   D. 账面价值确定

E. 法院判决或仲裁裁决的规定

10. 企业清算开始之日为( )。

A. 清算委员会成立之日   B. 申报债权到期之日

C. 企业经营期限届满之日   D. 企业被依法责令关闭之日

E. 企业审批机关批准企业解散之日

11. 清算报告应当包括的内容有( )。

A. 清算的原因   B. 清算的期限与过程

C. 债权和债务的处理结果   D. 清算财产的处理结果

E. 财产评估的依据

三、判断题

1. 外商投资企业破产,必须按照中国的有关法律进行清算。   ( )

2. 债权人对复核结果有异议的,可以自收到复核的书面通知之日起15日内向企业住所地的人民法院提起诉讼;债权人与企业有仲裁约定的,应当依法提交仲裁。   ( )

3. 债权人不能出席债权人会议时,可以口头委托代理人出席会议。
    ( )

4. 清算宣告前对债务人的行政罚款,在清算宣告后可以作为清算债权予以追缴。   ( )

5. 企业进行特别清算,由企业审批机关或其委托的部门组织中外投资者、人民法院、有关机关和有关专业人员成立清算委员会。   ( )

6. 企业清算期限自清算开始之日起至向企业审批机关提交清算报告之日止,一般不得超过90日。   ( )

7. 企业清算应设立的清算损益类账户包括"清算费用"和"清算损益"等。
    ( )

8. 由于合资或合作一方不履行合同、章程规定的义务而致使企业无法继续经营下去,必须完全解散的,一切损失均由不履行义务的一方负责。( )

9. 清算财产按照法定顺序清偿后的剩余部分,必须按股东投资比例进行分配。   ( )

10. "清算损益"账户借方为清算收益,贷方为清算损失,该账户的余额反映清算后的净损益。   ( )

四、名词解释

1. 正常解散
2. 非正常解散
3. 普通清算
4. 特别清算
5. 资本转让式清算
6. 完全解散式清算
7. 清算财产
8. 清算费用
9. 清算损益
10. 清算期限

五、简答题

1. 外商投资企业宣告解散时,清算委员会有哪些任务?
2. 外商投资企业解散时剩余财产分配的依据是什么?
3. 资产转让时对不同的财产应怎样进行重新估价?
4. 简述完全解散方式下各类财产物资的清算办法。
5. 清算期间清算委员会的职权有哪些?

六、计算与分析题

1. **目的**　练习资本转让式清算的会计处理。

资料　某中外合资经营企业于20××年4月经营期满,外方投资者乙方决定将投资资本额全部转让给中方投资者甲方。

（1）企业编制20××年4月30日解散日资产负债表如表12-5所示。

表12-5

资产负债表(简化)

编制单位:××××　　　　　20××年4月30日(解散日)　　　　　单位:人民币元

资　　产	金　　额	负债和所有者权益	金　　额
流动资产:		流动负债:	
库存现金	1 500	短期借款	3 000
银行存款	21 500	应付账款	17 000
应收账款	20 000	其他应付款	5 000
预付款项	10 000	应付职工薪酬	8 000
其他应收款	5 000	流动负债合计	33 000
存货	300 000	非流动负债:	
流动资产合计	358 000	长期借款	200 000
非流动资产:		负债合计	233 000

（续表）

资　产	金　额	负债和所有者权益	金　额
长期股权投资	200 000	所有者权益：	
固定资产	40 000	实收资本	250 000
非流动资产合计	240 000	其中：甲方投资	150 000
		乙方投资	100 000
		资本公积	50 000
		盈余公积	50 000
		未分配利润	15 000
		所有者权益合计	365 000
资　产　总　计	598 000	负债和所有者权益总计	598 000

（2）资产评估师对公司的资产进行重新估价如下：

① 应收账款只能收回80%。

② 其他应收款只能收回70%。

③ 注销预付款项。

④ 存货按市场价值重估，将降价30%。

⑤ 长期股权投资升值15%。

⑥ 固定资产按新旧程度重新估价，价值为固定资产净值的85%。

（3）清算期间发生的业务如下：

① 支付清算劳务费用2 000元。

② 结转资本公积和盈余公积。

③ 结转外方转让资本额。

④ 中方补充投资170 000元。

⑤ 外方将所得款项汇往国外，其中利润部分要缴纳所得税30%。

要求　根据上述资料编制资产转让式清算的会计分录及清算后的资产负债表。

2. **目的**　练习完全解散式清算的会计处理。

资料　仍沿用计算与分析题1中清算开始时的资产负债表。假定中外双方都无意继续经营，进行完全解散式清算。

（1）变卖财产物资、收回债权情况如下：

① 实际收回应收账款18 000元，其他应收款全部收回。

② 折价出售存货，收入为260 000元。

③ 变卖固定资产,净收入 50 000 元。

④ 注销预付款项;按账面价值收回长期股权投资。

(2) 偿还债务情况如下:

① 偿还短期借款时支付了利息 500 元。

② 应付账款及应付股利如数偿还;职工奖励及福利基金结余发给公司全体职工。

③ 归还长期借款 200 000 元。

④ 用现金支付清算劳务费 1 500 元。

要求　根据上述资料编制完全解散式清算的会计分录。

复习思考题参考答案

第一章 总 论

一、单项选择题

1. D　2. C　3. A　4. A　5. B　6. A　7. C　8. A　9. D　10. A
11. A　12. D　13. B

二、多项选择题

1. ABCDE　2. ABDE　3. AC　4. AD　5. AB　6. ABCDE　7. ABC
8. ABCE　9. ABD

三、判断题

1. √　2. ×　3. √　4. ×　5. √　6. ×　7. √　8. ×　9. ×
10. ×　11. ×

四、名词解释（略）

五、简答题（略）

第二章 外汇管理与外币业务的核算内容

一、单项选择题

1. D　2. C　3. D　4. B　5. B　6. C　7. D　8. A　9. D　10. B

二、多项选择题

1. ABCD　2. ABCDE　3. BD　4. CD　5. ABCDE　6. ABCD
7. AD　8. AB　9. ADE　10. CD

三、判断题

1. √　2. √　3. ×　4. ×　5. ×　6. ×　7. ×　8. √　9. ×
10. ×

四、名词解释（略）

五、简答题（略）

六、计算与分析题

1.（1）一笔交易观的会计处理：

① 20×7 年 12 月 14 日：

借：应收账款——美元户（US＄52 000×7.03） 365 560
贷：主营业务收入 365 560

② 20×7 年 12 月 31 日：

借：主营业务收入 260
贷：应收账款——美元户［US＄52 000×（7.03－7.025）］ 260

③ 20×8 年 2 月 13 日：

借：主营业务收入 780
贷：应收账款——美元户［US＄52 000×（7.025－7.01）］ 780
借：银行存款 ——美元户（US＄52 000×7.01） 364 520
贷：应收账款——美元户 364 520

（2）两笔交易观的会计处理：

① 20×7 年 12 月 14 日：

借：应收账款——美元户（US＄52 000×7.03） 365 560
贷：主营业务收入 365 560

② 20×7 年 12 月 31 日：

借：财务费用 260
贷：应收账款——美元户［US＄52 000×（7.03－7.025）］ 260

③ 20×8 年 2 月 13 日：

借：财务费用 780
贷：应收账款——美元户［US＄52 000×（7.025－7.01）］ 780
借：银行存款 ——美元户（US＄52 000×7.01） 364 520
贷：应收账款——美元户 364 520

2.（1）借：管理费用 2 500
贷：银行存款——美元户 2 500

（2）借：财务费用 5 000
贷：应收账款——美元户 5 000

（3）① 借：在建工程 3 500
贷：长期借款——美元户 3 500

② 借：财务费用 3 500
　　　贷：长期借款——美元户 3 500
（4）借：银行存款——美元户（US＄200 000×7.07） 1 414 000
　　　固定资产（US＄800 000×7.07） 5 656 000
　　　无形资产（US＄250 000×7.07） 1 767 500
　　　贷：实收资本（US＄1 250 000×7.07） 8 837 500
（5）借：银行存款——人民币户（US＄3 500×7.03） 24 605
　　　财务费用——汇兑损益 70
　　　贷：银行存款——美元户（US＄3 500×7.05） 24 675
3．（1）借：应收账款——美元户（US＄10 000×7.031） 70 310
　　　　贷：主营业务收入 70 310
（2）借：材料采购 56 280
　　　贷：应付账款——美元户（US＄8 000×7.035） 56 280
（3）借：银行存款——人民币户（US＄5 000×7.033） 35 165
　　　财务费用——汇兑损益 5
　　　贷：银行存款——美元户（US＄5 000×7.034） 35 170
（4）借：固定资产（US＄5 000×7.034） 35 170
　　　贷：实收资本（US＄5 000×7.034） 35 170
（5）借：应付职工薪酬——美元户（US＄2 500×7.033） 17 582.5
　　　贷：银行存款——美元户 17 582.5
（6）借：银行存款——美元户（US＄2 588.9×7.032） 18 205.14
　　　财务费用——汇兑损益 194.86
　　　贷：银行存款——港元户（HK＄20 000×0.92） 18 400.00
（7）借：应付账款——美元户（US＄4 000×7.035） 28 140
　　　贷：银行存款——美元户 28 140
（8）借：银行存款——港元户（HK＄50 000×0.9） 46 500
　　　贷：短期借款——港元户 46 500
（9）借：交易性金融资产（US＄1 000×7.032） 7 032
　　　贷：银行存款——美元户 7 032
（10）借：资产减值损失 2 824
　　　贷：存货跌价准备 2 824
（11）借：交易性金融资产 138.60
　　　贷：公允价值变动损益 138.60

第三章　外币业务的记账方法

一、单项选择题

1. D　2. C　3. B　4. D　5. A　6. A　7. C　8. A　9. C　10. D

二、多项选择题

1. BC　2. ABCDE　3. ABCDE　4. ABD　5. ACDE　6. ABCDE
7. ABC　8. ABD　9. AE

三、判断题

1. ×　2. √　3. ×　4. √　5. √　6. ×　7. ×　8. ×　9. √
10. ×

四、名词解释（略）

五、简答题（略）

六、计算与分析题

1. （1）根据外币业务，编制会计分录：

① 借：应收账款——美元户（US＄5 000×7.035）　　　　　35 175
　　贷：主营业务收入　　　　　　　　　　　　　　　　　　35 175

② 借：应付账款——美元户（US＄30 000×7.032）　　　　210 960
　　贷：银行存款——美元户　　　　　　　　　　　　　　210 960

③ 借：原材料　　　　　　　　　　　　　　　　　　　　70 400
　　贷：应付账款——美元户（US＄10 000×7.04）　　　　　70 400

④ 借：银行存款——美元户（US＄5 000×7.028）　　　　　35 140
　　贷：应收账款——美元户　　　　　　　　　　　　　　35 140

⑤ 借：短期借款——美元户（US＄1 500×7.024）　　　　　10 536
　　贷：银行存款——美元户　　　　　　　　　　　　　　10 536

⑥ 借：银行存款——美元户（US＄7 800×7.041）　　　54 919.80
　　贷：应收账款——美元户　　　　　　　　　　　　54 919.80

⑦ 借：银行存款——美元户（US＄1 500×7.034）　　　　　10 551
　　贷：短期借款——美元户　　　　　　　　　　　　　　10 551

⑧ 借：银行存款——美元户（US＄20 000×7.062）　　　　141 240
　　贷：实收资本　　　　　　　　　　　　　　　　　　141 240

⑨ 借：应付账款——美元户(US＄10 000×7.06)   70 600

        贷：银行存款——美元户   70 600

⑩ 借：其他应收账——美元户(US＄3 000×7.07)   21 210

        贷：银行存款——美元户   21 210

⑪ 借：银行存款——人民币户(US＄3 500×7.03)   24 605

        财务费用——汇兑损益   70

        贷：银行存款——美元户(US＄3 500×7.05)   24 675

⑫ 借：银行存款——港元户(HK＄37 983.87×0.93)   35 325

        贷：银行存款——美元户(US＄5 000×7.05)   35 250

        财务费用——汇兑损益   75

（2）登记各外币账户，并按月末即期汇率调整账户：

银行存款——美元户

日期		业务号数	摘要	借方			贷方			余额		
月	日			美元	汇率	人民币元	美元	汇率	人民币元	美元	汇率	人民币元
11	1		月初余额							50 000	7.062	353 100.00
	5	②	支付上月结欠B企业款				30 000	7.032	210 960.00	20 000		142 140.00
	10	④	收到本月A企业欠款	5 000	7.028	35 140.00				25 000		177 280.00
	12	⑤	归还短期借款				1 500	7.024	10 536.00	23 500		166 744.00
	13	⑥	收回A企业上月所欠款	7 800	7.041	54 919.80				31 300		221 663.80
	17	⑦	借入短期借款	1 500	7.034	10 551.00				32 800		232 214.80
	20	⑧	收到外商投入资本	20 000	7.062	141 240.00				52 800		373 454.80
	22	⑨	归还C企业货款				10 000	7.060	70 600.00	42 800		302 854.80
	25	⑩	预支差旅费				3 000	7.070	21 210.00	39 800		281 644.80
	27	⑪	美元兑换人民币				3 500	7.050	24 675.00	36 300		256 969.80
	30	⑫	美元兑换港元				5 000	7.050	35 250.00	31 300		221 719.80
11	30		月末调整						1 054.80	31 300	7.050	220 665.00

银行存款——港元户

日期		业务号数	摘要	借方			贷方			余额		
月	日			港元	汇率	人民币元	港元	汇率	人民币元	港元	汇率	人民币元
11	1		月初余额							10 000.00	0.935	9 350
	30	⑫	美元兑换港元	37 983.87	0.930	35 325				47 983.87		44 675
11	30		月末调整						50	47 983.87	0.930	44 625

应收账款——美元户

日期		业务号数	摘要	借方			贷方			余额		
月	日			美元	汇率	人民币元	美元	汇率	人民币元	美元	汇率	人民币元
11	1		月初余额							9 500	7.062	67 089.00
	3	①	出口产品一批	5 000	7.035	35 175				14 500		102 264.00
	10	④	收到本月A企业欠款				5 000	7.028	35 140.00	9 500		67 124.00
	13	⑥	收回A企业上月所欠款				7 800	7.041	54 919.80	1 700		12 204.20
11	30		月末调整						219.20	1 700	7.050	11 985.00

应付账款——美元户

日期		业务号数	摘要	借方			贷方			余额		
月	日			美元	汇率	人民币元	美元	汇率	人民币元	美元	汇率	人民币元
11	1		月初余额							30 000	7.062	211 860
	5	②	支付上月结欠B企业款	30 000	7.032	210 960				0		900
	7	③	购入原材料				10 000	7.04	70 400	10 000		71 300
	22	⑨	归还C企业货款	10 000	7.060	70 600				0		700
11	30		月末调整			700				0	7.050	0

短期借款——美元户

日期		业务号数	摘 要	借 方			贷 方			余 额		
月	日			美元	汇率	人民币元	美元	汇率	人民币元	美元	汇率	人民币元
11	1		月初余额							1 500	7.062	10 593
	12	⑤	归还短期借款	1 500	7.024	10 536				0		57
	17	⑦	借入短期借款				1 500	7.034	10 551	1 500		10 608
11	30		月末调整			33				1 500	7.050	10 575

其他应收款——美元户

日期		业务号数	摘 要	借 方			贷 方			余 额		
月	日			美元	汇率	人民币元	美元	汇率	人民币元	美元	汇率	人民币元
11	1		月初余额									
	25	⑩	预支差旅费	3 000	7.07	21 210				3 000		21 210
11	30		月末调整						60	3 000	7.05	21 150

根据上述外币账户,可汇总编制一笔月末调整分录,借贷方轧抵后的差额确认为汇兑损益。作会计分录如下:

⑬ 借:财务费用——汇兑损益　　　　　　　　651.00
　　应付账款——美元户　　　　　　　　　700.00
　　短期借款——美元户　　　　　　　　　　33.00
　　贷:银行存款——美元户　　　　　　　　1 054.80
　　　银行存款——港元户　　　　　　　　　50.00
　　　应收账款——美元户　　　　　　　　219.20
　　　其他应收款——美元户　　　　　　　　60.00

将外币业务涉及汇兑损益的全部会计分录,记入"财务费用——汇兑损益"账户,并结出本期发生额及本期净额。

财务费用——汇兑损益

⑪	70	⑫	75
⑬	651		
本期发生额	721	本期发生额	75
本期净额	646		

将"财务费用——汇兑损益"账户本期净额结转入"本年利润"账户,作会计分录如下:

⑭ 借：本年利润   646

  贷：财务费用——汇兑损益   646

2.（1）根据资料,编制会计分录：

① 借：应收账款——美元户（US＄5 000×7.062） 35 310

  贷：主营业务收入   35 310

② 借：应付账款——美元户（US＄30 000×7.062） 211 860

  贷：银行存款——美元户   211 860

③ 借：原材料   70 620

  贷：应付账款——美元户（US＄10 000×7.062） 70 620

④ 借：银行存款——美元户（US＄5 000×7.062） 35 310

  贷：应收账款——美元户   35 310

⑤ 借：短期借款——美元户（US＄1 500×7.062） 10 593

  贷：银行存款——美元户   10 593

⑥ 借：银行存款——美元户（US＄7 800×7.062） 55 083.60

  贷：应收账款——美元户   55 083.60

⑦ 借：银行存款——美元户（US＄1 500×7.062） 10 593

  贷：短期借款——美元户   10 593

⑧ 借：银行存款——美元户（US＄20 000×7.062） 141 240

  贷：实收资本   141 240

⑨ 借：应付账款——美元户（US＄10 000×7.062） 70 620

  贷：银行存款——美元户   70 620

⑩ 借：其他应收款——美元户（US＄3 000×7.062） 21 186

  贷：银行存款——美元户   21 186

⑪ 借：银行存款——人民币户（US＄3 500×7.03） 24 605

   财务费用——汇兑损益   112

  贷：银行存款——美元户（US＄3 500×7.062） 24 717

⑫ 借：银行存款——港元户（HK＄37 983.87×0.935） 35 514.92

  贷：银行存款——美元户（US＄5 000×7.062） 35 310.00

   财务费用——汇兑损益   204.92

（2）登记各外币账户，并按月末汇率调整账户：

银行存款——美元户

日期		业务号数	摘要	借方			贷方			余额		
月	日			美元	汇率	人民币元	美元	汇率	人民币元	美元	汇率	人民币元
11	1		月初余额							50 000	7.062	353 100.00
	5	②	支付上月结欠B企业款				30 000	7.062	211 860.00	20 000		141 240.00
	10	④	收到本月A企业欠款	5 000	7.062	35 310.00				25 000		176 550.00
	12	⑤	归还短期借款				1 500	7.062	10 593.00	23 500		165 957.00
	13	⑥	收回A企业上月所欠款	7 800	7.062	55 083.60				31 300		221 040.60
	17	⑦	借入短期借款	1 500	7.062	10 593.00				32 800		231 633.60
	20	⑧	收到外商投入资本	20 000	7.062	141 240.00				52 800		372 873.60
	22	⑨	归还C企业货款				10 000	7.062	70 620.00	42 800		302 253.60
	25	⑩	预支差旅费				3 000	7.062	21 186.00	39 800		281 067.60
	27	⑪	美元兑换人民币				3 500	7.062	24 717.00	36 300		256 350.60
	30	⑫	美元兑换港元				50 000	7.062	35 310.00	31 300		221 040.60
11	30		月末调整						375.60	31 300	7.050	220 665.00

银行存款——港元户

日期		业务号数	摘要	借方			贷方			余额		
月	日			港元	汇率	人民币元	港元	汇率	人民币元	港元	汇率	人民币元
11	1		月初余额							10 000.00	0.935	9 350.00
	30	⑫	美元兑换港元	37 983.87	0.935	35 514.92				47 983.87		44 864.92
11	30		月末调整						239.92	47 983.87	0.930	44 625.00

应收账款——美元户

日期		业务号数	摘要	借方			贷方			余额		
月	日			美元	汇率	人民币元	美元	汇率	人民币元	美元	汇率	人民币元
11	1		月初余额							9 500	7.062	67 089.00
	3	①	出口产品一批	5 000	7.062	35 310				14 500		102 399.00
	10	④	收到本月A企业欠款				5 000	7.062	35 310.00	9 500		67 089.00
	13	⑥	收回A企业上月所欠款				7 800	7.062	55 083.60	1 700		12 005.40
11	30		月末调整						20.40	1 700	7.050	11 985.00

应付账款——美元户

日期		业务号数	摘要	借方			贷方			余额		
月	日			美元	汇率	人民币元	美元	汇率	人民币元	美元	汇率	人民币元
11	1		月初余额							30 000	7.062	211 860
	5	②	支付上月结欠B企业款	30 000	7.062	211 860				0		0
	7	③	购入原材料				10 000	7.062	70 620	10 000		70 620
	22	⑨	归还C企业货款	10 000	7.062	70 620				0		0
11	30		月末调整							0	7.050	0

短期借款——美元户

日期		业务号数	摘要	借方			贷方			余额		
月	日			美元	汇率	人民币元	美元	汇率	人民币元	美元	汇率	人民币元
11	1		月初余额							1 500	7.062	10 593
	12	⑤	归还短期借款	1 500	7.062	10 593				0		0
	17	⑦	借入短期借款				1 500	7.062	10 593	1 500		10 593
11	30		月末调整			18				1 500	7.050	10 575

其他应收款——美元户

日期		业务号数	摘要	借方			贷方			余额		
月	日			美元	汇率	人民币元	美元	汇率	人民币元	美元	汇率	人民币元
11	1		月初余额							3 000		21 186
	25	⑩	预支差旅费	3 000	7.062	21 186						
11	30		月末调整						36	3 000	7.050	21 150

根据上述外币账户,可汇总编制一笔月末调整分录,借贷方轧抵后的差额确认为汇兑损益。作会计分录如下:

⑬ 借:财务费用——汇兑损益　　　　　　　　　　　653.92
　　　短期借款　　　　　　　　　　　　　　　　　18.00
　　　贷:银行存款——美元户　　　　　　　　　　　　　　375.60
　　　　　银行存款——港元户　　　　　　　　　　　　　　239.92
　　　　　应收账款　　　　　　　　　　　　　　　　　　　20.40
　　　　　其他应收款　　　　　　　　　　　　　　　　　　36.00

将外币业务涉及汇兑损益的全部会计分录,记入"财务费用——汇兑损益"账户,并结出本期发生额及本期净额。

财务费用——汇兑损益

⑪	112.00	⑫	204.92
⑬	653.92		
本期发生额	765.92	本期发生额	204.92
本期净额	561.00		

将"财务费用——汇兑损益"账户本期净额结转入"本年利润"账户,作会计分录如下:

⑭ 借:本年利润　　　　　　　　　　　　　　　　561
　　　贷:财务费用——汇兑损益　　　　　　　　　　　　561

3.(1)向银行结汇:

借:银行存款——人民币户(US$50 000×7.03)　　　351 500
　　财务费用——汇兑损益　　　　　　　　　　　　500
　　贷:应收账款——美元户(US$50 000×7.04)　　　　　352 000

（2）向银行购汇：

借：长期借款——美元户（US＄10 000×7.035）　70 350
　　贷：银行存款——人民币户（US＄10 000×7.02）　　70 200
　　　　财务费用——汇兑损益　150

4. （1）根据外币业务，编制会计分录：

① 借：应收账款　US＄5 000
　　贷：主营业务收入　US＄5 000

② 借：应付账款　US＄30 000
　　贷：银行存款　US＄30 000

③ 借：原材料　US＄10 000
　　贷：应付账款　US＄10 000

④ 借：银行存款　US＄5 000
　　贷：应收账款　US＄5 000

⑤ 借：短期借款　US＄1 500
　　贷：银行存款　US＄1 500

⑥ 借：银行存款　US＄7 800
　　贷：应收账款　US＄7 800

⑦ 借：银行存款　US＄1 500
　　贷：短期借款　US＄1 500

⑧ 借：银行存款　US＄20 000
　　贷：实收资本　US＄20 000

⑨ 借：应付账款　US＄10 000
　　贷：银行存款　US＄10 000

⑩ 借：其他应收款　US＄3 000
　　贷：银行存款　US＄3 000

⑪ 借：银行存款　￥24 605
　　贷：货币兑换　￥24 605
　　借：货币兑换　US＄3 500
　　贷：银行存款　US＄3 500

⑫ 借：银行存款　HK＄37 983.87
　　贷：货币兑换　HK＄37 983.87
　　借：货币兑换　US＄5 000
　　贷：银行存款　US＄5 000

（2）月末根据各外币账户编制汇总表。

美元账户汇总表

账　户　名　称	借方发生额	贷方发生额
应收账款	5 000	12 800
主营业务收入		5 000
银行存款	34 300	53 000
实收资本		20 000
应付账款	40 000	10 000
原材料	10 000	
短期借款	1 500	1 500
货币兑换	8 500	
其他应收款	3 000	
合　　计	102 300	102 300

港元账户汇总表

账户名称	借方发生额	贷方发生额
银行存款	37 983.87	
货币兑换		37 983.87
合　　计	37 983.87	37 983.87

（3）根据美元、港元账户汇总的外币借贷发生金额,按即期汇率的近似汇率(美元汇率为 7.062 元,港元汇率为 0.935 元)折算成记账本位币金额,并作汇总会计分录如下:

⑬ 借：银行存款——美元户(US＄34 300×7.062)　　242 226.60

　　　应收账款——美元户(US＄5 000×7.062)　　35 310.00

　　　应付账款——美元户(US＄40 000×7.062)　　282 480.00

　　　原材料(US＄10 000×7.062)　　70 620.00

　　　短期借款——美元户(US＄1 500×7.062)　　10 593.00

　　　货币兑换(US＄8 500×7.062)　　60 027.00

　　　其他应收款(US＄3 000×7.062)　　21 186.00

　　贷：应收账款——美元户(US＄12 800×7.062)　　90 393.60

　　　　主营业务收入(US＄5 000×7.062)　　35 310.00

　　　　银行存款——美元户(US＄53 000×7.062)　　374 286.00

　　　　实收资本(US＄20 000×7.062)　　141 240.00

　　　　应付账款——美元户(US＄10 000×7.062)　　70 620.00

　　　　短期借款——美元户(US＄1 500×7.062)　　10 593.00

⑭ 借：银行存款——港元户(HK＄37 983.87×0.935)　　　35 514.92

　　贷：货币兑换　　　　　　　　　　　　　　　　　　　　　　　35 514.92

（4）将上述所作的汇总会计分录,登记到各外币账户及"货币兑换"辅助账户,并按月末即期汇率（美元汇率为7.05,港元汇率为0.93）作月终调整处理,确认汇兑损益。

银行存款——美元户

日期		业务号数	摘要	借　方			贷　方			余　额		
月	日			美元	汇率	人民币元	美元	汇率	人民币元	美元	汇率	人民币元
11	1		月初余额							50 000	7.062	353 100.00
	30	⑬	本期发生额	34 300	7.062	242 226.6	53 000	7.062	374 286.00	31 300		221 040.60
11	30		月末调整						375.60	31 300	7.050	220 665.00

银行存款——港元户

日期		业务号数	摘要	借　方			贷　方			余　额		
月	日			港元	汇率	人民币元	港元	汇率	人民币元	港元	汇率	人民币元
11	1		月初余额							10 000.00	0.935	9 350.00
	30	⑭	本期发生额	37 983.87	0.935	35 514.92				47 983.87		44 864.92
11	30		月末调整						239.92	47 983.87	0.930	44 625.00

应收账款——美元户

日期		业务号数	摘要	借　方			贷　方			余　额		
月	日			美元	汇率	人民币元	美元	汇率	人民币元	美元	汇率	人民币元
11	1		月初余额							9 500	7.062	67 089.00
	30	⑬	本期发生额	5 000	7.062	35 310	12 800	7.062	90 393.6	1 700		12 005.40
11	30		月末调整						20.4	1 700	7.050	11 985.00

应付账款——美元户

日期		业务号数	摘要	借　方			贷　方			余　额		
月	日			美元	汇率	人民币元	美元	汇率	人民币元	美元	汇率	人民币元
11	1		月初余额							30 000	7.062	211 860
	30	⑬	本期发生额	40 000	7.062	282 480	10 000	7.062	70 620	0		0
11	30		月末调整							0	7.050	0

短期借款——美元户

日期		业务号数	摘要	借 方			贷 方			余 额		
月	日			美元	汇率	人民币元	美元	汇率	人民币元	美元	汇率	人民币元
11	1		月初余额							1 500	7.062	10 593
	30	⑬	本期发生额	1 500	7.062	10 593	1 500	7.062	10 593	1 500		10 593
11	30		月末调整			18				1 500	7.050	10 575

其他应收款——美元户

日期		业务号数	摘要	借 方			贷 方			余 额		
月	日			美元	汇率	人民币元	美元	汇率	人民币元	美元	汇率	人民币元
11	1		月初余额									
	30	⑬	本期发生额	3 000	7.062	21 186				3 000		21 186
11	30		月末调整						36	3 000	7.05	21 150

货 币 兑 换

日期		业务号数	摘　　要	借 方	贷 方	借或贷	余 额
月	日						
11	27	⑪	美元兑换人民币		24 605.00	贷	24 605.00
	30	⑬	本期发生额	60 027.00		借	35 422.00
	30	⑭	本期发生额		35 514.92	贷	92.92
11	30		月末调整	92.92		—	

(5) 根据上述外币账户调整确认的汇兑损益额,作会计分录如下:

⑮ 借:短期借款——美元户　　　　　　　　　　　　　　　18.00

　　货币兑换　　　　　　　　　　　　　　　　　　　　92.92

　　财务费用——汇兑损益　　　　　　　　　　　　　　561.00

　　　贷:银行存款——港元户　　　　　　　　　　　　　239.92

　　　　银行存款——美元户　　　　　　　　　　　　　375.60

　　　　应收账款——美元户　　　　　　　　　　　　　20.40

　　　　其他应收款　　　　　　　　　　　　　　　　　36.00

(6) 将本月汇兑损益转入"本年利润"账户,作会计分录如下:

⑯ 借:本年利润　　　　　　　　　　　　　　　　　　　561

　　　贷:财务费用——汇兑损益　　　　　　　　　　　　561

5. (1) 根据外币业务,编制会计分录如下:

① 借:材料采购(US＄10 000×7.66)   76 600
    贷:应付账款——美元户   76 600

② 借:银行存款——人民币户(RMB 9 300÷0.94)   9 893.62
    财务费用——汇兑损益   106.38
    贷:银行存款——港元户   10 000.00

③ 借:应收票据——人民币户(RBM 38 000÷0.915)   41 530.05
    贷:主营业务收入   41 530.05

④ 借:银行存款——人民币户(RBM 38 000÷0.925) 41 081.08
    贷:应收票据——人民币户   41 081.08

⑤ 借:应付账款——人民币户(RBM 50 000÷0.932) 53 648.07
    贷:短期借款——人民币户   53 648.07

⑥ 借:银行存款——人民币户(RBM 60 000÷0.928) 64 655.17
    贷:长期借款——人民币户   64 655.17

⑦ 借:短期借款——人民币户(RMB 50 000÷0.924) 54 112.55
    财务费用——汇兑损益   832.50
    贷:银行存款——港元户(RMB 50 000÷0.91) 54 945.05

⑧ 借:在建工程   4 255.32
    贷:银行存款——港元户(RMB 4 000÷0.94)   4 255.32

(2) 将上述会计分录登记到各外币账户,并按月末汇率调整各外币账户账面余额。

银行存款——人民币户

日期		业务号数	摘要	借　方			贷　方			余　额		
月	日			人民币元	汇率	港元	人民币元	汇率	港元	人民币元	汇率	港元
4	1		月初余额							63 550	0.925	68 702.70
	3	②	港元兑换人民币	9 300	0.940	9 893.62				73 850		78 596.32
	7	④	收到A客户欠款	38 000	0.925	41 081.08				111 850		119 677.40
	18	⑥	取得长期借款	60 000	0.928	64 655.17				171 850		184 332.57

（续表）

日期		业务号数	摘要	借方			贷方			余额		
月	日			人民币元	汇率	港元	人民币元	汇率	港元	人民币元	汇率	港元
4	30	⑧	支付长期借款利息				4 000	0.94	4 255.32	167 850		180 077.25
4	30		月末调整						1 513.42	167 850	0.940	178 563.83

应收票据——人民币户

日期		业务号数	摘要	借方			贷方			余额		
月	日			人民币元	汇率	港元	人民币元	汇率	港元	人民币元	汇率	港元
4	1		月初余额							15 887.5	0.925	17 175.68
	5	③	销售商品	38 000	0.915	41 530.05				53 887.5		58 705.73
	7	④	收到A客户欠款				38 000	0.925	41 081.08	15 887.5		17 624.65
4	30		月末调整						723.05	15 887.5	0.940	16 901.60

应付账款——人民币户

日期		业务号数	摘要	借方			贷方			余额		
月	日			人民币元	汇率	港元	人民币元	汇率	港元	人民币元	汇率	港元
4	1		月初余额							61 500	0.925	66 486.49
	12	⑤	归还所欠商品款	50 000	0.932	53 648.07				11 500		12 838.42
4	30		月末调整			604.38				11 500	0.940	12 234.04

应付账款——美元户

日期		业务号数	摘要	借方			贷方			余额		
月	日			美元	汇率	港元	美元	汇率	港元	美元	汇率	港元
4	1		月初余额							4 000	7.55	30 200
	1	①	欠进口商品款				10 000	7.66	76 600	14 000		106 800
4	30		月末调整			1 520				14 000	7.52	105 280

短期借款——人民币户

月	日	业务号数	摘要	借方 人民币元	汇率	港元	贷方 人民币元	汇率	港元	余额 人民币元	汇率	港元
4	1		月初余额							1 025	0.925	1 108.11
	12	⑤	借入短期借款				50 000	0.932	53 648.07	51 025		54 756.18
	20	⑦	偿还短期借款	50 000	0.924	54 112.55				1 025		643.63
4	30		月末调整						446.80	1 025	0.940	1 090.43

长期借款——人民币户

月	日	业务号数	摘要	借方 人民币元	汇率	港元	贷方 人民币元	汇率	港元	余额 人民币元	汇率	港元
4	1		月初余额							12 300	0.925	13 297.30
	18	⑥	取得长期借款				60 000	0.928	64 655.17	72 300		77 952.47
4	30		月末调整			1 037.58				72 300	0.940	76 914.89

（3）根据上述外币账户,可汇总编制一笔月末调整分录,借贷方轧抵后的差额确认为汇兑损益。作会计分录如下:

　　⑨ 借:应付账款——人民币户　　　　　　　　　604.38
　　　　　应付账款——美元户　　　　　　　　　1 520.00
　　　　　长期借款——人民币户　　　　　　　　1 037.58
　　　　贷:财务费用——汇兑损益——人民币户　　　　478.69
　　　　　　银行存款——人民币户　　　　　　　　　1 513.42
　　　　　　应收票据——人民币户　　　　　　　　　723.05
　　　　　　短期借款——人民币户　　　　　　　　　446.80

（4）将外币业务涉及汇兑损益的全部会计分录,记入"财务费用——汇兑损益"账户,并结出本期发生额及本期净额。

财务费用——汇兑损益

②	106.38	⑨	478.69
⑦	832.50		
本期发生额	938.88	本期发生额	478.69
本期净额	460.19		

（5）将"财务费用——汇兑损益"账户本期净额结转入"本年利润"账户,

作会计分录如下：

⑩ 借：本年利润　　　　　　　　　　　　　　　　　　　　460.19
　　　贷：财务费用——汇兑损益　　　　　　　　　　　　　460.19

第四章　对外投资的核算

一、单项选择题

1. A　2. A　3. B　4. D　5. A　6. B　7. A　8. A　9. C　10. D

二、多项选择题

1. ABCDE　2. ACDE　3. ABC　4. BD　5. ABC　6. BD　7. ABCE
8. ABCD　9. BCDE　10. ABC

三、判断题

1. √　2. ×　3. ×　4. √　5. ×　6. √　7. √　8. √　9. √　10. ×

四、名词解释（略）

五、简答题（略）

六、计算与分析题

1.（1）20×7 年 1 月 5 日：

借：债权投资——成本（US\$ 20 000 000×7.16）　　　　143 200 000
　　应收利息——美元户（US\$ 800 000×7.16）　　　　　5 728 000
　　　贷：银行存款——美元户（US\$ 20 255 400×7.16）　145 028 664
　　　债权投资——利息调整（US\$ 544 600×7.16）　　　3 899 336

（2）20×7 年 1 月 8 日：

借：银行存款——美元户（US\$ 800 000×7.12）　　　　5 696 000
　　　贷：应收利息——美元户　　　　　　　　　　　　5 696 000

（3）20×7 年 12 月 31 日：

应确认的投资收益＝1 945.54×5%＝97.277（万美元）

"债权投资——利息调整"＝97.277－2 000×4%＝17.277（万美元）

借：应收利息——美元户（US\$ 800 000×7.15）　　　　5 720 000.00
　　债权投资——利息调整（US\$ 172 770×7.15）　　　1 235 305.50
　　　贷：投资收益（US\$ 972 770×7.15）　　　　　　　6 955 305.50

（4）20×8 年 1 月 8 日：

借：银行存款——美元户（US\$ 800 000×7.12）　　　　5 696 000
　　　贷：应收利息——美元户　　　　　　　　　　　　5 696 000

（5）20×8 年 12 月 31 日：

应确认的投资收益＝（1 945.54＋17.277）×5％＝98.141（万美元）

"债权投资——利息调整"＝98.141－2 000×4％＝18.141（万美元）

借：应收利息——美元户（US$800 000×7.15）　　　　　　　5 720 000.00

债权投资——利息调整（US$181 410×7.15）　　　　　1 297 081.50

贷：投资收益（US$981 410×7.15）　　　　　　　　　　　　7 017 081.50

（6）20×9 年 1 月 8 日：

借：银行存款——美元户（US$800 000×7.12）　　　　　　　5 696 000

贷：应收利息——美元户　　　　　　　　　　　　　　　　5 696 000

（7）20×9 年 12 月 31 日：

"债权投资——利息调整"＝54.46－17.277－18.141＝19.042（万元）

投资收益＝80＋19.042＝99.042（万元）

借：应收利息——美元户（US$800 000×7.15）　　　　　　　5 720 000

债权投资——利息调整（US$190 420×7.15）　　　　　1 361 503

贷：投资收益（US$990 420×7.15）　　　　　　　　　　　7 081 503

（8）20×0 年 1 月 1 日：

借：银行存款——美元户（US$20 800 000×7.10）　　　　147 680 000

贷：债权投资——成本（US$20 000 000×7.10）　　　　142 000 000

应收利息——美元户（US$800 000×7.10）　　　　　5 680 000

2.（1）20×7 年 9 月 18 日：

借：其他权益工具投资——成本（US$2.1×501 500×7.3）　　7 687 995

贷：银行存款——美元户　　　　　　　　　　　　　　　　7 687 995

（2）20×7 年 12 月 31 日：

借：其他综合收益

（7 687 995－US$2×500 000×7.28）　　　　　　407 995

贷：其他权益工具投资——公允价值变动　　　　　　　407 995

（3）20×8 年 12 月 31 日：

借：其他综合收益（7 687 995－407 995－US$1.6×500 000×7.25）

1 480 000

贷：其他权益工具投资——公允价值变动　　　　　　1 480 000

（4）20×9 年 6 月 20 日：

借：银行存款——美元户〔(US＄1.9×500 000－1 200)×7.31〕

	6 935 728.00
其他权益工具投资——公允价值变动	1 887 995.00
盈余公积——法定盈余公积	75 226.70
利润分配——未分配利润	677 040.30
贷：其他权益工具投资——成本	7 687 995.00
其他综合收益	1 887 995.00

3.（1）20×7 年 12 月 28 日：

借：交易性金融资产——成本(US＄3.8×60 000×7.25)	1 653 000
投资收益(US＄200×7.25)	1 450
贷：银行存款——美元户	1 654 450

（2）20×7 年 12 月 31 日：

借：公允价值变动损益(1 653 000－US＄3.5×60 000×7.30)	120 000
贷：交易性金融资产——公允价值变动	120 000

（3）20×8 年 4 月 30 日：

借：应收股利——美元户(US＄0.15×60 000×7.26)	65 340
贷：投资收益	65 340

（4）20×8 年 5 月 5 日：

借：银行存款——美元户(US＄0.15×60 000×7.25)	65 250
贷：应收股利——美元户	65 250

（5）20×8 年 5 月 31 日：

借：银行存款——美元户(US＄220 000×7.20)	1 584 000
交易性金融资产——公允价值变动	120 000
投资收益	69 000
贷：交易性金融资产——成本	1 653 000
公允价值变动损益	120 000

4.（1）借：长期股权投资(US＄36 000 000×7.21)

	259 560 000
贷：银行存款——美元户(US＄30 000 000×7.21)	216 300 000
资本公积(US＄6 000 000×7.21)	43 260 000

（2）借：长期股权投资(US＄30 000 000×7.21)

	216 300 000
贷：银行存款——美元户(US＄30 000 000×7.21)	216 300 000

5.（1）20×7 年 3 月 1 日：

借：长期股权投资   1 739 880

    贷：银行存款——美元户(US＄243 000×7.16)   1 739 880

（2）20×7 年 4 月 25 日：

借：应收股利——美元户(US＄16 000×7.15)   114 400

    贷：投资收益   114 400

（3）20×8 年 4 月 28 日：

借：应收股利——美元户(US＄30 000×7.12)   213 600

    贷：投资收益(US＄30 000×7.12)   213 600

6.（1）20×7 年 1 月 1 日：

借：长期股权投资——成本(US＄35 000 000×7.20)   252 000 000

    贷：股本(US＄7 000 000×7.20)   50 400 000

        资本公积——股本溢价(US＄28 000 000×7.20)   201 600 000

借：资本公积——股本溢价   2 520 000

    贷：银行存款——美元户(US＄350 000×7.20)   2 520 000

（2）20×7 年 12 月 31 日：

借：长期股权投资——损益调整   6 462 000

    贷：投资收益(US＄900 000×7.18)   6 462 000

（3）20×8 年 5 月 10 日：

借：应收股利——美元户(US＄450 000×7.15)   3 217 500

    贷：长期股权投资——损益调整   3 217 500

（4）20×8 年 12 月 31 日：

借：投资收益(US＄27 000 000×7.16)   193 320 000

    贷：长期股权投资——损益调整   193 320 000

（5）20×9 年 12 月 31 日：

借：投资收益(US＄8 800 000×7.12)   62 656 000

    贷：长期股权投资——损益调整   62 656 000

（6）20×0 年 12 月 31 日：

借：长期股权投资——损益调整   19 880 000

    贷：投资收益(US＄2 800 000×7.10)   19 880 000

第五章　对外融资的核算

一、单项选择题

1. A　2. B　3. B　4. A　5. B　6. A　7. D　8. A　9. C　10. A

二、多项选择题

1. ABCE　2. ADE　3. ABCE　4. BC　5. ABCDE　6. BC　7. BE

8. BCD　9. AD　10. ABDE

三、判断题

1. ×　2. √　3. ×　4. √　5. ×　6. ×　7. ×　8. ×　9. √

10. ×

四、名词解释（略）

五、简答题（略）

六、计算与分析题

2.（1）20×3 年 1 月 1 日取得长期借款时：

借：银行存款——美元户（US$250 000×7.04）　　　　　　1 760 000

　　贷：长期借款——美元户（US$250 000×7.04）　　　　　　　1 760 000

（2）20×3 年 12 月 31 日计提借款利息并计算汇兑损益时：

① 借：财务费用　　　　　　　　　　　　　　　　　　142 000

　　贷：长期借款——美元户（US$20 000×7.10）　　　　　　142 000

② 借：财务费用——汇兑损益　　　　　　　　　　　　15 000

　　贷：长期借款——美元户　　　　　　　　　　　　　　15 000

（3）20×4 年 12 月 31 日计提借款利息并计算汇兑损益时：

① 借：财务费用　　　　　　　　　　　　　　　　　　152 928

　　贷：长期借款——美元户（US$21 600×7.08）　　　　　152 928

② 借：长期借款——美元户　　　　　　　　　　　　　5 400

　　贷：财务费用——汇兑损益　　　　　　　　　　　　　5 400

（4）20×5 年 12 月 31 日归还借款本息并计算汇兑损益时：

① 借：财务费用　　　　　　　　　　　　　　　　　　163 296

　　贷：长期借款——美元户（US$23 328×7.00）　　　　　163 296

② 借：长期借款——美元户(US$ 314 928×7.00)　　　　　　　　2 204 496

　　贷：银行存款——美元户(US$ 314 928×7.00)　　　　　　　　　2 204 496

③ 借：长期借款——美元户　　　　　　　　　　　　　　　　　　23 328

　　贷：财务费用——汇兑损益　　　　　　　　　　　　　　　　　　23 328

2.

实际利率法债券溢价摊销表

单位：美元

计息期	应计利息	实际利息	溢价摊销额	未摊销溢价	债券摊余成本
①	②＝面值×票面利率	③＝上期⑥×实际利率	④＝②－③	⑤＝上期⑤－④	⑥＝面值＋⑤
发行日				60 000.00	1 260 000.00
1	72 000	52 920.00	19 080.00	40 920.00	1 240 920.00
2	72 000	52 118.64	19 881.36	21 038.64	1 221 038.64
3	72 000	50 961.36 *	21 038.64 *	0	1 200 000.00

* 由于计算上四舍五入产生了尾差，是近似值。

以上计算的是各年应计利息收入、实际利息收入以及溢价摊销金额。预计 6 个月的应付利息与溢价摊销时，可将各期计算的有关数据除以 2 取得。

根据计算结果，作会计分录如下：

(1) 20×2 年 7 月 1 日发行债券并将所筹资金投入厂房扩建工程时：

① 借：银行存款——美元户(US$ 1 260 000×7.10)　　　　　　　8 946 000

　　贷：应付债券——美元户(面值)(US$ 1 200 000×7.10)　　　　8 520 000

　　　　应付债券——美元户(利息调整)(US$ 60 000×7.10)　　　　426 000

② 借：在建工程　　　　　　　　　　　　　　　　　　　　　　8 946 000

　　贷：银行存款——美元户(US$ 1 260 000×7.10)　　　　　　　　8 946 000

(2) 20×2 年 12 月 31 日计提债券利息、摊销债券溢价并计算汇兑损益时：

① 借：在建工程(US$ 26 460×7.08)　　　　　　　　　　　　　187 336.80

　　　　应付债券——美元户(利息调整)(US$ 9 540×7.08)　　　　　67 543.20

　　贷：应付利息——美元户(US$ 36 000×7.08)　　　　　　　　　254 880.00

② 借：应付债券——美元户(面值)　　　　　　　　　　　　　　24 000

　　　　应付债券——美元户(利息调整)　　　　　　　　　　　　　1 200

　　贷：在建工程　　　　　　　　　　　　　　　　　　　　　　25 200

(3) 20×3 年 6 月 30 日支付债券利息、摊销债券溢价并计算汇兑损益时：

① 借：应付利息——美元户(US$ 36 000×7.05)　　　　253 800
　　　应付债券——美元户(利息调整)(US$ 9 540×7.05)　　67 257
　　　在建工程(US$ 26 460×7.05)　　　　186 543
　　　贷：银行存款——美元户(US$ 72 000×7.05)　　　　507 600

② 借：应付债券——美元户(面值)　　　　36 000.00
　　　应付债券——美元户(利息调整)　　　　1 513.80
　　　应付利息——美元户　　　　1 080.00
　　　贷：在建工程　　　　38 593.80

(4) 20×3 年 12 月 31 日计提债券利息、摊销债券溢价、计算汇兑损益并结转工程成本时：

① 借：在建工程(US$ 26 059.32×7.08)　　　　184 500.00
　　　应付债券——美元户(利息调整)(US$ 9 940.68×7.08)　　70 380.00
　　　贷：应付利息——美元户(US$ 36 000×7.08)　　　　254 880.00

② 借：在建工程　　　　37 227.60
　　　贷：应付债券——美元户(面值)　　　　36 000.00
　　　　　应付债券——美元户(利息调整)　　　　1 227.60

③ 借：固定资产　　　　9 477 813.60
　　　贷：在建工程　　　　9 477 813.60

(5) 20×4 年 6 月 30 日支付债券利息、摊销债券溢价并计算汇兑损益时：

① 借：应付利息——美元户(US$ 36 000×7.05)　　　　253 800.00
　　　应付债券——美元户(利息调整)(US$ 9 940.68×7.05)　　70 081.79
　　　财务费用(US$ 26 059.32×7.05)　　　　183 718.21
　　　贷：银行存款——美元户(US$ 72 000×7.05)　　　　507 600.00

② 借：应付债券——美元户(面值)　　　　36 000.00
　　　应付债券——美元户(利息调整)　　　　929.38
　　　应付利息——美元户　　　　1 080.00
　　　贷：财务费用——汇兑损益　　　　38 009.38

(6) 20×4 年 12 月 31 日计提债券利息、摊销债券溢价并计算汇兑损益时：

① 借：财务费用(US$ 25 480.68×7.08)　　　　　　　180 403.21
　　　应付债券——美元户(利息调整)(US$ 10 519.32×7.08) 74 476.79
　　　贷：应付利息——美元户(US$ 36 000×7.08)　　　254 880.00
② 借：财务费用——汇兑损益　　　　　　　　　　　36 631.16
　　　贷：应付债券——美元户(面值)　　　　　　　　36 000.00
　　　　　应付债券——美元户(利息调整)　　　　　　631.16

(7) 20×5年6月30日归还债券本息、摊销债券溢价并计算汇兑损益时：

① 借：应付债券——美元户(面值)(US$ 1 200 000×7.05)　8 460 000.00
　　　应付债券——美元户(利息调整)(US$ 10 519.32×7.05) 74 161.21
　　　应付利息——美元户(US$ 36 000×7.05)　　　　253 800.00
　　　财务费用(US$ 25 480.68×7.05)　　　　　　　179 638.79
　　　贷：银行存款——美元户(US$ 1 272 000×7.05)　8 967 600.00
② 借：应付债券——美元户(面值)　　　　　　　　　36 000.00
　　　应付债券——美元户(利息调整)　　　　　　　315.58
　　　应付利息——美元户　　　　　　　　　　　　1080.00
　　　贷：财务费用　　　　　　　　　　　　　　　37 395.58

3. (1) 20×3年1月1日租入设备时：

借：在建工程(US$ 560 000×7.06)　　　　　　　　3 953 600
　　未确认融资费用(US$ 45 000×7.06)　　　　　　317 700
　　贷：长期应付款——美元户(应付融资租赁费)
　　　　　(US$ 605 000×7.06)　　　　　　　　　4 271 300

(2) 20×3年1月1日支付设备安装调试费时：

借：在建工程　　　　　　　　　　　　　　　　352 500
　　贷：银行存款——美元户(US$ 50 000×7.05)　　352 500

(3) 20×3年6月30日结转设备成本时：

借：固定资产——融资租入固定资产　　　　　　　4 306 100
　　贷：在建工程　　　　　　　　　　　　　　　4 306 100

(4) 20×3年12月31日计提折旧、支付租赁费、分摊未确认融资费用并计算汇兑损益时：

① 应计提折旧额＝4 306 100÷5÷6÷12＝430 610(元人民币)

借：制造费用　　　　　　　　　　　　　　　　430 610
　　贷：累计折旧　　　　　　　　　　　　　　　430 610

② 支付租赁费：

　　借：长期应付款——美元户（应付融资租赁费）　　　　　　1 420 000
　　　　贷：银行存款——美元户（US＄200 000×7.10）　　　　　　1 420 000

③ 分摊未确认融资费用：

　　借：财务费用（US＄20 000×7.05）　　　　　　　　　　　141 000
　　　　贷：未确认融资费用　　　　　　　　　　　　　　　　141 000

④ 计算汇兑损益：

　　借：财务费用——汇兑损益　　　　　　　　　　　　　　　24 200
　　　　贷：长期应付款——美元户（应付融资租赁费）　　　　　24 200

（5）20×4 年 12 月 31 日计提折旧、支付租赁费、分摊未确认融资费用并计算汇兑损益时：

① 应计提折旧额＝4 306 100÷5＝861 220（元人民币）

　　借：制造费用　　　　　　　　　　　　　　　　　　　　861 220
　　　　贷：累计折旧　　　　　　　　　　　　　　　　　　　861 220

② 支付租赁费：

　　借：长期应付款——美元户（应付融资租赁费）　　　　　　1 412 000
　　　　贷：银行存款——美元户（US＄200 000×7.06）　　　　　　1 412 000

③ 分摊未确认融资费用：

　　借：财务费用（US＄15 000×7.05）　　　　　　　　　　　105 750
　　　　贷：未确认融资费用　　　　　　　　　　　　　　　　105 750

④ 计算汇兑损益：

　　借：长期应付款——美元户（应付融资租赁费）　　　　　　16 200
　　　　贷：财务费用——汇兑损益　　　　　　　　　　　　　16 200

（6）20×5 年 12 月 31 日计提折旧、支付租赁费及优惠购买价、分摊未确认融资费用并计算汇兑损益时：

① 借：制造费用　　　　　　　　　　　　　　　　　　　　861 220
　　　贷：累计折旧　　　　　　　　　　　　　　　　　　　861 220

② 支付租赁费及优惠购买价：

借：长期应付款——美元户（应付融资租赁费）　　　　　1 451 400
　　贷：银行存款——美元户（US＄205 000×7.08）　　　　1 451 400

③ 分摊未确认融资费用：

借：财务费用（US＄10 000×7.05）　　　　　　　　　　70 500
　　贷：未确认融资费用　　　　　　　　　　　　　　　　70 500

④ 计算汇兑损益：

借：财务费用——汇兑损益　　　　　　　　　　　　　　4 100
　　贷：长期应付款——美元户（应付融资租赁费）　　　　4 100

⑤ 借：固定资产——生产经营用固定资产　　　　　　　　4 306 100
　　贷：固定资产——融资租入固定资产　　　　　　　　　4 306 100

4.（1）20×2年7月1日引进设备时：

① 借：在建工程（US＄5 460 000×7.05）　　　　　　　　38 493 000
　　　未确认融资费用　　　　　　　　　　　　　　　　　4 018 500
　　贷：长期应付款——美元户（应付引进设备款）
　　　　　　　　　（US＄6 030 000×7.05）　　　　　　42 511 500

② 借：在建工程　　　　　　　　　　　　　　　　　　　200 000
　　贷：银行存款——人民币户　　　　　　　　　　　　　200 000

（2）20×2年7月10日支付安装调试费时：

借：在建工程　　　　　　　　　　　　　　　　　　　　50 000
　　贷：银行存款——人民币户　　　　　　　　　　　　　50 000

（3）20×2年7月26日支付安装调试费时：

借：在建工程　　　　　　　　　　　　　　　　　　　　100 000
　　贷：银行存款——人民币户　　　　　　　　　　　　　100 000

（4）20×2年7月31日计算汇兑损益并结转工程成本时：

① 借：在建工程　　　　　　　　　　　　　　　　　　　180 900
　　贷：长期应付款——美元户（应付引进设备款）　　　　180 900

② 借：固定资产　　　　　　　　　　　　　　　　　　　39 023 900
　　贷：在建工程　　　　　　　　　　　　　　　　　　　39 023 900

（5）20×2年12月31日以产品抵偿设备价款并计算汇兑损益时：

① 借：长期应付款——美元户（应付引进设备款）   7 040 000
    贷：主营业务收入（US$1 000 000×7.04）   7 040 000

② 借：长期应付款——美元户（应付引进设备款）   241 200
    贷：财务费用——汇兑损益   241 200

第六章　出口贸易的核算

一、单项选择题

1. A　2. C　3. D　4. A　5. C　6. C　7. B　8. C　9. A　10. B

二、多项选择题

1. ABCDE　2. ABCDE　3. ABCE　4. ABC　5. ABD　6. AE
7. ABCDE　8. ACDE　9. BCD　10. ACE

三、判断题

1. ×　2. ×　3. √　4. √　5. √　6. ×　7. ×　8. ×　9. √　10. √

四、名词解释（略）

五、简答题（略）

六、计算与分析题

1. （1）借：在途物资——出口商品采购   120 000
      应交税费——应交增值税（进项税额）   15 600
      贷：银行存款   135 600

（2）借：库存商品——库存出口商品   120 000
      贷：在途物资——出口商品采购   120 000

（3）借：在途物资——出口商品采购   75 000
      应交税费——应交增值税（进项税额）   9 750
      销售费用   1 000
      贷：银行存款   85 750

（4）借：库存商品——库存出口商品   75 000
      贷：在途物资——出口商品采购   75 000

（5）借：在途物资——出口商品采购   99 000
      应交税费——应交增值税（进项税额）   12 870
      销售费用   600
      贷：银行存款   112 470

（6）借：库存商品——库存出口商品   99 000

   贷：在途物资——出口商品采购   99 000

（7）借：在途物资——出口商品采购   22 500

    应交税费——应交增值税（进项税额）   2 925

   贷：银行存款   25 425

（8）借：库存商品——库存出口商品   80 000

   贷：应付账款——暂估应付款   80 000

下月初：

  借：库存商品——库存出口商品   &boxed80 000

   贷：应付账款——暂估应付款   80 000

2.（1）借：发出商品   900 000

    贷：库存商品   900 000

（2）借：应收账款——美元户（US＄150 000×7.05） 1 057 500

    贷：主营业务收入——自营出口   1 057 500

  借：主营业务成本——自营出口   900 000

    贷：发出商品   900 000

（3）借：销售费用——国内运杂费   3 500

    贷：银行存款   3 500

（4）借：主营业务收入——国外运杂费   14 200

    贷：银行存款（US＄2 000×7.10）   14 200

（5）借：主营业务收入——国外保险费   2 343

    贷：银行存款（US＄330×7.10）   2 343

（6）借：主营业务收入——出口佣金   31 725

    贷：应付账款——美元户（US＄4 500×7.05） 31 725

（7）借：银行存款（US＄150 000×7.00）   1 050 000

    财务费用——汇兑损益   7 500

    贷：应收账款——美元户（US＄150 000×7.05） 1 057 500

（8）借：应付账款——美元户（出口佣金）（US＄4 500×7.05） 31 725

    财务费用——汇兑损益   225

    贷：银行存款（US＄4 500×7.10）   31 950

3.（1）借：发出商品 225 000

　　　　贷：库存商品 225 000

（2）借：销售费用——国内运杂费 2 500

　　　贷：银行存款 2 500

（3）借：主营业务收入——国外运杂费 6 372

　　　贷：银行存款（US＄900×7.08） 6 372

（4）借：主营业务收入——国外保险费 702.90

　　　贷：银行存款（US＄99×7.10） 702.90

（5）借：应收账款——美元户（US＄43 650×7.05） 307 732.50

　　　主营业务收入——出口佣金（US＄1 350×7.05） 9 517.50

　　　贷：主营业务收入——自营出口（US＄45 000×7.05） 317 250.00

　　　借：主营业务成本——自营出口 225 000

　　　贷：发出商品 225 000

（6）借：银行存款（US＄43 650×7.00） 305 550

　　　财务费用——汇兑损益 1 746

　　　贷：应收账款——美元户（US＄43 650×7.04） 307 296

4.（1）借：主营业务收入——自营出口 423 600

　　　　贷：应收账款——美元户（US＄58 800×7.06） 415 128

　　　　　主营业务收入——出口佣金 8 472

　　　借：发出商品 320 000

　　　贷：主营业务成本 320 000

　　　借：待处理财产损溢 10 848.60

　　　贷：主营业务收入——国外运杂费（US＄1 200×7.06） 8 472.00

　　　　主营业务收入——国外保险费（US＄110×7.06） 776.60

　　　　销售费用——国内运杂费 1 600.00

（2）借：待处理财产损溢 9 274.80

　　　贷：银行存款（US＄1310×7.08） 9 274.80

（3）借：待处理财产损溢 1 600

　　　贷：银行存款 1 600

（4）借：库存商品 320 000

　　　贷：发出商品 320 000

（5）借：营业外支出　　　　　　　　　　　　　21 723.40
　　　贷：待处理财产损溢　　　　　　　　　　　　　　21 723.40

5.（1）借：待处理财产损溢　　　　　　　　　　　14 100
　　　　贷：应付账款——美元户（US＄2 000×7.05）　　　14 100

（2）借：应付账款——美元户（US＄2 000×7.06）　14 120
　　　　财务费用——汇兑损益　　　　　　　　　80
　　　贷：银行存款（US＄2 000×7.10）　　　　　　　14 200

（3）借：其他应收款——美元户（保险公司）（US＄2 000×7.05）　14 100
　　　贷：待处理财产损溢　　　　　　　　　　　　　14 100

（4）借：银行存款（US＄2 000×7.00）　　　　　　14 000
　　　　财务费用——汇兑损益　　　　　　　　　80
　　　贷：其他应收款——美元户（保险公司）（US＄2 000×7.04）　14 080

6.（1）借：受托代销商品——工艺品　　　　　　　180 000
　　　　贷：代销商品款——×工厂　　　　　　　　　180 000

（2）借：发出商品——受托代销商品　　　　　　　180 000
　　　贷：受托代销商品——工艺品　　　　　　　　　180 000

（3）借：应付账款——×工厂　　　　　　　　　　4 848
　　　贷：银行存款（US＄600×7.08＋600）　　　　　4 848

（4）借：应收账款——美元户（US＄36 000×7.05）　253 800
　　　贷：应付账款——×工厂　　　　　　　　　　　253 800

　　借：应付账款——×工厂　　　　　　　　　　4 230
　　　贷：应付账款——出口佣金（US＄600×7.05）　　4 230

　　借：代销商品款——×工厂　　　　　　　　　180 000
　　　贷：发出商品——受托代销商品　　　　　　　　180 000

（5）借：应付账款——×工厂（US＄720×7.05）　　5 076
　　　贷：其他业务收入——代购代销收入　　　　　　5 076

（6）借：银行存款（US＄35 400×7.00）　　　　　247 800
　　　　应付账款——出口佣金（US＄600×7.03）　　4 218
　　　　财务费用——汇兑损益　　　　　　　　　1 062
　　　贷：应收账款——美元户（US＄36 000×7.03）　　253 080

（7）借：应付账款——×工厂   239 646
      贷：银行存款   239 646

第七章　进口贸易的核算

一、单项选择题

1. B　2. A　3. C　4. C　5. D　6. B　7. A　8. D　9. B　10. B

二、多项选择题

1. ABCDE　2. ABCDE　3. ABC　4. ABCDE　5. ABCDE　6. ABCD

7. AC　8. ABD　9. ACD　10. BD

三、判断题

1. √　2. √　3. ×　4. ×　5. √　6. ×　7. √　8. ×　9. √　10. ×

四、名词解释（略）

五、简答题（略）

六、计算与分析题

1.（1）借：在途物资——进口   568 000
       贷：银行存款——美元户（US＄80 000×7.10）   568 000

（2）借：在途物资——进口   14 200
       贷：银行存款——美元户（US＄2 000×7.10）   14 200

（3）借：在途物资——进口   132 872.73
       应交税费——应交增值税（进项税额）   92 959.46
       贷：银行存款   225 832.19

（4）借：银行存款——美元户（US＄1 500×7.00）   10 500
       贷：在途物资——进口   10 500

（5）借：在途物资——进口   1 500
       贷：银行存款   1 500

（6）借：库存商品——进口商品   706 072.73
       贷：在途物资——进口   706 072.73

2.（1）借：在途物资——进口   709 000
       贷：银行存款——美元户（US＄100 000×7.09）   709 000

（2）借：应收票据——B公司   1 695 000

       贷：主营业务收入——自营进口销售   1 500 000

          应交税费——应交增值税（销项税额）   195 000

（3）借：在途物资——进口   405 000.00

          应交税费——应交增值税（进项税额）   145 741.70

       贷：银行存款   550 741.70

（4）借：在途物资——进口   1 200

       贷：银行存款   1 200

（5）借：主营业务成本——自营进口销售   1 115 200

       贷：在途物资——进口   1 115 200

3.（1）借：在途物资——进口   701 480

        贷：银行存款——美元户（US＄98 800×7.10） 701 480

（2）借：在途物资——进口   160 056.00

          应交税费——应交增值税（进项税额）   113 107.28

       贷：银行存款   273 163.28

（3）借：在途物资——进口   1 500

       贷：银行存款   1 500

（4）借：库存商品——进口   863 036

       贷：在途物资——进口   863 036

（5）借：银行存款   881 400

       贷：主营业务收入——自营进口销售   780 000

          应交税费——应交增值税（销项税额）   101 400

（6）借：主营业务成本——自营进口销售   517 821.60

       贷：库存商品——进口   517 821.60

4.（1）借：应收账款——美元户（US＄1 500×7.05） 10 575

        财务费用——汇兑损益   75

        贷：银行存款（US＄1 500×7.10）   10 650

（2）借：应收账款——美元户（US＄100 000×7.03） 703 000

        应交税费——应交进口关税   162 000

        应交税费——应交消费税   243 000

        财务费用——汇兑损益   7 200

       贷：主营业务成本——自营进口销售   1 115 200

（3）借：主营业务收入——自营进口销售   1 500 000

    应交税费——应交增值税（销项税额）   195 000

    贷：应收票据——B公司   1 695 000

（4）借：银行存款（US＄101 500×7.00）   710 500

    财务费用——汇兑损益   5 075

    贷：应收账款——美元户（US＄101 500×7.05）   715 575

（5）借：银行存款   550 741.70

    贷：应交税费——应交进口关税   162 000.00

    应交税费——应交消费税   243 000.00

    应交税费——应交增值税（进项税额）   145 741.70

5.（1）借：在途物资——进口   314 530

    贷：银行存款（US＄44 300×7.10）   314 530

（2）借：银行存款   949 200

    贷：主营业务收入——自营进口销售   840 000

    应交税费——应交增值税（销项税额）   109 200

（3）借：在途物资——进口   71 766.00

    应交税费——应交增值税（进项税额）   50 864.58

    贷：银行存款   122 630.58

（4）借：主营业务成本——自营进口销售   386 296

    贷：在途物资——进口   386 296

（5）借：应收账款——美元户（US＄4 430×7.06）   31 275.80

    贷：主营业务成本——自营进口销售   31 275.80

（6）借：主营业务收入——自营进口销售   38 000

    应交税费——应交增值税（销项税额）   4 940

    贷：银行存款   42 940

（7）借：应交税费——应交进口关税   7 176.60

    贷：主营业务成本——自营进口销售   7 176.60

（8）借：银行存款（US＄4 430×7.00）   31 010.00

    财务费用——汇兑损益   265.80

    贷：应收账款——美元户（US＄4 430×7.06）   31 275.80

（9）借：银行存款   12 263.06

   贷：应交税费——应交进口关税   7 176.60

     应交税费——应交增值税（进项税额）   5 086.46

6.（1）借：银行存款   800 000

    贷：预收账款——A公司   800 000

（2）借：预收账款——A公司   8 520

   贷：银行存款（US＄1 200×7.10）   8 520

（3）借：预收账款——A公司   521 850

   贷：银行存款——美元户（US＄73 500×7.10）   521 850

（4）借：预收账款——A公司（US＄1 500×7.06）   10 590

   贷：其他业务收入   10 590

（5）借：预收账款——A公司   208 089.87

   贷：银行存款   208 089.87

（6）借：预收账款——A公司   50 950.13

   贷：银行存款   50 950.13

7.（1）根据上述资料编制会计分录：

① 借：在途物资——进料加工（US＄200 000×7.06）   1 412 000

  贷：应付账款——国外A公司   1 412 000

② 借：原材料——进料加工   1 412 000

  贷：在途物资——进料加工   1 412 000

③ 借：应收账款——甲企业   2 260 000

  贷：其他业务收入——作价加工   2 000 000

   应交税费——应交增值税（销项税额）   260 000

 借：其他业务成本——作价加工   1 412 000

  贷：原材料——进料加工   1 412 000

④ 借：在途物资——进料加工商品   2 400 000

  应交税费——应交增值税（进项税额）   312 000

  贷：应收账款——甲企业   2 712 000

 借：库存商品——出口商品   2 400 000

  贷：在途物资——进料加工商品   2 400 000

· 371 ·

（2）若进料加工业务无对口合同,仅为一般备料加工,按规定只能免征税金85%。该进口材料的关税税率为20%,增值税税率为13%,编制如下有关会计分录:

① 借:在途物资——进料加工(US$200 000×7.06)　　　　　1 412 000
　　　　贷:应付账款——国外 A 公司　　　　　　　　　　　　　　　1 412 000

② 借:在途物资——进料加工　　　　　　　　　　　　　　　42 360.00
　　　　应交税费——应交增值税(进项税额)　　　　　　　　28 360.02
　　　　贷:银行存款　　　　　　　　　　　　　　　　　　　　　　70 720.02

　　应交进口关税=200 000×7.06×20%×15%=42 360(元)

　　应交增值税=200 000×7.06×(1+3%)×13%×15%=28 360.02(元)

③ 借:原材料——进料加工　　　　　　　　　　　　　　　1 454 360
　　　　贷:在途物资——进料加工　　　　　　　　　　　　　　　1 454 360

④ 借:应收账款——甲企业　　　　　　　　　　　　　　　2 260 000
　　　　贷:其他业务收入　　　　　　　　　　　　　　　　　　2 000 000
　　　　　应交税费——应交增值税　　　　　　　　　　　　　　260 000

　　借:其他业务成本　　　　　　　　　　　　　　　　　　1 454 360
　　　　贷:原材料——进料加工　　　　　　　　　　　　　　　1 454 360

⑤ 借:在途物资——进料加工商品　　　　　　　　　　　　2 400 000
　　　　应交税费——应交增值税(进项税额)　　　　　　　　312 000
　　　　贷:应收账款——甲企业　　　　　　　　　　　　　　2 712 000

　　借:库存商品——出口商品　　　　　　　　　　　　　　2 400 000
　　　　贷:在途物资——进料加工商品　　　　　　　　　　　　2 400 000

（3）若进料加工业务采用委托加工方式,外贸企业支付加工费350 000元给甲企业,编制如下有关会计分录:

① 借:在途物资——进料加工(US$200 000×7.06)　　　　　1 412 000
　　　　贷:应付账款——国外 A 公司　　　　　　　　　　　　　　　1 412 000

② 借:在途物资——进料加工　　　　　　　　　　　　　　　42 360.00
　　　　应交税费——应交增值税(进项税额)　　　　　　　　28 360.02
　　　　贷:银行存款　　　　　　　　　　　　　　　　　　　　　　70 720.02

　　应交进口关税=200 000×7.06×20%×15%=42 360(元)

　　应交增值税=200 000×7.06×(1+3%)×13%×15%
　　　　　　　=28 360.02(元)

③ 借：原材料——进料加工　　　　　　　　　　　　　　1 454 360
　　　贷：材料采购——进料加工　　　　　　　　　　　　　1 454 360

④ 借：委托加工物资　　　　　　　　　　　　　　　　　　1 454 360
　　　贷：原材料——进料加工　　　　　　　　　　　　　　1 454 360

⑤ 借：委托加工物资　　　　　　　　　　　　　　　　　　350 000
　　　应交税费——应交增值税（进项税额）　　　　　　　　45 500
　　　贷：应付账款——甲企业　　　　　　　　　　　　　　395 500
　　借：库存商品——出口商品　　　　　　　　　　　　　　1 804 360
　　　贷：委托加工物资　　　　　　　　　　　　　　　　　1 804 360

第八章　出口货物退（免）税的核算

一、单项选择题

1. D　2. C　3. A　4. B　5. C　6. B　7. D　8. A　9. B　10. B

二、多项选择题

1. ACD　2. AC　3. ABC　4. ABC　5. ABCDE　6. ACDE
7. ABCE　8. AD　9. ABD　10. ABC

三、判断题

1. √　2. ×　3. √　4. ×　5. √　6. √　7. ×　8. √　9. ×
10. √

四、名词解释（略）

五、简答题（略）

六、计算与分析题

1. 当期免抵退税不得

免征和抵扣税额＝100×7.05×（13％－12％）＝7.05（万元）

当期应纳（退）税额＝800×13％－（250－7.05）＝－138.95（万元）

当期免抵退税额＝100×7.05×12％＝84.6（万元）

当期应退税额＝84.6（万元）

当期免抵税额＝当期免抵退税额－当期应退税额＝84.6－84.6＝0

当期期末留抵结转下期继续抵扣税额＝138.95－84.6＝54.35（万元）

（1）结转当期不得抵扣税额：

借：主营业务成本　　　　　　　　　　　　　　　　　　　70 500
　　贷：应交税费——应交增值税（进项税额转出）　　　　　70 500

（2）计算应退税额：

借：其他应收款　　　　　　　　　　　　　　　　　846 000
　　贷：应交税费——应交增值税（出口退税）　　　　　　　846 000

（3）收到实际退税款：

借：银行存款　　　　　　　　　　　　　　　　　　846 000
　　贷：其他应收款　　　　　　　　　　　　　　　　　　846 000

2.（1）9月份计算及会计处理如下：

当期免抵退税不得免征和抵扣税额＝22.5×7×（13％－12％）
　　　　　　　　　　　　　　　＝1.575（万元）

当期应纳税额＝50×13％－（100×13％＋2×9％－1.575）－6
　　　　　　＝－14.255（万元）

当期免抵退税额＝22.5×7×12％＝18.9（万元）

当期应退税额＝14.255（万元）

当期免抵税额＝当期免抵退税额－当期应退税额
　　　　　　＝18.9－14.255＝4.645（万元）

① 结转当期不得抵扣税额：

借：主营业务成本　　　　　　　　　　　　　　　　15 750
　　贷：应交税费——应交增值税（进项税额转出）　　　　　15 750

② 计算应退、抵税额：

借：其他应收款　　　　　　　　　　　　　　　　　142 550
　　应交税费——应交增值税（出口抵减内销产品应纳税额）　46 450
　　贷：应交税费——应交增值税（出口退税）　　　　　　　189 000

③ 收到实际退税款：

借：银行存款　　　　　　　　　　　　　　　　　　142 550
　　贷：其他应收款　　　　　　　　　　　　　　　　　142 550

（2）10月份计算及会计处理如下：

免抵退税不得免征和抵扣税额抵减额＝（5×7＋10）×（13％－12％）
　　　　　　　　　　　　　　　　＝0.45（万元）

当期免抵退税不得免征和抵扣税额＝15×7×（13％－12％）－0.45
　　　　　　　　　　　　　　　＝0.6（万元）

当期应纳税额＝80×13％－（13－0.6）＝－2（万元）

免抵退税额抵减额＝（5×7＋10）×12％＝5.4（万元）

当期免抵退税额＝15×7×12％－5.4＝7.2（万元）

该企业当期应退税额＝2(万元)

当期免抵税额＝7.2－2＝5.2(万元)

① 结转当期不得抵扣税额：

借：主营业务成本　　　　　　　　　　　　　　　　　　　6 000

　　贷：应交税费——应交增值税(进项税额转出)　　　　　　　6 000

② 计算应退、抵税额：

借：其他应收款　　　　　　　　　　　　　　　　　　　 20 000

　　应交税费——应交增值税(出口抵减内销产品应纳税额)　52 000

　　贷：应交税费——应交增值税(出口退税)　　　　　　　　72 000

③ 收到实际退税款：

借：银行存款　　　　　　　　　　　　　　　　　　　　 20 000

　　贷：其他应收款　　　　　　　　　　　　　　　　　　 20 000

3. 当期应纳增值税额＝1 000÷(1＋9％)×9％－(150＋50)＝－117.431 2(万元)

　　当期免抵退税额＝(600＋700)×9％＝117(万元)

　　当期应退税额＝117(万元)

　　当期免抵税额＝117－117＝0(万元)

(1) 计算当期应退税额时：

借：其他应收款　　　　　　　　　　　　　　　　　　 1 170 000

　　贷：应交税费——应交增值税(出口退税)　　　　　　 1 170 000

(2) 实际收到退税款时：

借：银行存款　　　　　　　　　　　　　　　　　　　 1 170 000

　　贷：其他应收款　　　　　　　　　　　　　　　　　 1 170 000

4. 每辆摩托车不含增值税价格＝1.695÷(1＋13％)＝1.5(万元)

　　增值税进项税额＝1.5×100×13％＝19.5(万元)

　　外贸企业出口应退消费税＝1.5×100×10％＝15(万元)

(1) 国内购入摩托车时：

借：库存商品　　　　　　　　　　　　　　　　　　　 1 500 000

　　应交税费——应交增值税(进项税额)　　　　　　　　 195 000

　　贷：银行存款　　　　　　　　　　　　　　　　　　 1 695 000

(2) 出口摩托车时计算应退消费税款：

借：其他应收款　　　　　　　　　　　　　　　　　　　 150 000

　　贷：主营业务成本　　　　　　　　　　　　　　　　　 150 000

（3）实际收到退还消费税款：

借：银行存款　　　　　　　　　　　　　　　　　　150 000
　　贷：其他应收款　　　　　　　　　　　　　　　　150 000

第九章　利润及利润分配的核算

一、单项选择题

1. B　2. B　3. C　4. C　5. D　6. A　7. D　8. B　9. D　10. D

二、多项选择题

1. ABCDE　2. ABCD　3. BCDE　4. AB　5. ABCE　6. BCD
7. ABCDE　8. ABCDE　9. BCE　10. ABC

三、判断题

1. ×　2. √　3. √　4. √　5. ×　6. √　7. ×　8. √　9. ×　10. √

四、名词解释（略）

五、简答题（略）

六、计算与分析题

1.（1）12 月份，结转损益类科目：

借：主营业务收入　　　　　　　　　　　　　　　　600 000
　　其他业务收入　　　　　　　　　　　　　　　　　36 000
　　投资收益　　　　　　　　　　　　　　　　　　　45 000
　　营业外收入　　　　　　　　　　　　　　　　　　15 000
　　贷：本年利润　　　　　　　　　　　　　　　　　696 000
借：本年利润　　　　　　　　　　　　　　　　　　583 440
　　贷：主营业务成本　　　　　　　　　　　　　　　420 000
　　　　其他业务成本　　　　　　　　　　　　　　　 30 000
　　　　税金及附加　　　　　　　　　　　　　　　　 30 000
　　　　销售费用　　　　　　　　　　　　　　　　　　6 000
　　　　管理费用　　　　　　　　　　　　　　　　　 24 000
　　　　财务费用　　　　　　　　　　　　　　　　　　6 000
　　　　营业外支出　　　　　　　　　　　　　　　　 12 000
　　　　所得税费用　　　　　　　　　　　　　　　　 55 440

（2）年终，结转本年净利润 1 117 560 元（1 005 000＋696 000－583 440）：

借：本年利润　　　　　　　　　　　　　　　　　1 117 560
　　贷：利润分配——未分配利润　　　　　　　　　1 117 560

2. 借:利润分配——提取储备基金   400 000

   贷:盈余公积——储备基金   400 000

  借:利润分配——提取企业发展基金   200 000

   贷:盈余公积——企业发展基金(补充流动资金) 200 000

  借:利润分配——提取职工奖励及福利基金   200 000

   贷:应付职工薪酬   200 000

  借:利润分配——应付股利   3 000 000

   贷:应付股利   3 000 000

  借:资本公积——股本溢价   40 000 000

   贷:股本   40 000 000

  借:应付股利   3 000 000

   贷:银行存款   3 000 000

3.   **所得税计算表**

单位:元

年度 项目	20×8	20×9	20×0	20×1	20×2	20×3
资产的计税基础	5 000 000	4 000 000	3 000 000	2 000 000	1 000 000	0
资产的账面价值	4 000 000	2 000 000	0	0	0	0
暂时性差异	1 000 000	2 000 000	3 000 000	2 000 000	1 000 000	0
所得税税率	25%	25%	25%	25%	25%	25%
递延所得税资产年末余额	250 000	500 000	750 000	500 000	250 000	0
递延所得税资产年初余额	0	250 000	500 000	750 000	500 000	250 000
递延所得税资产本期发生额	250 000	250 000	250 000	(250 000)	(250 000)	(250 000)
应交所得税	(2 250 000)①	(2 250 000)	(2 250 000)	(1 750 000)②	(1 750 000)	(1 750 000)
所得税费用	2 000 000	2 000 000	2 000 000	2 000 000	2 000 000	2 000 000

 ① 2 250 000=(8 000 000+1 000 000)×25%

 ② 1 750 000=(8 000 000−1 000 000)×25%

(1) 20×8—20×0 年,每年应作会计分录:

  借:所得税费用   2 000 000

    递延所得税资产   250 000

   贷:应交税费——应交所得税   2 250 000

(2) 20×1—20×3 年,每年应作会计分录:

借：所得税费用 2 000 000

　　贷：递延所得税资产 250 000

　　　　应交税费——应交所得税 2 250 000

4.（1）应纳税所得额＝10 000 000－50 000＋10 000－（3 000 000

　　　　　　　　×150％－1 000 000）－50 000＋120 000

　　　　　　＝6 530 000（元）

　　　应交所得税＝6 530 000×25％＝1 632 500（元）

（2）

20×8年暂时性差异计算表

单位：元

项　目	账面价值	计税基础	暂　时　性　差　异	
			应纳税暂时性差异	可抵扣暂时性差异
持有至到期投资	1 050 000	1 050 000		
其他应付款	10 000	10 000		
无形资产	2 000 000	0	2 000 000	
固定资产	800 000	750 000	50 000	
存货	1 000 000	1 120 000		120 000
可供出售金融资产	350 000	320 000	30 000	
合　计			2 080 000	120 000

　　当期递延所得税资产＝120 000×25％－29 700＝300（元）

　　当期递延所得税负债＝2 080 000×25％－99 000＝421 000（元）

　　当期所得税费用＝1 632 500－300＋（421 000－30 000×25％）

　　　　　　　　＝2 045 700（元）

（3）借：所得税费用 2 045 700

　　　递延所得税资产 300

　　　资本公积——其他资本公积 7 500

　　　　贷：应交税费——应交所得税 1 632 500

　　　　　　递延所得税负债 421 000

5.（1）20×2年年末结转年度亏损：

借：利润分配——未分配利润 64 000

　　贷：本年利润 64 000

(2) 20×3 年年末以税前利润弥补亏损：

借：本年利润 23 000

　　贷：利润分配——未分配利润 23 000

20×3 年年末，"利润分配——未分配利润"账户期末余额为借方 41 000 元，即还有未弥补亏损 41 000 元。

(3) ① 20×4 年年末，计算应交所得税为 1 171 830 元[(3 592 000－41 000)×33%]：

借：所得税费用 1 171 830

　　贷：应交税费——应交所得税 1 171 830

借：本年利润 1 171 830

　　贷：所得税费用 1 171 830

② 结转本年净利润 2 420 170 元(3 592 000－1 171 830)：

借：本年利润 2 420 170

　　贷：利润分配——未分配利润 2 420 170

计算可分配的利润为 2 379 170 元(2 420 170－41 000)。

③ 提取储备基金、企业发展基金、职工奖励及福利基金：

借：利润分配——提取储备基金 237 917

　　贷：盈余公积——储备基金 237 917

借：利润分配——提取企业发展基金 142 750.20

　　贷：盈余公积——企业发展基金(补充流动资金) 142 750.20

借：利润分配——提取职工奖励及福利基金 190 333.60

　　贷：应付职工薪酬 190 333.60

④ 分配利润 840 000 元：

借：利润分配——应付股利 840 000

　　贷：应付股利——中方 504 000

　　　　应付股利——外方 336 000

第十章　财务报表的编制和折算

一、单项选择题

1. C　2. D　3. C　4. C　5. A　6. A　7. C　8. A　9. B　10. A

二、多项选择题

1. CDE 2. ABCE 3. ABDE 4. BDE 5. ABCD 6. ABCDE
7. BCD 8. BC 9. ABD 10. AB

三、判断题

1. × 2. × 3. × 4. √ 5. × 6. √ 7. × 8. × 9. ×
10. √ 11. √ 12. √

四、名词解释(略)

五、简答题(略)

六、计算与分析题

1.

资 产 负 债 表(简化)

20××年×月

单位：元

资　　　产	期　末　数	负债和所有者权益	期　末　数
应收账款	321 000	应付账款	8 500
预付款项	4 500	预收款项	23 500
1年内到期的非流动资产	10 000	1年内到期的非流动负债	16 000
债权投资	15 000	长期借款	6 000
固定资产原价	3 000 000	应付债券	8 000
		未分配利润	19 000

2. (1) 编制会计分录：

① 借：原材料　　　　　　　　　　　　　　　　　　899 280.00
　　　应交税费——应交增值税(进项税额)　　　　116 906.40
　　　　贷：银行存款　　　　　　　　　　　　　1 016 186.40

② 借：应付票据　　　　　　　　　　　　　　　　360 000
　　　　贷：银行存款　　　　　　　　　　　　　　360 000

③ 借：银行存款　　　　　　　　　　　　　　　2 948 400
　　　应收账款　　　　　　　　　　　　　　　1 119 600
　　　　贷：主营业务收入　　　　　　　　　　　3 600 000
　　　　　　应交税费——应交增值税(销项税额)　　468 000

④ 借：银行存款　　　　　　　　　　　　　　　　59 400
　　　　贷：交易性金融资产　　　　　　　　　　　54 000
　　　　　　投资收益　　　　　　　　　　　　　　5 400

⑤ 借：固定资产 903 600
　　贷：银行存款 903 600

⑥ 借：在建工程 900 000
　　贷：长期借款 540 000
　　　　应交税费 360 000

⑦ 借：固定资产清理 72 000
　　累计折旧 648 000
　　贷：固定资产 720 000

　　借：固定资产清理 1 800
　　贷：银行存款 1 800

　　借：银行存款 2 880
　　贷：固定资产清理 2 880

　　借：营业外支出 70 920
　　贷：固定资产清理 70 920

⑧ 借：长期借款 3 000 000
　　贷：银行存款 3 000 000

⑨ 借：银行存款 720 000
　　贷：应收票据 720 000

⑩ 借：银行存款 180 000
　　贷：投资收益 180 000

⑪ 借：固定资产清理 900 000
　　累计折旧 540 000
　　贷：固定资产 1 440 000

　　借：银行存款 1 080 000
　　贷：固定资产清理 1 080 000

　　借：固定资产清理 180 000
　　贷：资产处置损益 180 000

⑫ 借：财务费用 77 400
　　贷：应付利息 41 400
　　　　长期借款 36 000

⑬ 借：生产成本   1 128 600
    制造费用   41 040
    管理费用   61 560
    在建工程   820 800
    贷：应付职工薪酬   2 052 000

⑭ 借：应付职工薪酬   1 800 000
    贷：银行存款   1 800 000

⑮ 借：短期借款   900 000
    应付利息   45 000
    贷：银行存款   945 000

⑯ 借：生产成本   2 646 000
    贷：原材料   2 646 000
  借：制造费用   189 000
    贷：周转材料   189 000

⑰ 借：制造费用   288 000
    管理费用   72 000
    贷：累计折旧   360 000

⑱ 借：管理费用   36 000
    制造费用   24 000
    贷：长期待摊费用   360 000
  借：管理费用   216 000
    贷：累计摊销   216 000

⑲ 借：银行存款   183 600
    贷：应收账款   183 600

⑳ 借：信用减值损失   3 240
    贷：坏账准备   3 240

㉑ 借：销售费用   252 000
    贷：银行存款   252 000

㉒ 借：生产成本   842 040
    贷：制造费用   842 040
  借：库存商品   4 616 640
    贷：生产成本   4 616 640

㉓ 借：应收票据   1 017 000
  贷：主营业务收入   900 000
    应交税费——应交增值税（销项税额） 117 000

㉔ 借：银行存款   945 000
  财务费用   72 000
  贷：应收票据   1 017 000

㉕ 借：税金及附加   7 200
  贷：应交税费——应交教育费附加   7 200

㉖ 借：应交税费——应交增值税（已交税金） 360 000
  应交税费——应交教育费附加   7 200
  贷：银行存款   367 200

㉗ 借：主营业务成本   2 700 000
  贷：库存商品   2 700 000

㉘ 借：主营业务收入   4 500 000
  资产处置损益   180 000
  投资收益   185 400
  贷：本年利润   4 865 400
 借：本年利润   3 568 320
  贷：主营业务成本   2 700 000
    销售费用   252 000
    税金及附加   7 200
    管理费用   385 560
    财务费用   149 400
    资产减值损失   3 240
    营业外支出   70 920

㉙ 本期应交所得税＝（4 865 400－3 568 320－180 000）×33％
     ＝368 636.40（元）
  借：所得税费用   368 636.40
   贷：应交税费——应交所得税   368 636.40
  借：本年利润   368 636.40
   贷：所得税费用   368 636.40

㉚ 本期净利润＝4 865 400－3 568 320－368 636.40＝928 443.60（元）
  本期提取法定盈余公积＝928 443.60×10％＝92 844.36（元）

本期提取任意盈余公积＝928 443.60×5％＝46 422.18(元)

借：利润分配——提取法定盈余公积　　　　　　　92 844.36

　　利润分配——提取任意盈余公积　　　　　　　46 422.18

　　贷：盈余公积——法定盈余公积　　　　　　　　　　　92 844.36

　　　　盈余公积——任意盈余公积　　　　　　　　　　　46 422.18

㉛ 借：本年利润　　　　　　　　　　　　　　　　928 443.60

　　贷：利润分配——未分配利润　　　　　　　　　　　928 443.60

　　借：利润分配——未分配利润　　　　　　　　139 266.54

　　贷：利润分配——提取法定盈余公积　　　　　　　　92 844.36

　　　　利润分配——提取任意盈余公积　　　　　　　　46 422.18

㉜ 借：银行存款　　　　　　　　　　　　　　　1 440 000

　　贷：长期借款　　　　　　　　　　　　　　　　　1 440 000

㉝ 借：应交税费——应交所得税　　　　　　　　　162 840

　　贷：银行存款　　　　　　　　　　　　　　　　　162 840

（2）编制资产负债表：

资 产 负 债 表

会企 01 表

编制单位：　　　　　　　20××年12月31日　　　　　　　单位：元

资　　　产	期末余额	年初余额	负债和所有者权益（或股东权益）	期末余额	年初余额
流动资产：			流动负债：		
货币资金	1 422 333.60	2 662 680	短期借款	180 000	1 080 000
交易性金融资产		54 000	交易性金融负债		
应收票据	1 017 000	432 000	应付票据	360 000	720 000
应收账款	1 246 320	1 530 360	应付账款	1 033 680	1 033 680
预付款项	360 000	360 000	预收款项		
其他应收款	18 000	18 000	应付职工薪酬	648 000	396 000
存货	9 268 920	9 288 000	应交税费	902 850	131 760
一年内到期的非流动资产			其他应付款	780 000	783 600
其他流动资产			一年内到期的非流动负债		3 000 000
流动资产合计	1 333 573.60	14 345 040	其他流动负债		
非流动资产：			流动负债合计	3 904 530	7 145 040
债权投资			非流动负债：		
其他债权投资			长期借款	4 176 000	2 160 000
长期应收款			应付债券		

（续表）

资 产	期末余额	年初余额	负债和所有者权益（或股东权益）	期末余额	年初余额
长期股权投资	900 000	900 000	其中:优先股		
其他权益工具投资			永续债		
其他非流动金融资产			长期应付款		
			预计负债		
投资性房地产			递延所得税负债		
固定资产	2 931 600	3 360 000	其他非流动负债		
在建工程	7 120 800	5 400 000	非流动负债合计	4 176 000	2 160 000
生产性生物资产			负债合计	8 080 530	9 305 040
油气资产			所有者权益（或股东权益）:		
无形资产	2 664 000	2 880 000	实收资本（或股本）	17 400 000	17 400 000
开发支出			其他权益工具		
商誉			其中:优先股		
长期待摊费用		360 000	永续债		
递延所得税资产			资本公积		
其他非流动资产			减:库存股		
非流动资产合计	13 616 400	12 900 000	其他综合收益		
			盈余公积	679 266.54	540 000
			未分配利润	789 177.06	
			所有者权益（或股东权益）合计	18 868 443.60	17 940 000
资产总计	26 948 973.60	27 245 040	负债和所有者权益（或股东权益）总计	26 948 973.60	27 245 040

（3）编制利润表：

利 润 表

会企 02 表

编制单位：　　　　　　　　　　20××年度　　　　　　　　　单位：元

项　　　　目	本期金额	上期金额
一、营业收入	4 500 000	（略）
减：营业成本	2 700 000	
税金及附加	7 200	
销售费用	252 000	
管理费用	385 560	（略）
研发费用		
财务费用	149 400	
其中:利息费用	149 400	

（续表）

项　目	本期金额	上期金额
利息收入		
加：其他收益		
投资收益（损失以"－"号填列）	185 400	
其中：对联营企业和合营企业的投资收益		
净敞口套期收益（损失以"－"号填列）		
公允价值变动收益（损失以"－"号填列）		
信用减值损失	3 240	
资产处置收益（损失以"－"号填列）	180 000	
二、营业利润（亏损以"－"号填列）	1 368 000	
加：营业外收入		
减：营业外支出	70 920	
三、利润总额（亏损总额以"－"号填列）	1 297 080	
减：所得税费用	368 636.40	
四、净利润（净亏损以"－"号填列）	928 443.60	
五、其他综合收益的税后净额		
（一）不能重分类进损益的其他综合收益		
……		
（二）将重分类进损益的其他综合收益		
……		
六、综合收益总额		
七、每股收益：		
（一）基本每股收益		
（二）稀释每股收益		

（4）编制现金流量表：

现 金 流 量 表

会企 03 表

编制单位：　　　　　　　　20××年度　　　　　　　　单位：元

项　目	本期金额	上期金额
一、经营活动产生的现金流量：		
销售商品、提供劳务收到的现金	4 806 000	（略）
收到的税费返还		
收到其他与经营活动有关的现金		
经营活动现金流入小计	4 806 000	
购买商品、接受劳务支付的现金	1 385 179.20	

（续表）

项　　　目	本期金额	上期金额
支付给职工以及为职工支付的现金	1 080 000	
支付的各项税费	521 047.20	
支付其他与经营活动有关的现金	252 000	
经营活动现金流出小计	3 238 226.40	（略）
经营活动产生的现金流量净额	1 567 773.60	
二、投资活动产生的现金流量：		
收回投资收到的现金	59 400	
取得投资收益收到的现金	180 000	
处置固定资产、无形资产和其他长期资产收回的现金净额	1 081 080	
处置子公司及其他营业单位收到的现金净额		
收到其他与投资活动有关的现金		
投资活动现金流入小计	1 320 480	
购建固定资产、无形资产和其他长期资产支付的现金	1 623 600	
投资支付的现金		
取得子公司及其他营业单位支付的现金净额		
支付其他与投资活动有关的现金		
投资活动现金流出小计	1 623 600	
投资活动产生的现金流量净额	−303 120	
三、筹资活动产生的现金流量：		
吸收投资收到的现金		
取得借款收到的现金	1 440 000	
收到其他与筹资活动有关的现金		
筹资活动现金流入小计	1 440 000	
偿还债务支付的现金	3 900 000	
分配股利、利润或偿付利息支付的现金	45 000	
支付其他与筹资活动有关的现金		
筹资活动现金流出小计	3 945 000	
筹资活动产生的现金流量净额	−2 505 000	
四、汇率变动对现金及现金等价物的影响		
五、现金及现金等价物净增加额	−1 240 346.40	
加：期初现金及现金等价物余额	2 662 680	
六、期末现金及现金等价物余额	1 422 333.60	

（续表）

补　充　资　料	本期金额	上期金额
1. 将净利润调节为经营活动现金流量：		
净利润	928 443.60	（略）
加：资产减值准备	3 240	
固定资产折旧、油气资产折耗、生产性生物资产折旧	360 000	
无形资产摊销	216 000	
长期待摊费用摊销	360 000	
处置固定资产、无形资产和其他长期资产的损失（收益以"－"号填列）	－180 000	
固定资产报废损失（收益以"－"号填列）	70 920	
公允价值变动损失（收益以"－"号填列）		
财务费用（收益以"－"号填列）	77 400	
投资损失（收益以"－"号填列）	－185 400	
递延所得税资产减少（增加以"－"号填列）		
递延所得税负债增加（减少以"－"号填列）		
存货的减少（增加以"－"号填列）	19 080	
经营性应收项目的减少（增加以"－"号填列）	－304 200	
经营性应付项目的增加（减少以"－"号填列）	202 290	
其他		
经营活动产生的现金流量净额	1 567 773.60	
2. 不涉及现金收支的重大投资和筹资活动：		
债务转为资本		
一年内到期的可转换公司债券		
融资租入固定资产		
3. 现金及现金等价物净变动情况：		
现金的期末余额	1 422 333.60	
减：现金的期初余额	2 662 680	
加：现金等价物的期末余额		
减：现金等价物的期初余额		
现金及现金等价物净增加额	－1 240 346.40	

（5）编制所有者权益变动表：

所有者权益变动表

会企 04 表

编制单位：　　　　　　　　　　　20××年度　　　　　　　　　　　单位：元

项　　目	本　年　金　额						
	实收资本（或股本）	资本公积	减：库存股	其他综合收益	盈余公积	未分配利润	所有者权益合计
一、上年年末余额	17 400 000				540 000		17 940 000
加：会计政策变更							
前期差错更正							
其他							
二、本年年初余额	17 400 000				540 000		17 940 000
三、本年增减变动金额（减少以"—"号填列）							
（一）综合收益总额						928 443.60	928 443.60
（二）所有者投入和减少资本							
1. 所有者投入的普通股							
2. 其他权益工具持有者投入资本							
3. 股份支付计入所有者权益的金额							
4. 其他							
（三）利润分配							
1. 提取盈余公积					139 266.54	−139 266.54	
2. 对所有者（或股东）的分配							
3. 其他							
（四）所有者权益内部结转							
1. 资本公积转增资本（或股本）							
2. 盈余公积转增资本（或股本）							
3. 盈余公积弥补亏损							
4. 设定受益计划变动额结转留存收益							
5. 其他综合收益结转留存收益							
6. 其他							
四、本年年末余额	17 400 000				679 266.54	789 177.06	18 868 443.60

3. 略。

4. 略。

第十一章　财务报表的分析和合并

一、单项选择题

1. C　2. A　3. C　4. D　5. D　6. D　7. C　8. D　9. A　10. B　11. D　12. A　13. C

二、多项选择题

1. ABDE　2. ABCD　3. BC　4. ABC　5. ABCD　6. ABC　7. ABE　8. ABC　9. ACDE　10. ABD　11. ACDE　12. ABE　13. ADE　14. ABD

三、判断题

1. ×　2. ×　3. ×　4. ×　5. ×　6. ×　7. √　8. ×　9. √　10. ×　11. ×　12. ×　13. ×　14. ×　15. √　16. √

四、名词解释（略）

五、简答题（略）

六、计算与分析题

1. （1）流动比率＝（88 200＋63 000＋40 500）÷（46 800＋3 600）

　　　　　　　　＝191 700÷50 400＝3.80

（2）速动比率＝（191 700－40 500）÷50 400

　　　　　　　　＝151 200÷50 400＝3

（3）负债比率＝（50 400＋36 000）÷301 500＝86 400÷301 500＝0.29

（4）利润相当于利息倍数＝（60 300＋29 700＋24 000）÷24 000

　　　　　　　　　　　　＝114 000÷24 000＝4.75

（5）所有者权益比率＝（180 000＋16 830＋18 270）÷301 500

　　　　　　　　　　　＝215 100÷301 500＝0.71

（6）权益比率＝86 400÷215 100＝0.40

（7）应收账款周转率＝226 800÷[（72 000＋63 000）÷2]

　　　　　　　　　　＝226 800÷67 500＝3.36（次）

　　　应收账款周转天数＝360÷3.36＝107（天）

（8）存货周转率＝102 060÷[（27 000＋40 500）÷2]

　　　　　　　　＝102 060÷33 750＝3.02（次）

　　　存货周转天数＝360÷3.02＝119（天）

（9）营运资金周转率＝226 800÷[（154 800＋191 700－18 000－50 400）÷2]

　　　　　　　　　　＝1.63

（10）资本收益率＝60 300÷180 000＝0.34

（11）资产净利率＝60 300÷[（270 000＋301 500）÷2]

＝60 300÷285 750＝0.21

2.（1）长期借款＝（150 000＋50 000）×50％＝100 000（元）

（2）负债及股东权益合计＝400 000（元）

（3）资产合计＝400 000（元）

（4）主营业务收入＝400 000×2.5＝1 000 000（元）

主营业务成本＝1 000 000×（1－10％）＝900 000（元）

存货＝900 000÷9＝100 000（元）

（5）应收账款＝1 000 000×18÷360＝50 000（元）

（6）货币资金＝100 000－50 000＝50 000（元）

（7）固定资产＝400 000－（50 000＋50 000＋100 000）＝200 000（元）

资产负债表(简表)

单位：元

项　　目	金　　额	项　　目	金　　额
货币资金	50 000	应付账款	100 000
应收账款	50 000	长期借款	100 000
存货	100 000	股本	150 000
固定资产	200 000	未分配利润	50 000
合　　计	400 000	合　　计	400 000

3.（1）编制调整抵销分录：

① 第一年年末：

借：应付账款　　　　　　　　　　　　　　　　　　　8 000

　　贷：应收账款　　　　　　　　　　　　　　　　　　8 000

借：应收账款——坏账准备　　　　　　　　　　　　　40

　　贷：信用减值损失　　　　　　　　　　　　　　　　40

第二年年末：

借：应付账款　　　　　　　　　　　　　　　　　　　5 000

　　贷：应收账款　　　　　　　　　　　　　　　　　　5 000

借：应收账款——坏账准备　　　　　　　　　　　　　40

　　贷：未分配利润——年初　　　　　　　　　　　　　40

借：信用减值损失 15
　　贷：应收账款——坏账准备 15

第三年年末：

借：应收账款——坏账准备 25
　　贷：未分配利润——年初 25
借：信用减值损失 25
　　贷：应收账款——坏账准备 25

② 第一年年末：

借：应付债券 10 354 335
　　贷：债权投资 10 354 335
借：投资收益 521 635
　　贷：财务费用 521 635

第二年年末：

借：应付债券 10 272 051.75
　　贷：债权投资 10 272 051.75
借：投资收益 517 716.75
　　贷：财务费用 517 716.75

第三年年末：

借：应付债券 10 185 654.34
　　贷：债权投资 10 185 654.34
借：投资收益 513 602.59
　　贷：财务费用 513 602.59

③ 借：营业收入 48 000
　　贷：营业成本 48 000
借：营业收入 32 000
　　贷：营业成本 24 000
　　　　存货 8 000

④ 借：未分配利润——年初 8 000
　　贷：营业成本 8 000
借：营业收入 40 000
　　贷：营业成本 32 000
　　　　存货 8 000

⑤ 借：未分配利润——年初   8 000

    贷：营业成本   4 000

       存货   4 000

  借：营业收入   40 000

    贷：营业成本   32 000

       存货   8 000

⑥ 第一年年末：

  借：资产处置损益   12 000

    贷：固定资产——原价   12 000

  借：固定资产——累计折旧   2 000

    贷：管理费用   2 000

第二年年末：

  借：未分配利润——年初   12 000

    贷：固定资产——原价   12 000

  借：固定资产——累计折旧   2 000

    贷：管理费用   2 000

  借：固定资产——累计折旧   2 000

    贷：未分配利润——年初   2 000

第三年年末：

  借：未分配利润——年初   12 000

    贷：固定资产——原价   12 000

  借：固定资产——累计折旧   2 000

    贷：管理费用   2 000

  借：固定资产——累计折旧   4 000

    贷：未分配利润——年初   4 000

第四年年末：

  借：未分配利润——年初   12 000

    贷：固定资产——原价   12 000

  借：固定资产——累计折旧   2 000

    贷：管理费用   2 000

  借：固定资产——累计折旧   6 000

    贷：未分配利润——年初   6 000

第五年年末：

借：未分配利润——年初   12 000
  贷：固定资产——原价   12 000

借：固定资产——累计折旧   2 000
  贷：管理费用   2 000

借：固定资产——累计折旧   8 000
  贷：未分配利润——年初   8 000

第六年年末：

借：未分配利润——年初   2 000
  贷：管理费用   2 000

⑦ 借：长期股权投资   50 000
  贷：投资收益   50 000

借：投资收益   30 000
  贷：长期股权投资   30 000

借：实收资本   500 000
  盈余公积   32 500
  未分配利润——年末   22 500
  贷：长期股权投资   555 000

借：投资收益   50 000
  未分配利润——年初   10 000
  贷：提取盈余公积   7 500
    对所有者的分配   30 000
    未分配利润——年末   22 500

⑧ 借：长期股权投资   12 000
  贷：投资收益   8 000
    资本公积   4 000
借：实收资本   100 000
  资本公积   5 000
  盈余公积   1 000
  未分配利润——年末   9 000
  商誉   12 000

贷：长期股权投资		104 000
少数股东权益		23 000
借：投资收益		8 000
少数股东损益		2 000
贷：提取盈余公积		1 000
未分配利润——年末		9 000

（2）编制合并现金流量表抵销分录：

① 借：投资支付的现金　　　　　　　　　　　　　　10 432 700

　　　贷：吸收投资收到的现金　　　　　　　　　　　　　10 432 700

　　借：分配股利、利润或偿还利息支付的现金　　　　600 000

　　　贷：取得投资收益收到的现金　　　　　　　　　　　600 000

② 借：购买商品、接受劳务支付的现金　　　　　　　93 600

　　　贷：销售商品、提供劳务收到的现金　　　　　　　　93 600

③ 借：分配股利、利润或偿还利息支付的现金　　　　30 000

　　　贷：取得投资收益收到的现金　　　　　　　　　　　30 000

第十二章　企业解散与清算

一、单项选择题

1. B　2. B　3. C　4. C　5. B　6. B　7. A　8. C　9. A　10. D
11. B　12. A　13. B

二、多项选择题

1. ABCDE　2. ABE　3. ABCDE　4. ABD　5. ABCE　6. ACE
7. ABC　8. BCD　9. ABCE　10. CDE　11. ABCD

三、判断题

1. √　2. √　3. ×　4. ×　5. √　6. ×　7. √　8. √　9. ×
10. ×

四、名词解释（略）

五、简答题（略）

六、计算与分析题

1.（1）调低应收账款价值 4 000 元[20 000×(1−80%)]：

借：清算损益　　　　　　　　　　　　　　　　　　4 000

　　贷：应收账款　　　　　　　　　　　　　　　　　　　4 000

（2）调低其他应收款价值 1 500 元[5 000×（1－70％）]：

　　借：清算损益　　　　　　　　　　　　　　　　　　1 500
　　　　贷：其他应收款　　　　　　　　　　　　　　　　　　　1 500

（3）注销预付款项 10 000 元：

　　借：清算损益　　　　　　　　　　　　　　　　　　10 000
　　　　贷：预付款项　　　　　　　　　　　　　　　　　　　10 000

（4）调低存货价值 90 000 元[300 000×30％]：

　　借：清算损益　　　　　　　　　　　　　　　　　　90 000
　　　　贷：存货　　　　　　　　　　　　　　　　　　　　90 000

（5）调高长期股权投资价值 30 000 元[200 000×15％]：

　　借：长期股权投资　　　　　　　　　　　　　　　　30 000
　　　　贷：清算损益　　　　　　　　　　　　　　　　　　　30 000

（6）调低固定资产价值 6 000 元[40 000×（1－85％）]：

　　借：清算损益　　　　　　　　　　　　　　　　　　6 000
　　　　贷：累计折旧　　　　　　　　　　　　　　　　　　　6 000

（7）支付清算劳务费用 2 000 元：

　　借：清算费用　　　　　　　　　　　　　　　　　　2 000
　　　　贷：银行存款　　　　　　　　　　　　　　　　　　　2 000

（8）结转清算费用 2 000 元：

　　借：清算损益　　　　　　　　　　　　　　　　　　2 000
　　　　贷：清算费用　　　　　　　　　　　　　　　　　　　2 000

（9）结转清算损益 83 500 元[4 000＋1 500＋10 000＋90 000－30 000＋6 000＋2 000]：

　　借：利润分配——未分配利润　　　　　　　　　　　83 500
　　　　贷：清算损益　　　　　　　　　　　　　　　　　　　83 500

（10）结转资本公积和盈余公积的余额：

　　借：资本公积　　　　　　　　　　　　　　　　　　50 000
　　　　盈余公积　　　　　　　　　　　　　　　　　　50 000
　　　　贷：利润分配——未分配利润　　　　　　　　　　　100 000

(11) 利润分配——未分配利润余额 31 500 元［15 000 － 83 500＋100 000］。按中方 60％,外方 40％分配:

```
借:利润分配——未分配利润                              31 500
    贷:实收资本——甲方投资                             18 900
        实收资本——乙方投资                            12 600
```

(12) 乙方转让资本 112 600 元。企业现金与银行存款不够支付,甲方再投入人民币 170 000 元,补充银行存款:

```
借:银行存款                                        170 000
    贷:实收资本——甲方投资                           170 000
```

(13) 支付乙方转让资本 112 600 元:

```
借:实收资本——乙方投资                               112 600
    贷:银行存款                                     112 600
```

根据上述账务处理,编制清算后的资产负债表如下表所示。

资 产 负 债 表(简化)

编制单位:××××   20××年4月30日(清算结束日)   单位:元

资 产		负债和所有者权益	
流动资产:		流动负债:	
货币资金	78 400	短期借款	3 000
应收账款	16 000	应付账款	17 000
其他应收款	3 500	其他应付款	5 000
预付款项	0	应付职工薪酬	8 000
存货	210 000	流动负债合计	33 000
流动资产合计	307 900	非流动负债	
非流动资产:		长期借款	200 000
长期股权投资	230 000	负债合计	233 000
固定资产	34 000	所有者权益:	
非流动资产合计	264 000	实收资本	338 900
		所有者权益合计	338 900
资 产 总 计	571 900	负债和所有者权益总计	571 900

2.(1)
```
借:银行存款                                         23 000
   清算损益                                          2 000
    贷:应收账款                                       20 000
        其他应收款                                     5 000
```

（2）借：银行存款   260 000

    清算损益   40 000

     贷：存货   300 000

（3）借：银行存款   50 000

    累计折旧   560 000

     贷：固定资产   600 000

      清算损益   10 000

（4）借：清算损益   10 000

     贷：预付账款   10 000

（5）借：银行存款   200 000

     贷：长期股权投资   200 000

（6）借：短期借款   3 000

    清算损益   500

     贷：银行存款   3 500

（7）借：应付账款   17 000

    其他应付款   5 000

    应付职工薪酬   8 000

     贷：银行存款   30 000

（8）借：长期借款   200 000

     贷：银行存款   200 000

（9）借：清算费用   1 500

     贷：库存现金   1 500

   借：清算损益   1 500

     贷：清算费用   1 500

（10）借：利润分配——未分配利润   44 000

     贷：清算损益   44 000

（11）借：资本公积   50 000

    盈余公积   50 000

     贷：利润分配——未分配利润   100 000

借：利润分配——未分配利润(100 000＋15 000－44 000)　　　71 000

　　贷：实收资本——甲方　　　　　　　　　　　　　　　　　　　42 600

　　　　实收资本——乙方　　　　　　　　　　　　　　　　　　　28 400

（12）借：实收资本——甲方　　　　　　　　　　　　　　192 600

　　　　实收资本——乙方　　　　　　　　　　　　　　128 400

　　　　贷：银行存款　　　　　　　　　　　　　　　　　　　321 000

教学课件索取单

敬爱的老师：

感谢您使用徐文丽主编的《涉外企业会计(第五版)》。为了方便教学，本书配有相关教学课件。如果您需要，请您填写下面表格中的相关信息，并以电子邮件的形式发到我社，我们在核对您的信息后，即免费向您提供教学课件。

我们的联系方式：

地址：上海市中山西路 2230 号 1 号楼 1505 室

邮编：200235

立信会计出版社 电话：(021)64411197

电子邮件：zhaozhimei@lixin.edu.cn

姓　　名		性别		身份证号	
学　　校		院系		教 研 室	
学校地址				邮　　编	
职　　务		职称		办公电话	
E-mail		手机		宅　　电	
通信地址				邮　　编	
教材用量		册	委托订购单位		

您对本书的意见和建议是：